JOÃO CARLOS GRAÇA

MANUAL DE SOCIOLOGIA POLÍTICA

ALMEDINA

MANUAL DE SOCIOLOGIA POLÍTICA
AUTOR
João Carlos Graça
EDITOR
EDIÇÕES ALMEDINA, S.A.
Rua Fernandes Tomás, nºs 76, 78 e 79
3000-167 Coimbra
Tel.: 239 851 904 · Fax: 239 851 901
www.almedina.net · editora@almedina.net
DESIGN DE CAPA
EDIÇÕES ALMEDINA, S.A.
PRÉ-IMPRESSÃO
EDIÇÕES ALMEDINA, S.A.
IMPRESSÃO E ACABAMENTO
Vasp -DPS

Maio, 2018

DEPÓSITO LEGAL

441433/18

Os dados e as opiniões inseridos na presente publicação são da ex-clusiva responsabilidade do(s) seu(s) autor(es).
Toda a reprodução desta obra, por fotocópia ou outro qualquer pro-cesso, sem prévia autorização escrita do Editor, é ilícita e passível de procedimento judicial contra o infrator.

 GRUPOALMEDINA

BIBLIOTECA NACIONAL DE PORTUGAL – CATALOGAÇÃO NA PUBLICAÇÃO

GRAÇA, João Carlos, 1958-

Manual de sociologia política
ISBN 978-972-40-7537-2

CDU   316

ÍNDICE

1. **O que é a política?** 7
   A especificidade dos fenómenos políticos 9
   Categorias estruturantes: direita e esquerda 18
   Categorias estruturantes: liberalismo, radicalismo,
       conservadorismo 25
   Exercício da política e escolhas agonísticas 29
   Nações e desenvolvimento político 32
   Liberalismo clássico e demoliberalismo 36
   Tipos de partidos e desenhos constitucionais 41
   Variedade de regimes eleitorais 44
   Barreiras à entrada e hipertrofia do centro 49
   Hirschman, Condorcet, Arrow e as instituições 54

2. **O panorama das ideias** 61
   Breve contextualização 63
   História das teorias: 1850-1900 64
   História das teorias: 1900-1920 80

3. **Regimes políticos e sistemas partidários** 107
   Parlamentarismo e presidencialismo 109
   Sistemas partidários 120
   Sistemas eleitorais 135
   Efeito de Duverger 149

4. **Nações, colónias, impérios** 157
   Estado-nação 159

    Colonialismo 166
    Imperialismo 180
    Racismo 196

5. Totalitarismo 207
    Totalitarismo 209

6. Desenvolvimento político 229
    O que é o desenvolvimento político? 231
    Media e cidadania 254
    Status e cidadania 266

7. Revolução francesa 273
    O que foi a revolução francesa? 275
    Maximilien Robespierre 288

8. Marxismo, guerra e paz 295
    Teorias marxistas da guerra 297
    'Partidos' de Lenin, Gandhi e Wilson 309
    Guerra fria 321

9. Dois países lusófonos 341
    Breve contextualização 343
    Portugal 345
    Angola 359

Bibliografia 369
Índice de Nomes 395

1

O QUE É A POLÍTICA?

Existem várias importantes propostas de definição relativas à especificidade dos factos políticos, entre elas contando-se a possibilidade de recurso quer à violência organizada quer a formas de a limitar e de a legitimar, o caráter 'estratégico' da conduta dos agentes, bem como o mapeamento da realidade social de acordo com as categorias fundamentais de 'amigos' e de 'inimigos'. A decisão política distingue-se da decisão jurídica porque, em vez de se limitar a aplicar regras gerais a casos concretos, produz ela própria incessantemente novidade, criando igualmente regras novas. A vida política encontra-se também, podemos dizer, forçosamente ligada à necessidade de realização de escolhas, em particular escolhas agonísticas.

Ao invés dos modelos clássicos da racionalidade económica, que assumem agentes com preferências dadas, a política supõe a redefinição permanente da própria estrutura das preferências. Em vez de considerar normal a 'saída', assume sim a normalidade do 'protesto', tanto quanto a da 'lealdade'. Por isso, pressupõe sempre (se bem que em graus variáveis) quer o consenso quer o dissenso.

Embora nem toda a vida política esteja estruturada em torno da díade esquerda-direita, há razões históricas (e não só) muito fortes, que ditaram quer a sua emergência quer a sua sobrevivência até às sociedades nossas contemporâneas. Essas razões estão estreitamente ligadas à evolução do liberalismo clássico, desembocando em demoliberalismo, e à paralela emergência do radicalismo igualitário e das diversas correntes socialistas de oitocentos.

Embora 'desenvolvimento político' e 'modernidade política' sejam expressões muito discutíveis e de difícil definição, parece inegável que os processos bem-sucedidos de modernização política tendem a produzir estados-nação, particularmente estados-nação democráticos. Isso não exclui, porém, a possibilidade de existência de consideráveis divergências de trajetória, quando comparada a história política de diversas sociedades mais ou menos consensualmente consideradas como 'desenvolvidas'. Entre essas diferenças encontram-se as que opõem regimes presidencialistas a regimes parlamentaristas e as que respeitam à enorme variedade de regimes eleitorais.

De entre as múltiplas questões relativas ao desenho da organização política na maior parte das sociedades contemporâneas, propõe-se enfim a consideração das que se referem à hipertrofia do 'centro' (ou ao declínio dos 'extremos'), acompanhada do crescimento tendencial da abstenção.

A especificidade dos fenómenos políticos

Quaisquer considerações sobre sociologia política devem partir duma clara consciência da diversidade de legados teóricos, historicamente correlativos à investigação académica deste grupo de fenómenos, os quais finalmente tenderam a confluir na disciplina. Começando por constituir um ramo do grupo de especulações de larguíssimo espectro que habitualmente se designa por 'filosofia', o centro de reflexão da politologia tendeu ao longo dos tempos a infletir para o terreno dos estudos jurídicos, ligando-se primordialmente ao 'direito constitucional', ele próprio em estreita vizinhança da 'filosofia do direito'. Mais tarde, a influência de outras tradições disciplinares tendeu igualmente a fazer-se sentir de forma notória, revelando-se merecedoras de particular destaque, quanto a isso: a sociologia, a ciência económica (seja em variedade de estrita *economics*, seja enquanto mais ampla 'economia política') e, embora em menor grau, também a antropologia e a psicologia. Obviamente, deparando-nos com uma multiplicidade de tradições disciplinares, devemos reconhecer desde logo também a pluralidade dos métodos e dos enfoques adotados, variando significativamente as respostas mesmo ao que se supõe identificar o núcleo dos fenómenos políticos (cf. Duverger 1973; Schwartzenberg 1977; Horowitz 2017).

Quanto a definições visando a especificidade da política, vale a pena referir antes de mais a interessante analogia, estabelecida por vários sociólogos da viragem de século XIX-XX, entre os sistemas políticos das várias sociedades e o 'sistema nervoso central' dos organismos vivos. A política constituiria, de acordo com esta visão, um subsistema ou uma instância diretamente reportada a processos de autoconsciência e de volição coletiva das sociedades, ou sistemas sociais. Entretanto, adentro da mesma linha de argumentação, também a economia (por vezes referida a 'factos de nutrição'), a cultura, etc. constituiriam sectores diversos, visando finalidades sociais elas próprias funcionalmente distintas (Garcia 1882; Graça 2012). Se esta pista de análise era habitualmente propugnada em finais de oitocentos e princípios de novecentos, a influência posterior de Talcott Parsons levou entretanto a que fosse considerado mais pertinente assumir-se a existência duma perspetiva de análise propriamente política (ao lado duma perspetiva económica e de outros pontos de vista disciplinares) no estudo das realidades, em vez de se supor a existência de 'instâncias', 'departamentos' ou 'sectores' sociais distintos, pensados enquanto políticos, económicos ou outros. Segundo Parsons (1932, 1934, 1956, 1961), e numa definição tornada célebre, mais pertinente do que idear uma disciplina ocupando-se dum putativo 'departamento de negócios', o que caracterizaria a ciência económica seria assim a assunção da existência de recursos escassos, sendo visada a satisfação duma multiplicidade de objetivos com relações de *tradeoff* recíprocas, postulando-se enfim uma conduta simultaneamente pacífica e optimizadora por parte dos agentes. Tratar-se-ia, por conseguinte, de destacar a especificidade duma perspetiva analítica; o assunto não seria uma qualquer diferença 'objetiva' entre diversos sectores da sociedade.

Já as problemáticas políticas são colocadas por Parsons em paralelo com a existência de 'poder' e de 'autoridade' no sentido weberiano (respetivamente, a capacidade de alguém para impor a sua vontade a outrem e a aceitação desse facto pelos que o sofrem, dado reconhecerem tal situação como legítima), observância do monopólio de recurso à violência física organizada num determinado âmbito geográfico por parte duma organização (isto é, o Estado) e ameaça permanente, portanto, de recurso à coação física e/ou à violência. Deve, quanto a isto, deixar-se aqui pelo menos uma referência ao facto de que o 'poder social' é, por vezes, pensado enquanto realidade bem mais vasta do que a política em sentido estrito, sendo igualmente de notar que também suscita debates o propósito de saber em que medida a política, mesmo que entendida estritamente, pode pelo seu lado ser limitada à existência dum aparelho estatal propriamente dito (cf. Mann 1986a, 1986b, 2012, 2013; Clegg 1989; Heywood 1994). Em todo o caso, retenhamos que a violência, ou mais exatamente a ameaça de recurso à violência, faz pois parte integrante dos elementos propriamente definidores da política; mas destaque-se também que se trata duma violência regrada, a qual busca a legitimação social através do consentimento explícito ou pelo menos implícito, ficando confinada a um agente ou grupo de agentes que do seu exercício detêm o monopólio. Sem violência, portanto, não existiria política; mas também não existiria política sem o intuito correlativo de limitar ou conter a dita violência, de lhe impor regras, ainda que sem a suprimir de todo nas suas possíveis origens. Uma certa conceção tradicional da condição humana, a do homem 'meio-anjo-meio--besta', mas nem verdadeiramente angelical nem completamente animalesco, dir-se-ia ser aqui transposta para a identificação da suposta especificidade da política: o homem enquanto 'animal político' e em conclusão, à maneira aliás da célebre definição clássica de Aristóteles.

Ficamos assim aptos a reconhecer, e é importante destacá-lo de imediato, que, segundo os diferentes autores e as diferentes abordagens, fazem parte da definição mesmo da política aspetos das realidades sociais entre si muitíssimo diversos, como sejam a autoconsciência e a volição coletivas, a violência organizada, o monopólio desta, bem como o importante reconhecimento da sua legitimidade. Já outros autores têm proposto para a política definições que apontam para a dramatização das situações, o reconhecimento das mesmas enquanto novidade absoluta e a organização/classificação fundamental dos agentes enquanto amigos e inimigos, ou de acordo com as categorias constituintes desta díade.

É este o cerne duma definição famosíssima, sugerida por Carl Schmitt (1996, 2005). Uma situação está neste caso politizada na medida em que não possa ser tratada de forma meramente 'silogística' ou dedutiva, isto é, como simples aplicação duma lei ou princípio geral a um caso concreto, mas assumindo-se por contraste a necessidade de produzir novidade, de criar *ex nihilo* novas leis, ou pelo menos fazer oscilar as definições correspondentes às normas em vigor, recriando assim indefinidamente, a partir delas, a interminável casuística da regra e da exceção. Proceder politicamente significa pois, de acordo com esta visão, aceitar criar novidade, em parte com base na destruição daquilo que já existe ('destruição criadora', podemos dizer, um pouco à maneira da célebre proposta de Joseph Schumpeter para a análise económica), não se limitando a aplicar a norma já existente: o que significaria, por oposição, proceder juridicamente. A politização é neste quadro, entenda-se, indissociável da dramatização das situações, dos sistemas de alianças, mas também de oposições: neste sentido, não há política sem haver simultaneamente *goodies* e *baddies*, amigos e inimigos; mas essa constitui uma parte essencial do viver social, que nunca se limita a aplicar regras já existentes a situações novas, antes produz permanentemente regras novas, sempre provisórias.

Independentemente das suas inegáveis virtudes, deve destacar-se que a definição schmittiana contém igualmente o iniludível problema de, pela sua ênfase porventura demasiado unilateral na díade e na oposição, tender a ignorar o importante conceito-norma de 'interesse geral', o qual desempenha, pelo menos nas modalidades de vida política a que estamos acostumados, inegavelmente também um papel muito importante. De facto, assume-se com facilidade (e em concordância com Schmitt) que a vida política impõe a destruição e a reconstrução permanentes de diversos sistemas de alianças, que são também sistemas de oposições; aceita-se como bastante plausível a ideia de que a política comporta não tanto o aplicar de regras pré-existentes, mas o refazer incessante das regras, face à imprevisibilidade ambiental que todos os sistemas políticos inevitavelmente defrontam; e todavia, percebe-se também imediatamente a ausência, neste esquema argumentativo, da regulação normativa, a qual impõe sem dúvida importantes limites ao exercício das oposições e ao próprio refazer das regras. Este outro aspeto permite ligar de perto toda a problemática política à discussão das questões da justiça: embora o agir político esteja, por princípio mesmo, ligado primordialmente a uma preocupação de eficácia, à política pertence também, e de forma irredutível, um outro elemento, atinente ao intuito de proceder 'de forma correta', por conseguinte às teorias da justiça, quaisquer que estas sejam, operando de forma mais ou menos dedutiva ou apenas indutivamente, sejam elas teorias plenamente conscientes e deliberadas, ou pelo contrário apenas aproximativas e apoiando-se sobretudo na tradição e no hábito (cf. Rawls 1993; Nozick 2009; MacIntyre 1993; MacIntyre & Emmet 1970).

Um outro importante tema, correlativo ainda à linha de argumentação schmittiana, é o que reporta ao estrangeiro enquanto 'inimigo íntimo', ou seja, à ideia de diplomacia enquanto prática referindo-se ao que já foi designado como 'anfictionia', comunidade de vizinhos que reconhecem importantes laços mútuos de ligação (de natureza geográfica, étnica, religiosa ou outra), mas que entre si mantêm igualmente relações sobretudo de rivalidade e de antagonismo, à maneira do modelo fornecido pelas cidades-estado da Grécia antiga. Um outro aspeto também por vezes destacado é o da presença, em toda a vida política, duma dimensão sacrificial, donde a infindável necessidade de 'bodes expiatórios', de acordo com uma proposta celebremente apresentada por René Girard (1982). A prática política conteria outrossim inevitavelmente, seguindo um guia interpretativo muito próximo deste último, aliás de acordo com formulações remetendo à antiguidade clássica, uma dimensão incontornável de 'catarse', isto é, uma componente de purificação ou purga permanente. De reter é também a ideia da possibilidade sempre presente, ou conveniência, ou mesmo inevitabilidade, de emergência do chamado 'duplo discurso' característico das elites; noutros termos, fazer-se aquilo que os *outsiders* esperam que façamos, como forma de os satisfazer, enquanto os *insiders* sabem ao mesmo tempo, ou julgam saber, que as coisas não são realmente assim, isto é, praticam o engodo consciente: ideia apresentada no século XX por Leo Strauss (1988), mas reportando-se de facto a uma tradição que remete pelo menos a Platão. A política, retenhamos igualmente, poderia e deveria ainda ser pensada enquanto análogo próximo do teatro, à maneira também do que é proposto por modelos referindo-se à Grécia antiga, ou seja, contendo uma componente irredutível de dramatização: sob a forma de comédia ou de tragédia, ou de ambas. Mais recentemente ainda, e apoiando-se declaradamente no quadro analítico fundamental da *economics*, Philippe van Parijs (1990, 1991) destacou bem assim a importante diferença entre as chamadas "racionalidade estratégica" e "racionalidade paramétrica": enquanto na primeira variedade os agentes defrontam um ambiente que não é decisivamente alterado pela respetiva conduta, à maneira do famoso modelo de 'concorrência pura e perfeita', onde os preços são incorporados pelos agentes como fixos e independentes das decisões de cada um, já em versão de 'racionalidade estratégica' supõe-se a presença da referida influência. Aquilo que cada um faça ou não faça condiciona neste caso decisivamente a realidade, na qual se assume aliás a existência de 'mente', de capacidade para produzir outras decisões conscientes, as quais podem ser de cooperação, de rivalidade e/ou de hostilidade para com cada agente e cada grupo.

Os aspetos 'estratégicos' da conduta política permitem analogamente assinalar de imediato a sua natureza eminentemente 'performativa' e, nesse sentido, também 'incerta'. A componente 'performativa' da realidade social é pontualmente reconhecida na tradição das respetivas ciências, mas é usual tender-se a abstrair da sua relevância. De facto, toda a interação humana vem inextricavelmente ligada a um fazer e refazer permanente das expectativas recíprocas, as quais condicionam a produção da realidade (apenas aparentemente objetiva) ou do universo social defrontado por cada um. Assim, afigura-se legítimo dizer que vamos todos, em maior ou menor grau, produzindo realidades que entretanto cada um tende a tomar como bem mais 'objetivadas' do que elas o são realmente. Mais ainda: esta variedade de reflexão aplica-se em particular aos próprios processos visando o conhecimento da realidade: noutros termos, àquilo a que chamamos 'ciência'. De facto, diversas correntes de reflexão epistemológica crítica têm precisamente destacado em particular o carácter marcadamente performativo já mesmo da chamada *economics*: mais do que conhecer 'neutralmente' a realidade económica, aquilo a que chamamos ciência económica tende realmente a produzir (através de processos mais ou menos complexos, onde se inclui mesmo a estrita doutrinação, mas não se reduzindo a esta) realidades sociais em conformidade com os modelos analíticos usados (cf. Graça, Lopes & Correia 2016). Assim sendo, podemos também acrescentar, a ciência económica recai sob a alçada do chamado 'princípio da incerteza': aquilo que designamos por conhecimento duma realidade é de facto, em boa medida, também produção dessa mesma realidade. Por isso, não pode ser considerado como livre de assunções valorativas: *wertfrei, value-free*. Mais importante ainda, não pode tão-pouco ser considerado como livre de implicações em matéria de facto e em matéria de valor gnosiológico: o processo cognoscitivo é um processo parcialmente gerador daquilo que se diz conhecer; e nesse sentido é validador de si mesmo; é (ou torna-se) verdadeiro na medida em que os agentes se convençam da sua verdade e, nesse sentido, procedam de forma tal que o autentiquem.

Como se compreenderá (e por comparação com os estudos de economia), tratando-se de factos políticos e de politologia os temas da validade apenas 'performativa' e da correlativa 'incerteza' ganham uma acuidade acrescida. As realidades políticas, em suma, constituem em boa medida (e primordialmente) uma questão de atitude e de definição: aquilo que se considera verdadeiro, que se define como verdadeiro, tende a ser tratado pelos agentes como tal; e essa ação ou conjunto de ações, em determinados âmbitos, torna efetivamente verdadeiras as persuasões. Isto remete as realidades políticas para uma suprema dependência do 'princípio da incerteza': os discursos acerca da política não são exteriores a esta, antes se encontram presentes desde o início, contribuindo para a enformar e constituir. A politologia não é, portanto, um conjunto de juízos acerca daquilo que *está lá* 'objetivamente', constituindo antes um 'momento' através do qual a realidade social toma de alguma forma consciência de si e age pois, ou pode agir, sobre si: a politologia é ela própria também, podemos dizer, 'parte do problema' ou, consoante os casos, 'parte da solução'.

Correlativamente ao tema do caráter 'performativo' dos factos políticos, emerge o da necessidade de, no seu tratamento analítico, assumirmos aquilo que podemos designar como 'endogeneização da procura'. De facto, e mais uma vez operando em estreita analogia com o modelo da ciência económica, tem sido sublinhado que é muito discutível a própria ideia de considerar como banais 'dados' as preferências individuais, as quais se deveria depois simplesmente 'agregar'. Basicamente, contrapõem os críticos, a disposição global dos agentes económicos determina em boa medida a estrutura daquilo mesmo que eles preferem: não existe aqui uma procura radicalmente 'exterior' e suscetível por isso de ser tratada enquanto mero 'dado', à qual se trataria simplesmente de satisfazer. Ora, como facilmente se compreende, aplica-se sumamente aos factos políticos, mais ainda do que aos económicos, o princípio de que é imperioso incorporar na análise a referida 'endogeneização da procura'. Se podemos considerar parcialmente válidas noções como as de 'procura política' e de 'oferta política', diversos candidatos ou partidos, a título de exemplo, ocupando posições análogas às de vendedores de gelados numa praia, enquanto os banhistas, sendo consumidores potenciais, constituiriam neste mesmo esquema o análogo dos votantes, trata-se então de destacar também imediatamente: se é verdade que, em parte, é a distribuição dos banhistas que condiciona a opção de tal ou tal vendedor quanto a ficar localizado aqui ou ali, por outro lado devemos meditar também que cada banhista decide acerca da sua posição na praia em estreita dependência de vários fatores, incluindo nesses a distribuição espacial prévia dos vendedores. Em vez de serem consideradas como independentes desta, as decisões dos consumidores/votantes podem e devem portanto ser tratadas, pelo menos em parte, como variável dependente duma oferta prévia, ela própria sempre institucionalmente condicionada. Pois bem, se esta componente de necessária 'endogeneização da procura' é importante já no caso da *economics*, muito mais ainda o é com a politologia. Se compreendemos bem que nenhum sistema económico pode existir duradouramente sem contribuir de alguma forma para a consolidação cultural de 'estruturas do gosto' capazes de induzir uma procura global compatível com o resto do sistema, muito mais verdadeira e crucialmente importante é a noção de que um qualquer sistema político deve proceder pelo menos analogamente. De facto, dada precisamente a prevalência do caráter 'estratégico' da conduta dos agentes, e considerando a forma como esse grupo de condutas expressa a volição coletiva da sociedade, a mesma ideia central é válida *a fortiori* no caso dos sistemas políticos.

Se no quadro analítico da politologia a consideração da produção social das 'estruturas do gosto' é superlativamente importante, se é bem assim decisivo ponderar o elemento usualmente 'estratégico' das condutas, merecedor de destaque é também o facto de se aplicar à vida política um esquema classificativo das ações que, em vez da díade correspondente ao simples 'pegar-ou-largar' com que a *economics* habitualmente opera, procede agora assente numa tríade que foi enunciada por Albert Hirschman (1970) sob a fórmula de "saída, protesto e lealdade". Algures, entre a satisfação que está supostamente associada à decisão de compra e o descontentamento radical que expressa a sua ausência, vem reconhecidamente toda uma larguíssima zona intermédia, formalmente correspondente ao 'protesto', que na vida económica tradicional teria como análogo o chamado 'regateio', o qual é habitualmente ignorado pela ciência económica (pelo menos na medida em que esta se refira ao modelo de 'concorrência pura e perfeita'), mas constitui por contraste o fulcro mesmo da vida política e da ciência que se lhe pretenda referir. A especificidade da política, neste quadro de leitura, consistiria em assumir-se precisamente condutas para as quais existe sempre uma 'mente' à qual se reportam, com a qual dialogam e negoceiam, de forma potencialmente amistosa ou pelo contrário hostil, em maior ou menor grau, mas em relação à qual devemos em todo o caso ter bem presente que não se trata aqui duma realidade meramente 'objetiva' ou 'paramétrica' (como por exemplo os níveis de preços, no referido modelo de 'concorrência pura e perfeita'), com a qual se impõe portanto proceder 'estrategicamente' (dado que aquilo que façamos contribuirá para enformar o ambiente que defrontamos) e partindo sempre da suposição de que pelo menos um fragmento da estrutura de gostos é moldável, não constituindo assim a procura um simples 'dado' completamente exterior ao sistema da ação, visto que, ao menos parcialmente, os gostos, também eles, podem e devem ser (e aliás são quase sempre) discutidos. Pelo contrário, neste esquema analítico, em que o 'protesto' aparece de alguma forma normalizado, aquilo que vem associado a um maior radicalismo de conduta, e de facto a uma maior hostilidade, é a opção de 'saída' ou abandono: uma verdade que intuímos rapidamente, meditando no dramatismo de que habitualmente se revestem, nesta variedade de factos sociais, as questões relativas à possibilidade de secessão dum qualquer corpo político.

Categorias estruturantes: direita e esquerda

O paralelo da vida política com o teatro, bem como a própria ideia de recuperação da antiguidade clássica greco-romana, seja por complemento ou em oposição à tradição judaica e/ou cristã, permite destacar o facto de a invenção da antinomia esquerda-direita ter ficado historicamente a dever-se ao período da revolução francesa: os deputados distribuíram-se então espacialmente em hemiciclo, como num anfiteatro, ficando à esquerda da mesa os 'radicais', donde a designação de 'esquerda', e à direita os 'conservadores' (por isso, a 'direita'). Originariamente, o foco do debate consistiu no reconhecimento, ou não, do direito de veto do rei relativamente às deliberações da própria assembleia: a esquerda opunha-se intransigentemente ao direito de veto, a direita era-

-lhe favorável, o 'centro' mais ou menos indulgente. Em seguida, o assunto evoluiu depressa para o carácter formalmente republicano ou monárquico do regime, mas já aí a antinomia não é tão clara, dado que os primeiros a proporem a república não foram de facto radicais de esquerda, mas deputados mapeáveis genericamente como de 'centro-esquerda' (cf. Badinter & Badinter 1988). Do carácter monárquico ou republicano do regime passou-se depois à questão do sufrágio mais ou menos amplo, com a extrema--esquerda a defender originariamente o sufrágio universal masculino, o qual foi a regra durante o período jacobino (dito 'do Terror'), bem como o imposto direto progressivo e ainda o "direito à existência e aos meios de a conservar", isto é, o pleno emprego ou 'direito ao trabalho' e/ou o 'mínimo garantido' que o Estado deveria suprir a todos os cidadãos, sob a forma de subsídios ou de empregos. À direita, os argumentos acumulam-se sob diversas configurações: a evolução ou 'deriva' esquerdista radical, ou democrática, é na verdade predominantemente percebida como deriva 'canalhocrática', o terror cego exercido pela turba impedindo qualquer forma de vida civilizada, significando pois *ipso facto* o desaparecimento da separação de poderes e do respeito por quaisquer leis: o poder democrático é, raciocina-se, tirânico, despótico e, nesse sentido, 'total'; o estado democrático não pode, por definição mesmo (dado que, segundo as próprias fórmulas constitucionais, "todo o poder reside no povo" e é inalienável), ser um estado de direito ou observar substancialmente a separação de poderes. A esta crítica, reportando-se ao carácter 'totalitário' *avant la lettre* do regime democrático, respondem os jacobinos recuperando a tese de Rousseau quanto à primazia absoluta do *pouvoir constituant*, o poder constituinte da própria Nação, relativamente a todos e quaisquer poderes constituídos, isto é, a indefinida liberdade legisladora do Soberano popular (cf. Rousseau 1974; Berlin 2005; Plamenatz 1992).

Registe-se que aquando do golpe das direitas de 1794, isto é, com a 'reação Termidoriana', o sufrágio universal foi imediatamente suprimido, regressando-se a um sufrágio censitário e juntando-se a isso ainda a representação indireta. Também se acaba com o imposto progressivo, o 'direito à subsistência' é banido do novo texto constitucional e a política dita de 'máximos', ou tabelamento de preços, é igualmente abandonada. Acrescentemos, ainda quanto a este grupo de temas, que até aos nossos dias se debate o carácter sobretudo de 'terror a partir de cima', ou de ditadura policial em sentido estrito, ou por oposição de 'terror a partir de baixo' (isto é, de violência 'das massas') de que o período jacobino se terá revestido. As evidências parecem, todavia, sugerir sobretudo esta segunda variedade, Robespierre e outros tendo aparentemente procedido mais como moderadores da multidão, embora agindo obviamente pressionados por ela, do que enquanto seus instigadores ou promotores dum terror estritamente 'policial', 'secreto', etc. (Gauthier 1992; Gross 2002). Como última nota, registemos ainda que as referências cívicas gregas e romanas pululam no período revolucionário ('hemiciclo', 'virtude', patriotismo, etc.), mas também as referências judaicas ou cristãs: 'sinédrio', povo eleito, 'destino manifesto', 'nova Israel' e temas afins. Aliás, por oposição à turbulência da 'primeira' revolução britânica, a de Oliver Cromwell, a qual tendeu de resto a não se perceber como revolução, a 'segunda' revolução, ou *Glorious Revolution* de 1688, essa sim concebeu-se explicitamente enquanto tal, mas sobretudo num sentido cósmico ou astronómico: como conclusão duma volta ou órbita e início duma outra, completamente nova e capaz duma refundação da ordem das coisas. O sentido prevalecente é aqui, todavia, o de um ato 'restaurador', mais do que propriamente inovador – ou quando muito raciocina-se em ambos os sentidos simultaneamente, e pensando-se a ação como deliberadamente inovadora só na medida em que isso contribua para ela poder ser eficazmente restauradora.

Merece destaque o importante facto de, ao longo dos tempos, o cerne da distinção esquerda/direita ter ido mudando de forma significativa. Por exemplo, a esquerda original é tendencialmente antagonista das companhias públicas, as quais são habitualmente consideradas companhias majestáticas e, nesse sentido, símbolos mesmo do poder abusivo. Depois disso, porém, com a entrada em cena, sobretudo em finais do século XIX, do chamado "socialismo de Estado", acompanhando na Europa o processo de democratização deste último, a esquerda passa classicamente a ser associada à defesa da 'nacionalização' das grandes empresas, dado o carácter (supostamente inevitável) de monopólio assumido por estas, a sua função reconhecidamente 'estratégica', isto é, indissociável do exercício da soberania, etc. Entretanto, a própria aceitação parcial do imposto progressivo e do 'direito de subsistência' vai emergindo ao centro e mesmo à direita no espectro político, acompanhada evidentemente da aquiescência com o sufrágio direto, secreto e universal enquanto princípio fundador de todo o sistema político: ou seja, a democratização deste, na origem considerada um desvario inapelavelmente 'radical', é basicamente acatada como 'facto consumado'. Assim, pode falar-se dum processo de deslocação do conjunto dos debates políticos 'para a esquerda' ao longo de décadas, tal como pode falar-se duma deslocação do mesmo em sentido simétrico, processo esse ao qual temos vindo a assistir nas últimas três ou quatro décadas: por comparação com o *New Labour*, por exemplo, a política económica de Richard Nixon pode com facilidade ser considerada intransigentemente 'keynesiana' e mesmo algo 'esquerdizante'. O reconhecimento deste facto indica o quanto a oposição direita-esquerda é limitada para a compreensão da vida política, decerto que sim; mas também o quão vital e resistente a mesma se revela: continua hoje em dia a pensar-se em termos de esquerda-direita, apesar de a 'nova esquerda' o ser de forma muitíssimo mitigada, não obstante a direita dos anos 1960-70 ser uma direita dramaticamente 'traidora' da sua tradição sob múltiplos aspetos, e assim sucessivamente. Mais ainda, pelo menos em parte este grupo de factos resulta também da natureza fundamentalmente 'viral' dos factos políticos: imita-se permanentemente o inimigo como melhor forma de o combater, copia-se enquanto meio de ocupar o 'espaço vital' dos antagonistas; e isto num jogo de simulações potencialmente intermináveis: *spy-versus--spy*, agentes duplos, agentes triplos, etc.

Adentro dos argumentos em defesa da persistência da díade direita-esquerda deve, entretanto, referir-se também a noção segundo a qual o perene elemento identificador da esquerda consistiria na valorização da igualdade, segundo uma ideia proposta por Norberto Bobbio (1994), ainda que reconhecendo-se o carácter mutável desta mesma reivindicação de igualdade ao longo dos tempos: da simples igualdade formal em face da lei, ou da 'isonomia' já dos gregos antigos, à parcial igualização das condições económicas conseguida através de medidas de índole assumidamente redistributiva, por exemplo. Segundo a apresentação a que procede Bobbio, e procurando sintetizar aqui um discurso na verdade bastante longo, sinuoso e nem sempre claro, à esquerda considera-se positivamente a igualdade, à direita não. Por outro lado, e ainda seguindo o mesmo autor, ao centro os 'moderados' apreciariam a liberdade, enquanto nos extremos os 'radicais' supostamente tenderiam a desconsiderá-la. Assim, muito sumariamente e quanto a valores fundamentais, temos, ao longo do imaginário eixo das abcissas de Bobbio, as seguintes flutuações das funções 'Liberdade' e 'Igualdade': para a Esquerda radical, menos liberdade e mais igualdade; com a Esquerda moderada, mais liberdade e mais igualdade; para a Direita moderada, mais liberdade e menos igualdade; à Direita radical, enfim, correspondendo menos liberdade e também menos igualdade.

Como resulta óbvio, Norberto Bobbio apresenta-se enquanto autor de esquerda moderada ou de 'centro-esquerda', o que pelos princípios da década de 1990 estava aliás muito na moda em Itália (e não só). Este discurso enferma, todavia, de limitações bastante óbvias. Desde logo, 'moderação' é algo muitíssimo relativo e marcadamente dependente dos contextos. Num ambiente social em que a escravatura é aceite, por exemplo, ser 'moderado' é ser brando para com os escravos, decerto que sim; mas mantendo-os como tal. Neste mesmo contexto, por oposição, recusar a escravatura com base em princípios rigorosamente categóricos e 'abstratos', procedendo em conformidade (decretando a liberdade imediata e incondicional de todos os escravos existentes num país), é atitude considerada teimosa, obstinada, insensata... e muito radical; isto é, por definição mesmo, supostamente intolerante e liberticida. Por outro lado ainda, se num ambiente de operação militar em que se subjuga populações inimigas uma fação dos vencedores defende que se massacre mil de entre os derrotados, enquanto uma outra fação defende que não se massacre ninguém, ambas as fações são à sua maneira 'extremas', mas evidentemente, e não obstante Bobbio, são-no de formas entre si radicalmente diversas. Já o 'moderado' defenderá, neste contexto, exatamente o quê? Decidimo-nos, tudo devidamente levado em consideração, a visar o 'justo meio' massacrando quinhentos? A identificação de extremismo com violência e/ou com intolerância parece, por conseguinte, no mínimo problemática. Note-se que à sua maneira a própria atitude cristã fundamental é 'extremista', como aliás o são todas as posições defensoras daquilo a que Max Weber (1979) designou como 'ética de fins últimos' (isto é, ordenando um *always do the right thing* categórico), visando a pura e simples coerência daquilo que se faz com os princípios que se diz defender, em vez duma 'ética de responsabilidade', preocupada sobretudo com as previsíveis consequências práticas do que se leva a cabo.

Um outro aspeto incontornavelmente associado à discussão da antinomia esquerda-direita é o que se refere à pretensa inevitabilidade da multiplicação dos sistemas de oposições, ou pelo menos gradações, em torno dos quais se organiza o debate político. Assumindo que toda a vida política está estruturada em torno de oposições, à maneira do que é defendido por Carl Schmitt (ver supra), mas também que essas oposições tendem a ser pelo menos implicitamente mediadas e moderadas pela intervenção duma componente argumentativa e retórica, isto é, que produzem verdadeiros debates ou discussões, pode-se destacar que partir da inevitável multiplicidade dos eixos organizadores das discussões para se pretender chegar a um simples eixo único, esquerda-direita ou outro, é operação que envolve sempre um problema algébrico dito de "mudança de base": a esquerda e a direita são realidades correspondentes a R^1, a um eixo ou uma dimensão apenas, quando na verdade se parte sempre de R^n, ou seja, dum universo multidimensional de problemas. Em todas as sociedades, de resto, deve ser reconhecido este caráter multidimensional dos conflitos e dos debates políticos, embora em quase todas elas um eixo apenas, ou um número muito limitado de eixos/dimensões, captem usualmente o fundamental da atenção e dos esforços levados a cabo pelos intervenientes.

Face a esta verdade geral, porém, a aparente novidade do discurso sociológico tem correspondido ao destacar da multiplicidade e da diversidade de dimensões. Aliás, e muito notoriamente, em particular o discurso dito "pós-moderno" tem-se orientado sobremaneira para o sublinhar do quanto esta multiplicidade de eixos (tendencialmente ortogonais) configuraria um traço distintivo precisamente das 'nossas' sociedades. As nossas sociedades são produtoras de individualismo, diz-se na verdade pelo menos desde Georg Simmel, precisamente em virtude de serem sociedades 'complexas', multiformes, multidimensionais, etc. Ora bem, ainda segundo Simmel seria o 'cruzamento' ou a 'ortogonalidade' destas diversas dimensões, bem como a não sobreposição das respetivas pertenças, a gerar o agudo sentimento de individualidade associado a cada caso, à singularidade de cada um de nós e à consciência mesmo da importância dessa singularidade (Simmel 1989; cf. Coser 1977). Neste contexto geral, argumentou-se mais recentemente, quaisquer pertenças grupais seriam aliás evanescentes, precárias, circunstanciais, pelo que o eixo direita-esquerda seria substituído por uma multidão ou caleidoscópio de dimensões, sempre desorganizando-se e recompondo-se. Uma componente deste último processo traduzir-se-ia precisamente na tendência para a substituição dos chamados 'partidos de massas' por 'partidos de eleitores' ou 'partidos de causas' (singulares e pontuais) do lado da 'procura política', os quais na verdade corresponderiam, do lado da oferta, a partidos fundamentalmente oportunistas e *catch-all*. A fidelidade 'pobre' de que estas organizações seriam capazes constituiria, ainda assim, o único cimento organizador possível para atividades partidárias continuadas, dado o referido ambiente cultural geral da "pós-modernidade": exaltando condutas individualistas, fragmentárias, precárias e escassamente consolidadas.

Perante este grupo de argumentos, deve sublinhar-se por contraste que a emergência do eixo esquerda-direita enquanto organizador dos debates tem um significado eminente e uma especificidade que merecem ser destacados. Através dele passa-se dum universo político usualmente estruturado em tríade (o único, os grandes e os pequenos) ou em 'triângulo', o que pressupõe aliás já um espaço bidimensional (R^2), a uma política pensada de forma unidimensional (R^1), correspondente ao referido eixo. Isto permite ao mesmo tempo destacar o quanto foi importante o legado do republicanismo aristocrático na génese do moderno liberalismo. De facto, antes da revolução francesa o debate organiza-se habitualmente entre a monarquia (não raro acusada de ser propensa a tornar-se demasiado centralizadora, tirânica, despótica, etc.), a elite estando normalmente inclinada para o republicanismo aristocrático (o respeito pelas 'leis', que equivale na verdade à liberdade entendida enquanto privilégio de uns quantos) e os 'muitos', ou seja, a plebe, a canalha, que por princípio só de forma lateral entra no jogo, sendo tendencialmente utilizada em proveito próprio pelo *Rex*, 'tirano', 'ditador' ou afim: na configuração clássica ou ideal-típica, César, alegadamente amigo do 'povo miúdo', ou mesmo 'ditador democrático' (Canfora 2009a), é o alvo central das suspeitas de Bruto e Cássio, os heróis por excelência da tradição republicana.

Categorias estruturantes: liberalismo, radicalismo, conservadorismo

Ora bem, dada esta tradição 'triangular', o que há de novo nas tendências radicais de finais de setecentos, ou seja, no republicanismo jacobino, é precisamente o facto de aquelas traduzirem primeiro uma algo atípica coligação da plebe com os grandes, em nome da defesa das 'liberdades' e do combate às tendências 'despóticas' da monarquia, para logo de seguida a plebe parecer tomar o destino diretamente nas suas próprias mãos, recusando ser usada como peão, quer pelos grandes quer pelo rei. Na verdade, declarando em essência guerra aberta a ambos. Com isso, a reivindicação de liberdade torna-se enfaticamente universal, acoplando-se-lhe explicitamente a de igualdade. Quer dizer, passa-se do republicanismo aristocrático, que se transmutara em liberalismo, para o universalismo democrático, ou o radicalismo. Registemos que, se a norma do absolutismo fora *'tout pour le peuple, rien par le peuple'* ('tudo em prol do povo, nada pelo próprio povo'), já o democratismo radical proclama, em glosa obviamente contrastante com a fórmula anterior, que o governo do povo deve ser simultaneamente *'for the people'* e *'by the people'*: em prol do povo e pelo próprio povo. Bem entendido, ultrapassando a nuvem da retórica e considerando em vez dela sobretudo a esfera da factualidade, foi na França revolucionária, que proclamou o sufrágio universal masculino e aboliu a escravatura durante o período jacobino, e mais ainda no Haiti de inícios de oitocentos, onde os ex-escravos proclamam a independência quando Napoleão pretende reintroduzir a escravatura, que estas tendências foram levadas à sua expressão plena; decerto não na república de brancos livres (e proprietários de escravos) que foram os EUA no seu primeiro século de história. Aliás, note-se que mesmo adentro do estrito grupo social *white-male* o regime não é aqui originariamente democrático, só passando a sê-lo na década de 1830, com o presidente Andrew Jackson e no contexto de novo conflito 'triangular': Jackson procede à democratização do regime norte-americano apoiando-se taticamente na magistratura de maior conteúdo 'monárquico' da república, a presidência, e como forma de se opor ao legislativo, de marcado pendor aristocrático.

É importante registar também, quanto a este grupo de discussões, que a palavra 'liberalismo' provém etimologicamente da mesma fonte que, por exemplo, 'artes liberais', a distinguir cuidadosamente de 'artes mecânicas' na medida em que os nobres não exercem funções associadas a trabalho manual, e de resto tendencialmente não trabalham como forma de obter rendimentos, isto é, não têm verdadeiramente uma profissão. Esta última, mais ainda se se reportar a um trabalho braçal, denota claramente um elemento plebeu ou 'banáusico'. O trabalho manual é 'mecânico' precisamente no sentido em que os trabalhadores manuais foram, pela tradição predominante de pensamento político, incluindo o liberalismo de setecentos e oitocentos, explicitamente considerados como 'instrumentos vocais', indignos pois da participação política direta, até porque lhes faltavam quer a independência de condição económica e de espírito, quer a educação, quer um grupo de disposições psicológicas ou 'morais', à frente das quais se encontra precisamente a 'moderação' ou 'liberalidade', virtude aristocrática por excelência: recordemos que a liberalidade, *liberalitas*, é o meio-termo virtuoso alegadamente situado entre esses dois extremos (viciosos) que são a avareza e a prodigalidade, *avaritia* e *prodigalitas*.

Uma outra nota merecedora de registo reporta-se ao facto de já bem adentro do século XIX o hino da 'Internacional' operária fazer ainda eco explícito desta recusa da solução dita 'cesarista', mas também decerto do peso da respetiva tentação, precisamente ao proclamar de forma enfática: *Il n'est pas de sauveurs suprêmes:/ Ni dieu, ni césar, ni tribun/ Producteurs sauvons-nous nous-mêmes/ Décrétons le salut commun!* ('Não existem salvadores supremos:/ Nem deus, nem césar, nem tribuno/ Produtores salvemo-nos a nós próprios/ Decretemos a salvação comum!'). Na verdade, ao longo de todos os séculos XIX e XX, e mesmo até aos nossos dias, continua a ser facilmente detetável, em meios politicamente 'radicais' ou 'de esquerda', uma tensão entre a ideia da recusa de qualquer salvação 'a partir de cima', apelando-se pois continuadamente à organização autónoma 'das bases', e a necessidade de reconhecimento de que tal organização política tende a excluir decididamente a espontaneidade sob todas as suas formas, e que na verdade quaisquer avanços das causas identificáveis com radicalismo ou esquerda pressupõem habitualmente intervenções 'a partir de fora' e 'a partir de cima'. Como exemplo extremo: os escravos do Sul dos EUA foram libertados por Lincoln e pelo setentrional Partido Republicano, não se libertaram eles próprios; mas também os avanços em matéria de legislação social têm, por esse mundo fora, sido obtidos predominantemente através da recuperação da antiga ideia de "dever de tutela" dos poderes públicos relativamente aos mais fracos, de modo nenhum conquistados diretamente por estes, os regimes políticos mais usualmente promotores das causas 'dos pequenos' tendo, na maioria dos casos, sido marcadamente 'estatistas', por oposição a 'autogestionários'; 'presidencialistas' ou 'personalistas', por oposição a 'parlamentaristas'; 'centralistas' por oposição a 'federalistas'; e sendo mesmo frequentemente percebidos, pelo menos aquando das mudanças, como enfaticamente 'autoritários', por oposição a 'consensuais'.

Deve, portanto, sublinhar-se como o radicalismo, em particular o jacobinismo, teve de proceder a uma fusão e superação de correntes políticas anteriores, de forma a poder representar enquanto valores entre si complementares a liberdade e a igualdade, valores que tinham tradicionalmente sido considerados antitéticos: de facto, a reclamação de 'liberdade' veicula classicamente sobretudo uma pretensão elitista ou aristocrática (Canfora 2007, 2009a). Este elemento é importante, devendo ser colocado em paralelo com aquilo que Albert Hirschman (1991) considerou serem as características definidoras dos discursos conservador e progressista, ou "retórica reacionária" e "retórica progressista", como também se lhes refere. Onde aquele discurso tende a assumir uma relação de *tradeoff* entre os vários objetivos políticos, nomeadamente entre a liberdade e a igualdade, este último tende pelo contrário a supor uma relação de reforço recíproco. Mais exatamente, Hirschman define como núcleos organizadores da retórica reacionária os argumentos dos 'efeitos perversos', da 'ameaça' e da 'futilidade' (*perversity, jeopardy, futility*), em síntese: os resultados da ação política tornam-se habitualmente no contrário daquilo que é conscientemente visado; 'quem tudo quer tudo perde'; quando muito, aquilo que se obtém pela atuação política já cairia em todo o caso 'de maduro' e por si mesmo, sem que tivéssemos de nos maçar muito com isso. Pelo contrário, a retórica progressista tende a invocar os argumentos da necessidade imperiosa ou urgência (ou, se se preferir, os efeitos perversos da inação); do reforço ou carácter cumulativo daquilo que se adquire (a igualdade consolidando pois a liberdade ao universalizá-la, por exemplo, em vez de a pôr em perigo); finalmente, do 'estar do lado da história', ou da pretensa inevitabilidade do processo de mudança: aquilo que era antes a 'natureza das coisas', inalterável e que acaba sempre por se impor, é agora representado como um processo de mudanças em curso (na verdade *man made*, mas) assim de alguma forma 'naturalizadas'.

Albert Hirschman, que se apresenta assumidamente como autor progressista, reconhece entretanto que ao longo dos séculos estas duas formas de pensar e de argumentar se reforçaram e, de algum modo, se 'crisparam' reciprocamente. Em nome do esforço de plena consciencialização e de superação que declaradamente constitui o seu propósito, Hirschman deve entretanto ser relembrado de que a dimensão de *tradeoff* ou, pior ainda, de escolha "trágica" ou "agonística", é algo presente (ou pelo menos potencialmente presente) em toda a ação política, a qual em nome do realismo e da eficácia tende muito frequentemente a tomar caminhos 'ínvios', praticando aquilo que ela própria reconhece ser parcialmente um mal, mas em nome dum pretenso Bem Maior, ou mesmo da simples 'necessidade' ou 'força maior', isto é, da própria possibilidade de continuar de todo 'em jogo'. Dito de outro modo: ter de escolher, e portanto de preterir algumas opções, em si mesmas potencialmente defensáveis, é o próprio do exercício da política; e não apenas da política conservadora ou reacionária.

Exercício da política e escolhas agonísticas

Aquilo que tende a estar ausente do fio da argumentação de Hirschman, a necessidade imperiosa de fazer escolhas, é pelo contrário verdadeiramente a *pièce de resistance* de Isaiah Berlin no ensaio intitulado The Originality of Machiavelli. Se em *Two Concepts of Freedom*, principal capítulo do livro Four Essays on Liberty (1969), se tratara para este autor de distinguir e mesmo de opor "liberdade negativa" e "liberdade positiva", a primeira significando a ausência de coerção e a segunda a capacidade de autodeterminação ou de definição consciente do destino próprio, já no ensaio sobre Maquiavel, primeiro capítulo da obra *Against the Current*, Berlin (1980) tende a 'esticar' ainda mais aquela distinção-oposição, julgando identificar o principal mérito de Maquiavel precisamente nesse pôr-o-dedo-na-ferida que consiste na proclamação clara e lúcida de que frequentemente não é possível ter 'o melhor de dois mundos'. A "adaga de Maquiavel", como a designa, e tudo o que aquela deixara na tradição do pensamento político europeu, consistiria segundo Berlin, que segue quanto a esse tema as pisadas de Friedrich Meinecke e de Benedetto Croce, precisamente nisto; na afirmação, em suma, de que existem dois universos valorativos – correspondentes aos "valores pagãos" e aos "valores cristãos", como Berlin se lhes refere no ensaio, ou valores da vida ativa e da vida contemplativa – entre os quais se torna necessário escolher, sem que haja um supremo critério unificador, em função do qual a escolha possa ser feita, nem tão-pouco um qualquer *tradeoff* quantificável, ou 'razão de transformação' logicamente determinável entre o que se ganha de um lado e se perde do outro; frequentemente sem que sejam tão-pouco admissíveis escolhas de 'meio-termo' e havendo, para cúmulo, uma dimensão simultaneamente de irreversibilidade e de violência (donde precisamente a 'tragédia') diretamente associada ao próprio exercício das escolhas.

Este tema das escolhas 'agonísticas', isto é, não racionais, feitas em função da necessidade e em situações de conflito, aliás muitas vezes dilacerante, aparece em toda uma tradição de autores, de entre os quais se torna necessário pelo menos mencionar Max Weber ('os próprios deuses, no Olimpo, vivendo em conflito recíproco', de acordo com uma formulação que ficou justamente célebre, cf. Weber 1979: 174; Aron 1991: 502) e Carl Schmitt (a escolha dos meios podendo decerto ser racional-instrumental, mas a eleição dos 'fins últimos' constituindo ela própria a resultante dum processo não racional), por entre vários outros de presumívelmente menor relevo. Claro está, porém, que esta corrente destaca algo de importante acerca da realidade da política, mas não diz tudo. A orientação global da ação, podemos agora contrapor, deve mesmo visar a construção de circunstâncias em que as escolhas agonísticas possam ser evitadas, ou reduzidas a um mínimo. O objetivo duma conduta política recomendável ou 'sã', segundo esta outra linha argumentativa, seria a garantia dos fundamentos da renovação permanente da escolha: escolhemos hoje, sim, mas devemos fazê-lo procurando manter as possibilidades de escolha tão em aberto quanto possível para amanhã; isto é, evitar cair no irreversível e/ou no irreparável. Se se quiser, do mesmo modo que para Amartya Sen (1987 e 2001) o núcleo definidor do 'desenvolvimento' é a preservação ou mesmo o crescimento indefinido das 'capacidades' (o criador é sempre mais importante do que a criatura, ou o 'poder constituinte' mais do que os poderes constituídos: à sua maneira Sen também parece ser algo jacobino nos pressupostos do seu raciocínio), assim também aqui se pode identificar um princípio 'deontológico' orientando o exercício das escolhas; e talvez mesmo vislumbrar uma ideia de 'desenvolvimento político' identificando este com a preservação das capacidades de escolha duma sociedade, evitando portanto que ela faça ou tenha de fazer as tais escolhas agonísticas.

O destaque concedido por Berlin às oposições permite, em todo o caso, sublinhar a existência de afinidades indesejadas e/ou de incompatibilidades incómodas entre alguns dos nossos objetivos, pelo menos adentro de determinadas condições gerais. Na verdade, ao longo da história a democracia apareceu intimamente associada ao particularismo, ao tribalismo, à xenofobia, à desconfiança pelo estrangeiro (tendencialmente definido como 'o inimigo'), à frequente tendência para exterminar ou escravizar este sempre que possível, etc. Por outro lado, as mais antigas manifestações de humanismo universalista são sem dúvida inegavelmente o correlato 'espiritual' de tendências para o império 'universal' ou 'ecuménico': helenismo, romanidade, etc.

Bem entendido, isto não quer dizer que a escolha tenha sempre de ser entre democracia-cum-particularismo versus universalismo-cum-imperialismo, nem tão-pouco entre 'valores pagãos' e 'valores cristãos', entre liberdade positiva e liberdade negativa, ou outro qualquer 'conflito dos valores' à maneira de Weber (1979) ou de Berlin (1980). De facto, a sociedade que primeiro declarou na modernidade a importância da liberdade positiva, isto é, da cidadania plena, a França revolucionária de finais de setecentos, afirmou também as suas intenções pacíficas para com a generalidade dos outros países e mesmo a sua ausência de intenção de 'exportar' a revolução (sendo pois detestáveis os "missionários armados", segundo uma fórmula célebre de Robespierre); e foi ela também a sociedade que primeiro procedeu à abolição da escravatura: "que pereçam as colónias antes do que um princípio", segundo a outra famosa norma do 'Incorruptível', a propósito do argumento da alegada inviabilidade económica do império colonial, caso a escravatura fosse abolida. O próprio projeto kantiano duma 'paz perpétua', entre países organizados politicamente enquanto 'repúblicas', é ele mesmo em muito devedor, aliás de forma consciente, das ideias da França revolucionária deste período.

Nações e desenvolvimento político

O tema da antinomia particularismo-universalismo, e bem assim das relações potencialmente conflituais deste último com a democracia, permite destacar o carácter conceptualmente contraditório de algumas das componentes daquilo que é de forma habitual designado como 'desenvolvimento político'. Em boa verdade, podemos mesmo perguntar-nos: faz de todo sentido raciocinar em termos de desenvolvimento político? Quanto a isto, deve acrescentar-se, um lugar de destaque é desde logo assumido pelas discussões relativas ao tema do nacionalismo. Em que medida, têm-se interrogado diversos autores, constitui este último um traço distintivo das sociedades modernas? No fundamental, é essa a tese celebremente exposta por Ernest Gellner (1991, 1993, 1997): a modernidade impõe uma 'intensificação semântica' da vida social, a qual por sua vez implica a utilização duma mesma linguagem (falada e escrita) pelo conjunto dos grupos sociais, em interações cada vez mais frequentes e cada vez mais intensas. Recorrendo a um exemplo proposto pelo próprio Gellner: numa sociedade pré-moderna o camponês pode bem falar checo enquanto o nobre se expressa em alemão, porque a verdade é que as respetivas interações são raras e muito pontuais; na sociedade moderna têm todavia de usar o mesmo idioma, o que aliás impõe também que, de algum modo, tendam a conceber-se como possuindo a mesma origem mítica. As sociedades modernas, assumindo tipicamente a forma de nações, adquirem assim também a configuração de "comunidades imaginadas", na fórmula feliz de Benedict Anderson (1991), ou seja, grupos humanos que mutuamente se reconhecem e se atribuem uma genealogia mítica unificadora.

Este aspeto 'comunitarista' da ideia de nação coexiste entretanto com a ideia, correlativa a um tema antigo da tradição sociológica, e reportando em particular à obra de Émile Durkheim, segundo o qual a divisão do trabalho social corresponderia por norma a um aumento da "densidade moral" das sociedades: o aumento da quantidade e da importância dos fluxos comunicacionais na existência daquelas acarretaria quanto a isto uma uniformização, toda a gente tendo de falar a mesma língua. Impõe também, de alguma forma, uma democratização da mesma: o idioma utilizado pela 'alta cultura' deve por princípio ser igual ao vernacular, o que tende a vir acompanhado da noção correlativa de que a própria 'razão de ser' última da existência das elites consistiria no respetivo contributo para o mais amplo bem comum, ou 'interesse geral'. Por outro lado, o referido aumento da 'densidade moral' estaria associado, segundo o mesmo quadro durkheimiano de leitura, a um crescimento do individualismo e a uma diferenciação social crescentes. Deste modo, defrontamos inegavelmente dinâmicas diversas e mesmo, quanto a alguns aspetos, entre si conflituais: tendência para a uniformização cultural e para a 'intensificação', por um lado; tendência para a diferenciação e o individualismo, por outro.

A consciência de tal conflitualidade de dimensões é indispensável do lado do estudioso, em face mesmo da multiplicidade de aspetos destacados por diferentes teorizações do 'desenvolvimento político': de um lado, o aumento sistemático dos níveis de 'mobilização', segundo as importantes propostas de Karl Deutsch (1953, 1961, 1981) e de David Lerner (1958), com o recurso sistemático à imprensa, o ascendente da rádio e dos audiovisuais, mais amplamente a influência tremenda dos *media* e temas correlativos; mas por outro lado também a passagem da suposta sinarquia das sociedades tradicionais à "poliarquia" alegadamente caracterizadora da modernidade política, de acordo com a famosa formulação de Robert Dahl (1961, 1971, 1991), a qual viria associada à diferenciação, à multiplicidade de dimensões e em definitivo à impossibilidade mesmo, numa sociedade dita 'complexa' e 'desenvolvida', de existência duma verdadeira "elite do poder", ao contrário do que foi sugerido por Wright Mills (1956). O grupo detentor do ascendente económico não seria completamente fechado nem se sobreporia ao detentor do ascendente político, militar, simbólico ou outro, segundo a proposta de Dahl, que assume assim a 'poliarquia' como condição necessária da democracia, ao mesmo tempo que a apresenta enquanto consequência tendencial da complexidade associada ao 'desenvolvimento' político; já Mills, pelo seu lado, sublinha o fechamento e a concertação das atuações, para além da usual sobreposição ou coincidência dos critérios, que Dahl apresenta como normalmente ortogonais.

Esta conflitualidade de dimensões correspondentes à diferenciação e à mobilização é algo que, de forma mais ou menos conscientemente percebida, está presente num bom número de teorizações sociológicas: a modernidade produz diferenciação e individualização, mas ao mesmo tempo dir-se-ia também 'compactar' e homogeneizar os indivíduos em sociedades que estão necessariamente mais uniformizadas, mais aprofundadamente aculturadas e mais permanentemente mobilizadas, quanto a diversas outras perspetivas. Na verdade, a modernização política é, relativamente a vários aspetos, invariavelmente correlativa duma enorme operação de engenharia social, a qual implica a produção de 'opiniões públicas' consideravelmente uniformizadas, ou pelo menos tornando possível gerar consensos significativamente alargados, isto é, concordâncias adentro das quais a eventual dissensão tenda a expressar-se sob a forma de 'oposição leal', não como 'boicote' ou 'sabotagem', menos ainda enquanto secessão ou ameaça disso. A noção, aliás geralmente muito difusa e imprecisa (e por isso mesmo talvez analiticamente irrelevante), de 'totalitarismo', em todo o caso parece corresponder melhor ao quadro imaginado por Aldous Huxley (2013) em *O Admirável Mundo Novo* do que ao *1984* de George Orwell (2002): não se trata tanto da repressão policial e do isolamento individual, em geral bem mais da integração numa comunidade aparentemente feliz, com a aniquilação mesmo de qualquer possibilidade de imaginação dum futuro alternativo, através da plena 'endogeneização da procura' política, a qual é obtida através de múltiplas formas, tais como o permanente uso e abuso dos *media*, o controlo medicinal, mais recentemente também o recurso à bioquímica, etc.

Retenhamos pois, em síntese deste ponto, o notável sucesso evolutivo da forma política que é o estado-nação, com a sua transformação mesmo em 'normalidade' institucional; bem assim, a importante simultaneidade dos seguintes processos: a) acentuada diferenciação social, com a correspondente produção de individualismo moral; b) relativa uniformização moral do conjunto de cada sociedade, acompanhada da sua crescente mobilização. Este segundo elemento, deve dizer-se, comporta em si mesmo uma componente de conflito ou tensão entre conceções predominantemente 'cívicas' e/ou 'étnicas' da pertença nacional, permanecendo por outro lado todo o nacionalismo numa relação problemática com as tendências apontando para o universalismo moral. Em suma, não obstante o facto inegável de que cada nação apela constantemente à participação cívica sempre renovada, com o que se reconstrói também permanentemente, por outro lado ela tende também de forma recorrente a imaginar-se como fundada num passado mais ou menos obscuro, onde se supõe residir a respetiva genealogia mítica comum. Enfim, a 'educação moral' a que os estados-nação tendem a submeter os respetivos cidadãos mantém quase inevitavelmente relações problemáticas com o horizonte do universalismo moral, as quais podem ir da ultradefensiva ênfase na especificidade de cada caso nacional até ao propugnar dum falso universalismo impostor, que na verdade não passa de projeção imperial e ampliação imaginária do horizonte de cada estado-nação: desde o crispado *'España es diferente'*, de um lado, onde perante a indisfarçável subalternidade face a vizinhos/inimigos se afirma defensivamente que do lado de cá dos Pirenéus as verdades são outras das proclamadas na Europa centro-ocidental, até à ideia de que todos os seres humanos têm inegavelmente direitos, decerto que sim, mas basicamente na medida em que, devidamente considerado o conjunto dos fatores operantes, todos eles são suscetíveis de serem considerados como norte-americanos em potência...

Liberalismo clássico e demoliberalismo

Aspeto importante a considerar na evolução dos sistemas políticos nos últimos séculos é também o referente aos respetivos regimes ou 'sistemas' eleitorais. Uma primeira classificação ou distinção se impõe, nesta matéria: a respeitante à díade ou antinomia composta por regimes maioritários e proporcionais. Os regimes//sistemas maioritários são, sublinhemo-lo desde já, sem dúvida os mais antigos. O exemplo 'clássico' entre todos corresponde obviamente ao caso britânico, com círculos uninominais e eleição por maioria simples à primeira volta. Naturalmente, os regimes maioritários não impõem círculos uninominais, mas pelo seu lado os proporcionais implicam os plurinominais. No caso britânico, este método começa por estar evidentemente associado a uma grande influência do deputado individual, o qual tende a ser uma notabilidade local, integrada em redes de relações pessoais nas quais o patrocínio, influência ou patronagem (*patronage*) joga um papel determinante. Os partidos são, neste contexto sociopolítico, estruturas muito fracas, aliás originariamente não reconhecidas como legítimas pela opinião prevalecente: 'partido' é neste ambiente sobretudo sinónimo de 'facção', ou seja, grupo com interesses opostos ao interesse geral ou bem comum, ameaçando permanentemente com a secessão e/ou a guerra civil. Pouco a pouco, e contra este fundo de aversão, os partidos vêm entretanto a ser reconhecidos enquanto legítimos, ou pelo menos como um mal necessário porque menor, e nesse sentido um bem relativo, ganhando paulatinamente consagração pública (cf. Plamenatz 1992). O exemplo clássico é, de novo, fornecido pelo caso britânico do século de setecentos, ou pelo menos posterior à *Glorious Revolution* de 1688. Os partidos são aqui tipicamente dois: *Tories* e *Whigs*, muito imprecisamente traduzidos depois respetivamente como 'conservadores' e 'liberais', na verdade sobretudo partidários de maior concentração de poderes na pessoa do rei versus defensores intransigentes das prerrogativas do parlamento. No limite: facção pró-absolutismo, isto é, o poder de um, os monárquicos em sentido estrito; e facção favorável ao republicanismo aristocrático, ou seja, o poder dos *'few good men'*, ou aristocratas propriamente ditos.

Uma observação relevante a acrescentar corresponde ao facto de ambos os partidos se moderarem reciprocamente, aprendendo pouco a pouco a tolerar-se e a dirimir as suas diferenças através dum processo de crescente 'parlamentarização' da vida política que os sociólogos Norbert Elias e Eric Dunning (1992) já colocaram em paralelo direto com o da 'desportivização' do jogo, um e outro associados à variedade particular, ou à singularidade de trajetória que o processo de 'civilização dos costumes' (Elias 1987, 1989) teria assumido no caso britânico. Note-se que a sociedade que produziu o parlamentarismo foi também, de facto, a sociedade que inventou a maior parte dos desportos hoje em dia reconhecidos como tal. A prática de um e outro encontram-se assim intimamente associadas à posse da *sportsmanship*, qualidade inerente, pode dizer-se, à *gentlemanhood*; em suma, definidora do grupo de etiquetagens sociais correspondentes à *gentry*, noutros termos o conjunto dos grupos sociais detentores da 'dignidade mínima' que é condição da possibilidade de participação na via política. (Desde esse limiar mínimo, é claro, até ao topo absoluto da hierarquia social, o rei sendo ele próprio considerado o 'primeiro cavaleiro', ou primeiro *gentleman*). Como deve tornar-se imediatamente óbvio, isto exclui no século dezoito, e ainda durante o século dezanove, a larguíssima maioria da população. No caso britânico, para além da exclusão referente ao sexo/género (as mulheres ficam evidentemente de fora do jogo político), a mais importante das limitações é a relativa aos níveis de riqueza detidos por cada um. Vota quem paga mais do que um certo montante X de determinado imposto, classicamente associado à riqueza, ou mesmo a certas variedades específicas de riqueza: a propriedade fundiária, por exemplo. Esse limiar mínimo de riqueza é designado por 'censo', em inglês *franchise*: 'franquia', limite correspondente ao franquear ou à libertação, pode dizer-se. Nestas sociedades a larguíssima maioria da população encontra-se *disenfranchised*; e essa 'desemancipação' é não apenas considerada normal: ela é percebida como condição necessária da preservação das características 'liberais' ou 'moderadas' do próprio sistema político.

Em reforço do carácter para nós marcadamente atípico e não-democrático desta situação, deve sublinhar-se ainda a existência habitual duma câmara alta, a 'Câmara dos Lordes', com pertença tipicamente hereditária e/ou por inerência, embora haja também usualmente aqui uma componente de nomeação régia. Quando no século XIX este modelo, ou mais exatamente a sua idealização pelos liberais pós-1815, foi importado pela França, e depois desta por uma boa parte dos países da Europa continental, Portugal incluído, à câmara alta chamou-se 'dos Pares'. Neste caso, ao grupo dos "dignos pares", hereditários, por inerência e de nomeação régia (temporária ou vitalícia, suscetível ou não de ser depois incorporada na linhagem e transmitida por herança), acrescentou-se ainda um pariato eletivo, o qual era eleito tal como os "senhores deputados", mas com eleições indiretas e/ou restrições à capacidade eleitoral ativa e passiva mais severas do que as respeitantes à câmara baixa, ou dos deputados. Quanto a isto, as câmaras dos pares como a da monarquia constitucional portuguesa assemelham-se não apenas à Câmara dos Lordes britânica, mas também ao tradicional Senado norte-americano, ele próprio até ao século XX eleito de forma indireta e com limitações relativas à riqueza que eram mais severas do que as aplicáveis à Câmara dos Representantes, originariamente a câmara baixa no desenho constitucional dos EUA.

É importante registar que a elite social, por consequência, influencia este sistema político: desde logo de forma direta, através da câmara alta; depois também de forma indireta, condicionando o processo de eleição da câmara baixa, ou dos Comuns. Este último aspeto é evidentemente propiciado pela forte personalização da eleição, correlativa aos círculos uninominais, e frequentemente também pelas realidades práticas: a) do *malapportionment* no caso britânico, isto é, a completa ausência de proporção entre o número de eleitores e o número de eleitos, porque um determinado círculo pode corresponder a uma enorme população eleitora, como sucede por exemplo nas cidades então recentemente industrializadas e com população em crescimento galopante no século XIX, mas também a uma população meramente residual, como acontece nos chamados *rotten boroughs*, círculos rurais onde meia dúzia de eleitores adequadamente 'apadrinhados' por um notável reelegem sistematicamente este último; b) do *gerrymandering* no caso norte-americano, ou seja, o desenho e redesenho sistemático da geografia dos círculos, com vista a obter os resultados mais convenientes, assim permitindo a composição e a manutenção de maiorias. Este grupo de sociedades pensa caracteristicamente os respetivos regimes políticos como correspondendo àquilo que se tem designado como "regimes mistos", ou seja, regimes que mais ou menos conscientemente combinam uma componente monárquica (o poder de um só, o rei ou o presidente), uma componente aristocrática (câmaras altas e limitações ao sufrágio mesmo no caso da câmara baixa) e uma componente popular, embora não exatamente democrática. De facto, 'democracia' é, no contexto cultural destas sociedades, um nome feio, um insulto, estando associada a noções como 'tirania da plebe', 'canalhocracia' e outras mais ou menos afins, naturalmente incompatíveis com os valores que é suposto estes regimes defenderem: a divisão ou separação dos poderes e o respeito pelas leis. Desempenha um papel crucial, neste âmbito, a ideia de contrapesos ou *checks and balances*: o poder supostamente limita o poder, impedindo-se desse modo os males associados ao abuso do mesmo. Por vezes, também, o próprio facto de alegadamente se tratar dum 'regime misto' cumpre mais ou menos a mesma função: a combinação de vários elementos permite evitar os males associados ao potencial abuso de cada um deles; o regime é, num certo sentido, perfeito precisamente por não ser 'puro', por não corresponder a qualquer dos 'tipos ideais' identificados.

Note-se também, quanto a isto, que a própria ocorrência de eleições é explicitamente pensada enquanto fator de aperfeiçoamento dos regimes, na medida em que é suposto eles perderem dessa forma democraticidade. A democracia que estas sociedades têm como referência primordial (e referência sobretudo negativa, ou contraponto) é a democracia direta. Na medida em que haja eleições, raciocina-se, há já escolha e seleção, diferenciação entre governantes e governados; logo também, nesse sentido aristocracia: o poder sendo transferido para os 'eleitos', precisamente, por oposição à maioria de súbditos. Como forma de filtragem adicional das vontades, no caso de uma eleição direta não chegar (apesar das diferenças notadas entre a habitual opinião/índole dos eleitos e a opinião/índole dos eleitores), pensa-se aqui por vezes na eleição em vários patamares, ou indireta: naturalmente, nesse caso o afastamento é ainda maior e a componente popular torna-se ainda mais 'filtrada'. Este sistema de filtros é também, ocasionalmente, pensado em *tradeoff* com as limitações ao sufrágio: em vez de se afastar liminarmente um grupo mais miserável de toda e qualquer participação, permite-se esta última, sim, mas submetendo-a a um crivo ou uma mediação mais apertada (Lazare 1996, 1998, 1999; Losurdo 2004c).

Registemos, enfim, que o sistema de restrições ao sufrágio não consiste apenas no atinente ao sexo ou no referente à riqueza ou rendimento (isto é, o censo). Pode ter a ver também com a instrução, ou ainda outros fatores. Caracteristicamente, durante o século XIX e ainda uma parte do século XX, ao modelo britânico de restrições censitárias podemos mesmo contrapor um modelo europeu continental, ou 'francês', de limitações relativas à instrução. Tipicamente, a III república francesa, e depois também a primeira república portuguesa, pensou em si mesma como 'professorocracia' ou 'ditadura pedagógica', apostada portanto não apenas na estrita instrução, mas na "educação moral" em sentido amplo. Ao longo deste período, porém, as limitações ao sufrágio vão-se atenuando, havendo pois um processo continuado de emancipação ou *enfranchisement* da maioria da população. Todavia, se levarmos em conta o caso do voto feminino, verifica-se que esse processo só se conclui em França em 1946, em Portugal em 1975, com a instituição cabal do sufrágio universal, igual, direto e secreto.

Tipos de partidos e desenhos constitucionais

Ao grupo de situações antes apresentadas como 'clássicas' corresponde grosso modo aquilo que a politologia tem designado como "partidos de quadros", ou porventura ainda mais exatamente "partidos de notáveis". Crucial é, no caso destes, a importância das redes de relações pessoais, ocorrendo geralmente também uma fraca definição ideológica ou programática, pouca disciplina partidária e um grande peso genérico do elemento da influência social, do prestígio ou 'status': por um lado, presenciamos a influência do deputado no seu círculo, de cujos interesses ele se assume como 'representante' em sentido forte, supostamente mais esclarecido do que os seus constituintes; por outro lado, temos também a influência do dirigente no seio do partido. O chefe partidário é aqui tipicamente o dirigente duma bancada parlamentar: estes partidos têm a sua génese e o fulcro da sua existência no parlamento. Através das eleições este 'líder' tenta usualmente alcançar a chefia do executivo, ou a posição de primeiro-ministro, continuando todavia em simultâneo a ser deputado. Deste modo, a responsabilidade (integral ou apenas parcial) do governo face à câmara produz também, em sentido inverso, a responsabilidade da câmara, ou pelo menos da sua bancada dominante, face ao governo através do seu dirigente: o governo depende do parlamento, mas a bancada dominante deste depende por sua vez (partidariamente) do primeiro-ministro. Este é um regime que tende pois a gravitar em torno da figura crucial do primeiro-ministro: "presidencialismo do primeiro-ministro", já se lhe chamou; e os nomes célebres a que se encontra habitualmente associado são justamente os nomes de primeiros-ministros: Disraeli, Gladstone, Guizot, Bismarck, Cavour, Giolitti, Fontes, Luciano de Castro, Hintze Ribeiro, João Franco, etc.

Na situação clássica, repita-se e sublinhe-se, a definição partidária é fraca, o elemento mais importante de ligação é a influência social, ou patronagem, e os partidos podem pois ser constantemente recompostos, procurando subliminarmente 'comprar', ou pelo menos 'influenciar' ou 'sugerir' os favores de deputados em número suficiente para compor uma maioria, dado o facto de a pertença a uma determinada bancada não ser inicialmente inequívoca. Note-se que o facto de os governos, em geral, não serem ainda plenamente responsáveis perante o Parlamento, mas perante o Rei, reforça muito este estado de coisas, porque a possibilidade de exercício de patronagem por parte dos monarcas resulta obviamente enorme. Igualmente importante é o facto de a vida política estar escassamente profissionalizada e não ser oficialmente remunerada: nesta configuração social, e para usar a célebre expressão de Max Weber (1979), vive-se "para a política", não "da política". Isto equivale, obviamente, a restringir a vida política aos bem-nascidos, fazendo dela, por outro lado, uma espécie de investimento com um longo ou longuíssimo horizonte temporal de retorno: tarde ou cedo, a patronagem deverá permitir recuperar os gastos feitos com um modo de vida formalmente ostentador e que todavia gosta (e faz de resto absolutamente questão disso) de pensar em si mesmo como praticando a política qual *ars gratia artis*; enquanto 'arte pela arte', digamos, e não sob a forma de 'profissão' em sentido estrito (cf. também Plamenatz 1992).

Neste contexto, a democratização ocorrida durante oitocentos e a primeira metade de novecentos, culminando no sufrágio universal (apenas masculino primeiro, depois verdadeiramente universal), foi acompanhada por um lado pela emergência da 'política enquanto profissão', com cargos pagos. Por outro, pelo aparecimento de partidos correspondentes a uma organização muito mais forte e com uma definição ideológica ou programática mais clara, com muito mais disciplina interna do que os "partidos de notáveis" e assistindo-se à perda de importância das bancadas parlamentares relativamente à estrutura partidária global, dado precisamente o facto de se tratar agora, com frequência, de partidos de génese extraparlamentar: baseados no sindicalismo, em movimentos cooperativos, etc. Chamou-se a isto "partidos de massas", correspondentes usualmente à realidade dos partidos socialistas europeus de princípios do século XX: acima de todos eles, o SPD alemão constituiu o seu exemplo quase ideal-típico (cf. Duverger 1951). Teoricamente, trata-se aqui dum partido que traduz a vontade dos aderentes, ou militantes, dado expressar o ascenso da democracia no exterior e proclamar a adoção de práticas organizativas com características formalmente democráticas também no seu interior. Na prática, porém, e de acordo com as opiniões expressas por Robert Michels, ele próprio um dissidente do SPD, num estudo que veio a tornar-se um clássico absoluto nas investigações sobre partidos políticos (Michels 2001; cf. Bottomore 2001; Souza 2009), esta estrutura propicia a perpetuação da elite dirigente, profissionalizada, a qual procede no fundamental através da cooptação, integrando no seu seio os elementos 'das bases' que se mostram mais destacados e que, portanto, poderiam vir a constituir focos de dissidência, ou mesmo sobretudo na medida em que ameacem poder vir a fazê-lo. Esta realidade foi considerada por Michels a "lei férrea" das oligarquias partidárias e assumida como virtualmente impossível de ultrapassar, a democracia tendendo portanto a reduzir-se a uma palavra vã, ou simples 'mito': uma fórmula ou ideia muito imprecisa, mas suscitando sentimentos exaltados, produzindo por vezes resultados 'performativos' e devendo por isso ser levada em conta pela análise científica, mas afastando-se entretanto decisivamente da descrição da 'verdade efetiva das coisas'.

Por outro lado, na medida em que pensam em si como 'partidos de militantes', e não já como 'partidos de notáveis', mas também ainda não enquanto 'partidos de eleitores', estes partidos tendem a constituir-se em sociedades parciais, distintas e relativamente autonomizadas da sociedade global. Trata-se aqui de partidos tendencialmente 'multifuncionais', visando não apenas a realidade das eleições, mas uma prática política continuada, permanente e multiforme, num certo sentido tendendo por isso a 'transbordar' mesmo da estrita vida política para aspetos culturais, educacionais e outros, constituindo-se variadas e amplas redes de associações cívicas gravitando em torno do próprio partido e, no limite, assemelhando-se estes a verdadeiras igrejas ou a quase-nações, dotadas dum considerável grau de autonomia adentro da sociedade global.

Variedade de regimes eleitorais

A este grupo de eventos, ou seja, em termos gerais à tendência democratizadora correspondeu também, em larga medida, a inclinação para a adoção de métodos eleitorais assentes na proporcionalidade, em particular os métodos ditos "da média mais alta". Originariamente, de facto, estes métodos expressam sobretudo a preocupação de representar as minorias, o que torna evidentemente mais propensas à sua adoção as sociedades de base multiétnica, multirreligiosa, etc. Quanto a isto, notemos de passagem que

Jacques d'Hondt, por exemplo, era belga. Entretanto, o facto de os métodos anteriores, maioritários, criarem enormes 'barreiras à entrada' de terceiros partidos (e *a fortiori* de quartos, quintos, etc.), ou seja, de propiciarem marcadamente um bipartidarismo fático, contribuiu para fazer da reivindicação da proporcionalidade uma bandeira clássica dos 'partidos de massas' emergentes, desde logo os partidos socialistas, depois destes também os comunistas, ecologistas, 'populistas' e outros. Em política, porém, nada ou quase nada é linear. Registe-se, quanto a isto, que os trabalhistas britânicos, por exemplo, foram primeiro muito lesados pela representação maioritária, mas, uma vez volvido certo limiar, passaram a beneficiar dela, tendo-se-lhe subsequentemente convertido na prática, se não na teoria: o *Labour* continua até aos nossos dias a fazer oficialmente profissão de fé pela mudança do método eleitoral do Reino Unido, com a introdução de pelo menos uma componente de proporcionalidade, mas de facto tende a 'esquecer-se' sistematicamente dessa promessa logo depois de cada eleição que ganha.

Em todo o caso, é de reter a associação estreita dos métodos proporcionais à preocupação de garantir a representação das minorias e à possibilidade (permanente e renovada) de emergência de partidos novos, impedindo assim o tradicional duopólio fático da representação que corresponde aos sistemas maioritários, sobretudo os da 'maioria simples'. A grande vantagem da proporcionalidade é sem dúvida a da muito maior adequação da vontade dos eleitores, expressa em votos, à distribuição efetiva dos mandatos. Em paralelo, evidentemente, as questões do *malapportionment* e do *gerrymandering*, que constituem uma sombra permanente perseguindo os regimes de círculos uninominais, desaparecem sem qualquer problema uma vez adotados os círculos plurinominais, como a proporcionalidade impõe. As principais variedades de métodos 'de média mais alta' são: o método de Hondt (com divisão sucessiva dos resultados eleitorais por 1, 2, 3, 4...), o de Imperiali (com divisão por 2, 3, 4 e sucessivamente, dificultando portanto algo mais a superação do limiar inicial de entrada) e o de Sainte--Laguë, onde se procede à divisão por 0.5, 1.5, 2.5, 3.5, etc., o que significa que se dá uma 'ajuda' ou *head-start* aos partidos mais pequenos, facilitando a obtenção do primeiro deputado. No caso do método de Imperiali, o primeiro deputado 'custa' assim o dobro dos votos dos subsequentes, ao passo que no caso do método de Sainte-Laguë, pelo contrário, se deixa aceder ao primeiro deputado por apenas metade do 'custo' dos restantes eleitos (cf. Lijphart 1989; Farelo Lopes & Freire 2002).

Pelo lado das desvantagens é entretanto habitual referir, quanto à proporcionalidade: a excessiva proliferação de partidos, a dificuldade em constituir maiorias estáveis, a imprevisibilidade dos partidos na formação de coligações em situações de ausência de maiorias 'monocolores' (o que pode contribuir para atraiçoar o sentido íntimo da vontade dos respetivos eleitores); finalmente, o afastamento na ligação pessoal entre eleitos e eleitores, dada a grande dimensão dos círculos e o facto de a hierarquização dos candidatos de cada lista partidária ficar fora do alcance da decisão dos votantes. Deve todavia acrescentar-se que, do ponto de vista dos factos, o argumento da imprevisibilidade das coligações não parece colher muita validade. Na verdade, embora dois partidos mais afastados ao longo dum eixo de ordenação das escolhas (por exemplo: um eixo esquerda-direita) possam ter objetivamente interesse em disputar ou partilhar entre si a 'área de influência' dum outro partido ocupando uma posição intermédia, verifica-se que na prática isso só muito raramente acontece. As condutas reais dos partidos não parecem tender na verdade para o modelo do chamado 'agente racional', embora tal possa observar-se pontualmente, em situações reconhecidas precisamente como extremas e 'maquiavélicas', o que sugere também que a atuação política habitual está longe de ser completamente "instrumental", obedecendo pelo contrário a uma componente irredutivelmente "expressiva" ou "simbólica". Sendo as práticas políticas menos instrumentais do que expressivas (isto é, tendendo a conceber-se como um 'fim último' e não de forma integrada numa interminável cadeia de meros meios), os partidos mais distantes não costumam, por isso, concertar-se para lesar os do meio ou partilhar o respetivo 'território', pelo que os sistemas de alianças são na verdade bastante previsíveis: as alianças de opostos são muito raras; e as de partidos contíguos muitíssimo mais frequentes. Já em relação ao argumento da dificuldade em obter maiorias absolutas 'monocolores', parece dever admitir-se a existência de algum *tradeoff* entre estabilidade governativa e autenticidade democrática. Trata-se, quanto a isso, de saber quanto se está disposto a sacrificar desta última para obter que acréscimo daquela, ou vice-versa. Nesse caso, porém, deverá também reconhecer-se com lucidez que se está de facto a reduzir o âmbito de prática da democracia, ou a empobrecer o seu conteúdo efetivo, para alegadamente obter em troca mais estabilidade política. Nesse caso, também, deverão meditar-se as consequências a mais longo prazo de tal trajetória de escolhas.

Como sistemas de alguma forma intermédios, entre a proporcionalidade e o método da maioria simples, devem antes de mais mencionar-se os métodos das quotas e os dos restos. As quotas podem ser de Imperiali (nº de votos / L+2), Hagenbach-Bischoff (nº votos / L+1), Droop (idem + 1 voto) ou Hare (nº votos / L) onde L representa o número de lugares em disputa. Naturalmente, uma quota Imperiali é algo mais fácil de obter, enquanto a de Hare é a de mais difícil obtenção. Este método corresponde à eleição de determinados candidatos individuais, podendo ser completado pela eleição também através do método dito "dos maiores restos", no caso de haver lugares por atribuir sem que existam mais candidatos que tenham chegado à quota. Pode também, neste tipo de situações, recorrer-se ao chamado "voto único transferível" (VUT), método devido a Thomas Hare e que permite distribuir por outros candidatos os votos 'extra' dum qualquer, que tenha atingido e superado a quota. A distribuição é feita levando em conta as indicações de possíveis segundas ou terceiras preferências por parte dos votantes (cf. quanto a isto, a título de ilustração, o exemplo referido em Farelo Lopes e Freire 2002: 120). Note-se entretanto que os métodos "da média mais alta", no fundo, consagram a ideia de que os possíveis votos 'excedentários' dum qualquer candidato se transferem na íntegra para o candidato seguinte da lista, deste outro para o subsequente, etc. A diferença é, naturalmente, que a ordenação dos candidatos é feita pela própria lista concorrente (um diretório partidário, ou um grupo deles), em vez de ser deixada à escolha do eleitor. Todavia, aquilo que este perde em 'personalização' das suas escolhas passa a ganhar-se amplamente em racionalização e simplicidade de processos. Aliás, foi precisamente por isso que historicamente os métodos de quota, resto e "voto transferível" usualmente precederam os de média mais alta, em geral de implantação bem mais tardia.

Um outro método 'intermédio' a merecer uma menção separada é o da eleição em duas voltas, com possível exigência de maioria absoluta à segunda volta, que em princípio é reservada aos dois candidatos mais votados na primeira volta. Note-se todavia que, por vezes, não se exige neste método exatamente 50 por cento mais um voto à primeira volta, mas algo menos, enquanto noutros casos os terceiros e quartos colocados não são impedidos de participar na segunda volta. Este método basicamente induz a formação de 'famílias' de partidos, dado que evidentemente é muito melhor para cada lista haver esquemas de desistência recíproca com o fito da possível passagem às segundas voltas, admitindo-se a fraca probabilidade de ocorrência de maiorias absolutas logo à primeira volta. Foi este o esquema que classicamente vigorou durante vários anos na França, no âmbito da chamada 'união da esquerda', entre o PS e PCF já no contexto da 'quinta república', de resto tal como entre os vários agrupamentos do centro-direita (RPR-UDF).

Um aspeto importante, para o qual deve chamar-se neste caso a atenção, é o efeito de 'normalização' estatística do voto induzido por este sistema, levando-o a aproximar-se do modelo da chamada 'curva de sino' quando inicialmente ele é (ou pode ser) 'bimodal', com frequências elevadas em mais de um ponto ao longo do eixo esquerda-direita, ou mesmo assumir uma forma de 'curva de sino' invertida. Na verdade, tomando de novo como referência o eixo esquerda-direita, verifica-se que a transferência de votos, em casos de ocorrência de segundas voltas, se processa mais facilmente das formações mais 'radicais' para as mais 'moderadas', do que acontecendo o contrário. Dito de outro modo, quando o candidato da esquerda é um socialista, ele tende *ceteris paribus* a ter maior probabilidade de eleição à segunda volta do que quando a esquerda elege à primeira volta um candidato comunista. Num prazo dilatado, isto cria uma pressão seletiva muito importante em benefício do PS e com lesão do PC; por conseguinte, trata-se *à la longue* dum esquema que é ótimo para o PS, constituindo todavia um suicídio lento para o PC. Foi o que realmente ocorreu em França ao longo de décadas a fio, desde que a V República substituiu a proporcionalidade característica do imediato pós-1945 pelo método maioritário em duas voltas (cf. Canfora 2007). Se à esquerda a 'anomalia' ou o 'entorse' que era o peso relativo inicialmente maior do PC foi 'corrigida' ou 'endireitada' por esta astuciosa engenharia eleitoral, já no caso da direita política o mesmo esquema permitiu entretanto manter em cheque as tendências secessionistas das alas mais radicais relativamente ao grande *rassemblement* 'gaullista', evitando mesmo, e de facto até muito tarde, que estes sectores se expressassem de forma independente. Na verdade, ainda hoje, tendo a Frente Nacional frequentemente bem mais de 10 por cento dos votos nas eleições legislativas, acontece que por vezes esta formação não consegue, apesar disso, fazer eleger quaisquer deputados.

'Barreiras à entrada' e hipertrofia do 'centro'

Este último facto permite entretanto chamar a atenção para a existência, mesmo em regimes que não consagram oficialmente tais dispositivos, duma realidade tácita de 'quotas' ou limiares mínimos de percentagens, necessários para fazer eleger deputados. Mais de 10 por cento dos votos podem, como vimos, levar em regime maioritário a um *output* eleitoral final rigorosamente nulo, nas legislativas: quer em regime de duas voltas e maioria absoluta, quer em regime duma volta apenas e maioria simples, aliás neste último caso por maioria de razão. Todavia, mesmo em situações formalmente de proporcionalidade pura, como acontece em Portugal, basta o facto mesmo de a dimensão dos círculos ser relativamente reduzida para haver quotas fáticas, aliás nada pequenas. Tomemos como exemplo o caso do distrito e/ou círculo eleitoral de Santarém, o qual elege atualmente 10 deputados. Embora se verifique que todas as cinco principais formações conseguem fazer eleger deputados por esse círculo, foi muito dúbia em alguns dos últimos atos eleitorais a eleição do deputado do PP, e compreende-se bem porquê. De facto, só com 1/ (10+1), isto é, na prática 9.09 por cento dos votos, é que as três formações mais pequenas (PP, BE e CDU) podem ter a certeza absoluta de eleger um deputado naquele círculo, abaixo do que é tudo uma questão de sorte e de azar: o PP tendo conseguido eleger de facto deputados abaixo daquele valor, mas rigorosamente 'à justa'. Em suma, existe de facto uma quota ou limiar mínimo de 1/ (L+1), o qual é evidentemente variável de círculo para círculo: em Lisboa, elegendo 49 deputados, ele é só de 2 por cento (abaixo disso foi durante anos a fio na prática uma questão de azar para o então 'cabeça de lista' do PSR, Francisco Louçã, e depois dele também para o então candidato do MRPP, António Garcia Pereira); já em Castelo Branco, que elege 4 deputados, o limiar situa-se obviamente nuns altíssimos 20 por cento; e em Portalegre, que elege 2 apenas, chega a uns esmagadores 33.3 por cento!

Este algo desconcertante estado de coisas permite, por contraste, chamar a atenção para casos como o da Alemanha, onde existe uma fasquia legal, uma quota mínima de 5 por cento dos votos totais, considerados necessários para se poder entrar no jogo da competição por lugares. Esse limiar é, repete-se, fixado legalmente, de forma explícita; e tal dispositivo tem sido adotado por vários outros países: existe também na Itália, por exemplo, mas correspondendo aí a 4 por cento. Constitui inegavelmente uma importante 'barreira à entrada' de novos partidos, e a esse título é obviamente condenável se o objetivo estrito for a simples proporcionalidade. Mas trata-se duma situação na prática muito menos grave do que a que prevalece no conjunto do território português, excetuando os distritos de Lisboa e Porto (com, respetivamente, quotas fáticas de aproximadamente 2 e 2.5 por cento), e porventura Setúbal, Braga e Aveiro (com quotas fáticas vizinhas dos 5 a 6 por cento). Em todos os outros 13 distritos, nas duas regiões autónomas e nos dois círculos da emigração a proporcionalidade oficialmente 'pura' da lei portuguesa é, de facto, muito mais bloqueadora do que a 'severidade' formal dos 5 por cento alemães, para já não falar da comparativa 'suavidade' dos 4 por cento italianos.

A tendência dos resultados eleitorais em Portugal, registada ao longo das décadas, permite chamar a atenção para a existência, mesmo num regime oficialmente proporcional 'puro', duma vantagem efetiva muito considerável dos dois maiores partidos relativamente aos seguintes, sendo apreciável o nível das 'barreiras à entrada' que têm de defrontar quaisquer atores emergentes. Se comparamos as percentagens de votos com as percentagens de mandatos obtidos, percebemos imediatamente a significativa vantagem de que sistematicamente beneficiam o PS e o PSD; os três seguintes já são penalizados (tanto menos quanto mais concentrado espacialmente for o seu voto); e depois destes o sistema das quotas fáticas estabelece a razia integral. Noutros casos oficialmente proporcionais, entretanto, a distorção pode ser maior ainda: é o que acontece por exemplo em Espanha, dada a inexistência de círculos eleitorais comparativamente tão importantes como o são, no caso português, Lisboa e Porto. A politologia consagrou, quanto a este tema, a designação de primeiro e segundo 'efeitos de Duverger', do nome do politólogo francês Maurice Duverger (1972, 1978, 1984, 1986), para designar respetivamente aquilo a que podemos chamar efeito de 'estática comparada' – tal partido ou tal coligação tem uma percentagem X de votos e uma percentagem Y de mandatos, sendo Y menor do que X para os partidos mais pequenos – e o correspondente efeito 'dinâmico': os votantes potenciais dos partidos mais pequenos, postos perante a impossibilidade de eleger candidatos, acabam por se afastar, optando pelo 'voto útil' noutros partidos, considerados um mal menor, ou mais radicalmente ainda por se abster. O âmbito de aplicação dos dois 'efeitos de Duverger', embora pensado inicialmente por referência ao caso francês acima mencionado, e reportando-se assim a uma situação de método maioritário em duas voltas, pode pois ser generalizado também, ainda que de forma mitigada e adaptada, a situações em que vigora a proporcionalidade: tanto mais, quanto mais pequenos forem em média os círculos eleitorais.

Tratemos de resumir. O regime maioritário simples, também conhecido como regime *first past the post* ou ainda regime *winner takes all*, propicia o bipartidarismo fático; e vice-versa, por conduta interessada dos partidos 'rotativos', os quais tendem a bloquear a emergência de possíveis *parvenus*. O regime maioritário em duas voltas induz a formação de 'famílias' de partidos, bem como a 'normalização' estatística do voto, isto é, o respetivo 'centramento'. Já a proporcionalidade possibilita formalmente o multipartidarismo, mas os efeitos de Duverger são de facto sensíveis mesmo neste último caso, ou podem sê-lo, sobretudo através da redução da dimensão dos círculos. Constitui um importante facto inibidor destes efeitos a existência de marcadas assimetrias regionais do sentido de voto: os nacionalistas escoceses, por exemplo, obtêm uma percentagem global de votos, no conjunto do Reino Unido, que é habitualmente bem inferior à dos liberais/sociais-democratas, mas estes últimos fazem eleger comparativamente menos deputados. A concentração no espaço escocês permite aos respetivos nacionalistas sair obviamente menos lesados do que os eternos 'terceiros' que são os liberais. A existência formal de vários partidos, entenda-se, assume significados muito diversos consoante se trate de partidos com dimensões relativamente aproximadas, ou entre si muito diversas. Como forma de nos darmos conta da importância que têm as diferenças de votos entre os vários partidos, podemos reter a fórmula exposta por Markuu Laakso e Rein Taagepera (1979), relativa ao número efetivo dos mesmos; em versão simplificada: $1 / \Sigma Pi^2$ (a unidade dividida pela soma dos quadrados das percentagens). Esta fórmula pode evidentemente aplicar-se quer a percentagens de votos, quer a percentagens de eleitos (cf. também Arend Lijphart 1989).

Um outro aspeto merecedor de consideração mais detalhada é o da frequente tendência para o excessivo 'centramento' do voto, a qual é por vezes referida ao chamado 'problema de Hotelling-Downs', ou ainda 'problema do vendedor de gelados' (Downs 1957; cf. também Thomas 1975). De forma resumida, podemos conceber uma praia imaginária, correspondente a um segmento de 0 até 100, ao longo da qual os banhistas estão uniformemente distribuídos. Um vendedor-de-gelados racional deve evidentemente colocar-se nesse caso em 50, dado aí minimizar a sua distância média relativamente ao conjunto da praia, ou dos banhistas. Se esse vendedor potencial pretender vencer a 'desutilidade marginal do esforço' da parte dos banhistas, é essa realmente a sua conduta previsível: até aí, nada de espantar. O problema é que a chegada de um segundo vendedor de gelados deverá estranhamente desembocar na colocação de ambos em 50, ficando a procura por parte dos banhistas segmentada nesse caso de forma aleatória, ou com base em pequenas diferenciações de produto. Em todo o caso, tendendo-se para uma divisão da procura numa base 50-50, sem que a distância média dos banhistas ao vendedor seja reduzida relativamente ao nível em que antes se encontrava, isto é, uma distância de 25. Entretanto, se se imaginar por contraste uma segmentação da praia, ficando um vendedor no ponto 25 e o outro em 75, a praia será dividida em duas 'zonas de influência', continuando cada vendedor com metade da procura total, mas agora podendo essa procura efetiva global ser maior, dado o facto de a distância média do banhista ao vendedor ter sofrido uma significativa redução: de 25 para 12.5, isto é, para metade.

Deve aqui ser destacado, desde logo, que o benefício para o 'consumidor final' resulta do abandono duma atitude de concorrência por parte dos vendedores, adotando estes na sua conduta, em alternativa, o princípio da partilha do espaço. É na medida em que cada um deles se constitui em monopolista efetivo adentro da respetiva 'zona de influência' que o consumidor acaba efetivamente por ganhar, por redução da distância a percorrer. Depois, sublinhe-se também que esta é uma situação que, do ponto de vista dos vendedores, pode ser considerada como traduzindo um claro "dilema do prisioneiro": ambos ganham com a deslocação para a dupla de pontos correspondente a 25 e 75, mas cada um deles pode recear ser transformado em *sucker*, isto é, enganado pelo outro (que poderia estar a deslizar imperceptivelmente de novo para o centro), e por isso tender ele próprio a antecipar através dum *preemptive strike*, etc. Pode, assim, facilmente cair-se em situação de "equilíbrio de Nash", isto é, de ausência de cooperação, equivalente ao caso em que estão ambos no meio da praia. Registemos enfim que, se no caso dos vendedores de gelados o consumidor final pode retaliar com alguma eficiência contra ambos os vendedores na situação em que ambos estão colocados em 50, pura e simplesmente não comprando, já no caso propriamente político o correlato de tal atitude seria a abstenção, a qual tenderia (e não raro tende na verdade) nestes casos a aumentar. Todavia, esse facto em quase nada repercute do sistema político, dado os partidos 'rotativos' poderem bem viver com taxas de abstenção elevadíssimas sem sofrerem quaisquer consequências negativas, nisso ao contrário do que acontece com os 'verdadeiros' vendedores de gelados, que vêm a procura global retrair-se em termos absolutos, ainda que continuando cada um com uma quota de mercado de 50 por cento.

Hirschman, Condorcet, Arrow e as instituições

Porque é que nem sempre o 'problema de Hotelling-Downs' ocorre na prática, isto é, porque é que mesmo em regimes *first past the post* existem resistências consideráveis ao 'centramento' de ambos os partidos principais: é esse o assunto principal duma importante obra de Albert Hirschman (1970), autor que faz apelo sobretudo à relevância da categoria de protesto (*voice*), ao lado das de lealdade (*loyalty*) e de saída (*exit*), para a compreensão dos factos políticos. Ao contrário dos modelos usuais da ciência económica, correspondendo a situações de 'concorrência pura e perfeita', onde a conduta de referência é a condizente com a chamada 'racionalidade paramétrica' (o que cada um faz ou não faz sendo fundamentalmente irrisório do ponto de vista da definição das condições fundamentais), já nos casos de oligopólio na economia, e mais ainda na vida política em geral, está mais perto de captar o essencial das problemáticas o modelo analítico da chamada 'racionalidade estratégica', onde a racionalidade ou não da atuação de cada um depende daquilo que os outros fazem ou não, e reciprocamente; e por isso também do que o próprio faz ou não. Estes modelos explicativos sugerem mais amplamente, por conseguinte, a ideia duma componente 'performativa' nas condutas e na sua análise, bem como o chamado 'princípio da incerteza': as convicções relativas àquilo que as coisas supostamente são induzem os agentes a proceder de tais ou tais modos, que de alguma forma fazem as coisas ser realmente assim, assumindo tais ou tais configurações, ou não. Dito de outra maneira: o suposto conhecimento das coisas é, de facto, simultaneamente também produção coletiva das ditas coisas.

Mais restritamente, porém, a tese de Hirschman consiste em argumentar que, se os votantes dum partido são potencialmente mais 'centristas', já os respetivos ativistas podem simultaneamente ser bem mais 'radicais'. Ora, o determinante efetivo da conduta partidária é por vezes mais aquilo que os ativistas, exercendo o seu protesto, conseguem de facto, não o que o eleitor distante (que pode apenas consumir o 'produto final' ou mudar de produto: *love--it-or-leave-it*, digamos) faz realmente, ou apenas potencialmente. O assunto fulcral de Hirschman, recorde-se, é a célebre derrota do democrata norte-americano George McGovern no início dos anos 1970, um candidato alegadamente demasiado 'extremista', fazendo face a um Richard Nixon republicano e oficialmente mais 'centrista'; e por 'culpa', supõe-se, do excessivo ativismo de certos sectores democratas, os quais teriam imposto ao respetivo partido essa candidatura demasiado 'radical', avessa portanto ao instinto básico marcadamente 'centrista' do eleitor norte-americano. A análise de Hirschman amplia-se depois, visando a identificação de diversos limiares de exercício quer do protesto quer do abandono/ /saída, bem como de diversas trajetórias autorreforçadas resultantes de tais processos.

Um outro caso igualmente a reter, das análises expostas por Hirschman nesta obra, é o dos transportes públicos, nos quais, e de acordo com a sua alegação fundamental, o consumo por parte de determinados grupos socialmente influentes, e capazes pois do exercício eficaz do 'protesto', pode fazer toda a diferença, bem mais do que a simples evolução da procura efetiva através da possível saída. O estudo de Hirschman remete, entre outros, para os caminhos-de-ferro nigerianos, mas podemos facilmente aportuguesar a sua argumentação como forma de a tornar bem mais compreensível. Consideremos assim o caso do Metro, em Lisboa, em décadas mais recentes induzido a diversas melhorias da qualidade da sua prestação apesar da situação de relativo monopólio, ou precisamente por causa dela: se houver alternativa fácil de abandono, pelo contrário, esse abandono por parte dos grupos com maiores recursos simbólicos leva a um efeito de 'bola-de--neve' para a descida, degradando-se a qualidade dos comboios, o que afasta os 'melhores' consumidores, o que por sua vez repercute em retorno produzindo ainda maior degradação, etc. Pensemos quanto a isso, e por contraste com o do Metro, no caso de outros transportes públicos, mas agora suburbanos, como os comboios da linha de Sintra: neste outro caso, a degradação foi em certo período inegável, aumentou mesmo em cascata até um certo ponto, tendo as pressões políticas acabado por suscitar um empreendimento de correção e melhoria, que todavia aconteceu apenas bem mais tarde, com um considerável hiato de permeio, no qual prevaleceu a tendência para a degradação, o que traduzia bem os menores recursos simbólicos e menor 'capital político' dos respetivos utilizadores médios. Quer num caso quer no outro, acrescentemos ainda, nos anos pós-Memorando (isto é, ocorrendo uma clara 'desemancipação' política do conjunto do país), a tendência foi obviamente para um retrocesso nas referidas melhorias. De qualquer forma, acima de tudo é de sublinhar aqui a importância de dispositivos cruciais, que não a mera resposta do mercado, o simples *love-it-or-leave-it* correspondente às decisões de consumir ou mudar de produto. Pelo meio, fica talvez o mais importante de tudo: o protesto; e com ele, precisamente, o fulcro da politização das situações.

Se o assunto com o problema de Hotelling-Downs, e ainda com as subsequentes cogitações de Hirschman, é o do 'centro' potencialmente demasiado forte, deve todavia notar-se também que há casos em que as opções 'centristas' ou 'moderadas' enfrentam dificuldades quase insuperáveis, apesar de recolherem potencialmente a preferência da maior parte dos eleitores. Imagine-se o caso de 3 candidatos A, B e C, situados ao longo de um eixo simbólico, representando A e C as opções 'extremas' e equivalendo B à opção 'moderada'. Admitindo que as razões para o voto são de natureza fundamentalmente doutrinária ou programática, isto é, adequadamente traduzida pela dimensão correspondente ao nosso eixo imaginário, podemos supor que quer os votantes de A quer os de C escolhem B como segunda opção, ou 'mal menor'. Suponhamos agora também que uma votação relativa a estes três possíveis candidatos produz o seguinte resultado: A, 40 votos; B, 15 votos; C, 45 votos. Naturalmente, sendo esta uma eleição que ocorre numa só volta, o vencedor é C. Havendo exigência de maioria absoluta, e por isso também uma segunda volta, podemos admitir que dos 15 votantes de B na primeira volta, 12 optam por A na segunda volta, enquanto C recebe 3 votos. Assim sendo, ficamos na segunda volta com o seguinte resultado final: A, 52 votos; C, 48 votos; o vencedor é A. Consoante o regime, portanto, assim o candidato que é proclamado vencedor. Desde logo, estamos em condições de afirmar, para além de qualquer dúvida razoável, que os regimes eleitorais importam, que eles constituem uma dimensão que pode à sua conta determinar o resultado final duma contenda.

Todavia, o mais interessante de tudo é que, com esta distribuição de preferências por parte dos eleitores, havendo segundas voltas entre A e B, ou entre B e C, o vencedor de qualquer delas seria sempre B: bateria A por 60-40, e C por 55-45. O problema fundamental aqui é, por conseguinte, o facto de que B nunca é escolhido porque nunca chega à segunda volta. Ainda assim ele é, sublinhe-se, aquilo a que habitualmente se chama um 'vencedor Condorcet': consegue bater em duelo qualquer outro adversário tomado separadamente. Uma forma óbvia de resolver este problema, ou superar este impasse, consiste em atribuir a cada votante a capacidade para hierarquizar as suas escolhas: 2 votos para a primeira; 1 para a segunda, 0 para a terceira. Consideremos agora que resultados produziria a situação anterior. O candidato A ficaria com 40x2 + 12 votos, ou seja, 92 votos. C obteria 45x2 + 3 votos, isto é, 93 votos. E no caso de B? Temos 15x2 + 40 + 45 votos, portanto um total de 115 votos. A este método de contagem chama-se habitualmente 'contagem Borda'. Este processo é, por vezes, apresentado como alternativa ao 'método Condorcet', o qual consiste em estabelecer uma série de duelos, assumindo-se como vencedor apenas o candidato que ganhe a todos os outros. Note-se que, no nosso caso, B é simultaneamente um 'vencedor Condorcet' e um 'vencedor Borda', ou seja, um vencedor por ambos os métodos; e ainda assim, sublinhe-se, não ganha neste cenário nenhuma eleição: nem a uma volta nem a duas voltas.

Entretanto, nem sempre se verifica esta compatibilidade. Aliás, e mais profundamente, se o método de escolha for o método Condorcet, assente em torneios de disputas dois a dois (ou *pairwise*) dos possíveis candidatos, à maneira por exemplo dos nossos campeonatos de futebol, podem ocorrer, e algo raramente ocorrem de facto, casos de intransitividade das escolhas: por exemplo, B é considerado melhor que C enquanto C é estimado melhor que D, mas ao mesmo tempo D obtém melhor resultado do que B. Chama--se a este caso de intransitividade das escolhas um 'paradoxo de Condorcet', e deve repetir-se e sublinhar-se que isso raramente ocorre. Aliás, geralmente as situações de intransitividade das escolhas vêm associadas a uma grande pessoalização das escolhas, dado o facto óbvio de certos candidatos, por razões do foro estritamente pessoal, poderem atrair um montante inusitado (e de outra forma inesperável) de simpatias e/ou de antipatias. À parte esses aspetos, isto é, se as escolhas forem orientadas em obediência a um qualquer critério traduzível por um 'eixo cartesiano' (esquerda--direita ou outro), a possibilidade de ocorrência de 'paradoxos de Condorcet' sai drasticamente reduzida, aliás tal como referido já por Howard Bowen (1943) e de forma independente também por Duncan Black (1948; cf. igualmente Dasgupta & Maskin 2003: 13), devendo por isso mesmo admitir-se que esse aspeto constitui um importante fator de preservação da referida antinomia, ou do seu aparente sucesso evolutivo, apesar de todas as suas inegáveis limitações.

Situações de intransitividade podem em todo o caso ocorrer, o que compromete dramaticamente os méritos do método de escolha correspondente a disputas em duelo. Se, por outro lado, se optar por um 'método Borda', isto é, hierarquizando simultaneamente todas as possibilidades, em vez de considerá-las duas a duas, devemos registar que ficamos nesse caso sujeitos, no resultado final, à influência possível das chamadas 'alternativas irrelevantes': o facto de um quarto candidato irrelevante (que perderia com todos os outros) aparecer ou não no menu das escolhas pode afetar o produto final destas. Também se fica atreito ao dito 'voto estratégico': antevendo determinadas condutas da parte dos outros votantes, posso passar a votar de forma não autêntica, com o fito de por essa forma apostar na obtenção de determinados resultados finais. Uma observação importante deve, neste contexto, ser ainda acrescentada, para referir outrossim o chamado 'teorema de Kenneth Arrow', famosamente produzido no âmbito da *economics*, mais restritamente ainda pela cogitação designada por 'teoria da escolha pública'. Equivale este, em essência, a afirmar que os métodos de agregação das escolhas que se encontram ao abrigo do problema da chamada 'intransitividade' estão, todos eles, sujeitos aos da possível influência do 'voto estratégico' e das 'alternativas irrelevantes'; e vice-versa, incorrendo os métodos no risco de intransitividade quando se encontram ao abrigo do 'voto estratégico' e da influência das 'alternativas irrelevantes'. Não existem, em suma, soluções completamente perfeitas nesta matéria (veja-se, quanto a este tema, Dasgupta & Maskin 2003).

Por último, deve destacar-se o quanto todas estas reflexões, sem dúvida em si mesmas interessantíssimas e pontualmente mesmo muito relevantes, devem ser tratadas *cum grano salis*, considerando-as de preferência 'à distância', procurando em concreto sopesar também aspetos mais diretamente resultantes dos contextos culturais ou 'institucionais' mais amplos, adentro dos quais a vida política sempre decorre: Hirschman e outros podem bem discutir com argumentos muitíssimo argutos e pertinentes o 'centramento' e/ou a sua ausência... mas como explicar, por contraste, a deslocação sistemática e verdadeiramente tectónica do debate político na sua totalidade, seja primeiro para a esquerda, como sem dúvida aconteceu quase secularmente até aos anos de 1970, seja depois para a direita, como vem ocorrendo nas últimas décadas? Esta interpelação destina-se obviamente a chamar a atenção para o carácter inevitavelmente limitado de todos os modelos analíticos, ou noutros termos para o facto de aqueles destacarem sempre certos aspetos particulares da realidade, mas deixando também usualmente de lado a importante verdade de que existe muitíssimo mais 'no céu e na terra' do que aquilo que mesmo os mais subtilíssimos dos *doctores* da politologia normalmente consideram.

2

―

O PANORAMA DAS IDEIAS

―

Os setenta anos considerados (1850-1920) correspondem à produção dum ambiente político que, em boa medida, se pode afirmar ter prolongado as questões que lhe foram próprias até aos nossos dias. Noutros termos, foi uma época que prefigurou o fundamental das correntes teóricas e doutrinárias definidoras da hodierna paisagem política. Foi também o período 'alto' da sociologia, isto é, aquele que originou as principais obras 'clássicas' ou 'canónicas' da tradição sociológica.

Devemos, adentro deste período, distinguir de forma aproximada um segmento oitocentista, no qual vigorou em pleno o liberalismo clássico, não existindo sufrágio universal e havendo ainda, nalguns casos, escravatura, dum período correspondente ao início de novecentos, no qual a escravatura formal já desapareceu e nalguns casos se atingiu nas metrópoles o sufrágio universal masculino, ficando mesmo esboçados, em certos países, rudimentos de 'cidadania social'.

A democratização da vida política nas metrópoles e a supressão da escravatura nas colónias são acompanhadas, entretanto, pela corrida acelerada à constituição de impérios coloniais. O conjunto de tensões sociais correlativas à marcha para o imperialismo e à simultânea maré ascendente das ideias igualitárias nas metrópoles vêm a produzir, como importante reação adaptativa por parte das elites, o grupo de disposições que desembocaram na primeira guerra mundial, a qual por sua vez suscitou, como resposta importante e de efeitos imensamente duradouros, a revolução bolchevique.

Várias correntes intelectuais (filosóficas, científicas...) e políticas da época são passadas em breve revista, destacando-se, como é óbvio, as que deixaram traços mais persistentes.

Breve contextualização

As cogitações expostas no âmbito da etiquetagem disciplinar de 'sociologia política' pressupõem um esforço de reflexão que incorpore um balanço de 'história das ideias' e, mais especificamente de 'história das teorias', reportando-se à viragem-de-século de oitocentos para novecentos: na verdade, o período em que a sociologia obteve um reconhecimento académico razoavelmente generalizado, quer na Europa quer na América do Norte. Foi esta a época em que foram produzidas as obras fundamentais, das quais se pode em boa medida dizer constituírem, até hoje, o 'cânone' mesmo da reflexão sociológica, por relação crítica com o qual toda a teoria sociológica é elaborada até aos nossos dias.

Neste contexto, porém, afigura-se igualmente recomendável distinguir um período grosso modo correspondente à segunda metade do século XIX, período ao qual se pode referir em pleno a designação de 'liberalismo clássico', sobrevivendo então nas sociedades europeias e americanas geralmente formas diversificadas de sufrágio não-universal, e por vezes até mesmo a escravatura, dum outro período imediatamente posterior, aproximadamente relativo às duas primeiras décadas do século XX, no qual a escravatura já não existe e o sufrágio universal se propaga à maioria das sociedades mais prósperas, ao mesmo tempo que os direitos de 'cidadania social' dão os primeiros passos firmes. Em simultâneo com esta transmutação do 'liberalismo clássico' em 'demoliberalismo', ocorre também uma expansão imperial-colonial que se processa aceleradamente, enquanto as tendências belicosas nas relações internacionais se acentuam, vindo a desembocar na guerra de 1914-18. Embora de forma assumidamente aproximativa, distinguir-se-á portanto, adento deste enquadramento geral, entre uma 'história das teorias' que se reporta ao período de 1850-1900 e uma 'história das teorias' relativa ao horizonte cronológico de 1900-1920.

História das teorias: 1850-1900

Uma propensão importante, no horizonte das teorias surgidas durante a segunda metade de oitocentos, refere-se à tendência para a secularização das mentalidades. Devemos manter bem presente que esta foi uma época em que 'o Trono e o Altar', ou noutros termos a devoção espontânea ou 'instintiva' para com os poderes realengos e a religião organizada, mantiveram uma importância ainda muito elevada em matéria de fornecimento de mundivisões válidas, quer para as elites quer sobretudo para a população em geral. Simultaneamente, porém, uma inclinação genérica para a noção, por exemplo, de que "a maior felicidade do maior número" deveria ser considerada a última razão de ser de cada uma e de todas as ordens políticas é também facilmente detetável, ao longo de quase todo este período, quer na Europa quer nas Américas. Nesse sentido, podemos acrescentar ainda, é igualmente identificável uma tendência democratizadora, embora esta afirmação deva ser cuidadosamente qualificada.

Na verdade, recordemo-lo, este foi um período de quase total ausência de instituições políticas democráticas no sentido usual desta expressão. O sufrágio universal masculino, por exemplo, foi momentaneamente reintroduzido em França na sequência da revolução de 1848, a qual produziu a segunda república, mas esse facto foi também rápida e apropriadamente manipulado 'a partir de cima', de tal forma que logo em 1851 o dispositivo em questão foi utilizado com a finalidade de suprimir as instituições republicanas, o império sendo restaurado por meio de plebiscito, depois disso sendo também suprimido o próprio sufrágio masculino universal, que todavia o legitimara de início. Em suma, as instituições democráticas foram muito rapidamente (e muito facilmente) usadas, fazendo-as voltar-se contra si próprias. Outro aspeto novo trazido pela revolução francesa de Fevereiro de 1848 beneficiou todavia de melhor fortuna, tendo-lhe sobrevivido de forma durável: a abolição da escravatura nas colónias. Quanto a essa outra faceta, o destino reservado às novidades incorporadas pela revolução democrática de meados de oitocentos diferiu substancialmente daquilo que ocorrera na viragem de século anterior: nessa altura, quer as medidas sufragistas quer as alterações abolicionistas, ambas denodadamente promovidas pelos jacobinos, foram suprimidas de forma duradoura.

A principal razão para esta divergência residiu indiscutivelmente não na França, embora este país continuasse com frequência a ser considerado o laboratório (e de alguma forma também a vanguarda) da Europa e do mundo, antes na potência política que o tinha substituído como país hegemónico da Europa, e até certo ponto também como seu modelo: o Reino Unido. De facto, a Grã--Bretanha tinha ascendido à condição de quase indiscutível líder mundial nos finais do século anterior, principalmente graças à revolução industrial e à urbanização acelerada, mas também através do recurso a uma esmagadora superioridade naval, permitindo a sua superação da França em termos económicos, militares e políticos, incluindo a enorme expansão do seu império colonial multicontinental. No caso britânico, a escravatura tinha sido abolida nas colónias já na década de 1830 e, em consequência disso, as medidas abolicionistas francesas subsequentes a 1848 tenderam a produzir resultados duráveis, ao passo que tanto o sufrágio universal como as instituições republicanas, pelo contrário, voltaram a refluir durante décadas. Noutros lugares, todavia, nem mesmo as tendências abolicionistas progrediram de maneira significativa. Nos EUA, em particular, e não obstante o facto de este país se ter tornado em certa medida um modelo para a Europa graças ao 'sufrágio universal' branco/masculino obtido na década de 1830 (um sufrágio reservado a brancos, é certo, mas ainda assim fundamentalmente isento de restrições censitárias: donde precisamente a alegada 'democracia na América'), demorou ainda uma década e meia adicionais, seguidas duma guerra civil colossalmente sangrenta, para produzir esse resultado em 1865, através da décima terceira Emenda constitucional; e no Brasil, onde os medos da secessão de estados esclavagistas foram ainda maiores e mantiveram o ascendente, a abolição ocorreu apenas em 1888 (sendo aliás seguida de perto pela República, em 1889).

É justo dizer que este meio século decorreu sob a noção global de que, caso acontecesse um progresso irrestrito das tendências democratizadores na vida política, a inevitável consequência seria um ascenso incontrolável das tendências igualitárias também na esfera económica, o que em princípio implicaria outrossim a divisão da propriedade, com a transformação geral dos trabalhadores em proprietários independentes: era esse, no fundamental, o horizonte económico do republicanismo clássico, não obstante as tentativas mais recentes de alguns autores, como Jean-Baptiste Say, visando tornar aceitável a relação salarial sob o enquadramento conceptual fornecido pela novel figura do 'empresário' (cf. Whatmore 2000). Em alternativa, conjeturava-se também sobre a transferência da propriedade para o domínio público, ou alguma variedade de cooperativismo e/ou autogestão coletiva por parte dos trabalhadores assalariados, ou ainda alguma combinação destas soluções: o 'socialismo' tornando-se a expressão genérica que denotava este grupo de inclinações doutrinárias, o qual adquiriu sem dúvida uma importância muito elevada no pensamento económico e político e, mais amplamente, em toda a teoria social durante este período.

Foi em grande medida sob a pressão do desafio colocado pelas ideias socialistas aos pontos de vista dominantes que John Stuart Mill (1806-73) construiu o seu pensamento económico-político, a noção de 'utilidade' sendo aí conscientemente promovida a quintessência do interesse público e uma tendência democrática emergindo claramente, na medida em que foi assumido considerar-se a tal 'utilidade' da perspetiva das maiorias, mas sendo também adicionado um grupo de importantes cláusulas de reserva, oficialmente com o propósito de evitar a anarquia e a instabilidade, assegurando a manutenção da sociedade na senda dos progressos materiais. Assim, por exemplo, o sufrágio deveria ser lentamente generalizado, mas ao mesmo tempo ponderado de acordo com a propriedade e a instrução, estando o sufrágio universal-e-igual, pelo menos no curto prazo, rigorosamente fora de questão. Daí também, e ainda mais importante, a noção de Mill quanto à existência dum *tradeoff* básico entre as tendências igualitárias e o progresso económico: na medida em que este permanecesse o objetivo fundamental, supunha-se também que as estritas motivações económicas egoístas e as desigualdades sociais deveriam continuar a prevalecer; reciprocamente, caso o propósito da igualdade sobrepujasse os restantes, deveríamos preparar-nos para o necessário fim do crescimento económico. Noutros termos, o progresso material continuava a ser representado enquanto resultante global do grande sofrimento material, da sistemática escassez, na verdade das severas privações económicas reservadas à vasta maioria da população (cf. Winch 1996; Losurdo 2002, 2005b; Jones 2004; Graça 2008).

De acordo não apenas com Mill, mas de facto com a generalidade dos economistas políticos britânicos clássicos do século XIX, era suposto os salários permanecerem tendencialmente a um simples nível de subsistência, em grande medida graças às tendências desenfreadas da plebe para a excessiva reprodução biológica, o que produziria uma oferta abundante de força de trabalho, mas também um pendor sistemático para a sobrepopulação, de acordo com os ensinamentos de Thomas Robert Malthus (1766-1834), cuja obra continuou a gozar de reconhecimento geral enquanto autoridade científica quase indiscutível até finais de oitocentos, embora fosse frequentemente reconhecida como algo 'desagradável' no que se refere a vários aspetos das consequências do seu raciocínio. Verdade seja dita, na segunda metade do século o ritmo de crescimento demográfico abrandou realmente de forma considerável em muitos países, e por essa altura os típicos medos malthusianos de sobrepopulação sofreram eles mesmos um refluxo global, mas esses factos (detetáveis e detetados) foram atribuídos a um grupo de mudanças culturais elas mesmas nem sempre bem-vindas, aliás quase nunca inequivocamente percebidas. Por exemplo, John Stuart Mill admitiu a lenta aproximação das sociedades a um "estado estacionário" económico, no qual a satisfação das necessidades básicas estaria muito provavelmente garantida para a grande maioria, ocorrendo também uma mudança lenta das motivações, que passariam de meramente materiais e económicas na conduta da generalidade das pessoas, para outras variedades, de índole supostamente mais 'espiritual' e/ou 'cultural'. Neste contexto, Mill considerava também possível pelo menos atenuar, através duma redistribuição económica, o nível do sofrimento das maiorias, reduzindo globalmente as desigualdades sociais. Todavia, e de forma muito significativa, pensava que essa operação iria implicar outrossim a ausência dum aguilhão suficiente para o crescimento económico, o qual permanecia assim aparentemente inseparável da prevalência de motivos menos 'nobres', da omnipresença do medo da escassez, bem como das desigualdades sociais radicais que geralmente caracterizaram as sociedades do século XIX, particularmente a Grã-Bretanha.

Uma outra importante linha de difusão e influência para as noções malthusianas é a que se encontra na obra de Charles Darwin (1809-1882), o qual aliás reconheceu abertamente que a ideia duma população em luta permanente por meios de subsistência, e na verdade nunca muito longe de soçobrar pela fome, foi uma importante contribuição para a formação das suas próprias cogitações sobre a evolução da vida e a formação das espécies por meio da concorrência universal e da seleção natural. No entanto, podemos retrospetivamente assumir que o ambiente intelectual na Grã-Bretanha vitoriana era bastante propenso ao reforço de conceções genericamente 'darwinistas', tendo em conta o facto de que um número considerável de correntes de teoria social oficialmente inspiradas em Darwin emergiu muito rapidamente e exerceu uma influência bastante explícita, a qual ocorreu por conseguinte tanto no sentido da filosofia social para a biologia, quanto em rápido movimento pendular, de volta ao pensamento social.

Embora desprovidos das referências malthusianas ao pretenso 'pecado original' da condição humana, ou seja, incorporando uma versão significativamente secularizada se comparada com a variedade propriamente malthusiana de apresentação dos argumentos, vários esquemas de competição e de 'sobrevivência dos mais aptos', para usar a fórmula apresentada por Herbert Spencer (1820-1903), foram oferecidos enquanto racionalizações globais da economia assente no *laissez-faire* e no não-intervencionismo económico estatal, na verdade enquanto justificações suplementares do 'liberalismo clássico', ostensivamente contrário a quaisquer formas de assistência social ou de apoio económico público aos pobres. De acordo com Spencer, isso deveria ser compreendido adentro dum quadro global verdadeiramente cosmológico e cosmogónico, supondo-se nesse âmbito que a tendência da matéria em geral, e em particular da vida, corresponderia genericamente a uma evolução de formas mais simples e menos diferenciadas para outras, mais complexas e mais claramente diferenciadas. Daí, raciocinava Spencer, a evolução esperável das sociedades: de estruturas holísticas e societárias para outras, de pendor mais individualista; e também do predomínio das normas morais e legais para a proliferação de interações simplesmente contratuais, de acordo com um esquema de progressiva divisão do trabalho e crescente eficiência baseada no mero consentimento. Em resumo, deveria segundo Spencer assistir-se a um declínio da vida política, sendo na verdade esperável um esbatimento a longo prazo da importância de quaisquer instituições públicas ou estatais.

A variedade de social-darwinismo de Spencer constitui uma de duas tendências facilmente identificáveis neste período, sendo a outra representada pelo grupo de cogitações explanadas por Francis Galton (1822-1911) em torno da discussão da chamada "curva de sino". Assumindo a prevalência habitual da função estatística dita "normal", função na qual os eventos tendem a ficar concentrados em valores próximos da média e diminuindo as frequências nas zonas extremas (donde precisamente a genérica forma de sino), Galton extraiu dessa noção um importante número de conclusões, bastante relevantes pelas suas implicações sociais imediatas. Postulando ser esperável, e na verdade mesmo muito conveniente, um crescimento consistente dos traços denotando as 'aptidões' duma qualquer população, Galton inferiu que uma minoria de sobredotados deveria ter uma maior taxa de reprodução sexual, sendo que por oposição a minoria de inadaptados deveria desejavelmente reproduzir-se menos do que a média, ou mesmo preferivelmente não se reproduzir. Deste modo, em cada geração, se comparada com as anteriores, iria expressar-se uma lenta melhoria dos aspetos considerados reveladores de aptidão, como por exemplo níveis elevados de inteligência ou de diligência, enquanto em simultâneo ocorreria uma conveniente diminuição dos traços indicando meros 'atavismos' ou incapacidades adaptativas, correspondendo a características tais como a estupidez ou a preguiça.

O aspeto mais importante, no entanto, foi a convicção de Galton de que a assistência pública aos pobres estava na verdade a promover ativamente os traços que se devia tentar reduzir, ao passo que as elites sociais estavam, pelo seu lado, a reproduzir-se a um ritmo consistentemente inferior ao da média, o que expressa uma importante tendência demográfica realmente observável (dadas, entre outros aspetos, a usual maior prudência reprodutiva dos segmentos sociais mais elevados, bem como a disseminação dos valores da chamada 'classe média' entre uma parte dos trabalhadores assalariados), sugerindo assim uma variedade de corolários formalmente 'anti-malthusianos' para aquilo que todavia permanece um esquema de pensamento basicamente malthusiano. Por conseguinte, concluiu Galton, dada a ausência duma estratégia reprodutiva deliberada e consciente, as sociedades na melhor das hipóteses constituiriam o cenário duma permanente remistura de traços implicando a prevalência de características médias, em vez duma promoção dos melhores; e na pior das hipóteses propagar-se-ia efetivamente uma tendência para a "sobrevivência dos menos aptos", dada a falta de promoção das minorias mais dotadas, acrescida do incentivo abusivo que erradamente era fornecido aos inadaptados, imprudentemente mantidos vivos e mesmo induzidos, pela assistência pública, a reproduzir-se de forma descontrolada (cf. Shipman 1994; Gould 1996).

Embora os escritos do francês Auguste Comte (1798-1857) no fundamental estejam desprovidos destes aspetos intensamente social-darwinistas, vários traços são ainda assim comuns aos seus trabalhos e aos de Herbert Spencer. Entre estes, encontra-se o facto de que ambos consideraram as suas cogitações como "sociologia", um neologismo introduzido em meados do século precisamente pelo próprio Comte, oficialmente indicando o intuito de tratar os temas sociais de forma científica, quer dizer, visando a deteção e o enunciado de tendências objetivas ou 'leis', independentemente de juízos de valor individuais, noções especulativas, desejos ou medos. Não obstante o facto de tanto Comte como Spencer terem na verdade incluído uma importantíssima componente de 'juízos de valor' nos seus raciocínios, ambos tentaram apresentar as suas ideias duma forma oficialmente livre de implicações valorativas, ambos alegaram ser 'cientistas' ao invés de filósofos sociais; e finalmente ambos intentaram também sugerir e propagar esquemas de reorganização social que deveriam reforçar a 'ordem' em vez do conflito e da anarquia, promovendo simultaneamente o 'progresso' ou a 'evolução', em vez de tendências retrógradas. Globalmente considerado, no entanto, o pensamento de Comte foi bastante menos inspirado na biologia do que o de Spencer; e o centro das suas preocupações esteve mais intensamente ligado ao tema da necessidade de preservação da ordem social.

Entre outras coisas, isso ficou a dever-se ao facto de que, durante a sua vida, a França esteve mais frequentemente submetida a uma intensa agitação civil e a revoluções políticas recorrentes. Outro aspeto importante reside no facto de que este período corresponde à perda pela França da hegemonia em termos económicos, não só para Grã-Bretanha, mas também relativamente a outras potências emergentes na Europa continental, em particular a Alemanha. Correlativamente, o projeto comteano de reorganização social traduziu-se de forma genérica na substituição das atividades bélicas pela indústria e o comércio; e também na permuta da religião oficial pela ciência. Este era, de facto, um grupo de temas possuindo origens mais remotas, decorrendo em particular das importantes obras de Henri de Saint-Simon (1760-1825) e de diversos grupos de discípulos seus, que iam de figuras socialmente influentes como Ferdinand de Lesseps (1805-94), Michel Chevalier (1806- -79) e os irmãos Émile (1800-75) e Isaac Péreire (1806-80), até muitos outros autores consideravelmente importantes no domínio das tendências para esquemas especulativos de reorganização social, incluindo Pierre Leroux (1797-1871), autor que cunhou o próprio termo "socialismo" (cf. Gerschenkron 1962). No caso de Comte, entretanto, uma crescente ênfase foi colocada especialmente no tema da necessidade de preservação da ordem social, levando a sua sociologia a orientar-se para o propósito muito consciente e enfático de reestabelecer uma mundivisão religiosa amplamente aceite, capaz de apaziguar e de compensar o sofrimento das vastas massas e conduzindo-as em conformidade com um novo estado de coisas, liderado por empresários ou capitães-da-indústria, o novo 'poder secular' que deveria substituir os belicosos barões feudais, e por cientistas transformados em sacerdotes: o novo 'poder espiritual', com o próprio Auguste Comte naturalmente erigido em supremo sacerdote.

Outra importante corrente na filosofia social deste período é representada por autores oficialmente discípulos de Georg W. F. Hegel (1770-1831), com base em cujo raciocínio oficialmente 'dialético' a identificação e a superação das 'contradições' nas instituições sociais foi considerada possível, visando a elaboração de projetos almejando a sua reestruturação em profundidade e/ou o seu revolucionamento. Foi este, em particular, o caso de Pierre- -Joseph Proudhon (1809-65) e de Karl Marx (1818-83), que sem dúvida tiveram uma repercussão muito importante nos movimentos organizados de oposição radical ao estado-de-coisas em matéria económica e política na segunda metade de oitocentos, embora a influência de Proudhon tenha diminuído radicalmente no século seguinte, ao passo que o influxo 'marxista' estava destinado, em vez disso, a experimentar um crescimento considerável. Os argumentos de Proudhon foram oficialmente construídos com base em esquemas filosóficos hegelianos, expondo aquilo que percebeu como as "contradições económicas" do seu tempo: miséria e desemprego decorrendo do progresso económico, em si mesmo potencialmente uma fonte de felicidade generalizada, as cargas de trabalho sendo acrescidas ao mesmo tempo que as máquinas (que deveriam desejavelmente permitir o aumento da importância do lazer) eram aplicadas aos processos produtivos, crescente opulência de alguns grupos sociais coexistindo com a degradação da situação das maiorias, na verdade simultaneamente proporcionando-a e sendo propiciada por ela, etc.

Embora enfaticamente crítico das formas particulares como Proudhon tinha apelado à 'dialética' hegeliana nos seus raciocínios económicos, o próprio Marx embarcou de facto numa versão ampliada do mesmo projeto fundamental, enunciando na sua "crítica da economia política" as contradições crescentes das relações de valor e mais especificamente do "capital", ou das relações sociais capitalistas. Basicamente, estas consistiam da divisão da sociedade em duas classes opostas: os capitalistas, ou proprietários de meios de produção, e os trabalhadores assalariados, ou proletariado, a classe social considerada a 'classe universal' por excelência, cujos interesses e esperanças, em termos práticos, incorporariam os recursos teóricos críticos contidos na "filosofia clássica alemã" (Kant, Fichte e sobretudo Hegel), expressando outrossim os interesses e as esperanças da própria humanidade. As relações capitalistas eram caracterizadas, de acordo com Marx, por uma contradição fundamental entre, por um lado, a crescente divisão do trabalho e das interdependências sociais, acompanhadas dum crescente recurso a métodos mecanizados em cada unidade industrial (ou, mais genericamente, aquilo que pode ser designado como racionalidade económica capitalista à escala 'micro'), e por outro lado a natureza essencialmente "anárquica" e desorganizada das relações de mercado, que tendiam a induzir o capitalismo numa crescente irracionalidade económica à escala 'macro', traduzindo-se no declínio consistente da taxa de lucro e em tendências recorrentes e cada vez mais ampliadas para a irrupção de crises económicas (cf. Giddens 1976).

Muito importante pelas suas implicações foi também a escola filosófica conhecida usualmente como "pragmatismo", uma corrente associada primordialmente aos escritos de William James (1842-1910). Em termos epistemológicos, o pragmatismo sustentou a ideia de que as asserções predicando o caráter de verdade de qualquer proposição basicamente atribuem a essa proposição a qualidade de se tratar de algo em que é útil acreditar; e coerentemente, no que respeita a aspetos de epistemologia ou filosofia da ciência, defendeu a noção de que as teorias são e devem ser avaliadas segundo a maneira como elas efetivamente se revelam capazes de explicar ou de prever fenómenos, independentemente da forma como a 'realidade' é, por essa forma, exatamente descrita ou não. No que se refere à filosofia da linguagem, uma particular ênfase é reconhecida pelo pragmatismo à importância do 'significado', referindo-se às implicações relativas a disposições para a ação, estabelecimento de relações e capacidade para desempenhar papéis funcionais, descartando-se completamente, por oposição, o grupo de análises referindo-se ao chamado 'conteúdo semântico', ou seja, as relações representacionais e as correspondências de proposições. Em termos muito gerais, podemos dizer que o pragmatismo estabelece a equivalência de 'significado' e de 'conjunto de efeitos práticos, induzidos por qualquer sinal', saltando daí para a posição filosófica de que este tal conjunto de efeitos práticos induzidos deve ser considerado como o critério último não apenas do significado, mas da própria verdade. Finalmente e em substância, seriam 'verdadeiras' as práticas que comprovadamente 'funcionam', que 'produzem bons resultados' ou que são 'eficazes'; e isto é assumido adentro duma mundivisão reportando-se direta e conscientemente a pressupostos darwinianos: por conseguinte, a 'verdade' intrínseca de qualquer instituição social deveria, segundo o pragmatismo, ser considerada como essencialmente equivalente a nada mais do que a respetiva 'aptidão' (*fitness*) revelada para solucionar problemas, ou aquilo que fosse percebido como tal.

As repercussões políticas do pragmatismo foram várias e consideravelmente diversificadas, estendendo-se desde a noção de que as instituições democráticas são mais estáveis e viáveis precisamente na medida em que se referem a práticas generalizadas e a um número variado de formas costumeiras de proceder, baseadas na tradição e no hábito, tais como alegadamente se passaria em geral com vida política norte-americana, o que corresponde a um núcleo de assunções geralmente referido a um grupo de filósofos sociais incluindo, entre outros, John Dewey (1859-1952) e George Herbert Mead (1863-1931), até à algo mais tardia invocação deliberada do legado filosófico de William James por parte do dirigente fascista Benito Mussolini (1883-1945), com base na noção central de que não existe nada mais relativo à 'verdade', nos assuntos políticos, senão a simples crueza do sucesso efetivo das práticas, ou a sua ausência (cf. Blackburn 1994; Sternhell et al 1995; Sternhell 2006).

Outros filósofos importantes em finais do século XIX foram inquestionavelmente também Friedrich Nietzsche e Henri Bergson. Nietzsche (1844-1900) sofreu inicialmente a influência predominante de Arthur Schopenhauer (1788-1860), de quem recolheu um sentimento de admiração pela sociedade tradicional da Índia, ou seja, o sistema de castas e a correspondente crença hinduísta/ /budista na reencarnação, ao contrário do que acontecia com variedades ocidentais da religiosidade, nomeadamente o judaísmo e o cristianismo, nas quais identificou uma inclinação 'escatológica' fundamental relativa à história universal, à qual considerou uma precursora de todas as teorias do progresso, aliás veiculando tendencialmente um ascenso de pontos de vista sociais igualitários. Neste sentido, quer as noções e crenças cristãs quer a variedade secularizada das mesmas disposições, isto é, fundamentalmente os ideários democráticos e socialistas, foram consideradas uma expressão da 'canalha' ou 'ralé', essencialmente denotando 'ressentimento', ou seja, as inconfessas e inconfessáveis inclinações vingativas por parte dos 'inadaptados', as quais teriam estado nos fundamentos de toda a agitação social nos últimos séculos, incluindo naturalmente a revolução francesa e os subsequentes ideários democráticos e socialistas. A estas inclinações macro-históricas contrapôs Nietzsche as suas próprias noções, ou mais exatamente os seus mitos, do 'eterno retorno do mesmo', do 'super-homem' e da necessidade de 'viver perigosamente', como formas simultaneamente de afirmação de tudo aquilo que é vital e merecedor de permanência (daí a fundamental 'filosofia-do-sim', correspondente à ideia de que "toda a alegria quer a profunda eternidade") e dum sempre vigilante evitamento do que se encontra meramente inclinado para a rotina, invariavelmente denotando cristalização, declínio e decrepitude (cf. Losurdo 2002). Esse culto daquilo que é necessariamente impreciso, devido à fluidez que inevitavelmente decorre da sua própria vitalidade, constitui um elemento importante, de facto absolutamente necessário para captar as noções básicas veiculadas também pela filosofia de Henri Bergson (1859--1941), ou seja, a sua exaltação explicitamente 'anti-intelectualista' do papel da intuição e da imaginação na vida, e mais amplamente ainda da "evolução criadora" enquanto algo radicalmente insusceptível de ser deduzido a partir de esquemas mecanicistas ou finalistas de pensamento, o seu enunciar da noção de 'fluxo de consciência' e, enfim, o seu culto declarado do chamado élan vital (ver também infra 'História das teorias: 1900-1920').

Outras correntes relevantes de teoria social dos finais de oitocentos foram a chamada 'escola histórica' em economia e estudos jurídicos, bem como o grupo de reformulações e sofisticações experimentadas pela filosofia utilitarista, especialmente na Grã--Bretanha. A 'escola histórica', um grupo escassamente organizado de autores cujas atividades foram especialmente relevantes na Alemanha, mas na verdade se generalizaram neste período a toda a Europa, ocupou-se de forma primordial com um questionamento dos métodos dedutivos que caracterizaram predominantemente a economia política britânica, por esta altura de forma depreciativa designada como *Manchestertum*, destacando por contraste o caráter culturalmente e institucionalmente enraizado das atividades económicas, a sua enorme variabilidade no tempo e no espaço, a sua íntima ligação às componentes éticas da existência social e a necessidade de procedimentos cuidadosamente indutivos (de facto, assentes numa metodologia meramente aproximativa) no empreendimento do estudo do 'mundo da vida' económica. Nos finais do século, e principalmente em ligação com o trabalho de Gustav von Schmoller (1838-1917), esta escola tornou-se bastante influente enquanto projeto global de reformismo social no contexto da chamada 'Alemanha Guilhermina', supostamente visando apaziguar os conflitos de classe, atraindo o proletariado para atitudes de fundamental lealdade relativamente à pátria e ao regime monárquico. Aproximadamente pelo mesmo tempo, na Grã-Bretanha a corrente do utilitarismo filosófico viu o seu impacto ampliado sobretudo através das obras de Henry Sidgwick (1838-1900), William Stanley Jevons (1835-82) e até certo ponto também Alfred Marshall (1842-1924). Jevons foi um autor extremamente importante pelo seu contributo para a chamada "revolução marginalista", a qual reorientou a ciência económica oficial na direção do cômputo utilitário, baseado na importação de metodologias dedutivas-matemáticas fundadas no recurso ao cálculo diferencial-integral. Em compensação, Marshall promoveu um movimento global do raciocínio da economia *mainstream* com o propósito de integrar as críticas apresentadas pela 'escola histórica' e, na verdade, através duma orientação genérica para a história e para a consideração das instituições, num espírito de abertura à reforma social, em boa medida convergente com as perspetivas dos 'historicistas'.

Diversas teorias de pendor imperialista e racista experimentaram também um considerável ascendente de influência durante este período. Neste âmbito, menção especial é devida aos escritos de Benjamin Disraeli (1804-1881), Joseph Arthur de Gobineau

(1816-82) e Ludwig Gumplowicz (1838-1909), os quais teorizaram explicitamente a história das sociedades enquanto um conflito incessante de diferentes povos, nações ou 'raças', por vezes deliberadamente como meio de explicar os conflitos sociais existentes nos países europeus de forma alternativa a esquemas teóricos anteriores, assentes nas classes sociais e expressando projetos socioeconómicos e políticos de pendor igualitário: no caso de Disraeli, trata-se acima de tudo de lisonjear a figura do mítico 'inglês universal' enquanto 'povo nobre' por excelência, livre de conflitos no seu interior e vocacionado para o ascendente sobre todos os demais, assim promovendo os sentimentos de índole nacional-imperial britânicos; com Gobineau a ênfase está na explicação da turbulência revolucionária francesa enquanto manifestação de diferenças-oposições de base étnica, ao passo que a miscigenação é simultaneamente apontada como causa inexorável de declínio civilizacional; Gumplowicz amplia e generaliza o escopo da análise sociológica do conflito, pensada fundamentalmente enquanto estudo da *Rassenkampf*. As obras de Disraeli, Gobineau e Gumplowicz, juntamente com as de Francis Galton (ver supra), formam na verdade um grupo de teoria social oficialmente inspirada na noção de 'raça', frequentemente inclinada à promoção de variedades de nacionalismo 'jingoísta' coerentes com a expansão colonial ultramarina, e simultaneamente destinada a operar enquanto fator de pacificação, ou pelo menos 'deslocamento' dos conflitos sociais adentro das metrópoles imperialistas.

É também importante salientar as obras dos autores franceses Frédéric Le Play (1806-1882), Gustave Le Bon (1841-1931) e Gabriel de Tarde (1843-1904). Le Play foi inspirado principalmente por uma variedade de pensamento social católico, visando a atenuação dos conflitos de classe através duma ênfase particular nos valores morais, os quais deveriam ser suportados pelo reforço de instituições sociais tais como a família, cujas estruturas foram especialmente reconhecidas em toda uma importante corrente de estudos sociológicos de pendor sobretudo empírico, mas predominantemente orientados para o projeto duma reforma social moderada e politicamente monitorizada. Tanto Le Bon, com a sua célebre "psicologia das multidões", como Tarde, com as chamadas "leis da imitação", sugeriram noções analíticas destacando a importância dos aspetos psicológicos no comportamento das massas, na verdade sublinhando a componente irracional e/ou patológica dos movimentos sociais, bem como a relevância correlativa das disposições mentais instintivas básicas, enquanto grandes dispositivos fundamentais de enquadramento e moldagem da ação social (cf. Nisbet 1984, 1987).

Ferdinand Tönnies (1855-1936) e Émile Durkheim (1858-1917) foram também autores importantíssimos nos últimos anos deste período. Tönnies tornou-se famoso sobretudo com base na oposição, por si estabelecida na análise social, entre os princípios designados como da "comunidade" e da "sociedade", operando enquanto dois modelos básicos para as instituições sociais, o primeiro correspondendo a um grupo de disposições ditas 'orgânicas', a formas tradicionais, à afetividade e à prevalência duma genuína moralidade, o segundo relativo a formas ditas 'racionais--instrumentais' e assumidas como dependentes da reflexividade, do cálculo e do interesse. Apesar de Tönnies ter sublinhado que estes eram apenas dois tipos 'ideais' ou puros de ação, a realidade situando-se predominantemente algures entre ambos, também reportou a 'comunidade' ao passado e a 'sociedade' à modernidade, desse modo indicando aquilo que percebeu como suposta necessidade de obter uma nova forma de síntese entre os tais termos, visando inserir um grupo de renovadas componentes 'comunitárias' na vida moderna, destinando-se a compensar a tendência para a desagregação moral e o excessivo 'desencantamento'. Apesar de bastante crítico quanto a alguns aspetos dos argumentos de Tönnies, Durkheim reconheceu a importância do seu diagnóstico, referindo-se à prevalência do desregramento moral nas sociedades modernas, ao qual designou como "anomia"; mas estabeleceu entretanto a importante ressalva de que supostamente aquela corresponderia a uma condição patológica, não ao estado normal da modernidade. Esta última era assim considerada, em vez disso, como correlativa duma moralidade mudada, mas também enriquecida, centrando-se agora não diretamente na sociedade (como acontecia com as variedades tradicionais, mais simples e 'altruístas', de códigos morais), mas nos direitos individuais universais e, mais amplamente, numa variedade simultaneamente individualista e mais complexa da vida moral, a qual surgira como resultante duma crescente "divisão social do trabalho" e do paralelo enfraquecimento da "consciência coletiva". Estes argumentos apresentados por Durkheim foram expostos em detalhe num grupo de obras da viragem de século, as quais incluem também importantes considerações relativas à definição dos 'factos sociais', bem como acerca da condição epistemológica da sociologia (ver também infra 'História das teorias: 1900-1920').

História das teorias: 1900-1920

As duas primeiras décadas do século vinte correspondem basicamente à época 'Eduardiana', ou anos finais da *Belle Époque*, seguidos da Primeira Guerra Mundial e do imediato pós-guerra. Utilizando outros critérios, este período pode também ser considerado como a última parte da 'Era do Império', 1875-1914 (e de facto do 'longo século dezanove') e início da 'Era dos Extremos', ou 'curto século vinte', 1914-91 (Hobsbawm 1989, 1996). Apesar de defrontar então o ascenso aparentemente imparável dos EUA, o Reino Unido permaneceu ainda assim a maior potência a nível mundial e o detentor do mais vasto e mais rico império colonial, na verdade oscilando por estritos critérios diplomáticos entre o chamado 'esplêndido isolamento', ou seja, a atitude de assumidamente estar 'à parte e acima' de todos os demais agentes, e uma tendência crescente para intervir de forma direta nos assuntos da Europa continental e mais amplamente na política mundial, procedendo ao estabelecimento de pactos formais com diversos parceiros: a Aliança Anglo-Japonesa sendo assim instituída em 1902, seguindo-se-lhe a *Entente Cordiale* com a França, em 1904. Adentro dum sistema bastante complexo e intricado de inimizades e de alianças vigentes na Europa, uma rivalidade se destaca todavia neste período pela sua notoriedade: a que opôs a França e a Alemanha, cuja unificação ocorrera sob a égide da Prússia, no rescaldo da vitória na guerra Franco-Alemã de 1870-71, resultando na anexação alemã da Alsácia-Lorena, uma mudança de soberania que a França só conseguiu fazer reverter em 1918, com a vitória dos Aliados na I Guerra Mundial.

À escala mundial o ascendente da Europa atingiu neste período o seu pico, a China sofrendo em pleno as consequências do chamado 'século das humilhações' (1839-1949), sendo em grande medida transformada numa dependência colonial fática, apesar da revolução republicana de 1911, o Império Turco sendo abertamente reconhecido como o 'homem doente' da Europa, desmembramento e revolução republicana ocorrendo em 1918-22, a Pérsia/Irão dividida em duas 'zonas de influência' (russa a norte, britânica a sul), a Índia reduzida formalmente à condição de colónia britânica, uma situação que os futuros dirigentes políticos independentistas tentaram durante estes anos apenas atenuar através da evolução para a mais favorável condição de 'domínio', enquanto a África viu a sua partilha formal pelas potências europeias concluída nas décadas finais do século de oitocentos. A mais notável exceção a essa regra geral de domínio europeu foi a importante vitória do Japão na Guerra Russo-Nipónica de 1904-05, um facto que foi predominantemente processado de forma simbólica pelo *mainstream* da opinião ocidental assumindo-se os japoneses enquanto 'europeus honorários', ou na verdade mesmo 'brancos honorários', como depois também foram chamados, ao mesmo tempo que crescentes dúvidas foram emergindo acerca do caráter ou índole profunda da Rússia: se verdadeiramente europeia ou, em vez disso, na verdade 'asiática' e, por conseguinte, de inclinação necessariamente 'despótica'.

A rivalidade diplomática e militar franco-alemã não impediu a existência dum intenso comércio de ideias entre os meios académicos dos dois países nesta época, embora alguns alinhamentos teóricos sejam detetáveis, suscetíveis de serem interpretados enquanto expressões sofisticadas e sublimadas das referidas divisórias políticas. No que se refere ao pensamento sociológico, é interessante notar que a teorização de Ferdinand Tönnies (1855--1936) exerceu uma influência explícita na obra de Émile Durkheim (1858-1917), não obstante o facto de o propósito destacado de Tönnies, visando a recuperação de elementos de coesão 'comunitária' por oposição à prevalência de ligações ditas meramente 'societárias', ter sido consideravelmente reprocessado no contexto da obra de Durkheim. Em vez de formular os problemas identificados enquanto resultantes da ausência do tal elemento de 'comunidade' e postular a necessidade de obter a recuperação deste, ou a sua síntese com os traços relevando da 'sociedade', Durkheim referiu o desregramento moral detetado a uma condição patológica específica, por si designada como 'anomia', a qual teria supostamente eclodido durante o processo de normal substituição das versões antigas de códigos morais, 'sociocêntricos' e 'altruístas', pelas versões modernas. Os modernos códigos deveriam, na narrativa durkheimiana, corresponder a uma variedade mais complexa da vida moral e a uma promoção do 'individualismo moral' e do universalismo, decorrentes duma aumentada e crescente 'divisão social do trabalho' e do correlativo enfraquecimento da 'consciência coletiva'. Todavia, Durkheim reconheceu outrossim aquilo que considerou ser a anterioridade lógica da sociedade face aos indivíduos, a qual estaria bem expressa na noção, também crucialmente destacada, de que todos os contratos pressupõem regras morais com vista ao seu estabelecimento, com a importante conclusão de que (contra a opinião de Herbert Spencer) não é possível substituir totalmente as regras por contratos enquanto fornecedores de cimento para a coesão social, mesmo nas sociedades modernas.

Durkheim explanou de forma desenvolvida estas ideias num grupo de obras da viragem de século, que incluem igualmente importantes considerações sobre a definição de 'factos sociais', bem como acerca da condição epistemológica da sociologia (ver supra, 'História das teorias: 1850-1900'). De acordo com o sociólogo francês, os factos sociais seriam supostamente identificáveis pelos seus traços de exterioridade, coerção e generalidade, noutros termos a sua natureza quase-física, e portanto uma ciência correspondente seria suscetível de construção, assumindo a possibilidade de explicar os factos sociais por outros factos sociais (o princípio dito da 'homogeneidade da causa e do efeito') e raciocinando-se basicamente em analogia com as já estabelecidas disciplinas académicas da biologia, da química e da física, com a única ressalva metodológica importante de que a sociologia não procederia por experimentação direta, laboratorial, mas apenas de forma indireta, ou através do chamado 'método comparativo'. Durkheim aplicou essas regras de pesquisa num importante estudo sobre o suicídio, explicitamente tratado como 'facto social' de acordo com este grupo genérico de pressupostos epistemológicos e metodológicos.

Mais tarde, Durkheim procedeu também a uma extensa exposição de considerações relativas a fenómenos religiosos, tomados como um aspeto indispensável e insuperável da vida social, de certo modo definindo eles mesmos a condição humana e correspondendo basicamente a um culto da própria sociedade enquanto fonte não apenas das normas morais, mas também de cosmogonias e/ou de mundivisões, e fornecedora do conjunto fundamental das categorias do pensamento. Embora seja explicitamente referido por Durkheim às formas de vida religiosa ditas 'elementares', características das sociedades anteriores e mais simples, onde a identidade do objeto de culto com o grupo seria mais imediatamente percetível (a mesma palavra designando aí o grupo e o 'totem'), este conjunto de pressupostos foi de facto considerado suscetível de generalização também às sociedades modernas. Esta inclinação foi correlativa à tendência de Durkheim, expressa principalmente em trabalhos tardios, para considerar o individualismo como intrinsecamente problemático enquanto fonte de códigos morais estáveis, e mais amplamente de integração social, por conseguinte devendo proceder-se a uma recuperação em profundidade dos chamados 'grupos intermediários', sobretudo os grupos socioprofissionais, mais pequenos do que a sociedade global e encontrando-se mais perto dos indivíduos, assim sendo capazes de fornecer a estes tanto um sentido de integração como uma fonte de genuína moralidade, dessa forma podendo evitar-se a recaída em situações de 'anomia' (cf. Lukes 1972; Giddens 1976).

Outra importante fonte de cogitação sociológica neste período é a obra de Vilfredo Pareto (1848-1923), quanto a alguns aspetos comparável à de Durkheim na medida em que ambos declaram ser adeptos duma abordagem dita 'científica', na verdade 'positivista', das realidades sociais, abordagem essa supostamente livre de pressupostos de valor e ainda assim capaz de enunciar as tendências fundamentais relativas à importância dos valores morais na vida social. Pareto tornou-se primeiramente famoso pelo seu trabalho como economista, adentro do grupo de autores da chamada 'revolução marginalista' e enunciando precisamente a noção do chamado "ótimo de Pareto", na qual defende a essencial incomparabilidade das utilidades individuais, consideradas como realidades apenas 'ordinais', não 'cardinais'. Este traço representou um importante desenvolvimento na teoria social, sendo decisivo no sentido de evitar uma eventual indução (potencialmente contida na genérica noção 'marginalista' duma utilidade 'marginal' decrescente dos bens e serviços) de quaisquer projetos políticos visando uma redistribuição igualitária da riqueza. Postular a 'incomparabilidade interpessoal' das utilidades correspondia, assim, a uma inflexão muitíssimo relevante das ideias sociais, crucialmente evitando que a filosofia utilitarista viesse a desembocar em possíveis tendências para o igualitarismo.

Pareto não só lutou para evitar as potenciais ideias igualitárias em termos lógicos, na condição de economista: também levou a cabo esse projeto enquanto sociólogo, com a operação de explicação dos efeitos dos juízos de valor na vida social. Tais aspetos foram por si atribuídos basicamente a uma dominação fundamental dos instintos, ou mais exatamente dos 'resíduos dos instintos', sobre todas as facetas psicológicas com implicações significativas na existência social. Esses 'resíduos', a causa real para determinados comportamentos, alegadamente seriam percebidos pelos indivíduos apenas de forma indireta, sob a forma de 'derivações' ou racionalizações, consideradas por aqueles como constituindo as verdadeiras causas da ação. Embora Pareto considerasse 'lógicas' apenas as ações que não apenas fossem eficazes e eficientes, mas onde os motivos reais e os motivos percebidos fossem os mesmos, o que portanto o fazia classificar como 'não-lógicas' a maior parte das condutas sociais, sublinhava também fortemente o peso e a extrema importância destas tais outras variedades de ação, as quais deveriam assim merecer considerações analíticas mais detalhadas. Enquanto as 'derivações', segundo Pareto, seriam propensas a uma diversidade e a uma variabilidade quase infinitas, na verdade caleidoscópicas, já os 'resíduos' permaneceriam por contraste suscetíveis dum tratamento e duma classificação relativamente simples, sendo sumariamente reportados por si a um certo número de classes, das quais seriam sobretudo importantes as classes ditas da 'preservação dos agregados' e das 'combinações': o predomínio das primeiras corresponderia a pessoas com uma inclinação superior para levar a sério os códigos morais e para agir em conformidade com isso (os chamados 'leões'), enquanto o grupo em que prevaleciam os resíduos das 'combinações' (ao qual Pareto designou como 'raposas') geralmente levaria os assuntos com muito mais ligeireza, mas também maior sofisticação, agindo duma forma conscientemente movida pelo interesse, não necessariamente de maneira simples e 'moralmente correta'.

A história das sociedades, de acordo com Pareto, basicamente consiste numa série de ciclos de elites, emergindo e perecendo interminavelmente, mas sempre com uma fase inicial turbulenta, na qual dominam os 'leões' e os assuntos são geralmente tratados de forma áspera, mas ainda assim na maior parte dos casos eficiente. Na medida em que as coisas tendem a acalmar e a rotina se vai instalando, isso leva o papel das 'raposas' a experimentar um crescimento significativo, que muitas vezes permite a certos grupos de elites atingir um estado momentâneo de equilíbrio, um período de 'anos dourados' onde uma relativa tranquilidade e simultaneamente prosperidade são permitidas, dada precisamente a diversidade das inclinações e das capacidades adentro do grupo dos dirigentes. Entretanto, na sequência desta evolução e na medida em que o ascenso das raposas prossegue ininterrupto, o equilíbrio é inevitavelmente perdido, agora prevalecendo demasiado a simples esperteza e a astúcia, mas acompanhadas duma incapacidade generalizada da elite para considerar os assuntos de forma séria e, finalmente, também para se tomar ela própria a sério e para ser correspondentemente levada a sério pelas massas. Quando isso acontece, tornando-se as regras simples formalidades vazias ou aquilo que é percebido e sentido como mera 'etiqueta', o tempo chegou para mudanças 'revolucionárias' oficialmente ocorrerem, uma nova elite substituindo a mais antiga, geralmente com muitas justificações morais (ou 'derivações') associadas a tal operação, justificações que os diretamente interessados realmente levam muito a sério no início, depois do que o ciclo se reinicia (cf. Pareto 1968; Aron 1991).

Nos EUA, durante este período os estudos económicos estiveram em grande medida sob a égide da corrente designada como 'institucionalismo', sendo Thorstein Veblen (1857-1929) o autor mais merecedor de destaque adentro do grupo. Veblen (1994) expôs aquilo que identificou como o 'instinto predatório' associado às práticas de negócios do seu tempo, referindo este aspeto nocivo principalmente à chamada "classe ociosa", um grupo correspondente à prática do "consumo de ostentação", orientado para a sinalização de *status* e expressando uma vida livre de preocupações, afastada do trabalho profissional e indicando assim a pertença aos estratos sociais superiores. Este modo de vida foi nitidamente contrastado por Veblen com o chamado 'instinto profissional', adentro dum quadro teórico-doutrinário global marcadamente crítico da sociedade sua contemporânea, e também profundamente preocupado com o tema do quanto poderiam e/ou deveriam ser referidos à economia os modelos operacionais da biologia: um projeto subscrito pelo próprio quanto a alguns aspetos, mas enfaticamente rejeitado quanto a outros. Veblen (1990) destacou também deliberadamente a relevância de várias zonas de interface teórico da ciência económica com a investigação de campos académicos vizinhos, em particular os representados pela sociologia, pela psicologia e pela historiografia, sublinhando os traços da economia que na sua opinião obrigavam ao tratamento desta enquanto ciência social, por conseguinte não redutível à física ou à biologia.

O 'institucionalismo' norte-americano acolheu reconhecidamente uma grande influência do contemporâneo 'historicismo', uma corrente intelectual muito significativa durante a viragem de século no respeitante à economia, à sociologia e aos estudos jurídicos. O historicismo, cujos centros académicos mais importantes de atividade estiveram sem dúvida na Alemanha, promoveu com efeito um feixe de raciocínios tendendo a relativizar a validade das teorias económicas, destacando a diversidade das culturas e das instituições sociais, bem como a importância-chave deste outro grupo de aspetos para a vida económica. Tendo plausivelmente como figura mais importante Gustav von Schmoller (1838-1917), esta corrente foi ao mesmo tempo inclinada a reconhecer a importância crucial da 'eticidade', ou moralidade objetiva, noutros termos daquele grupo de condutas orientadas por valores e que deveria ser considerado como condição necessária, embora muitas vezes ignorada (ou permanecendo apenas inconsciente), de todas as condutas relativas aos negócios, e estando incorporada em diversas práticas de regulação legal e/ou costumeira. Alguns aspetos dessa linha de argumentos foram, de facto, destacados e sublinhados também por Émile Durkheim (ver supra), sendo apresentados como tal enquanto base para o reconhecimento académico da sociologia. Num nível mais prático, esta escola esteve também crescentemente inclinada para a promoção duma significativa série de medidas de reformismo social, aumentada intervenção económica pública sendo reconhecida enquanto forma admissível de ajudar os mais desfavorecidos, incentivando também uma redistribuição fiscal de pendor mais ou menos igualitária, promovendo ativamente alguns sectores económicas considerados 'estratégicos' ou mais importantes para o interesse público, etc.

O grupo de reformas defendido pela maioria dos membros do grupo 'historicista' foi também geralmente apresentado como estando fundado em pressupostos científicos, o que inevitavelmente significava que uma explícita doutrinação, ou uma apresentação de proposições eminentemente valorativas, era todavia defendida enquanto formalmente sediada na ciência, uma atividade por princípio considerada como estando, ou pelo menos tendendo a estar, livre de pressupostos valorativos (cf. Grimmer-Solem & Romani 1998; Grimmer-Solem 2003).

Este aspeto constituiu provavelmente um dos principais motivos para uma mudança significativa em matéria de orientações, a qual ocorreu com membros tardios da 'escola histórica', os nomes de Max Weber (1864-1920) e Werner Sombart (1863-1941) merecendo referência imediata neste outro contexto. Weber, provavelmente o pensador mais importante a ser mencionado neste âmbito e produzindo um influxo na tradição de pensamento sociológico com efeitos duradouros até aos nossos dias, tornou-se mundialmente famoso, entre outras razões, pela sua discussão em profundidade dos problemas relacionados com a chamada "neutralidade axiológica" da ciência, ou seja, a necessidade, para esta atividade socialmente organizada, de proceder de acordo com um certo número de códigos permitindo produzir resultados eficazes e capazes de serem validados independentemente de compromissos de valor, ou na verdade sendo suscetíveis de serem considerados 'livres-de-valor'. Embora estivesse bem consciente da tendência de toda a produção científica para ser condicionado por juízos valorativos, ou antes, justamente como resultado dessa clara consciência, Weber sublinhou a necessidade de existência dum grupo socialmente organizado de procedimentos capazes de filtrar de alguma forma a componente individual, inevitavelmente ligada a preferências, inclinações e preconceitos, com o objetivo de produzir um 'depósito' científico comum e capaz de obter validação universal. O outro lado desta distinção de níveis, na apresentação a que Weber procede dos argumentos, é incorporado na sua lição de modéstia para uso dos cientistas, ou mesmo a sua convicção básica de que os compromissos de valor individuais mais profundos, referindo-se ao nível dito "axiológico", ou seja, aqueles fornecendo à vida de cada pessoa um 'significado' ou uma 'razão-de--ser' globais, são realmente insuscetíveis de serem diretamente questionados por uma atividade estritamente científica e/ou pelos resultados materiais desta.

Embora estas preocupações com a "neutralidade axiológica" das produções sociológicas devam realmente ser referidas a várias escolas metodológicas, no caso de Weber, a ênfase foi colocada antes de tudo numa inclinação relativista global, a qual decorre de explícitas influências filosóficas neokantianas salientando que as realidades 'intrínsecas', as 'coisas em si' ou 'númenos', permanecem sempre insuscetíveis de conhecimento, dependendo inevitavelmente do conjunto de perspetivas associadas aos agentes da investigação e, portanto, mantendo-se a investigação estritamente relativa ao campo dos meros 'fenómenos'. Esta propensão relativista é já suficiente para distinguir rapidamente as inclinações epistemológicas globais de Weber da sua contrapartida 'positivista' habitual, tal como ilustrada pelo caso de Durkheim (ver supra), mas isso foi ainda subsequentemente reforçado pelo facto de que Weber considerou também enfaticamente as ciências sociais como disciplinas relacionadas com uma abordagem dita 'compreensiva' (ou fundada na *Verstehen*) do seu campo de estudos, uma vez que elas se referem a realidades consistindo em indivíduos que atribuem significados às suas ações, e interagindo consistentemente apenas na medida em que estes significados se encontram reciprocamente orientados. Noutras palavras, a "ação social" é aquela cujo agente lhe atribui um significado reportando-se a outros agentes, os quais em determinadas circunstâncias retribuem, donde precisamente o facto de a ordem social se tornar de todo em todo possível (cf. Weber 1968; Giddens 1972; Aron 1991).

Este grupo de tendências em matéria de argumentos epistemológicos levou Max Weber a subscrever no fundamental a clássica noção historiográfica, geralmente associada à obra de Wilhelm Dilthey (1833-1911), sustentando que os estudos sociais visam a 'compreensão', não a 'explicação' das realidades, o campo das ciências sociais constituindo um grupo distinto de disciplinas, ditas 'ciências espirituais' ou *Geisteswissenschaft*, em vez de ciências naturais ou *Naturwissenschaft*, pelo que a explicação rigorosa não corresponderia no caso daquelas a um objetivo científico válido. É outrossim justo dizer que esta tendência de lucubração manteve Weber na vizinhança igualmente de filósofos como Wilhelm Windelband (1848-1915) e Heinrich Rickert (1863-1936), elementos cruciais da discussão nas obras destes sendo a especificidade dos aspetos ditos 'vitais' da existência e o quanto esse elemento 'vital' é suposto afetar a própria produção teórica, ou mesmo encontra precisamente nesta a sua máxima expressão, bem como o papel da individualidade ou singularidade no mundo em geral e mais estritamente na história, Windelband sugerindo a importante distinção entre disciplinas "nomotéticas", ou inclinadas para a generalidade, o que corresponderia grosso modo às ciências naturais, e estudos sociais de pendor "ideográfico", predominantemente orientados para a singularidade. Estes debates ocorreram adentro dum quadro de filosófico oficialmente neokantiano, sendo todavia significativamente adicionados a este diversos elementos colhidos a partir de outras fontes, tais como os sistemas filosóficos 'vitalistas' de Friedrich Nietzsche e de Henri Bergson (ver supra, 'História das teorias: 1850-1900').

O filósofo francês Henri Bergson (1859-1941), sem dúvida, uma das figuras mais importantes na paisagem intelectual europeia da viragem-de-século, concebeu explicitamente a evolução enquanto algo dirigido por um *élan vital*, uma força primordial criativa e pulsante de vida, adentro da qual a experiência teria supostamente uma natureza inevitavelmente contínua, não obstante a tendência dos indivíduos para lhe imporem divisões artificiais através do intelecto. Produzindo aquilo que é suscetível de ser considerado um importante contributo para a construção duma teoria social do tempo de inclinação marcadamente fenomenológica (ver infra), Bergson argumentou que o tempo não deve ser pensado dum modo 'espacializado', ou seja, não deve ser entendido enquanto um elemento ou uma presença: os indivíduos devem antes ser analisados 'no tempo', porque este é essencialmente vivido duma maneira sensorial e qualitativamente, não em termos reais ou duma forma 'objetiva'. O 'pathos epocal' genérico adentro do qual Bergson avançou esta variedade de lucubração deve ser considerado, pelo menos em parte, o mesmo que permitiu e/ou gerou a produção teórica de Albert Einstein (1879-1955), o qual em 1905 publicou a sua 'teoria da relatividade restrita', afirmando que as noções de espaço, tempo e massa são relativas ao observador; e em 1916 a 'teoria da relatividade geral', basicamente argumentando que as leis do movimento num sistema acelerado e as leis dum campo gravitacional são equivalentes (cf. Blackburn 1994; Gardiner 1984).

Uma outra razão importante para o estabelecimento da reputação de Max Weber enquanto erudito foi sua investigação sobre as relações entre capitalismo, racionalidade e um número de grupos de crenças religiosas, particularmente o protestantismo. Weber defendeu antes de mais a relevância duma pesquisa focada conscientemente sobre os aspetos originais/ideográficos do objeto de estudo, em concreto a alegada importância das crenças calvinistas relativas à predestinação, bem como a sua inclinação para uma variedade de 'ascetismo mundano', o que teria propiciado decisivamente a formação e o desenvolvimento do 'capitalismo racional', em particular na Europa norte-ocidental e na América anglo-saxónica. Embora divergindo de Weber num certo número de aspetos cruciais, entre outras razões porque considerou o protestantismo mais um inibidor do que um propiciador do capitalismo moderno, Werner Sombart (1943, 1982, 1992) concentrou igualmente a sua atenção no estudo das atividades capitalistas, na sua lógica de desenvolvimento, bem como nas suas relações com tendências doutrinárias indutoras de racionalidade e com diversas disposições mentais permitindo e promovendo a quantificação. Independentemente das respetivas divergências, tanto Weber como Sombart reconheceram a profunda influência das inclinações valorativas, e mais especificamente das crenças religiosas, na evolução da vida económica. Ambos estabeleceram outrossim uma ligação fundamental entre o capitalismo e o mais amplo desencadear de tendências racionalistas, e ambos lamentaram enfim a alegada imoderação nos progressos da racionalidade, os quais teriam supostamente produzido um mundo 'desencantado' e uma existência social excessivamente reificada, da qual os elementos 'espirituais' teriam sido expulsos, produzindo a transformação da sociedade numa 'jaula de ferro da racionalidade' (Graça 1995; Loader 2001).

Um número considerável destes argumentos tende a surgir igualmente nas obras de Georg Simmel (1858-1918), autor que considerou a existência social como consistindo num movimento através do qual as relações entre os indivíduos são permanentemente reconfiguradas. Neste sentido, Simmel propõe o conceito de "ação recíproca": os indivíduos, supõe-se, exercem influência sobre os demais e é precisamente este conjunto de ações que permite a sua agregação em sociedade. O assunto principal da análise, por conseguinte, reside não nos indivíduos, nem tão-pouco na sociedade, mas na interação entre estes dois eixos que ocorre através das 'ações recíprocas'. Ao resultado das ações recíprocas designa Simmel como "formas sociais", distinguindo quatro tipos destas: os tipos dotados duma natureza permanente, tal como ocorre com instituições claramente definidas, o estado, a igreja ou as famílias; os que configuram esquemas pré-estabelecidos abstratos, que suportam a constituição de organizações (conflito, hierarquia, divisão de trabalho, concorrência, etc.); os que constituem a base geral ou contexto em que as ações ocorrem, tais como a economia, a educação, a política ou a religião; e finalmente as formas efémeras, associadas às práticas da vida quotidiana. A tonalidade principal da obra de Simmel, aliás geralmente bastante fragmentária e aforística, corresponde a um lamento pela fluidez e evanescência da vida, bem como à denúncia da tendência para a sua supressão, dadas particularmente as inclinações para a reificação identificáveis na modernidade (cf. Simmel 1981, 1986, 1988, 1989, 1990; Bottomore & Nisbet 1980; Ritzer 1996, 1999).

Nos Estados Unidos da América, William James (1842-1910) foi uma figura-chave enquanto fundador da corrente filosófico denominada "pragmatismo" e adversário declarado do idealismo absoluto. James considerava assumidamente as filosofias como expressando sobretudo reações sentimentais, mais do que pretensos teoremas intelectuais, retirando a importante conclusão de que a exatidão em si mesma não constitui uma questão filosófica central. Na verdade, James inclina-se para um 'empirismo radical', argumentando que tanto os estados mentais como os objetos do mundo exterior podem constituir 'fluxos de experiência', dependendo da perspetiva. A sua proposta mais importante é, no entanto, a noção de que a 'utilidade-da-crença' constitui a quintessência da validade de qualquer afirmação; ou noutros termos, as teorias devem ser avaliadas pela sua eficácia em explicar ou prever fenómenos, independentemente da forma como a 'realidade' é desse modo exatamente descrita ou não (ver supra 'História das teorias: 1850- -1900'). Sem dúvida um pensador crucialmente importante no início do século vinte, John Dewey (1859-1952) pode ser considerado predominantemente um discípulo e continuador deste grupo de persuasões filosóficas, com base nas quais procedeu a uma crítica pertinaz das práticas educativas prevalecentes no seu tempo, censurando-as pela sua rigidez e pela sua formalidade, considerando que a missão da educação deveria consistir em promover nas crianças conhecimentos e experiência, bem como fortificar as aptidões naturais. Enquanto filósofo-epistemólogo 'pragmatista', Dewey destacou que não existe na investigação científica qualquer necessidade de certeza absoluta: os processos daquela são fundamentalmente autocorretivos, a validade do conhecimento sendo aliás sempre garantida adentro dum contexto histórico e cultural específico.

Foi inegavelmente adentro deste amplo contexto cultural que as teorizações de George Herbert Mead (1863-1931) e Charles Horton Cooley (1864-1929) foram desenvolvidas e obtiveram reconhecimento institucional. Apresentando em 1902 aquilo que é por vezes considerado o primeiro argumento importante de microssociologia avançado por um teórico norte-americano, Cooley alegou que a interação social consiste unicamente no contacto de cada indivíduo com as ideias formadas acerca doutras pessoas, nunca com aqueles indivíduos propriamente ditos: os factos da sociedade são, portanto, fundamentalmente construções apenas imaginadas que as pessoas têm umas das outras. Em consequência, as questões sociais deveriam ser investigadas predominantemente no âmbito da imaginação, e de facto a sociedade consistiria basicamente numa relação entre ideias. A cogitação sociológica de Mead assenta na distinção crucial entre o chamado 'self' e o 'corpo': enquanto a componente de 'self' é supostamente reflexiva e decorre da experiência social, o corpo é, pelo contrário, apenas um conjunto de peças físicas capazes de funcionarem sem qualquer controle consciente. O 'self' consiste num elemento imaterial, não-corporal, resumindo-se essencialmente a um ponto de vista: os indivíduos têm experiência-de-si de forma espelhada, ou através da perspetiva indireta dos outros, não com base em observações diretas. Cada indivíduo é, portanto, capaz de produzir os seus próprios pensamentos com base em distintas variedades de perspetiva social adquirida. Por conseguinte, para Mead cada um de nós tem de facto vários 'eus', como resultado da manutenção de diferentes tipos de relacionamentos com diversas pessoas: enfrentando diferentes interlocutores, cada um 'apresenta-se' e 'desempenha' assim de formas diversificadas. Todavia, Mead sublinhou também simultaneamente a distinção entre o 'eu' ('*me*'), a instância do 'self' decorrente das atitudes dos outros para com esse indivíduo, de facto a sua autoimagem, e o mais profundo 'Eu' ('*I*'), bem mais fluido e inefável, mas também muito mais dinâmico. Adentro dum processo normal de socialização, os indivíduos assimilam permanentemente as atitudes da comunidade, culminando na elaboração duma estrutura mental apelidada por Mead de "outro generalizado", operando como um espelho global, através do qual os indivíduos comunicam e atribuem significados às suas expressões.

É frequente a apresentação do argumento de que o idealismo teria constituído na viragem de século XIX-XX o sistema filosófico predominante nas universidades norte-americanas, o mundo assumindo para aquela corrente a característica duma manifestação de valores transcendentes, dotados de existência autónoma. Segundo o mesmo argumento, posteriormente o pragmatismo teria emergido enquanto contrapeso para as referidas tendências idealistas. Para além disso, os traços específicos do pensamento sociológico norte-americano são também usualmente destacados, em particular designando este grupo de autores de persuasão 'pragmatista' como "escola de Chicago", um grupo de investigadores preocupados principalmente com a miríade de processos ocorrendo no âmbito dum processo de rápida urbanização, com todas as suas potencialidades, mas obviamente também com os seus fracassos e os seus efeitos perversos. Mais importante ainda, a "escola de Chicago" estaria supostamente relacionada com as realidades de base da 'América profunda', ao contrário do que ocorreria com a influência teórica europeia, alegadamente predominante nos mais tradicionais centros académicos da 'Costa Leste'. Não obstante esta narrativa oficial, no entanto, devemos notar que um número importante de temas definindo o pensamento sociológico norte-americano de inspiração oficialmente 'pragmatista' é outrossim crucial para a corrente geralmente identificada como "fenomenologia", em grande medida baseada na obra do filósofo alemão Edmund Husserl (1859-1938). Apelando à noção de 'intencionalidade', oficialmente recolhida da obra de Franz Brentano (1838-1917), a referida corrente filosófica rejeita explicitamente o conceito de 'pesquisa objetiva', em vez disso assumindo o seu próprio trabalho como estando baseado num processo de análise e classificação dos pressupostos, através da construção de categorias, apelidadas como "*epoché* fenomenológicas". A chave para um conhecimento profundo da natureza, argumentam os fenomenologistas, deveria ser investigada na análise do comportamento humano quotidiano, o qual é por sua vez referido a 'pessoas' em vez de 'indivíduos': assumindo que o fulcro dos indivíduos foi tradicionalmente percebido como residindo na respetiva singularidade, mas também na sua inefabilidade, por oposição as 'pessoas' são consideradas pela fenomenologia enquanto suscetíveis de compreensão precisamente através das maneiras originais como expressam de forma espelhada a vida em sociedade. Sublinhando o facto de considerar a investigação enquanto um processo de descoberta, esta corrente também pressupõe estar interessado nos *capta*, ou naquilo que é 'colhido' através da experiência consciente, por oposição aos 'dados'/*data* de informação tradicionalmente postulados, e correspondentemente tanto os filósofos 'fenomenológicos' como os sociólogos por aqueles inspirados tendem a ser mais inclinados para o estudo das práticas quotidianas, e outrossim menos restritivos do que aquilo que a prática institucional das disciplinas académicas usualmente reconhece como válido em matéria de métodos (cf. Bottomore & Nisbet 1980; Ritzer 1996, 1999).

Também a psicologia obteve durante este período o pleno reconhecimento institucional enquanto ciência. Um dos fundadores desta disciplina, Wilhelm Wundt (1832-1920), baseou oficialmente o seu trabalho na introspeção, ou seja, na análise da consciência de cada pessoa, uma abordagem definida pelo próprio como "estruturalismo", o propósito da investigação consistindo oficialmente na análise da consciência ou, por oposição, intentando segmentá-la em sensações supostamente elementares. Em matéria linguística, esta corrente sugeriu que aquilo a que chamou 'construção psicológica interna', ou 'frase mental', determina a proposição subsequentemente enunciada de forma explícita, devendo aquela portanto ser considerada a unidade básica do discurso. Wundt é também relevante por ter formulado a famosa expressão de "heterogonia das finalidades" (*Heterogonie der Zwecke*), fórmula que veio a ser processada de forma crucialmente importante noutros contextos, em particular no referente às ideias mais tarde expostas por Joseph Schumpeter sobre a vitalidade do capitalismo, dada a compulsão incessante que aquela 'heterogonia' induziria na interação social (considerada um permanente confronto e uma comparação com os outros), sobretudo quanto ao consumo individual de bens económicos.

Uma abordagem rival a esta corrente de psicologia constituiu o "behaviorismo", de facto uma escola surgida no início do século vinte, com John B. Watson (1858-1958) enquanto figura principal. Rejeitando deliberadamente os métodos introspetivos e restringindo a pesquisa aos chamados 'métodos experimentais,' esta corrente configura em boa medida uma oposição à psicologia anterior, considerada de forma acusatória como fundamentalmente incapaz de prever. A sua tese principal é a de que a investigação científica deve referir-se apenas aos comportamentos estritamente observáveis, excluindo os putativos eventos não registáveis e que ocorrem só 'adentro da mente'. A investigação científica é assim limitada pelo 'behaviorismo' aos métodos suscetíveis de serem usados em testes experimentais rigorosos, os comportamentos devendo ser apropriadamente descritos, sem apelarmos a ocorrências fisiológicas ou a quaisquer hipóteses relativas a pensamentos ou a crenças.

Opondo-se consistentemente tanto ao estruturalismo como ao behaviorismo, a abordagem psicológica da corrente da 'Gestalt' visa compreender não apenas os elementos constituintes dos processos cognitivos, mas acima de tudo os seus princípios de organização. O conceito de Gestalt foi apresentado pela primeira vez em 1890, por Christian von Ehrenfels (1859-1932), o princípio básico deste grupo consistindo na tese de que a mente forma um todo global dotado de tendências de auto-organização, as quais levam a considerar os objetos na sua totalidade, não apenas a perceber as suas partes individuais. Partindo portanto da ideia de que 'o todo é diferente da soma das partes', a preocupação central da psicologia deve assim consistir em compreender as leis da capacidade humana para produzir perceções significativas, num mundo que de outra forma seria caótica. O elemento de Gestalt é por vezes assumido enquanto traço primordial, definindo portanto as partes de que a perceção é composta, noutras ocasiões principalmente enquanto qualidade secundária, ou 'efeito emergente' das partes de que a totalidade se compõe.

Outra importante novidade em psicologia foi a psicanálise, originalmente proposta por Sigmund Freud (1856-1939) e posteriormente expandida e revista em muitos aspetos por vários dos seus colegas e alunos. A psicanálise sublinha genericamente a noção de que acontecimentos ocorridos durante a primeira infância são determinantes para o desenvolvimento de cada pessoa, o conjunto da vida psíquica sendo crucialmente influenciado por pulsões irracionais inconscientes, ocorrendo todavia uma significativa resistência quando se tenta tomar consciência desses mesmos elementos. Dados os conflitos entre a vida consciente e o inconsciente, os aspetos reprimidos da vida psíquica podem evoluir para a forma de traços neuróticos, ansiedade e/ou depressão. A libertação dos efeitos patológicos produzidos pela vida inconsciente é obtida por um método através do qual se procura trazer esse material para a consciência, o processo analítico permitindo que determinadas reações geradas pelo inconsciente deixem de provocar sintomas patológicos. A psicanálise tem recebido críticas importantes duma grande variedade de fontes, a sua condição científica sendo aliás frequentemente objeto de contestação, dada a sua fundamental incapacidade para formular previsões. No entanto, esta corrente intelectual teve inquestionavelmente uma forte influência em todo o mundo durante não apenas as décadas iniciais, mas na verdade todo o século vinte.

Um outro autor importante a expressar o *Zeitgeist* deste período, e tendo também decerto contribuído para formá-lo, foi inquestionavelmente Georges Sorel (1847-1922). No seu trabalho de 1908 intitulado *Reflexões sobre a Violência*, e adentro duma inclinação de forte simpatia em termos doutrinários, defendeu a necessidade científica de entender os propósitos e contextos dos indivíduos que apelavam para métodos violentos contra as instituições estatais. Embora este ponto de partida teorético estivesse politicamente bastante perto da chamada 'extrema-esquerda', expressando de forma aproximada os pontos de vista de diversos ativistas políticos então excluídos do consenso maioritário em termos políticos e académicas, Sorel descartava também explicitamente a perspetiva marxista oficial nos assuntos relativos a teoria do valor económico e, portanto, necessariamente também ao marxismo em bloco, salientando que a atividade política não tinha qualquer relação necessária com as questões económicas e, de facto, com o conteúdo lógico de quaisquer debates teóricos. Em vez disso, Sorel salientou o papel central que em sua opinião seria desempenhado pelas 'imagens' e pelos 'mitos', considerados enquanto expressão da 'vontade de agir' na preparação do conteúdo emocional relacionado com a política: a 'greve geral', por exemplo, poderia e deveria ser analiticamente considerada, e também politicamente usada, independentemente de debates sobre a sua plausibilidade dada uma qualquer teoria sociológica ou económica, a sua viabilidade técnica, a possibilidade de transportar os conflitos económicos para o cenário político, etc. Segundo Sorel, a questão central consistiria nas características sensoriais (imagens e mitos), e em geral nos aspetos não-racionais, todas as subsequentes e intermináveis discussões doutrinário-teóricas induzindo apenas paralisia da vontade-de-agir. A validade 'objetiva' das teorias deveria supostamente ser medida da mesma forma que qualquer teoria é testada: através de seus aplicações e/ou implicações práticas. Na medida em que grandes massas vierem a acreditar em tais 'mitos', estes deverão nesse sentido ser processados como verdadeiros: é esse o único sentido, de resto, em que a própria categoria de 'verdade' é detentora de qualquer validade ou relevância, no respeitante aos assuntos humanos. Coerentemente, a teoria marxista do valor económico, supostamente uma teoria de pendor 'objetivista', apelando aos custos e particularmente aos custos em trabalho, deveria ser substituída por teorias de inclinação 'subjetivista', tais como aquelas tradicionalmente dependentes da utilidade, especialmente em face da sofisticação que mais recentemente tinha ocorrida com estas através da chamada 'revolução marginalista', sobretudo as teorias de Vilfredo Pareto (Sternhell et al 1995; Losurdo 1998).

Complementado com um certo número de outros elementos importantes, tais como o culto da tradição e da 'comunidade popular' (ver supra, Tönnies) e também a ênfase na biologia e na 'raça' que caracterizou a chamada 'Idade do Império', estes foram sem dúvida alguns dos ingredientes presentes no 'nascimento da ideologia fascista', crucial pelas suas implicações nas décadas subsequentes. O fascismo, no entanto, provavelmente não teria de todo ocorrido, se a Europa não tivesse experimentado os horrores e brutalidades da primeira Guerra Mundial em 1914-18; e a compreensão da 'Grande Guerra' torna-se por sua vez impossível sem uma referência ao reforço das tendências intelectuais imperialistas, na verdade colonialistas e racistas, que caracterizaram estas décadas, encontrando plena expressão na obra de Lothrop Stoddard (1883-1950) intitulada *The Rising Tide of Color: The Threat Against White World-Supremacy* (*A Maré Ascendente da Cor: A Ameaça Contra a Supremacia Mundial Branca*; cf. Stoddard 1922), uma obra publicada pela primeira vez em 1920 e operando com base em assunções que eram nesta época tomadas como senso comum pela generalidade da opinião considerada 'instruída', quer nas metrópoles europeias quer nos EUA. Essas discussões basearam-se nas ideias anteriores indicando a supremacia dos povos da zona Euro-Atlântica relativamente a todos os outros, ideias que tinham até então sido predominantemente argumentadas em associação direta e estreita com motivos religiosos (daí a categoria central corresponder nessa altura a 'povos cristãos'), e recorreram à generalização de noções biológicas, médicas e linguísticas de inspiração mais de menos 'darwinista', reportando-se à necessária 'luta pela vida', à 'sobrevivência dos mais aptos' e a temas semelhantes, as quais foram em conjunto mobilizadas para produzir um novo conceito global, de acordo com o qual os europeus e os norte-americanos, agora coletivamente percebidos não enquanto cristãos, mas enquanto 'brancos', 'caucasianos', 'raça ariana' ou outras categorias estreitamente aparentadas, poderiam e deveriam manter o seu domínio sobre o resto do mundo, uma ameaça existindo todavia a esse desiderato, correspondente no fundamental ao indesejável aumento descontrolado do número dos membros das outras 'raças'.

Na Europa, estas ideias foram-se tornando cada vez mais populares na medida em que as instituições políticas tradicionais do liberalismo, as quais eram marcadamente exclusivistas, experimentavam um significativo processo de democratização, em particular com a adoção do sufrágio universal masculino nos principais países. Deste modo, a tradicional autoimagem marcadamente exclusivista das elites, que tendia a excluir as grandes massas da própria categoria de humanidade ou, de forma ainda mais radical, a negar diretamente a esta última categoria qualquer significado, assumindo-se assim um 'nominalismo antropológico' muito consciente (como aconteceu em particular com famosas tiradas de Edmund Burke e Joseph de Maistre opondo-se às noções de 'direitos do homem', ou de facto mesmo à de 'humanidade'), estava neste período a ser progressivamente substituída por uma tendência visando mobilizar as massas de cada país para empreendimentos imperiais, atenuando assim paulatinamente as clivagens internas, ou o exclusivismo 'vertical' das mundivisões correspondente às aristocracias tradicionais, substituindo-o tendencialmente por variedades imperialistas de nacionalismo, ou 'jingoísmo', as quais em vez disso destacavam traços como a 'raça branca', o 'arianismo', etc. Quanto aos receios anteriores relativos aos riscos pretensamente associados à 'curva de sino' e à cessação da concorrência, ocorrendo assim uma reprodução acrescida dos 'inadaptados' e, por isso, também uma degradação estatística global em vez da melhoria da espécie, seguindo os ensinamentos de Herbert Spencer, Francis Galton e outros (ver acima 'História das teorias: 1850-1900'), um processo global de transferência tendeu nestes anos também a ocorrer, metamorfoseando-os num medo popularizado do ascenso global das 'raças inferiores' não-ocidentais e, em geral, dos então chamados 'sub-homens'.

O caso quase ideal-típico de realização bem-sucedida deste processo de adaptação evolutiva em matéria cultural foi, sem dúvida, representado pelo Reino Unido. No caso dos EUA, como principal problema permaneceu a continuação, ou de facto o reforço, de valores, crenças e atitudes racistas, estigmatizando um segmento importantes dos cidadãos, principalmente nos estados do Sul. Uma vez a ocupação por exércitos do Norte, no período do imediato pós-guerra civil, tendo sido substituída pela devolução da soberania aos estados, uma nova forma de 'peculiar' organização social consagrando a 'supremacia branca' veio a florescer no período subsequente, estando de facto destinada a persistir até à década de 1960. Neste contexto, um notável filósofo social e ativista dos direitos da população negra deve ser mencionado: W. E. B. Du Bois (1868-1963), o qual argumentou basicamente que os afroamericanos deveriam esforçar-se pela obtenção da igualdade de oportunidades em tudo o que fosse relativo a reconhecimento social, mantendo ao mesmo tempo os respetivos traços culturais distintivos. Esta dupla luta (pela igualdade de direitos e simultaneamente pelo reconhecimento da sua especificidade, isto é, rejeitando a simples 'assimilação') era suposto permitir a superação dum número importante de consequências práticas do preconceito racial, que lesava aquela população através de diversos dispositivos estigmatizadores.

Nos países da Europa continental manifestaram-se fundamentalmente as mesmas tendências globais, mas na maior parte dos casos submetidas a complexificações importantes, que vale a pena referir. Habitualmente, a França pode ser considerada como tendo-se juntado com pequenas adaptações ao modelo britânico, a 'civilização' sendo neste caso assumida como a categoria mais importante; e nesse sentido os empreendimentos imperialistas justificar-se-iam no âmbito da chamada *mission civilisatrice*, uma 'missão civilizadora' dos povos de países europeus relativamente aos não-brancos, grandes variações ou dúvidas sendo em boa verdade acrescentadas ao quadro mental, referindo-se às capacidades dos não-brancos para se tornarem de facto alguma vez 'educados' ou verdadeiramente 'civilizados'. Pelo seu lado, a Alemanha, que obtivera a sua unificação política apenas em 1871, tinha depois disso convergido com, ou mesmo ultrapassado tanto à França como até mesmo ao Reino Unido, seja em termos económicos, tecnológicos e/ou militares, enquanto ao mesmo tempo só muito limitadamente tinha compensado as suas desvantagens relativas à ausência inicial dum império colonial. Correspondentemente, a ênfase foi neste caso colocada sobretudo no tema da *Kultur*, a pretensa 'cultura' pensada como elemento exclusivo e intraduzível, por oposição à civilização meramente material, as especificidades sendo destacadas e a 'individualidade inefável' exaltada, e mais amplamente sendo sublinhado o elemento 'ideal', por oposição aos aspetos meramente materiais da existência. Esta divisória de ideias acentuou-se, posteriormente, suplementando-se por meio de elementos 'vitalistas', principalmente duma variedade nietzschiana, através do culto do *Schicksal* ou 'destino', adicionalmente concebido sobretudo enquanto destino coletivo, adentro duma 'comunidade' (por oposição a 'sociedade', ver supra, Tönnies), na verdade uma 'comunidade popular', ou *Volksgemeinschaft*.

Neste contexto global, em termos genéricos a Primeira Guerra Mundial foi oficialmente, na perspetiva da *Entente Cordiale*, uma guerra civilizadora contra os 'Hunos', como os alemães foram nesta altura apelidados de modo depreciativo, obviamente degradando-os do ponto de vista simbólico através da sua exclusão da parte 'nobre' da humanidade, aquela habitando o 'espaço sagrado' Euro-Atlântico; e do ponto de vista alemão tratou-se duma guerra pela 'comunidade' e por um modo de vida 'orgânico', em oposição à meramente 'mecanicista' *Gesellschaft*, ou 'sociedade'; uma guerra pelo 'ideal' e pelo 'destino coletivo', contra o mero materialismo e o vulgar individualismo utilitarista; uma guerra do povo 'metafísico' contra os seus inimigos 'positivistas' e calculistas; a guerra duma 'cultura' ideal única, opondo-a à 'civilização' grosseiramente material e meramente padronizada. No contexto do grande panegírico da guerra que globalmente caracterizou este período em ambos os lados do conflito, uma declaração se destaca pelo respetivo *pathos* e notoriedade: a que foi proferida por Max Weber, um autor de inclinações políticas habitualmente moderadas, que todavia nesta altura se lançou num louvor rasgado do conflito enquanto pretensamente *unerhört groß und wunderbar*, uma guerra "inauditamente grande e maravilhosa", altamente promissora pela rotura que assim era possibilitada com a rotina e com os procedimentos ditos meramente 'mecanicistas' e 'desencantados' (Elias 1989; Losurdo 1998; a fonte de inspiração mais próxima de Weber era todavia a Guerra Hispano-Americana de 1898, descrita como *spendid little war* pelo então secretário de estado dos EUA, John Hay).

Posteriormente, durante o período de Weimar o ambiente alemão produziu uma variedade de pensamento que já foi designada como "modernismo reacionário", em termos gerais intentando preservar as novidades técnicas decorrentes da racionalidade instrumental, mas fundindo-as com restaurados e reforçados elementos adicionais de 'espírito', visando assim obter globalmente uma 'reespiritualização da tecnologia' (Herf 1998). Durante a guerra, a Alemanha evidenciou outrossim uma interessante tendência para utilizar contra a Entente alguns dos motivos desta última, por exemplo subscrevendo momentaneamente o tema da 'missão civilizadora', mas destacando de imediato (numa atitude que evoca em parte o ultraje dos Confederados face ao recurso pela União norte-americana, aquando da respetiva guerra civil, a batalhões de soldados negros) que os aliados ocidentais estavam de facto a proceder à utilização, na Europa, de tropas não-brancas, de origem colonial, o que supostamente constituiria um sinal claro duma completa ausência de 'desportivismo' em matéria militar. Analogamente, uma tendência emergiu também para estigmatizar a Rússia como não sendo realmente uma sociedade europeia, antes asiática, debaixo apenas duma muito débil fachada europeia e 'civilizada', um tema que viria a ser mais amplamente desenvolvido sobretudo depois da revolução bolchevique de 1917 e estando, de facto, destinado a ter um papel muitíssimo importante poucas décadas mais tarde (Losurdo 1998).

Evidentemente, importantes setores da opinião mantiveram sempre sérias dúvidas quanto ao verdadeiro caráter e/ou à relevância de tais "ideologias de guerra", fosse na versão alemã ou na variedade da Entente. Adentro deste contexto, uma referência importante é devida em particular aos trabalhos de John Atkinson Hobson (1858-1940) e de Vladimir Ilich Lenin (1870-1924). Lenin foi uma figura central da revolução russa bolchevique de 1917. Em termos filosóficos, contribuiu com um certo número de ideias importantes para a formação duma variedade de marxismo surgida durante estes anos, variedade associada nomeadamente à questão da aceitação e/ou da recusa, por parte dos partidos socialistas organizados, de fornecer apoio aos governos de cada país. Apesar da crença generalizada de que uma solidariedade internacionalista deveria irromper em grande escala, o facto é que os vários partidos sociais-democratas tradicionais optaram ao invés disso por apoiar o esforço bélico de cada estado, na guerra duns contra os outros, mais ou menos aceitando 'comprar' como válidas as justificações oficiais de cada governo. Foi neste contexto muito importante o facto de Lenin e os assim chamados 'Bolcheviques', ou fação 'maioritária' dos sociais-democratas russos, terem ao invés decidido "fazer guerra à guerra", e de facto aproveitar esta oportunidade como ocasião para promover a agitação civil em vários países. Entre outros aspetos, Lenin salientou a importância política da existência duma vanguarda revolucionária profissional, supostamente selecionada entre os intelectuais, enquanto elemento crucial na ação política, por oposição a noções fazendo depender principalmente as fontes para levantamentos revolucionários da existência prévia de 'revoltas espontâneas' das massas populares. Em termos filosóficos, e contra a corrente do chamado 'empiriocriticismo', Lenin argumentou que as perceções humanas são capazes de capturar corretamente o mundo objetivo externo, de facto 'refletindo' este de forma adequada e precisa. Igualmente importante, defendeu uma variedade de teoria marxista do estado e da ação política, segundo a qual o resultado previsível duma revolução proletária deveria corresponder a um estado radicalmente democratizado, ao contrário dum normal funcionamento assente em princípios 'burocráticos' ou 'legais-racionais'. Esta democratização em profundidade, na verdade uma ditadura consciente da maioria das classes exploradas (proletários e camponeses), deveria ela própria fazer o estado perder importância e tender mesmo a desaparecer pouco a pouco, na medida em que era suposto as próprias classes sociais serem dissolvidas pela reorganização socialista da economia, ao passo que os procedimentos administrativos, ainda segundo a argumentação apresentada por Lenin (2011), deveriam passar a ser fornecidos de forma radicalmente simplificada, sendo a própria instrução simultaneamente objeto duma larga e acelerada generalização. Acima de tudo, porém, Lenin destacou a noção duma relação supostamente umbilical entre capitalismo e imperialismo, este último sendo considerado como o "estádio supremo" do capitalismo numa obra célebre, de 1917, em grande parte referindo-se aos trabalhos anteriores de J. A. Hobson sobre este mesmo tema, sendo aí alegada a necessidade para o capitalismo de existência de colónias, com os propósitos de proceder à exportação de capitais sobreabundantes, produtos finais em excesso ou mesmo segmentos importantes da população das próprias metrópoles (cf. Hobson 1902; Lenin 1999).

De acordo com o diagnóstico de Lenin, os estados imperialistas deveriam tender a viver em estado de permanentes disputas, sendo essa a origem fundamental da Primeira Guerra Mundial. Estes pontos de vista encontravam-se, em vários aspetos, em direta oposição aos de Karl Kautsky (1854-1938), que em vez disso, argumentou existir uma tendência consistente para a emergência dum 'super-imperialismo' unificado, correspondente a um condomínio dos poderes dominantes, que seria gerado para mais eficazmente se poder continuar a proceder à exploração dos territórios coloniais (cf. Anderson 2002). Kautsky salientou também insistentemente que a revolução que Lenin tinha conseguido promover de forma vitoriosa não fora uma revolução suscetível de ser considerada verdadeiramente 'marxista', dado o facto de que os camponeses, e não realmente o proletariado industrial, constituíam a maioria da sociedade russa; a qual era, para além disso, também significativamente atrasada e outrossim 'hiperburocrática', em vez de se tratar duma sociedade propriamente 'burguesa', o que correspondia a um tipo do qual se aproximavam muitíssimo mais as sociedades da Europa ocidental e da América do Norte.

3

REGIMES POLÍTICOS
E SISTEMAS PARTIDÁRIOS

Embora seja conveniente, para efeitos expositivos, distinguir regimes presidencialistas de regimes parlamentaristas, deve sublinhar-se também que os países hoje em dia ideal-tipicamente representativos daquelas tendências, os EUA e o Reino Unido, têm constituições provenientes na verdade dum mesmo tronco comum: a constituição política não-escrita britânica posterior à revolução gloriosa (1688) e à gestação do Reino Unido (1707). Identificar simultaneamente quer as semelhanças quer as diferenças é excelente ocasião para questionar um certo número de ideias-chave da teoria política ainda dos nossos dias, como sejam as ideias de 'separação de poderes', de 'respeito pela lei', de 'república', de 'liberdade', de 'liberalismo' e mesmo de 'constituição política'.

O Reino Unido do século XVIII pode, em boa medida, ser considerado um *role model* de evolução política para o resto da Europa, tendo o processo de 'civilização dos costumes' adquirido aqui uma forma particularmente bem-sucedida de 'parlamentarização da política', designadamente através da plena consagração da categoria de 'oposição leal'. Aqui se consolidou um quadro fundamentalmente bipartidário, correlativo a um sistema eleitoral de círculos únicos e maiorias simples, ou *first past the post*. Este foi, sublinhemo-lo, um regime oficialmente 'misto', na verdade de inclinação predominantemente aristocrática.

A democratização ocorrida ao longo dos séculos XIX e XX tendeu a produzir uma substituição dos 'partidos de notáveis' pelos modernos 'partidos de massas', sendo acompanhada de perto pelas gradualmente acrescidas ideologização e disciplina partidárias, bem como pela adoção de métodos eleitorais proporcionais, que todavia nunca recolheram pleno consenso quanto à sua bondade e desejabilidade. Em maior ou menor grau, é percetível a correspondência dos regimes eleitorais maioritários a sistemas faticamente bipartidários; e dos regimes proporcionais a um multipartidarismo fático. Estas correspondências indicam uma relação de propiciação que é, de resto, exercida em ambos os sentidos.

Vários outros regimes 'intermédios' podem e devem ser igualmente considerados, entre eles encontrando-se os de maioria absoluta (ou em duas voltas), induzindo a formação de famílias de partidos e a 'normalização' estatística do voto, nomeadamente através do conjunto de dispositivos usualmente conhecidos como "efeito de Duverger".

Parlamentarismo e presidencialismo

Se nos reportarmos à dimensão de análise política que opõe 'regimes presidenciais' a 'regimes parlamentares' ou, noutros termos, 'parlamentarismo' e 'presidencialismo', devemos começar por sublinhar que o Reino Unido e os Estados Unidos da América podem ser considerados como representando, hoje em dia, as ilustrações quase 'ideal-típicas' ou perfeitas de tais posições polares. Enquanto no Reino Unido o executivo, não obstante a sua designação formal de 'Governo de sua Majestade', é diretamente e imediatamente responsável face à Câmara dos Comuns, o primeiro-ministro e os membros de seu gabinete mantendo para além disso a sua condição como Membros do Parlamento, já nos EUA, por oposição, os membros do 'poder executivo' são responsáveis apenas face ao presidente, o Congresso, sede do 'poder legislativo', estando supostamente dotado duma dimensão diferente da soberania. A simultânea separação e independência daqueles dois 'poderes', ou dois 'ramos' da soberania, está aliás enfaticamente investida duma importância crucial, sendo considerada mesmo como traço fundamental do regime nos termos em que este é definido pela sua Constituição escrita.

Todavia, e apesar de quanto a este critério eles configurarem hoje em dia dois exatos opostos, é também verdade que o regime britânico e o norte-americano podem legitimamente ser pensados como tendo uma mesma origem comum: a realidade constitucional não-escrita britânica, prevalecente durante a maior parte do século XVIII. Depois da 'Revolução Gloriosa' de 1688, e de acordo com as célebres teorizações de Locke e de Montesquieu, na Inglaterra e mais amplamente na Grã-Bretanha (na verdade, desde 1707 formalmente designada como 'Reino Unido'), a soberania ficou dividida em três dimensões distintas e com sedes separadas, o poder legislativo estando afeto a um Parlamento de duas câmaras, enquanto um monarca hereditário e vitalício detinha o poder executivo, todavia exercido apenas indiretamente, através dos seus ministros. Neste caso, embora o governo fosse quer *de jure* quer *de facto* o 'Governo de Sua Majestade', ele ainda assim defrontava a necessidade de obter por parte do Parlamento a aprovação sistemática dum importante número de medidas básicas, nomeadamente as relativas a matéria de tributação, sem o que a atuação executiva tenderia a ficar exaurida de recursos, tornando-se finalmente impossível: um aspeto especialmente grave durante um período em que crescentes pressões fiscais estavam a ser colocadas na maior parte das entidades soberanas europeias, acima de tudo devido ao ambiente internacional belicoso então prevalecente. Para além disso, o Parlamento ficou dividido em duas câmaras, cada uma detendo formalmente um importante poder de veto relativamente à outra, um facto que obviamente tornava o legislativo comparativamente fraco em face do monarca, que além disso possuía um explícito direito de veto de sua própria iniciativa.

Um terceiro poder é identificada quer por Locke quer por Montesquieu, embora o seu significado exato divergisse consideravelmente, de acordo com as teorizações propostas por cada um destes dois autores (cf. Plamenatz 1992; Boucher & Kelly 1994). Para Locke (1978), as relações com as nações estrangeiras independentes configurariam supostamente o chamado 'poder federativo', que realmente constituiu durante os séculos XVIII e XIX o centro de debates constitucionais muito importantes, nomeadamente os respeitantes à questão de qual instituição teria o direito fosse de declarar guerras, fosse de negociar tratados de paz e, muito particularmente, tratados de comércio: governos ou parlamentos, com a fórmula de compromisso sendo geralmente adotada de as iniciativas pertencerem por norma ao governo, ainda que muitas vezes devendo tais iniciativas de guerra, paz e comércio ser posteriormente ratificadas pelo Parlamento. Já para Montesquieu (1995), foi preferentemente o poder 'judicial' a merecer destaque enquanto terceira dimensão da soberania, aliás uma dimensão crucialmente importante, dado o facto de que, por meados de setecentos na França, e ao contrário do caso britânico, o rei e os seus ministros acumulavam os poderes legislativo e executivo. O poder judicial estava, em vez disso, atribuído a um grupo hereditário de magistrados, considerados os guardiães da constituição não-escrita (mas supostamente perene e intocável) do reino, sendo portanto reputados essenciais os seus direitos de veto relativamente a iniciativas régias. No caso de estes direitos de veto serem violados, e de acordo com a narrativa proposta por Montesquieu, a França supostamente deixaria de todo de ser uma monarquia, caindo numa condição de mero despotismo, dado o perecimento do próprio princípio impondo a separação de poderes; e considerada portanto também, presumivelmente, a inexistência nesse caso de qualquer 'Lei' verdadeiramente merecedora desse nome, ou de qualquer 'Constituição' fundadora (cf. também Althusser 1976, 1977; Aron 1991).

Transplantados estes esquemas para a outra margem do Atlântico pelos colonos anglo-saxónicos, a constituição informal britânica do século XVIII, complementada pelo referido grupo de comentários inspirados em Locke e/ou em Montesquieu, veio a produzir uma constituição em que a divisão de soberania entre os três poderes ficou consagrada, agora sob a forma escrita, enquanto 'legislativo', 'executivo' e 'judicial', o terceiro deles referindo-se principalmente à necessária existência dum processo legal formal, baseado num sistema de julgamento por jurados, o qual veio aliás a prevalecer, em parte com base na experiência anterior britânica, mas agora ampliando o poder diretamente relacionado com a componente popular dos tribunais, ou seja, os próprios jurados. A separação dos 'poderes' legislativo e executivo foi também salientada, a figura do rei hereditário e vitalício sendo substituída por um presidente eleito indiretamente pelos súbditos e com um mandato cronologicamente limitado, o qual correspondia a uma componente monárquica consideravelmente atenuada adentro do sistema político, os respetivos ministros permanecendo fundamentalmente independentes do legislativo, apesar de terem obviamente de negociar com ele a aprovação das medidas relativas à tributação.

O Parlamento bicamaral, por sua vez, evoluiu para um modelo onde a câmara alta, agora adentro dum reforçado espírito republicano rebatizada câmara sénior ou 'senado', tinha ainda assim inicialmente um viés aristocrático bastante claro, dados os critérios censitários associados à eleição dos seus membros e em virtude do caráter indireto e muito mediado de tal processo. Depois disso, todavia, e sobretudo em resultado da democratização experimentada na década de 1830, aquela evoluiu para a condição de câmara traduzindo por excelência a representação dos diferentes estados: um número igual de dois senadores afeto a cada um e a todos os estados assinalava a importante noção de que aqueles eram fundamentalmente iguais em direitos, a construção política global constituindo assim um resultado meramente 'federativo' relativamente a entidades pré-existentes, quanto às quais se considerava que era suposto preservarem uma parte significativa das suas independências recíprocas anteriores, ao contrário do que pudesse ser indicado por uma conceção rigorosamente 'unitarista' da comunidade política. A existência dum Tribunal Constitucional rematava o desenho constituinte global, a condição daquele sendo na verdade parcialmente análoga à duma câmara 'altíssima' e ficando-lhe genericamente cometidos os atributos referidos antes ao poder judicial por Montesquieu: a custódia da Constituição, decerto, mas tratando-se agora duma constituição escrita e sendo os magistrados seus membros designados vitaliciamente, através dum grupo de escolha em múltiplas fases, de resto bastante indireto, complexo e opaco. Desta forma, supunha-se, a instituição deveria operar enquanto filtro adicional para possíveis pressões de origem plebeia, potencialmente associadas à câmara baixa.

Além da redução da componente aristocrática do poder legislativo a uma mera câmara de pendor 'federativo', os EUA experimentaram assim um reforço significativo da componente popular na vida política, vindo o conjunto do desenho constitucional a produzir oficialmente uma 'democracia' durante a década de trinta do século XIX, com sufrágio universal, masculino e branco, obtido pelo meio de intensos conflitos entre os 'ramos' legislativo e executivo/presidencial da soberania, onde em geral se verifica que a reafirmação da componente presidencial da Constituição aparece em correlação positiva com as tendências para a democratização, e opondo-se a um Congresso, particularmente a sua componente senatorial, que sistematicamente indica uma inclinação para a aristocracia. Este modelo de alinhamentos (o presidente compondo com os 'pequenos' e promovendo-os contra os 'grandes') foi posteriormente mantido na história política norte-americana, mas em circunstâncias algo diferentes, com a instituição presidencial forçando a abertura de todo o sistema até à integração alargada também aos não-brancos, particularmente através das lutas abolicionistas da década de 1860, as quais impuseram uma violação direta do princípio da igualdade de direitos na representação dos diferentes estados, por conseguinte anulando a capacidade de veto de que a minoria, baseada nos estados esclavagistas correspondentes aos latifúndios do Sul, até então gozava; e que tinha até então sido crucial, em termos da sua capacidade para efetivamente bloquear o ascenso das tendências abolicionistas. Este outro grupo de alterações, que da perspetiva dos derrotados Estados do Sul foi compreensivelmente percebido como um intento tirânico, principalmente por parte de Abraham Lincoln, confirmou em pleno a tendência, adentro da formação política norte-americana, para a instituição presidencial/monárquica se constituir em epicentro de praticamente todas e cada uma das pulsões democratizadoras: uma realidade, de resto, plenamente confirmada já durante o século de novecentos com o 'New Deal' de Franklin Delano Roosevelt e a 'Grande Sociedade' de Lyndon Baines Johnson, de entre outros casos menos relevantes; e na verdade expressando a importante propensão genérica para as figuras 'cesaristas', no âmbito de constituições 'mistas', atuarem sobretudo como aliados decisivos da plebe, normalmente operando enquanto 'ditadores do povo', ou mais exatamente 'ditadores democráticos', constituindo assim o mais importante fator de promoção dos movimentos democratizadores do conjunto do sistema político (cf. Lazare 1996, 1999; Canfora 2007, 2009a).

Um caminho político marcadamente divergente foi o que ficou assinalado pela democratização da vida política britânica. Sublinhando o facto importante de que diversos ritmos marcam a evolução de distintos aspetos parciais adentro de organizações políticas diferentes, no caso britânico a escravatura esteve já ausente, no respeitante ao território europeu, durante todo o século XIX; e mesmo quanto ao império colonial britânico, aquela foi abolida logo durante a década de 1830. Mas entretanto, e por contraste, o sufrágio universal masculino foi uma realidade apenas do início do século XX: sem dúvida ainda relativamente cedo por padrões globais e mesmo europeus, mas em todo caso uma mudança bastante tardia quando comparada com a variante evolutiva norte-americana, dotada de sufrágio universal masculino-branco já nos anos 30 de oitocentos. A tendência democratizante, no caso britânico, apontou para um decrescendo da intervenção direta dos reis na vida política, a instituição monárquica revelando uma inegável inclinação para ficar confinada a aspetos estritamente simbólicos, não obstante a preservação do potencial de 'salvação pública' de último recurso, bem como explícitos atributos de natureza religiosa-pontifícia. Neste caso, e num registo paralelo, a Câmara Alta (os 'Lordes') tenderam igualmente a ver sua importância diminuída, ficando a Câmara Baixa, ou dos 'Comuns', transformada em protagonista político indiscutível.

Quanto a isto, a persistência do método eleitoral *first past the post* induziu a perpetuação básica outrossim duma situação predominantemente bipartidária em matéria de alinhamentos eleitorais, fazendo o líder do partido mais votado passar também *ipso facto*, embora apenas implicitamente, a dirigente do governo, sob a designação de 'primeiro-ministro'. A instituição 'primeiro-ministro' foi realmente gerada ainda durante o século de setecentos, existindo nesse período consideráveis poderes régios; e era então suposto constituir sobretudo uma 'almofada' complementar de responsabilidade, situada algures entre o rei e os seus ministros e completando, face àquele, o papel protetor já antes exercido por estes últimos: conforme era então assumido, se as coisas corressem consensualmente bem, o mérito correspondia oficialmente ao monarca, mas se retrospetivamente se avaliasse que tinham corrido mal, a responsabilidade recaía obviamente sobre os ministros.

Esta invenção da instituição 'primeiro-ministro' ocorreu, entretanto, presumivelmente já demasiado tarde para os norte-americanos a poderem adotar. Na verdade, no caso dos EUA e adentro do grupo de ministros do monarca/presidente, a única figura a ficar consagrada como merecedora de destaque veio a ser o chamado 'secretário de estado', uma posição basicamente equivalente ao usual 'ministro dos negócios estrangeiros' da tradição europeia, mas no caso norte-americano existindo aqui também algo reminiscente do antigo poder 'federativo' de John Locke; e tratando-se, nesse sentido, duma posição dotada duma aura peculiar. No caso britânico, pelo contrário, a importância do primeiro-ministro foi consideravelmente ampliada, um processo que aliás acompanhou de perto a democratização do conjunto do regime, com o correspondente diluir do poder do monarca e dos lordes em todos os domínios, excetuando as dimensões simbólicas. Embora permanecendo, por designação oficial, 'Primeiro-Ministro de Sua Majestade', este transformou-se radicalmente, passando a representar em simultâneo: a) por um lado, a dependência direta do Governo relativamente ao Parlamento, uma situação em que nenhuma 'separação de poderes' existe de facto, sendo na verdade suscetível de ser considerada uma clara 'tirania do legislativo'; mas igualmente b) uma forma subtil de, em profundidade, inverter a mencionada relação de dependência, dada a posição ocupada pelo primeiro--ministro também como líder do partido maioritário e a sua capacidade, enquanto dirigente partidário, de manter o grupo parlamentar supostamente sob a sua trela pessoal. Por conseguinte, o regime britânico foi neste sentido já definido, de maneira que se afigura bastante apropriada, como representando ao mesmo tempo: um caso extremo do parlamentarismo, mas também um fáctico 'presidencialismo do primeiro-ministro', dada a absoluta centralidade desta última figura, em torno da qual tudo na vida política parece realmente girar (cf. Laranjo 1889, 1907).

O surgimento simultâneo (*de jure* ou pelo menos *de facto*) de instituições 'presidenciais' em regimes que, quanto a outros aspetos, evoluíram de maneiras tão divergentes, pode bem ser considerado como expressão do traço importante de que a generalidade dos regimes políticos usualmente classificados como 'democracias' incorpora na verdade: a) uma componente popular ou 'democrática', plenamente expressa no sufrágio, que praticamente em todos os lados evoluiu no sentido de se tornar universal, igual, direto e secreto; mas também b) uma persistente componente aristocrática, imediatamente manifesta na própria realidade da representação política, o poder soberano sendo por esta via ciclicamente transferido dos eleitores, os 'muitos', para os eleitos, isto é, os 'poucos escolhidos', por norma considerados também os 'bons', para além disso permanecendo em vigor diversos sistemas de representação indireta, predominantemente associados a câmaras altas, a tribunais constitucionais e realidades afins; e finalmente c) também uma importante componente monárquica, correspondente no caso norte-americano ao presidente da república, no Reino Unido ao primeiro-ministro. Todavia, o que deve aqui destacar-se é que em ambos os casos o ingrediente monárquico obteve uma integração e uma normalização plena, adentro do contexto global das chamadas 'constituições mistas', nas quais diversas componentes (monárquica, aristocrática e popular) cooperam entre si em certa medida, é certo, mas também parcialmente se compensam de forma recíproca, através de diversos dispositivos de *checks and balances*.

Transposta para outros ambientes, a invenção norte-americana da instituição presidencial tendeu a adquirir traços ampliados, muitas vezes mesmo abertamente inflacionados. Um caso clássico foi a França pós-revolucionária que, depois duma fase inicial, durante a qual funcionaram apenas instituições colegiais, se transformou a seguir ao Termidor, e especialmente depois do Brumário, primeiro num consulado, que rapidamente evoluiu para 'primeiro-consulado' e depois também, duma forma aparentemente irresistível, para Império. Embora o caráter vitalício, e sobretudo a hereditariedade, representassem um óbvio exagero, deixando em particular a última variedade mais perto do modelo das monarquias tradicionais (não obstante a sobrevivência de resquícios do clássico respeito republicano pelas fórmulas, evitando-se assim o explícito título de *rex*), é importante destacar que Napoleão Bonaparte avaliava o seu papel político como correspondente, no fundo, ao dum 'George Washington francês' e, nesse sentido, como um normalizador, evitando excessos e um provendo equilíbrios e compromissos, entre outras coisas através da reintrodução no ambiente da França do crucial elemento monárquico sem o qual, aparentemente, nenhum regime político seria capaz de sobreviver (cf. Losurdo 2004c).

Na maior parte dos países latino-americanos, e mais genericamente no chamado 'hemisfério ocidental', esta componente presidencial foi também inserida em resultado duma muito consciente busca de inspiração na Constituição dos EUA: um traço que, pode dizer-se, permanece grosso modo válido até aos nossos dias. É também correto afirmar que, genericamente em analogia com a experiência norte-americana, na América Latina as tendências democratizantes têm estado predominantemente associadas à capacidade de iniciativa que fica concentrada nas figuras presidenciais. Por contraste, as câmaras legislativas têm sobretudo veiculado a influência das tendências oligárquico-aristocráticas: os casos recentes das Honduras, Paraguai e Brasil, abstraindo momentaneamente dos fatores relativos às influências estrangeiras, podem ser considerados como representantes quase 'puros' ou 'ideal-típicos' dessa inclinação. Tal facto é ainda subsequentemente acentuado pela escassa definição doutrinário-programática assumida pela maior parte dos partidos no conjunto destes países, os quais tendem de facto a permanecer em grande medida 'partidos de notáveis'; e é, enfim, reforçado mais recentemente pela esmagadora influência política adquirida pelos meios de comunicação, eles próprios habitualmente sob estrito controlo das oligarquias.

Uma tendência para a excessiva personalização dos debates, ou a prevalência abusiva dos chamados assuntos pessoais ('*character issues*'), tem na verdade constituído reconhecidamente uma praga atormentando diversas instituições e regimes de pendor 'presidencial', devendo admitir-se que, pelo menos em parte, é inevitável que assim seja. Nos casos de parlamentarismo formal, no entanto, essas tendências de fundo também se manifestam, só que nestes casos a posição do presidente é normalmente substituída pela do primeiro-ministro. De resto, tem sido este o caso na maior parte dos países europeus, nos quais, e por oposição às realidades típicas do 'hemisfério ocidental', tende a prevalecer um desenho constitucional fundamentalmente parlamentar, de inspiração mais ou menos remotamente britânica. Os também frequentes casos de regimes ditos 'semipresidencialistas', nos quais os governos são oficialmente dependentes em simultâneo do Presidente e do Parlamento, configuram obviamente situações intermédias também quanto a este respeito.

Uma nota final deve ser deixada, para destacar que intimamente associadas ao excesso de ênfase de personalização se apresentam as teorizações explícitas da alegada necessidade de líderes 'carismáticos', um tema recorrente na *mainstream* da cogitação política ocidental nos inícios do século vinte, nomeadamente em relação às obras cruciais de Max Weber e do seu discípulo Carl Schmitt. A tese fundamental consiste aqui na noção de que, a fim de compensar os esmagadores resultados da racionalização excessiva nas sociedades modernas, ou seja, a célebre 'jaula de ferro', uma variedade especificamente personalizada de política deveria ser projetada, apostando em novos heróis políticos 'carismáticos', capazes de promover uma renovação cultural em profundidade, conduzindo a um processo de cura simultaneamente moral e política da cultura moderna. Estas tendências sugeriram fortemente a conveniência da adoção de projetos presidencialistas visando propiciar o surgimento de 'grandes homens', capazes de tomar as decisões frequentemente difíceis, mas produtoras de novos caminhos e realmente salvíficas, que possibilitariam a criação de verdadeira novidade histórica, evitando assim a tendência sistemática da vida parlamentar contemporânea para o impasse e a mediocridade, frequentemente associada a conceções meramente 'silogísticas' do exercício da atividade política, as quais poderiam e deveriam ser superadas através da adoção de modelos processuais mais 'decisionistas'. De forma mais prosaica, estas tendências levaram, por vezes de forma abrupta, mas mais frequentemente de maneira paulatina e suave, à evolução rumo a regimes fascistas ou de pendor fascizante, frequentemente acompanhados (numa atitude que poderíamos qualificar como de certa forma 'viral') pela preocupação de importar e incorporar seletivamente alguns elementos da vida política que se sabia serem propensos a veicular tendências democráticas e igualitárias, mas ainda assim conseguindo em simultâneo inverter a natureza política mais profunda daqueles.

Este caráter ambivalente das tendências 'carismáticas' ou 'presidencialistas' foi explicitamente reconhecido, entre outros autores de relevo, pelo dirigente marxista italiano Antonio Gramsci, na sua famosa teorização relativa a possíveis formas 'progressistas' e/ou 'reacionárias' de figuras 'cesaristas' ou 'bonapartistas', com a correspondente necessidade de distingui-las em termos práticos. Em todo o caso, as possibilidades dos regimes 'presidencialistas' permanecem inquestionavelmente um tema válido para a produção de importante teorização política até aos nossos dias, com muitas variações admissíveis dentro deste universo e apoiadas por tendências políticas subjacentes não apenas diferentes, mas até mesmo reciprocamente opostas: como ilustração disso, meditemos por exemplo no facto de que, em boa verdade, tanto o regime que produziu Salvador Allende como aqueloutro que ficou associado a Augusto Pinochet são suscetíveis de serem classificados como regimes presidencialistas, ou mesmo 'híper-presidencialistas'.

Sistemas partidários

Partamos dum reconhecimento: todas as digressões sociológicas hodiernas relativas à instituição chamada 'partido' exigem que se traga à colação o texto crucialmente importante de Max Weber com o título de *Classe, Status e Partidos*. No referido texto é apresentada a seguinte distinção, aliás muito genérica e conscientemente apenas ideal-típica, de grupos sociais: a) o critério determinante para a configuração daqueles é económico, predomina uma perspetiva de mera associação de facto e o grupo é formalmente aberto, o que produz a classe social; b) a dimensão decisiva é o prestígio, prevalece a questão do reconhecimento recíproco e o grupo tende assim para o fechamento, o que leva ao 'grupo de status'; c) o critério é político em sentido lato, referindo-se a um grupo parcial adentro duma associação mais vasta, o qual procura coordenar a sua atuação com vista ao exercício do poder adentro desta última, produzindo nesse caso o 'partido' (cf. Weber 1968, 1989).

No caso das classes sociais, de acordo com a argumentação apresentada por Max Weber, a lógica que tende a preponderar consiste num 'princípio de mercado', nos termos em que este é definido pela economia *mainstream*, isto é, não existindo quaisquer barreiras à entrada ou à saída, os níveis de preços *market-clearing* sendo estabelecidos pela concorrência e aceites pelos agentes enquanto meros parâmetros. Todavia, se o princípio do mercado evolui para o oligopólio, a conduta de cada agente presumindo-se então gerar efeitos significativos na definição do ambiente defrontado pelos demais, a racionalidade deixa necessariamente de ser 'paramétrica' e torna-se em vez disso 'estratégica', o que significa que uma dimensão genericamente política, e na verdade uma lógica de 'partido', emerge então outrossim de forma inevitável. Uma componente de 'status', por outro lado, é referida por Weber a casos em que a 'função-utilidade' de cada agente depende das dos outros, particularmente em resultado dum elemento 'agonístico' envolvido nas práticas de consumo, as quais assumem assim um caráter dito 'de ostentação'.

Na classificação tripartida de Weber ecoa, entretanto, a distinção anteriormente postulada por Karl Marx, opondo as chamadas 'classe em si' e 'classe para si'. No âmbito do par conceitual de Marx, o primeiro termo exprime um mero facto de existência objetiva, enquanto o segundo implica pelo contrário uma operação de reconhecimento recíproco e, consequentemente, uma conduta política concertada com vista à tomada de poder, Marx pensando aliás no seu próprio trabalho enquanto meio para a transformação do proletariado moderno: duma simples 'classe em si' que era originariamente, numa 'classe para si', dotada da correspondente 'consciência de classe'. É interessante notar que Weber, basicamente, transforma a dicotomia proposta por Marx num esquema tripartido. As classes denotam a realidade económica e referem-se a grupos meramente factuais, desconsiderando o aspeto do reconhecimento por outros agentes. Nos casos em que estão relacionadas com o consumo, porém, nomeadamente os relativos à adoção de estilos de vida particulares, aquelas tendem também a ficar estreitamente correlacionadas com a lógica imanente a um 'grupo de status'. Mais importante ainda, a passagem da categoria do 'em si' marxista ao correspondente 'para si' vem a desdobrar-se, no esquema analítico de Max Weber, em dois processos distintos. Na verdade, um elemento de reconhecimento e orientação recíproca da ação está presente quer no grupo de status quer no partido. Todavia, relativamente ao partido a ação é assumida como conscientemente instrumental, visando determinados resultados práticos, ao passo que no grupo de status defrontamos aquilo que a teoria sociológica mais tarde veio a designar como ação 'expressiva' ou 'simbólica', por oposição a 'instrumental': a participação num grupo de status constitui supostamente um fim em si mesma, o propósito central da interação consistindo em ser reconhecido pelos outros membros como 'um de nós'.

A teorização weberiana relativa a 'partidos' tem obviamente um escopo muito amplo e algo abstrato, tais grupos sendo portanto concebíveis sempre que: pequenos grupos organizados de ativistas/agentes operam adentro dum grupo maior; a ação visa principalmente a eficácia ou a produção de determinados resultados práticos; o *modus operandi* é predominantemente 'estratégico', os adversários adaptando-se constantemente e reorientando as suas condutas de forma recíproca, pelo que os ambientes só muito limitadamente são suscetíveis de parametrização; a interação é referida a um quadro mental básico, segundo o qual todas as partes intervenientes são definidas ou como aliados ou como adversários.

Outra referência decisiva em matéria de estudos sobre política partidária é o trabalho de Moisei Ostrogorsky (1979) que, particularmente a respeito da questão do sufrágio universal, considerada em finais de oitocentos uma questão política central, apresentou noções basilares relativas a um alegado determinismo comportamental de fundo, supostamente subjacente à generalidade das organizações. De acordo com Ostrogorsky (1979) todos os partidos, mesmo quando oficialmente criados com os objetivos mais 'nobres', tendem primordialmente para a sua própria perpetuação, e de facto também para aquilo que pode ser considerado como a sua 'degeneração'. Adentro deste mesmo quadro interpretativo, Ostrogorsky defendeu também a ideia de que seria preferível a existência de partidos meramente circunstanciais, organizados em torno duma única causa ou grupo muito pequeno de causas, um assunto destinado a ficar muito na moda de novo nos finais do século XX.

Para além de Weber e Ostrogorsky, também os autores italianos ligados à chamada 'teoria das elites', em particular Vilfredo Pareto e Gaetano Mosca, produziram pela viragem do século de oitocentos para novecentos importantes trabalhos relativos ao estudo sociológico das questões dos partidos e da política partidária, destacando em particular o inevitavelmente limitado número de agentes politicamente relevantes em quaisquer circunstâncias, a absoluta necessidade enfrentada por aqueles duma ação coordenada, a importância factual relativamente pequena dos sistemas oficiais de justificações ou racionalizações, bem como a tendência generalizada das elites para a sua própria perpetuação (Bottomore 2001; Souza 2009; Belchior 2010).

Muitas destas ideias, resultantes dos trabalhos de Pareto, Mosca, Ostrogorsky e Weber, entre outros autores, foram posteriormente retidas e reprocessadas por outros importantes teorizadores da política, nomeadamente Robert Michels e Carl Schmitt. De acordo com Michels, e conforme argumentado no seu livro pioneiro sobre partidos políticos, a mais importante característica, ou 'lei de ferro' daqueles, é a predominância factual de pequenos grupos altamente organizados, os quais mantêm uma distinção clara e consciente entre *insiders* e *outsiders*, procedendo frequentemente através da cooptação pontual de alguns destes últimos, de forma a perpetuar a sua existência enquanto grupo fechado. Embora subsequentemente reforçada por imperativos de natureza mais técnica, esta seria supostamente uma característica fundamental e universal das organizações políticas e da vida política: a dinâmica imanente às pequenas elites, por conseguinte, tenderia sempre a prevalecer, mesmo nos casos em que o ambiente propenda a assumir características formalmente democráticas, tanto em termos do carácter oficial da organização partidária, como também quanto à natureza do regime político em cujo âmbito aquela atua.

No quadro de cogitações e de obras de Michels uma ênfase especial foi reservada ao caso do Partido Social-Democrata alemão, o qual veio de facto a tornar-se no partido mais importante da Alemanha na chamada época 'Guilhermina'. Importantes neste grupo de teorias são também as lucubrações de Carl Schmitt, relativas antes de mais ao facto de que a vida política está sempre alegadamente organizada em torno dum elemento fundamental, indicando simultaneamente união e oposição, na prática correspondente à distinção fundamental entre 'amigos' e 'inimigos'. Para além de constituir a existência de alinhamentos partidários e de traços conflituais enquanto definição da própria essência da política, a obra de Schmitt destaca principalmente o facto de que as propensões racionalizadoras tendem a induzir capacidades diminuídas para a ação deliberada e coordenada, o que sugere a necessidade crucial de que protagonistas políticos excecionais tomem diversas decisões extraordinárias, as quais tendem a ser impraticáveis no contexto da estrita política partidária, particularmente da política parlamentar, dada a inclinação desta última no sentido de procedimentos meramente 'silogísticos' e estritamente legalistas, incluindo uma infindável excesso de discussões sobre inúmeras futilidades.

Este grupo genérico de teorizações da política partidária evidencia claramente o facto importante de que os partidos têm, por tradição, tendido predominantemente a ser considerados um aspeto 'desagradável' ou mesmo nocivo da vida política. Considerando-se que a regra orientadora ou o 'dever ser' da política corresponderia ao 'bem comum' do corpo político, os partidos indicam inerentemente um aspeto faccioso e 'parcial' da política, sugerindo inevitavelmente com eles uma inclinação para de forma abusiva favorecer uns e desnecessariamente antagonizar outros, pelo menos em termos comparativos; para promover grupos e interesses mais próximo e mais imediatos, prejudicando os interesses mais gerais e mais profundos; para fomentar a importância dos elementos agonísticos onde, em vez deles, deveriam antes prevalecer a concórdia e o consenso. Adentro deste contexto, só muito lentamente os partidos foram aceites pelo pensamento político *mainstream*, e isso indiscutivelmente mais numa base indutiva, considerando os assuntos caso a caso, do que em resultado de quaisquer teorias de grande escopo. No início do século XX, entretanto, um grupo de outras teorizações, de entre as quais vale a pena destacar os trabalhos de Hans Kelsen, indica também uma importante tentativa de concetualizar os partidos não apenas enquanto realidade factual a suportar necessariamente, no melhor dos casos um mal menor, mas enquanto componente crucial não só do processo de expressão, mas na verdade também da própria formação da vontade coletiva e, por conseguinte, enquanto aspeto normal da existência dos sistemas democráticos. Os partidos políticos, neste outro âmbito mental, devem também desempenhar uma função decisiva, correspondente a simplificar e fornecer um mínimo de coerência a todo um enorme grupo de escolhas, as quais, no caso contrário, ficariam distribuídas ao longo de 'eixos' ou dimensões muito diversas, tornando-se portanto insuscetíveis de serem mentalmente processadas pela generalidade dos seres humanos, daí resultando portanto 'escolhas agregadas' produzindo resultados completamente arbitrários e mesmo potencialmente incoerentes.

Os partidos, e isso é outro aspeto merecedor de destaque, mobilizam sob uma forma organizada e tratável o conjunto dos cidadãos para os debates públicos e os processos de tomada de decisões. Este é um aspeto tremendamente importante, dado o facto de que a generalidade dos regimes democráticos emergentes ao longo do século XX, regimes constituídos com base no sufrágio universal e igual, foram também tipicamente regimes onde prevaleceram os 'partidos de massas', caracterizados por um conteúdo ideológico-programático bastante claro, estando baseados primordialmente em organizações extraparlamentares e propensos a uma disciplina interna bastante restritiva, tendendo a impor compromissos programáticos precisos. Por contraste, os partidos do liberalismo clássico de setecentos e oitocentos tenderam para o modelo do 'partido de notáveis': os ideários e os programas contando reconhecidamente muito pouco, quando comparados às ligações pessoais e à patronagem/influência; e sendo os aspetos relativos à atividade parlamentar os mais importantes, em geral o verdadeiro epicentro da vida partidária.

Uma vez a sua existência reconhecida como aspeto 'normal' da vida política, permanece o facto de que várias trajetórias de história política mostraram a possibilidade de múltiplas disposições institucionais consideravelmente diversas, produzindo diferentes tipos de alinhamentos e também diferentes sistemas partidários. Neste âmbito, a expressão 'sistemas partidários' tem de facto muitas vezes servido para designar realidades entre si muito distintas. A mais frequente refere-se ao conjunto de partidos existentes num determinado sistema político, independentemente das interações estabelecidas entre esses partidos e das restrições afetando o comportamento partidário e, consequentemente, também as mencionadas interações. Para caracterizar com mais precisão um 'sistema partidário' ou 'sistema de partidos', três aspetos são usualmente destacados: que grupos de partidos constituem realmente os sistemas e quais deles funcionam autonomamente, ao compartilhar um ambiente político comum; em que medida qualquer sistema político pode ser relacionado, ou não, com o 'tipo ideal' do sistema de partido único; que características especificamente distinguem o 'sistema partidário' de outros subsistemas do sistema político; e como estão eles mutuamente relacionados. Várias perspetivas podem na verdade ser levadas em consideração, na definição de tipologias de 'sistemas partidários': o número de partidos existentes; o grau de competitividade do sistema, muitas vezes deduzido da análise da importância comparativa dos vários partidos; o grau de polarização do sistema, resultante do estudo dos elementos de sobreposição e/ou diferenciação adentro das bases concetuais das várias forças políticas; e também o grau de mobilização para o sistema partidário, pelo menos parcialmente suscetível de ser inferido com base na análise da percentagem da população formalmente filiada nos diversos partidos.

Os trabalhos clássicos de Maurice Duverger sobre partidos políticos (1978, 1980; cf. Espírito Santo 2006) distinguem três tipos de sistemas: a) o caso dos regimes de partido único, onde o partido está inextricavelmente entrelaçado com o exercício do poder soberano, daí também a doutrina partidária com a doutrina oficial do sistema; b) o sistema multipartidário; c) o bipartidarismo fáctico. Esta tipologia baseia-se, é claro, principalmente num critério numérico. Para este autor, a evolução 'normal' das sociedades conduz em princípio ao bipartidarismo, facto que supostamente acompanharia a tendência dualista, bipolar, intrinsecamente ligada à apresentação das escolhas políticas. Também segundo Duverger, a noção de partido único é por outro lado intrinsecamente contraditória com os ideais democráticos, os quais pressupõem uma alternância no exercício do poder político. O sistema de partido único é uma característica comum a diversas formas de estado, tais como o nazismo, o fascismo, os regimes comunistas e também vários regimes típicos dos países recentemente saídos dos processos de descolonização. Com efeito, muitas ditaduras usaram sistemas de partido único oficiais enquanto instrumento mais importante para a conservação do poder: este regime tem, aliás, surgido principalmente em resultado de diversas crises sociais, as quais tendem a dificultar a manutenção de regimes democráticos. Neste sistema, argumenta Duverger, os eleitores não dispõem de alternativas substanciais para o exercício do poder, ficando portanto, em termos práticos, em boa medida privados da capacidade de escolherem os seus representantes. Dentro deste contexto, o partido assume uma função consideravelmente diferente das que são exercidas num contexto de pluralismo político formal: tende a ser um mero veículo para a ratificação das escolhas já anteriormente feitas e as eleições, por conseguinte, têm elas próprias uma importância tendencialmente secundária, uma vez que são desprovidas de confronto entre opiniões diferentes e privadas do correspondente caráter competitivo. Hoje em dia, casos de sistemas de partido único são, entre outros, notoriamente os da República Popular da China (com o Partido Comunista da China, desde 1949), da República Socialista do Vietname (Partido Comunista do Vietname, desde 1976) e da República de Cuba (Partido Comunista de Cuba, desde 1959).

Um sistema bipartidário é caracterizado pela existência de dois partidos políticos principais, apesar de poder haver diversos outros partidos, todavia sem condições práticas para atingirem o poder. Ainda seguindo os argumentos apresentados por Duverger, os sistemas bipartidários correspondem a uma divisão política normal na maior parte das sociedades, as quais geralmente revelam uma clara tendência para escolhas dualistas ou binárias. Isso é, reconheçamo-lo, sem dúvida bem exemplificado por países como os EUA, o Reino Unido, a Austrália, a Nova Zelândia, o Canadá e a generalidade dos países anglo-saxónicos, que adotaram factualmente esta disposição política básica, teorizada também pelos sociólogos Norbert Elias e Eric Dunning (1992) através do estabelecimento dum paralelo fundamental entre o processo de 'parlamentarização' da política e a invenção contemporânea de diversos 'desportos': a vida política supostamente tornou-se parlamentar na medida em que o jogo, ou em geral as atividades lúdicas, se foram também transformando em desportos, um facto ocorrido alegadamente em estreita associação com um feixe de concomitantes alterações civilizacionais, incluindo: aumento dos níveis de autocontrolo, inclinação mais 'espontânea' para a rejeição da violência direta, capacidade acrescida para o respeito de regras básicas de *fair play* em situações competitivas, etc.

Tal variedade de sistema partidário surgiu realmente durante o século XVIII na Grã-Bretanha e foi depois ainda mais generalizada, especialmente na sequência da Revolução francesa, das reações desencadeadas em resposta a esta e das subsequentes tentativas visando encontrar fórmulas de compromisso. Foi implementado em diversos países, muitas vezes sob a sua forma tradicional, com base na oposição de dois blocos, ditos 'liberais' e 'conservadores'. A fim de distinguir esses blocos, devemos registar que os conservadores historicamente tenderam a procurar manter os privilégios da nobreza e da aristocracia, considerando-se também usualmente que os liberais estavam predominantemente inclinados para o reforço dos direitos das burguesias, igualando-os com os dos grupos sociais anteriormente privilegiados. Com o surgimento dos partidos reclamando expressar os ideais socialistas, e particularmente com a ascensão do marxismo, uma terceira força social, o proletariado ou 'quarto estado', entrou também na cena política reclamando os seus direitos, o que em certos casos levou ao fim ou à perda de importância do bipartidarismo em diversas formações políticas europeias.

Finalmente, em sistemas políticos factualmente multipartidários três ou mais partidos coexistem, tendo capacidade efetiva para conseguir representação política. Esta tem sido uma realidade em correlação muito estreita com a adoção de determinados regimes eleitorais específicos e com a inexistência de outros. No caso dos regimes eleitorais proporcionais, realidades multipartidárias factuais tendem a prevalecer, ao passo que com sistemas eleitorais maioritários impera, em vez disso, um bipartidarismo de facto. Em casos onde existia previamente um dualismo de conservadores-liberais, tal como ocorrido na Grã-Bretanha, o aparecimento do Partido Trabalhista e a sua ultrapassagem dum certo limiar de importância eleitoral relativa induziu a substituição daquele dualismo por um outro, agora envolvendo conservadores e trabalhistas. Já quando a entrada em cena dos partidos socialistas foi, por contraste, acompanhada pela adoção da proporcionalidade eleitoral, uma panóplia bastante mais vasto de forças políticas tendeu a surgir e também a consolidar-se, muitas vezes ambos os partidos precedentes (conservadores e liberais) permanecendo em cena, o elenco sendo depois complementado por socialistas de várias tendências, às vezes incluindo comunistas e verificando-se também a emergência de outras novas formações políticas, tais como democratas-cristãos, centristas, partidos 'camponeses' e outros.

Embora estas sejam as três variedades de sistemas partidários mais frequentemente mencionadas, deve notar-se que, para cada um destes tipos, existe realmente uma série de outras denominações, correspondentes a características mais específicas. Exemplo disto são o chamado sistema de bipartidarismo 'puro', tal como aconteceu com o Reino Unido durante o século de oitocentos, e hoje em dia com os EUA; o sistema de bipartidarismo 'imperfeito', ocorrendo no Reino Unido hoje em dia, no qual dois partidos mais destacados disputam a maioria parlamentar, mas um certo número de outros partidos menores consegue obter acesso ao Parlamento, podendo ocasionalmente tornar-se decisivos para a formação de maiorias governamentais; e também o 'sistema multipartidário de partido dominante', tal como ocorrido por exemplo no México durante a maior parte do século XX, com o chamado 'Partido Revolucionário Institucional', em certos momentos, quase configurando em termos fácticos um caso de partido único.

Noutras ocasiões, uma tipologia diferentes de sistemas partidários é adotada, com base numa classificação estritamente binária e distinguindo sistemas ditos 'competitivos' de outros, ditos 'não-competitivos'. Neste caso, e dado o facto de que em sistemas competitivos quer períodos de hegemonia quer períodos de alternância podem ocorrer, uma outra distinção pode ser feita, entre partidos 'ideológicos' e 'pragmáticos'. Roger-Gérard Schwartzenberg (1977), pelo seu lado, menciona as seguintes tipologias: sistemas multipartidários, que incluem tanto o multipartidarismo 'integral' como o 'relativo'; sistemas bipartidários, subdivididos em bipartidarismo perfeito e imperfeito; e finalmente os sistemas correspondentes a sistemas de partido dominante, seja de partido 'governante' ou de partido dito 'ultra-governante'. Um paralelismo genérico pode ser estabelecido entre aquilo que, no âmbito desta classificação, é designado como 'sistemas não-competitivos' e a categoria mais habitual dos chamados 'sistemas de partido único'.

Outra classificação que deve ser mencionada é a de Giovanni Sartori (1976), que propôs uma comparação de sistemas partidários de acordo com duas dimensões principais: o número de partidos e o respetivo grau de polarização ideológica. Para Sartori, além da análise do número total de partidos existentes (partido único, bipartidarismo, tripartidarismo e sistemas multipartidários), é importante saber quantos têm a capacidade efetiva de alcançar e exercer o poder político, seja sozinhos ou em coligação. A título de exemplo, um determinado partido, mesmo que pequeno, pode evidenciar um grande poder de negociação, dada a sua capacidade quer para obstruir quer para propiciar os processos de tomada de decisão, geralmente estando envolvido nas negociações levadas a cabo pelos principais partidos. Outro aspeto refere-se à distância ideológica entre os partidos: o sistema partidário tenderá a ser tanto mais polarizado quanto maior a perceção de incompatibilidade entre os vários programas partidário em questão e, no caso dos sistemas mais polarizados, deverá tender a aumentar a probabilidade de surgimento de partidos ditos 'antissistema', potencialmente causando maior instabilidade e colocando em questão as regras básicas de funcionamento da interação política. No seu livro *Parties and Party Systems*, publicado em 1976, com base na análise das realidades políticas de países como a Itália, o Chile (de 1946 até 1973), as terceira, quarta e quinta repúblicas francesas e a república de Weimar, Giovanni Sartori analisa as razões pelas quais sociedades dotadas dum considerável número de características semelhantes, ainda assim, adotam estratégias políticas significativamente distintas a fim de superarem grupos de problemas que são realmente bastante análogos.

O tema dos sistemas partidários permite destacar os factos fundamentais da possibilidade de existência de divergências consideráveis nas trajetórias históricas em relação a assuntos políticos, bem como a grande componente de 'dependência-de-trajetória' (*path-dependency*) normalmente associada a esse facto. Tendo uma dada sociedade produzido um tipo particular de sistema partidário, esse elemento tende a afetar de forma decisiva todos os outros aspetos da vida política associados a esse percurso, ocorrendo quase inevitavelmente um fenómeno de 'causalidade circular cumulativa' e, por conseguinte, de reforço. Um exemplo clássico refere-se à oposição dualista, assumida por Duverger como situação política 'normal'. Embora de facto muitas sociedades tenham tendido para a disposição acima mencionada na respetiva política partidária, sem dúvida um elemento determinante intimamente ligado a esse mesmo facto é a prevalência de métodos eleitorais ditos *first past the post*, os quais na verdade fornecem vantagens enormes ao duo de partidos dominantes, dado o aspeto importante de que todas as possíveis 'terceiras' forças são severamente prejudicadas nas respetivas possibilidades. Este facto é, no entanto, geralmente racionalizado pela maioria dos eleitores, os quais são desse modo induzidos também a reforçar, através do respetivo enquadramento mental, a tendência para uma forma simplificada e reduzida de representação das escolhas políticas. Dada a frequente tendência simultânea para uma convergência rumo ao 'grande centro' político, ou 'Centrão', os dois partidos dominantes são posteriormente induzidos em direção a um processo de quase completa homologação recíproca, reforçada pela perda de conteúdo ideológico que é genericamente vivida por ambos.

O bipartidarismo, nesses casos, é aliás suscetível de ser considerado como configurando predominantemente uma realidade sociológica 'profunda' de partido único de facto, com a ressalva importante de incluir a adição dum elemento competitivo, sendo aliás explicitamente denominado dessa forma por Domenico Losurdo em *Democracia ou Bonapartismo* (2004c; ver também 2014a): 'monopartidarismo competitivo'. A presença deste elemento de competição é um traço sem dúvida importante, com vista a permitir a ocorrência de processos coletivos periódicos de catarse, verdadeiros exercícios de 'limpeza' ou de 'purga' exercidos de forma legal e ordeira, através dos quais certos grupos e indivíduos particulares são expulsos das funções de liderança, presumivelmente em virtude de terem sofrido uma 'erosão' ou um 'desgaste' na respetiva popularidade durante o exercício do poder (daí uma maioria de eleitores experimentando um sentimento profundamente entranhado de pretender 'qualquer candidato exceto Fulano X'), os recém-chegados ao poder gozando simetricamente do benefício resultante dum nível momentaneamente inflacionado de expectativas, decorrentes principalmente da sua aura política 'performativa' ou, mais cruamente, da forma como o *merchandising* político tenha conseguido apresentá-los. Para além deste traço relativo à presença dum elemento de competitividade internamente ao 'superpartido' único de facto, acompanhado por momentos cíclicos de catarse, ou de 'exercício da alternância', os partidos operando neste contexto geralmente experimentam também uma tendência para a evolução no sentido do modelo dos chamados partidos 'agarra-todos' (*catch-all parties*), executando uma variedade de abordagem ao eleitorado caracterizada pela fragmentação e o procedimento numa base 'caso-a-caso', com o propósito de satisfazer preocupações políticas diversas, por vezes mesmo mutuamente incompatíveis, correspondentes a uma segmentação da 'procura política global' que tende a originar uma variedade de diferentes 'nichos de mercado', cada um dos quais pretendendo ser satisfeito. A alternativa óbvia para esta situação, que manifestamente tende a induzir no longo prazo níveis elevadíssimos de cinismo e de abstenção, seria a potencial existência de diversos e efémeros 'partidos de causa única', conforme sugerido por Ostrogorsky (ver supra), mas devem quanto a isso registar-se as objeções do caráter multidimensional dos partidos políticos, bem como a da complexidade dos alinhamentos correspondentes, a qual seria nesse caso tão grande que o conjunto da formação política, muito provavelmente, depressa tenderia para uma situação de ingovernabilidade.

O facto inegável é que, na grande maioria dos países, o número de partidos relevantes tendeu a permanecer relativamente baixo, embora obviamente não apenas dois, ou pelo menos não necessariamente. Como se compreenderá, a simples presença de partidos 'terceiros' nem sempre é verdadeiramente relevante no sentido de produzir um efetivo pluripartidarismo, em vez dum simples bipartidarismo, tendo alguns autores inclusivamente proposto, com esta finalidade, o recurso à categoria de 'número efetivo de partidos', a qual permite que nos demos conta precisamente da importância que têm as diferenças de votos recolhidos pelas diversas formações partidárias. Para este efeito, podemos mesmo recorrer à fórmula, proposta por Markuu Laakso e Rein Taagepera (1979) e retomada por Arend Lijphart (1989) para a determinação do referido número: $1 / \Sigma Pi^2$ (a unidade dividida pela soma dos quadrados das percentagens), uma fórmula estatística de medida da dispersão das frequências, que pode obviamente aplicar-se quer a percentagens de votos, quer a percentagens de eleitos. Verificar-se-á que num caso em que, por hipótese, 5 partidos ou coligações obtenham todos a mesma percentagem (isto é, 20 por cento), o resultado seria, nesse caso, 1/ (5 x 0.04), igual a 1/ 0.2, igual a 5: o número efetivo de partidos é aqui o mesmo que o número formal, dado terem todos eles o mesmo peso. Por contraste, obtendo um partido 50 por cento dos votos e todos os outros 10 por cento, ficamos com o resultado de 1/ 0.29, o que equivale a 3.44 como 'número efetivo de partidos'.

Existe definitivamente, a respeito de número efetivo de partidos e da sua disposição recíproca, uma considerável margem para possíveis variações na estrutura política, aliás facilmente detetáveis em qualquer análise comparativa transnacional. No que se refere à concetualização dessas possíveis variações, é sem dúvida particularmente importante mencionar o esforço empreendido por Seymour Lipset e Stein Rokkan e, referindo-se a tipologias de 'sistemas partidários' e de 'alinhamentos de voto', relacionando ambos estes aspetos com as chamadas 'variáveis de configuração' (*pattern variables*) de Talcott Parsons, correspondentes à estrutura valorativa básica, subjacente a todos os sistemas sociais. De acordo com Lipset e Rokkan (1967), quatro tipos de conflito seriam identificáveis, cada um correspondente a uma 'variável de configuração' específica: a) conflitos relativos às relações entre o Estado e a Igreja (ou igrejas) são considerados suscetíveis de ser relacionados com a variável de configuração parsoniana da 'estabilidade normativa' (*lattency*); b) conflitos referindo-se às relações entre culturas dominantes e culturas dominadas, sendo estes relacionáveis com a variável da 'integração'; c) conflitos relativos à típica luta de classes, noutros termos os interesses opostos de capitalistas e proletariado, os quais se reportam à variável da 'prossecução de objetivos' (*goal attainment*); e finalmente d) as modalidades de relacionamento entre centros urbanos e regiões rurais, segundo estes autores correspondentes à variável da 'adaptação'. Várias situações são obviamente possíveis em concreto, de acordo com estas quatro dimensões de análise e as soluções específicas que cada sociedade produz para cada uma delas: daí as possibilidades, por exemplo, de surgimento em certos casos de partidos territoriais, ou de base regional, enquanto noutros sistemas políticos não há sequer sinais deles; daí o facto de, em certos países europeus, existir por exemplo uma importante tradição de partidos 'camponeses', o que constitui uma completa excentricidade do ponto de vista de outras organizações políticas; ou o facto de que certos países possuem importantes tradições de partidos comunistas, ou de partidos católicos, que noutros casos são praticamente inexistentes, e assim por diante.

De qualquer forma, e apesar dos inegáveis méritos da teorização (ainda assim meramente retrospetiva) de Lipset e Rokkan, a enorme variabilidade de casos é sem dúvida a norma válida acima de todas, no respeitante à consideração da factualidade dos diversos países em matéria de alinhamentos partidários. A 'clássica' oposição entre liberais e conservadores, sublinhemo-lo, torna-se por conseguinte apenas um caso possível entre muitíssimos outros, e susceptível portanto dum esforço de concetualização visando explicar objetivamente cada caso concreto, com base em princípios genéricos mais amplos. Neste contexto, um aspeto importante a destacar também é que o esquema socio-histórico de Lipset-Rokkan pode na verdade ser considerado como simples dispositivo teórico fundamentalmente *post facto*, as realidades concretas podendo sempre ser reorientadas ou 'encaixadas' através daquele num caso específico, de acordo com um 'menu' sociológico sem dúvida altamente variegado e sofisticado, mas permanecendo fundamentalmente incapaz de produzir qualquer tipo de testes ou de previsões falseáveis.

Sistemas eleitorais

Os sistemas (ou regimes) eleitorais são frequentemente classificados, de forma muito genérica, em 3 grandes grupos: maioritários, proporcionais e mistos. Por vezes, também é sugerida a subdivisão destas categorias, os sistemas/regimes maioritários aparecendo subdivididos em sistemas 'puros' de uma ou duas voltas; e também, alternativamente, distinguindo o sistema nominal e o sistema de listas eleitorais. Os sistemas/regimes proporcionais são, pelo seu lado, subdivididos em método de quociente eleitoral, método de partilha de restos e métodos usando séries de divisores. Finalmente, os mais importantes sistemas mistos que devem ser referidos são o chamado 'voto único transferível', ou método de Hare, e o método de 'duplo voto' ou método alemão.

Os sistemas maioritários caracterizam-se por preencherem toda a representação parlamentar através da eleição dos partidos e/ou dos candidatos que obtiverem a maior votação, todos os restantes votos sendo desconsiderados. Este tipo de sistemas apresenta a vantagem oficial de facilitar a atividade de governação, simplificando a identificação dos eleitos-representantes por parte dos eleitores, sendo também clarificadas as correspondentes funções de governo e/ou de oposição e ficando igualmente reforçada a estabilidade das maiorias parlamentares. No entanto, tem a desvantagem óbvia de oferecer poderes plenos de governo a um único partido que, apesar de ter vencido as eleições, pode bem encontrar-se longe de ter obtido o maior número de votos. Por outro lado, o critério adotado para distribuir os diversos círculos eleitorais através do território pode influenciar os próprios partidos políticos, seja de forma vantajosa ou desvantajosa, abrindo espaço para possíveis enviesamentos promovido por grupos com interesses específicos e produzindo assim aquilo a que, por vezes, se chama 'geometria eleitoral'. Além disso, a simples bipolaridade decorrente deste sistema tende a promover uma diminuição considerável no número de opções efetivamente ao dispor dos eleitores, induzindo-se desse modo a deliberada simplificação abusiva e a imprecisão dos programas partidários, bem como a excessiva concentração das opções no 'centro' político ou na zona das opções consideradas 'moderadas', com um excesso de personalização e variadíssimas discussões muito superficiais a serem frequentemente fornecidos aos eleitores enquanto meros sucedâneos para escolhas relevantes e relativas a programas substantivamente diferentes, escolhas essas que tendem na verdade a deixar de existir.

No que diz respeito a sistemas maioritários, o método mais antigo é o da maioria simples em circunscrições uninominais e num único turno. Trata-se dum sistema decorrente do tradicional direito anglo-saxónico, em que a unidade territorial é o círculo uninominal, cuja regra de eleição é baseada numa votação nominal duma volta apenas e cujo objetivo declarado consiste em construir um governo estável e sólido, apoiado por uma maioria parlamentar consistente. Este dispositivo é normalmente designado como sistema *first past the post*, prevalecendo até aos nossos dias no Reino Unido e nos EUA. Outro importante caso específico é representado pelo sistema uninominal de maioria em duas voltas, o que contempla a necessidade de obtenção de maioria absoluta (mais de 50 por cento dos votos válidos) para a eleição de um candidato no primeiro turno. Se nenhum dos candidatos estiver nessa situação, uma segunda volta ocorre com o fim de decidir a eleição: é esta a realidade hoje em dia na França, onde a segunda volta é habitualmente chamada *scrutin de ballotage*. Há também o sistema de votação uninominal 'preferencial', ou 'alternativa', habitualmente adotado na Austrália, nas eleições para a Câmara dos Representantes, em que os resultados duma corrida de dois turnos são obtidos através duma votação numa única volta, a qual produz uma eleição por maioria absoluta. De acordo com este sistema, os eleitores escolhem um candidato e simultaneamente podem indicar as respetivas segundas, terceiras e quartas preferências. Caso não haja nenhum vencedor por maioria absoluta, o candidato menos votado é eliminado e os correspondentes votos alternativos são somados aos que continuam em jogo, este procedimento sendo repetido até que a maioria absoluta seja obtida por um deles.

Considerando agora situações correspondentes às circunscrições multinominais, outro caso relevante é o sistema de votação dito em 'pluralidade limitada', no qual a votação dos eleitores é distribuída por vários indivíduos, não por listas partidárias, sendo eleitos os candidatos que obtiverem o maior número de votos, por ordem decrescente. Há também o caso do 'voto único pessoal e intransferível', cada eleitor escolhendo um candidato único e sem possibilidade de transferência de votos, sendo eleitos os candidatos que, por ordem decrescente, recebem mais votos. Neste sistema, existe uma maior probabilidade para os partidos com menor expressão de conseguirem eleger representantes, dado o facto de os seus votos estarem frequentemente concentrados em poucos candidatos. Um outro caso ainda corresponde a votações cumulativas: os eleitores dispõem de um número de votos igual à soma total dos candidatos a eleger e podem concentrá-las em apenas um, ou dispersá-los por vários candidatos. Deve também ser mencionado o sistema de maioria relativa e referindo-se a círculos eleitorais multinominais, em que o eleitor tem o mesmo número de votos que o número de lugares a preencher, sendo-lhe permitido alterar a ordem dos candidatos apresentados pelos partidos políticos, de acordo com as suas próprias preferências. Enfim, uma referência para os sistemas ditos de 'lista fechada', nos quais os eleitores têm apenas a possibilidade de escolher um partido ou coligação, esta entidade determinando quais os candidatos que são realmente eleitos.

Os sistemas eleitorais proporcionais, deve dizer-se, constituem de facto uma criação relativamente recente, na verdade usada pela primeira vez na Bélgica, em 1900. A ideia básica consiste aqui na distribuição dos lugares no Parlamento pelos diversos partidos, de acordo com a proporção de votos obtidos por cada um. Os eleitores escolhem uma lista de candidatos, o processo de votação assumindo um caráter de voto em bloco ou de 'votação em lista', como é por vezes designado. Este tipo de abordagem visa assegurar que a diversidade de opiniões existentes na sociedade se reflete no Parlamento, tanto quanto possível na sua exata proporção. As principais vantagens usualmente reconhecidas as estes sistemas consistem: na eficácia dos votos, uma vez que todos eles são relevantes para a distribuição dos assentos parlamentares; na maior possibilidade de representação das minorias; e, finalmente, no reforço consistente do pluralismo político. Por vezes, os seguintes aspetos negativos são entretanto apontados: a diluição da responsabilidade e da eficácia do governo, decorrentes da habitual heterogeneidade da sua composição, a qual resulta da usual inexistência de maiorias absolutas no Parlamento, donde a recorrente necessidade de promover acordos entre vários partidos; a complexidade e a capacidade reduzida, por parte de muitos eleitores, para entenderem várias disposições da maioria dos seus subsistemas (métodos ditos de 'maiores restos', de 'média mais alta', etc.); a maior distância simbólica entre eleitores e candidatos que eles instituem, dada a existência de listas partidárias; a potenciação de uniões meramente oportunistas entre os partidos, as quais tendem a minar a confiança dos cidadãos na vida política; e finalmente a possibilidade de radicalização partidária, usualmente associada ao dogmatismo das posições.

É possível indicar vários modelos proporcionais. Em primeiro lugar, o chamado 'sistema do número eleitoral uniforme', ou mais sinteticamente 'quociente uniforme', em que o número mínimo de votos que um candidato precisa de obter para conseguir a eleição é estabelecido pela lei, cada partido elegendo os candidatos que consigam reunir os votos necessários. Existem quatro sistemas proporcionais fundamentais baseados em fórmulas de quociente eleitoral: o tradicional 'quociente eleitoral'; o quociente de Hagenbach-Bischoff; o quociente eleitoral retificado; o quociente de Droop. Adotando o quociente eleitoral tradicional, o número de candidatos eleitos (c) resulta das divisão do número total de votos válidos (v) pelo número de lugares elegíveis (r). Temos, portanto: $c = v/r$. Já na proporção de Hagenbach-Bischoff ao denominador é acumulada uma unidade [$c = v/(r + 1)$], o que obviamente em termos práticos reduz o quociente. No caso do 'quociente eleitoral retificado' isso é ainda mais assim, ao denominador sendo adicionada mais outra unidade e a fórmula aplicada consistindo, portanto, em [$c = v/(r +2)$]. Finalmente, no caso do quociente de Droop, a fórmula é $c = [v/(r + 1)] + 1$. Note-se que a adoção de qualquer um destes quatro sistemas envolve um processo de cálculo em duas etapas: primeiramente, o quociente eleitoral é obtido e assim também o número de representantes que cada partido deve eleger; em segundo lugar, o cálculo ocorre sobre como distribuir os lugares restantes, que não são suscetíveis de ser distribuídos aplicando os quocientes.

Outra variedade específica do modelo proporcional é composta por aqueles que estão baseados em 'séries de divisores', em que o número de eleitos de cada partido resulta da divisão sucessiva do número de votos de cada um pelos números formando uma série, a distribuição de lugares por diversos partidos políticos ocorrendo através duma única operação. Os sistemas principais adentro desta tipologia são: a série de divisores de Hondt (usando a série 1, 2, 3, 4...); o método de Sainte-Laguë original (série 0.5, 1.5, 2.5, 3.5...); o Sainte-Laguë modificado (0.7, 1.5, 2.5, 3.5...); o método dinamarquês (0,33 1.33, 2.33, 3.33...) e os métodos de Imperiali (2, 3, 4, 5...).

No caso do método de Hondt uma rigorosa proporcionalidade é formalmente assumida, embora os partidos pequenos ou muito pequenos sejam ainda assim consistentemente excluídos da representação, especialmente em casos onde a geografia eleitoral define pequenos círculos. De facto, mesmo sem existir um limiar formal, ou uma percentagem mínima estipulada por lei, um limite factual tende ainda assim a ocorrer, correspondente a uma percentagem vizinha de [1 / (n + 1)], sendo 'n' o número total de representantes eleitos por uma circunscrição. Noutros termos, se um certo círculo produz 9 representantes, um mínimo de 1 / (9 + 1), ou seja, 10 por cento dos votos, fica implicitamente definido como limite abaixo do qual os partidos tendem a ser factualmente excluídos; se a circunscrição elege 4 representantes apenas, é por este modo imposto um limite factual ainda mais violento de 20 por cento. A fim de compensar esta influência lesiva, o método de Sainte--Laguë facilita deliberadamente as tarefas quanto à eleição do primeiro representante em cada círculo, constituindo assim uma variedade eleitoral de 'discriminação positiva' a favor dos pequenos partidos. A versão 'modificada' de Sainte-Laguë atenua o princípio de 'discriminação positiva', enquanto o método dinamarquês em vez disso o reforça. O método Imperiali opera na direção oposta, fazendo assim elevar o nível do limiar factual que tem de ser ultrapassado por todos os partidos: daí, obviamente, acrescidas 'barreira-à-entrada' em matéria de acesso partidário à representação (cf. Lijphart 1989; Farelo Lopes & Freire 2002).

Menção é igualmente devida ao chamado 'método Huntington-Hill', o qual recorre à fórmula de $P / \sqrt{n(n + 1)}$, que faz sentido apenas quando a ideia-base consiste em garantir pelo menos um lugar a cada um dos pretendentes. Na verdade, este método é usado com a finalidade de atribuição de lugares nos casos dos representantes de vários estados nos EUA (sendo 'P' a população de cada estado e 'n' o número de representantes de que ele já dispõe, antes da atribuição de lugares adicionais) e por conseguinte não se trata aqui exatamente duma eleição, mas de distribuir lugares por vários estados ou circunscrições. Finalmente, uma referência deve também ser feita a sistemas proporcionais que combinam quocientes com série de divisores, caso em que primeiramente é feita a conversão de votos em assentos de acordo com o método mais tradicional do quociente eleitoral, os restantes lugares sendo depois distribuídos com recurso a uma das fórmulas de séries de divisores. Os exemplos mais significativos desta tipologia são a 'dupla votação simultânea' do Uruguai e o chamado 'método de Hondt modificado'.

Independentemente de inúmeras especificidades, porém, o aspeto mais relevante a reter acerca de métodos eleitorais é que todos eles constituem importantes sistemas de filtragem, os quais afetam a natureza das preferências sociais de acordo com a forma específica como aquelas são agregadas. Geralmente, uma conceção filosófica particular acerca da forma como a vida política 'deveria ser' vem diretamente associada aos vários sistemas eleitorais, embora esse aspeto surja muitas vezes atenuado em diversas fórmulas de compromisso adotadas. Os sistemas *first past the post* propiciam inequivocamente realidades bipartidárias de facto, ao passo que se considera habitualmente que a proporcionalidade induz uma considerável dispersão partidária. Mas estas formas de propiciação têm também um sentido inverso: um bipartidarismo factual promove os sistemas eleitorais *first past the post* enquanto importante forma da sua perpetuação, através da imposição duma 'barreira à entrada' sobre possíveis terceiros. Analogamente, quando a dispersão partidária prevalece, a proporcionalidade tende a ser de alguma forma 'naturalizada' e assumida sem grandes dúvidas. Os sistemas maioritários em duas voltas correspondem à noção de que a existência de duas famílias de partidos constitui a situação normal: todos eles se apresentam na primeira volta, e posteriormente os campeões locais das duas 'famílias' (correspondendo a agrupamentos opostos de direita e de esquerda, muitas vezes com sistemas recíprocos de abdicação à segunda volta instituídos adentro de cada 'família') disputam um duelo final, ou competição *pairwise*. Este sistema também tende a deliberadamente beneficiar os membros de cada família considerados mais 'moderados' e a dificultar os 'extremistas', dado que, em termos de comportamento do eleitor, as abdicações recíprocas, quando ocorrem dos 'extremos' políticos para o 'centro', são geralmente muito mais eficazes do que os processos de sentido oposto.

No entanto, as complexidades e as possíveis ramificações dos sistemas eleitorais são quase inumeráveis, podendo pois ocorrer muitas consequências imprevistas; de resto, até mesmo o sistema das duas voltas não constitui uma garantia completa da eleição dos candidatos percebidas como 'moderadas'. Considere-se, por exemplo, o caso em que os candidatos A, B e C, em termos gerais correspondentes à esquerda, ao centro e à direita, têm respetivamente 40, 15 e 45 por cento dos votos na primeira volta. No caso de vigorar um método *first past the post*, como é óbvio, C ganha imediatamente a eleição. Com um sistema de duas voltas, admitindo que as segundas preferências dos eleitores iniciais de B são de 12 para o candidato A e 3 para C, o resultado final será: 52 (40 + 12) para A e 48 (45 + 3) para C, com o candidato A, nesse caso, a ser declarado vencedor. Os métodos eleitorais, por conseguinte, podem definitivamente ter muita importância. No entanto, o aspeto aqui mais significativo reside especialmente no facto de que o candidato B, na verdade, bateria em segundo turno quer ao candidato A quer ao C, no caso de ocorrência de tais 'duelos': 55 (15 + 40) votos para B versus 45 para C; e 60 (15 + 45) votos para B, contra 40 para A, assumindo que quer os eleitores de 'direita' quer os de 'esquerda' escolheriam o 'centro' como segunda melhor opção. O candidato B tem todavia um problema fundamental: não constituindo a primeira opção para um suficiente número de eleitores, nunca obtém passagem ao segundo turno... no qual entretanto a vitória seria sempre o resultado, caso ele conseguisse a 'façanha' de lá chegar. De facto, o candidato B realmente verifica as condições para ser considerado aquilo que é geralmente designado como 'vencedor-Condorcet' (*'Condorcet winner'*): num possível torneio de disputas em pares, ele bateria C e bateria A (verificando-se entretanto também que A bateria C). Assim, a hierarquia das preferências sociais agregadas é aqui, sem qualquer dúvida:

em primeiro lugar B, em segundo A, em terceiro C. Todavia, registe-se e sublinhe-se, nenhum método de maioria é capaz de expressar tal resultado; e quanto a isto impõe-se a conclusão de que, em casos análogos, a existência de circunscrições multinominais e de métodos proporcionais deve ser considerado como constituindo, pelo menos, uma atenuação do problema, ou um mal menor.

Noutros casos, entretanto, as questões eleitorais tornam-se ainda mais complicadas, dada a inexistência duma qualquer hierarquia clara e inequívoca de escolhas sociais. Na verdade, podem ocorrer resultados eleitorais em consequência dos quais se obtém as conclusões de que 'A é melhor do que B' e de que 'B é melhor que C'; mas ainda assim, inesperadamente, ficamos também a saber que 'C é melhor que A'. Isto significa que as escolhas sociais agregadas são, em tais circunstâncias, pura e simplesmente não--transitivas. A 'transitividade' é geralmente considerada uma das condições da própria racionalidade dos agentes; e percebemos fácil e intuitivamente as razões para isso: se eu escolher 'maçã melhor do que morango', e também 'morango melhor do que manga', então deve nesse caso também ocorrer a escolha de 'maçã melhor do que manga'. Se não for esse caso, obviamente estamos perante um problema muito sério. A possibilidade de ocorrência de tais situações foi todavia exposta, pela primeira vez de forma registada, pelo filósofo e matemático francês Marie-Jean Condorcet já durante a década de 1770. Por meados do século vinte, uma versão ampliada e generalizada do problema foi também apresentada pelo economista Kenneth Arrow, sendo enunciada como 'teorema de impossibilidade'. De acordo com este, todos os métodos eleitorais baseados no sufrágio universal e igual podem incorrer na produção de 'ciclos-de-Condorcet', ou seja, situações comportando intransitividade de preferências; ou então, em alternativa, tornam--se suscetíveis à possível influência das chamadas 'alternativas irrelevantes' e/ou ao 'voto estratégico'. Em todo o caso, é impossível conceber um método ao abrigo simultaneamente de todos os riscos antes mencionados (cf. Dasgupta & Maskin 2003).

Uma ilustração simples disso vem associada ao método dito 'contagem de Borda', proposto pelo também matemático francês Jean-Charles Borda, contemporâneo de Condorcet, como solução para o problema (ou paradoxo) identificado por este último. No caso considerado por Borda, é oferecida aos eleitores a possibilidade de identificarem uma hierarquia clara de candidatos, por exemplo atribuindo 2 votos à sua primeira preferência e 1 voto à segunda opção. Dado que, finalmente, o vencedor é determinado pelo simples apuramento do somatório dos votos, é nesse caso sempre claramente identificável um vencedor final absoluto, não existindo qualquer possibilidade de ocorrência dum problema de intransitividade. Aliás, no caso referido supra, onde o candidato B é um 'vencedor-Condorcet', o mesmo candidato B seria claramente também o vencedor usando a contagem de Borda: obtento (15 x 2) + 40 + 45 = 115 votos, contra (40 x 2) + 12 = 92 votos para o candidato A e (45 x 2) + 3 = 93 votos para o candidato C. Neste caso, todavia, o candidato vencedor da eleição depende crucialmente do facto de que não ocorrem alternativas 'irrelevantes' sendo apresentadas à escolha dos eleitores. Por exemplo, com outros potenciais candidatos competindo, sendo na prática quase-clones de A e/ou de C, as opções de segunda escolha dos respetivos eleitores tendem a ser bastante diferentes, B perdendo então claramente uma parte da sua vantagem. O método da contagem de Borda, portanto, está realmente livre do problema da intransitividade, mas é entretanto propenso a ser afetado pela presença e/ou ausência, no menu das possíveis escolhas, de alternativas irrelevantes; e também pela possível ocorrência de voto estratégico.

Assumida a impossibilidade genérica de obtenção dum método absolutamente 'perfeito', são todavia imagináveis aproximações a um uso satisfatório dos vários métodos disponíveis. Por exemplo, no caso dum torneio de disputas a dois onde não é possível determinar um vencedor único e universal, dada a ocorrência de 'ciclos-de-Condorcet' ('*Condorcet cycles*'), diversos métodos podem ser estipulados permitindo, através dum sistema de pontos, proceder a uma contagem final, de tal forma que o candidato que obtém mais pontos é, assim, considerado o vencedor. De forma bastante prosaica, note-se que em competições desportivas onde os confrontos dois-a-dois são a regra, tal como acontece por exemplo com ligas/campeonatos de futebol, é perfeitamente possível chegar-se a uma situação onde nenhum 'vencedor-Condorcet' é identificável: por exemplo, imaginemos a equipa do Manchester United batendo todas as outras na Liga Inglesa, exceto a do Leicester, que é pelo seu lado muito frequentemente derrotada por várias outras equipas. Ainda assim, nesse caso um campeão ou vencedor final da liga de futebol é reconhecido, independentemente do falhanço pontual do Manchester United face ao Leicester. A identificação oficial do campeão, entretanto, fica nesse caso já crucialmente dependente de diversos sistemas de convenções: por exemplo, um sistema de 3-1-0 pontos (indicando respetivamente vitória, empate e derrota) pode produzir um resultado final particular, diferindo consideravelmente do resultado obtido através dum sistema de pontos em que a regra é, por contraste, 2-1-0.

Também deve ser notado que a probabilidade de ocorrência de 'ciclos-de-Condorcet' fica consideravelmente diminuída sempre que a vida política é mapeada apelando a uma qualquer dimensão correspondente a um eixo, como por exemplo o de esquerda e direita, ou mesmo usando um qualquer outro mapeamento mental de opções políticas que esteja assente em eixos cartesianos. Nestes casos, os problemas tendem a ficar reduzidos a um objetivo de minimização da 'distância mental', pelo que as hierarquias de escolhas tendem também a tornar-se logicamente coerentes. Por contraste, em casos onde as escolhas se tornam mais intensamente 'personalizadas' (e se trata, portanto, de hierarquias meramente subjetivas e não transmissíveis) a intransitividade das escolhas e os 'ciclos-de-Condorcet' têm compreensivelmente uma maior probabilidade de ocorrer. Esta constitui, aliás, uma razão possivelmente decisiva para a sobrevivência evolutiva duma disposição genérica de mapeamento mental do tipo 'esquerda versus direita' quando se trata de alinhamentos políticos, mesmo em circunstâncias onde tal disposição política básica tinha sido triunfalmente (mas obviamente demasiado cedo) declarada anacrónica e definitivamente superada (Bowen 1943; Black 1948; Dasgupta & Maskin 2003: 13).

Ainda em matéria de possíveis deficiências óbvias dos sistemas eleitorais, uma referência é devida aos casos relacionados com o chamado 'problema de Hotelling-Downs', com base nos nomes dos economistas Harold Hotelling e Anthony Downs (cf. Downs 1957), o qual corresponde a realidades principalmente associadas ao sistema eleitoral *first past the post* e, portanto, à prevalência dum bipartidarismo factual. Encontrando-se apenas dois contendores relevantes na disputa duma eleição, essa tende a ser decidida favor do mais 'moderado' dos candidatos, por oposição a um outro mais 'radical'. Como ilustração simplificadora, imagine-se uma praia mentalmente reduzida a um segmento duma linha reta, indo do ponto 0 ao ponto 100 e com potenciais consumidores distribuídos uniformemente no seu interior. Se alguém tentar vender a maior quantidade possível de gelados, e assumindo uma hipótese de *ceteris paribus*, ou seja, os valores de todas as outras variáveis possivelmente influentes (tais como preços ou qualidades) permanecendo inalterados, essa pessoa deve intuitivamente localizar-se tão perto quanto possível do ponto central; noutros termos, deve permanecer no ponto 50. No caso em que um segundo vendedor de gelados entra em cena, porém, ele deve igualmente ficar localizado no ponto 50, caso contrário perde segmentos do mercado potencial total: por exemplo, se decidir estabelecer-se no ponto 80, todo o segmento de 0-65 da praia permanece tributário do primeiro vendedor (o ponto 65 indicando a média exata entre 50 e 80, portanto também o limite das 'zonas-de-influência' de ambos os vendedores), e apenas 35 por cento, ou seja, as pessoas localizadas no segmento de 65-100, se tornam clientes do segundo vendedor. A fim de maximizar a sua quota de mercado potencial, o segundo vendedor deve deslocar-se tanto quanto possível, também ele, para o ponto 50. Neste caso, cada um obtém aproximadamente 50 por cento do total do mercado, mas os ganhos possíveis para os consumidores, relativos à possível diminuição da distância média separando-os dos vendedores, reduzem-se assim a nada.

Traduzindo este raciocínio em termos mais diretamente políticos, as realidades bipartidárias de facto tendem, para todos os efeitos úteis, a encontrar-se muito mais perto de situações de partido único do que de situações de multipartidarismo fático. No entanto, no caso de se admitir a entrada em cena de um terceiro, um quarto e mais outros 'vendedores-de-gelados', as coisas mudam rápida e drasticamente, ocorrendo então que possíveis colocações mais distantes do centro tendem a permitir obter quotas de mercado maiores do que as atingidas por cada um dos vendedores pertencentes ao grupo localizado no centro. Reformulado em termos políticos: no caso em que realidades políticas de pluripartidarismo fático são propiciadas, nomeadamente através da adoção da regra da proporcionalidade em métodos eleitorais, a vida política tende a evidenciar também uma muito menor hipertrofia no seu segmento central.

Os chamados *'malapportionment'* e *'gerrymandering'* são dois outros problemas habitualmente mencionados como estando em estreita correlação com sistemas eleitorais da variedade *first past the post*. Na verdade, eles devem ser considerados os dois males simétricos, que necessariamente constituem o 'espectro' assombrando todos os casos de circunscrições eleitorais uninominais: por estrita necessidade lógica, pelo menos um desses problemas tem de ocorrer. No caso do *malapportionment*, o qual corresponde a eventos muito frequentes na Grã-Bretanha do século XIX, as tendências demográficas não são acompanhadas por um redesenho das circunscrições, o que implica que, em certo momento, estas têm números de eleitores muito diferentes, produzindo-se assim uma grave injustiça básica, na prática passando o sistema eleitoral a comportar uma enorme desigualdade: dois círculos diferentes podem em tempos passados ter tido ambos perto de 30 mil eleitores cada, mas décadas depois um deles tem por hipótese 60 mil eleitores, enquanto o outro está reduzido a 10 mil. Todavia, cada um deles continua a produzir um lugar de deputado. Nessas situações, a circunscrição menor recebe por vezes na gíria a designação de *'rotten borough'* ou 'círculo apodrecido', não raro correspondente à realidade dum notável importante que se faz reeleger sistematicamente e detendo também suficiente influência parlamentar para evitar qualquer redesenho dos círculos suscetível de comprometer a sua posição privilegiada. No caso contrário do *gerrymandering*, de facto uma prática frequente nos EUA até aos nossos dias, as circunscrições são continuamente redesenhadas de forma a manter-se a correspondência aproximada à quantidade de eleitores de cada uma (donde a inexistência de *malapportionment*), mas esse redesenho permanente é muitas vezes usado com vista a favorecer alguns indivíduos ou grupos particulares, ou mesmo um certo partido, aos quais são assim facultados, através de certos desenhos específicos dos círculos, expectativas de sucesso eleitoral consideravelmente maiores do que as correspondentes à utilização de outros potenciais desenhos.

Uma menção final deve ser feita aos métodos oficialmente 'mistos', tais como o sistema de Hare ou de 'voto único transferível', e o sistema de duplo voto alemão. O sistema de Hare obedece a uma lógica de voto 'preferencial' transferível, na verdade semelhante ao que ficou mencionado acima a propósito das eleições australianas. Supondo círculos multinominais, com candidatos individuais e um sistema de quocientes, os eleitores escolhem um candidato e simultaneamente indicam as suas preferências subsequentes. Por este processo, os candidatos que atingem o quociente são considerados imediatamente eleitos. Depois disso, as segundas opções são também contabilizadas: são levados em conta os votos 'em excesso' (isto é, para além do quociente) obtidos pelos candidatos eleitos, bem como os votos dos candidatos menos votados, que são excluídos, mas sendo os respetivos votos de segunda opção considerados e somados aos que permanecem na liça, até mais candidatos atingirem o quociente e finalmente todos os lugares disponíveis serem atribuídos.

No sistema alemão de duplo voto está realmente contido um duplo pressuposto implícito, dado o facto de que cada estado da República Federal constitui um círculo eleitoral, ao qual é aplicado um método assente na proporcionalidade. Todavia, em simultâneo cada estado é também dividido em vários círculos uninominais e cada eleitor deve na verdade votar duas vezes: por um lado, escolhe um determinado candidato dum qualquer partido ou coligação, concorrendo a esse círculo numa lógica *first past the post*. Por outro lado, vota no âmbito duma competição 'proporcional', a qual se reporta a um círculo que é o estado. Com base nos resultados obtidos nesta segunda contagem, os representantes 'proporcionais' são distribuídos, supondo-se que no seu conjunto, e tendo em conta os já antes eleitos através do *first past the post*, o sector proporcional é alocado de forma tal que se procede a suficientes compensações, permitindo que globalmente prevaleça a lógica da proporcionalidade (e respeitando-se entretanto a cláusula que obriga cada partido a um mínimo de 5 por cento a nível nacional). Se os candidatos eleitos de um qualquer partido, usando o método maioritário, forem em número menor do que o número total a que nesse círculo esse partido teria direito, acrescentam-se deputados provenientes do lado formalmente proporcional, até a totalidade do grupo parlamentar desse partido corresponder ao que a estrita proporcionalidade ditaria. Entretanto, se pelo método maioritário tiverem já sido eleitos candidatos dum certo partido em número maior do que o número total a que, nesse círculo, esse partido teria direito por critérios estritamente proporcionais (ou se esse partido não atingir os 5 por cento a nível nacional, o que o exclui da competição 'proporcional'), tais deputados 'supranumerários' mantêm todavia o lugar, ficando então o círculo com um número global momentaneamente maior do que aquele que formalmente lhe está por princípio reservado.

Efeito de Duverger

Num sentido muito amplo, podemos dizer que defrontamos um claro 'efeito de Duverger' sempre que existe uma discrepância significativa e sistemática entre a percentagem de votos, obtidos por diferentes partidos ou listas em eleições, e a percentagem correspondente de mandatos. Genericamente, é verdade, a maior parte dos sistemas eleitorais tende a favorecer os maiores partidos e a prejudicar os mais pequenos; mas isto ocorre obviamente em vários graus e em medidas muito diferentes. O sistema mais tradicional, dito *first past the post*, com círculos uninominais e exigência de mera maioria simples à primeira volta, é um método para a eleição de representantes que induz fortemente, a longo prazo, a existência de apenas dois partidos: todas e quaisquer possíveis 'terceiras' forças, mesmo obtendo de início uma percentagem de votos relativamente elevada (por exemplo, perto de 20 por cento ou mesmo superior), correm um grave risco de ficar sem quaisquer representantes eleitos, ou obter apenas um número muito pequeno, dado o facto de que só muito raramente, ou mesmo nunca, conseguem ser os primeiros classificados, apesar de muitas vezes serem o segundo ou terceiro.

Com o propósito de corrigir este defeito, havia muito diagnosticado nos sistemas tradicionais de maioria simples, foram adotados métodos proporcionais num número crescente de países, principalmente durante o início do século XX, tendo estas mudanças sido entendidas enquanto medida política visando uma mais fácil representação das minorias e uma consistente redução das 'barreiras à entrada' factuais no grupo restrito dos partidos dotados de acesso à representação parlamentar, noutros termos o grupo de formações políticas detendo em regime de oligopólio fáctico a condição de representantes da vontade popular. A representação proporcional, pelo seu lado, foi também muitas vezes acusada de tornar as coisas demasiado fáceis para os recém-chegados e, portanto, induzir demasiada fragmentação nos sistemas partidários, produzindo assim dificuldades inultrapassáveis à formação de maiorias coerentes capazes de apoiar os governos; e também de ser excessivamente indulgente face ao possível surgimento de partidos políticos ditos 'extremistas', ou 'antissistema'.

Uma importante mudança eleitoral visando oficialmente corrigir esses alegados abusos diagnosticados nos métodos proporcionais foi promovida na França, pouco antes da mudança da IV para a V república e já dentro do mesmo espírito desta outra transição. Em vez dum sistema proporcional, mas também evitando os reconhecidos exageros da velha tradição de *first past the post*, as eleições começaram a utilizar o método de chamada 'maioria absoluta', o qual pretende oficialmente e declaradamente ser um 'justo meio', um sistema 'intermédio' permitindo a eleição dum candidato ou lista que ultrapasse 50 por cento dos votos, mas impondo uma segunda volta no caso, aliás em geral bastante provável, de não haver qualquer candidato/lista capaz de atingir essa marca na primeira volta eleitoral. Permitindo oficialmente a expressão graduada das preferências e garantindo portanto (ao contrário do *first past the post*) que o candidato eleito realmente obtém os votos da maioria dos eleitores votantes, este método tem entretanto também o efeito importante de induzir fortemente a criação de alianças adentro do sistema de partidos existentes: se um qualquer partido é incapaz de ter os seus candidatos eleitos no primeiro turno, mas ainda assim consegue receber votos adicionais no segundo turno através da formação dum sistema de alianças com os que são excluídos, compilando-se assim um total global de mais de metade dos eleitores, então ele fica com a garantia quase completa de obter um resultado favorável, mesmo não sendo essa a maior formação política, ou a que teria obtido o maior número de votos na primeira volta. Simetricamente, qualquer formação política que se posiciona neste 'jogo' isolada de todas as outras, ainda que tendo uma dimensão muito considerável, é quase de certeza gravemente lesada e mesmo tendencialmente expulsa, exceto nos casos em que resultados acima de 50 por cento estejam imediatamente ao seu alcance logo na volta inicial.

E assim, embora numa versão mitigada, uma das consequências práticas dos sistemas *first past the post*, ou seja, a produção dum duopólio factual na representação política, ocorre também neste caso. O resultado, entretanto, não é suposto consistir aqui num cenário estritamente bipartidário, mas numa configuração global onde inúmeros partidos/listas operam na verdade livremente, ainda assim com a importante ressalva de ficarem organizados em apenas duas grande 'famílias' de partidos efetivamente disputando a eleição: dentro de cada 'família' é implantado, implícita ou mesmo explicitamente, um sistema de desistências recíprocas, a formação de cada 'família' que receba a maior pontuação de primeiras preferências disputando a segunda volta com a formação correspondente ou simétrica da outra 'família'.

Substancialmente análogo ao sistema norte-americano de eleições 'primárias', este método tem também a importante consequência de sistematicamente beneficiar os candidatos/listas percebidos enquanto 'moderados', 'consensuais' e 'vendáveis', isto é, os membros mais 'simpáticos' de cada partido ou família, punindo os membros considerados demasiado 'radicais', fora da norma, 'excêntricos', 'enraivecidos' ou de alguma forma percebidos como 'antipáticos'. No caso da França, este método foi conscientemente pensado por Maurice Duverger (1972, 1984, 1986), o famoso politólogo e aqueles que puseram em prática as suas sugestões tendo os seguintes propósitos: a) na área genericamente considerada como de 'centro-direita', promover a moderação e a manutenção dos alinhamentos substanciais em matérias políticas consideradas cruciais, duas formações importantes coexistindo nessa área e havendo apenas muito ténues diferenças doutrinárias entre elas, os tradicionais sistemas de alinhamentos e realinhamentos de clientelas políticas revelando-se capazes de determinar aí, em cada caso concreto, quem 'sobrevive' e quem 'perece', em todo o caso sendo capaz de evitar durante décadas o aparecimento de quaisquer divergências substanciais, um facto dominante, pode dizer-se, praticamente até à emergência da Frente Nacional; b) no centro-esquerda e na esquerda, fabricar assim deliberadamente uma significativa assimetria, o Partido Socialista (ou, antes dele, a SFIO) e o Partido Comunista Francês sendo induzidos a coligações formais visando transferências recíprocas na segunda volta, mas sendo estes acordos sistematicamente respeitados em pleno pelo eleitorado comunista (em resultado de disciplina partidária, genuína consideração dos candidatos socialistas como opções 'menos más' ou por quaisquer outras razões), ao passo que tenderam a ser ignorados, em medida muito significativa, por sectores relevantes do eleitorado socialista, presumivelmente em resultado de a hierarquização individual dos candidatos ser aqui discrepante das recomendações partidárias oficiais, mas também muitas vezes possivelmente em resultado da prática do chamado 'voto estratégico'.

Com efeito, a longo prazo o PCF era suposto ser, e realmente foi, significativamente lesado em termos relativos por este sistema de alianças, ao passo que o PS foi promovido a uma posição de partido 'sénior' no lado esquerdo do espectro político, uma situação muito longe de estar assegurada antes da adoção do novo método eleitoral. Uma 'normalização' da votação francesa foi assim obtida, sobretudo no sentido estatístico da palavra: ainda pouco antes propensa a uma distribuição estatística 'bimodal' ou mesmo de 'normal invertida', essa votação passou a tender cada vez mais a corresponder ao modelo duma 'curva de sino', ou a uma verdadeira distribuição 'normal', sendo significativamente aumentadas as frequências correspondentes às opções 'moderadas' ou próximas do centro, e sendo as opções radicais severamente reduzidas. Em termos práticos, notemos entretanto, os comunistas franceses foram colocados numa posição quase insuportável, na verdade algo semelhante a uma escolha de morte rápida versus morte lenta, e a opção que fizeram, embora equivalente a longo prazo à sua transformação em mera ala radical ou *pars adjecta* dos socialistas, constituiu também, apesar de tudo, da sua perspetiva, muito provavelmente um mal menor (quanto a isto, cf. particularmente Canfora 2007). A escolha oposta foi, pode alegar-se, a que mais recentemente foi feita pela Frente Nacional, uma formação partidária por vezes com 15 por cento ou mesmo mais do total de votos em França, mas ainda desprovida ou quase desprovida de representação parlamentar, em virtude do 'cordão sanitário' que as formações 'respeitáveis' do centro-direita francês concordaram em estabelecer consistentemente em torno dela, assim evitando quaisquer acordos de desistência recíproca. Em ambos os casos, quer no processo de lenta digestão/absorção do PCF, quer na quarentena já de décadas imposta à FN, revelou-se necessário, para uma formação política 'excêntrica', ter uma base social ferozmente consistente e coriácea, como forma de poder contrariar ou compensar o tenacíssimo efeito constritor do sistema eleitoral majoritário em duas voltas, o qual é usualmente designado como 'efeito de Duverger', ou manifestação da 'lei de Duverger'.

Deve registar-se outrossim, e como qualificação relevante, que noutras condições institucionais algumas das componentes do 'efeito de Duverger' são também observáveis, mas apenas em parte, na medida em que o regime eleitoral não seja o regime maioritário em duas voltas. Por exemplo, mesmo em regimes formalmente proporcionais, nos casos em que o tamanho dos círculos eleitorais é bastante reduzido, os partidos menores são também usualmente lesados e os maiores consistentemente beneficiados, sendo frequentes situações onde um partido recolhe 30 por cento dos votos, mas fica com 35 ou mesmo 40 por cento dos mandatos, enquanto outro com 10 por cento dos votos apenas consegue 5 por cento dos mandatos. Todavia, nestas situações os partidos são beneficiados e/ou lesados de acordo com a sua dimensão apenas, o sistema eleitoral procedendo aqui, de certo modo, como o análogo duma tributação regressiva, não tanto em função das posições partidárias relativas, 'extremas' versus 'moderadas'. Assim, o 'princípio' ou 'lei' de Duverger ocorre aqui apenas parcialmente: a situação verdadeiramente ideal-típica é, sem qualquer dúvida, a correspondente ao sistema de duas voltas.

Ainda mais importante, devemos no caso do 'efeito de Duverger' distinguir cuidadosamente efeitos imediatos, ou de 'estática comparada', resultantes do mero confronto das percentagens de votos com as percentagens de mandatos numa eleição particular, e efeitos de longo prazo ou 'dinâmicos', estes últimos decorrentes do facto de que o eleitorado dos partidos punidos enfrenta, neste ambiente, a difícil escolha de continuar a votar de forma 'inútil', por oposição a conformar-se e optar por uma segunda ou terceira escolha, começando assim a 'votar útil'; ou, talvez como alternativa mais radical, deixar definitivamente de votar. Desta forma, pode-se argumentar que a alternativa aqui consiste em aceitar uma condição subalterna não oficial, a qual constitui todavia um veneno letal de longo prazo (aquela que, finalmente, foi a opção do aparelho do PCF), ou sofrer de forma direta um processo de 'desemancipação', ou uma perda dos plenos direitos políticos, ainda que isso ocorra apenas de facto (provavelmente, a opção da maioria do eleitorado deste partido).

Através do conjunto destes dispositivos, é revelado com iniludível clareza um elemento extremamente importante do desempenho de todos os sistemas políticos: o aspeto crucial de que eles realmente operam com base naquilo que podemos considerar analiticamente como uma 'procura endógena'. Noutros termos, todos os organismos políticos tendem a produzir *à la longue*, através de diversíssimos processos de engenharia social em que os sistemas eleitorais desempenham funções absolutamente nucleares, os tipos humanos correspondentes ao 'consumidor final' adequado para a variedade de 'produtos' que essa vida política é capaz de fornecer; e apenas esses tipos.

As possibilidades abertas a esta variedade de engenharia social não são, todavia, ilimitadas; o que, por sua vez, ilustra bem a verdade igualmente importante de que, na ação humana, e em particular na política, a capacidade de 'agência' não é completamente aniquilada pelas 'estruturas', havendo por isso sempre margem para a imprevisibilidade. Como exemplo disso, medite-se desde logo o caso das eleições presidenciais francesas de 2003, nas quais a excessiva autoconfiança e a autocomplacência da área do PSF induziram uma proliferação tal de candidatos da 'área socialista' que, finalmente, passaram à segunda volta o candidato do centro-direita, Jacques Chirac, e o da FN, Jean-Marie Le Pen, ficando por isso a esquerda *lato sensu* sem qualquer candidato à segunda volta e acabando assim, toda ela, por ter de prestar vassalagem ao centro-direita em nome da propalada 'ameaça fascista' que a FN representaria. Em contraste parcial, nas eleições presidenciais de 2017 voltaram a ficar apurados na primeira volta um candidato de pendor 'centrista', Emmanuel Macron (um dissidente neoliberal ou 'de direita' do PSF), e a dirigente da FN, agora Marine Le Pen;

mas em 2017 o candidato do conjunto das esquerdas *stricto sensu*, Jean-Luc Mélenchon, originariamente ele próprio também um dissidente 'de esquerda' do PS, absteve-se de qualquer recomendação pública de voto aquando da segunda volta, o que evidentemente mina as assunções básicas em que toda esta engenharia de dispositivos eleitorais está assente: nomeadamente, a ideia de que todos os eleitores 'radicais' consideram válido, no mapeamento mental das candidaturas, o eixo esquerda-direita; e também a de que preferem invariavelmente 'minimizar os danos', permanecendo por isso sempre leais ao candidato que é suposto representar o 'mal menor' na segunda volta eleitoral.

4

NAÇÕES, COLÓNIAS, IMPÉRIOS

A modernização política tem correspondido pelo menos tanto ao triunfo da ideia de estado-nação quanto às tendências democratizadoras. Aliás, os dois processos têm decorrido em estreita proximidade e fundamental afinidade, o estado-nação democrático apresentando-se facilmente como configuração suscetível de ser considerada sociologicamente 'normal', ou 'funcional', na organização política das sociedades modernas.

Existem, todavia, vários pequenos demónios assombrando esta coerência genérica em diversos detalhes de constituição. Entre outros aspetos, a consolidação do estado-nação num grupo de sociedades politicamente mais 'desenvolvidas' produziu também uma importante maré de manifestações coloniais e imperiais, num contexto em que imperialismo e colonialismo tinham já sido considerados no fundamental como traços atávicos, aos quais a modernização racionalizadora tenderia a, paulatinamente, varrer do panorama político.

É assim que, no fundamental, se passa duma viragem de século XVIII-XIX que produz as descolonizações no 'hemisfério ocidental' a um final de século XIX que, opostamente, desemboca na *scramble for Africa*, no *great game* e num grupo de processos mais ou menos análogos. Na Europa, entretanto, assistia-se ao progressivo desagregar do sistema de equilíbrios que produzira a chamada "paz dos cem anos" (1815-1914): os conflitos e querelas, primeiro transferidos para o exterior longínquo e 'selvagem' (isto é, não--europeu), acabam enfim por virar-se para o centro mesmo das metrópoles alegadamente mais 'civilizadas'.

Não apenas a tendência para formas particularmente agressivas de imperialismo brota do núcleo mesmo de diversas economias e sociedades modernizadas, como as ideias racistas obtêm na viragem de século XIX-XX um reforço significativo de aceitação e de respeitabilidade oficial, dada em particular a sua estreita proximidade formal de ideários percebidos como científicos. Pouco tempo depois da abolição da escravatura nos EUA (década de 1860) e no Brasil (década de 1880), a consagração dum 'racismo científico' de inspiração mais ou menos abertamente darwinista é, em todo o caso, um dos factos mais importantes a registar no panorama político deste período, deixando aliás sequelas bem visíveis até aos nossos dias.

Estado-nação

Genericamente, e no contexto daquilo que podemos designar como 'modernidade', as organizações políticas soberanas e democráticas correspondem por princípio à forma 'estado-nação'. Este constitui mesmo, pode dizer-se, a configuração básica habitual da 'modernidade política'. Com efeito, a ideia de que os estados--nação indicam uma forma política 'normal' ou desejável é tipicamente uma ideia oitocentista, aliás diretamente ligada às próprias noções de soberania enquanto autodeterminação nacional coletiva de cada povo. Uma componente referindo-se de maneira imediata ao exercício da cidadania coexiste entretanto aqui com uma outra, inspirada pela corrente (literária, filosófica e política) do chamado 'romantismo', de acordo com a qual a 'nação' constituiria supostamente uma entidade orgânica, comunitária, espontânea, abrangente e sem dúvida muito mais perene. Por contraste, o 'estado' é, neste mesmo quadro mental, considerado enquanto construção comparativamente 'mecanicista', estritamente 'societária', relevando da simples deliberação consciente, correspondendo a uma segmentação do mundo-da-vida e sendo presumivelmente muito mais contingente. O preceito central, adentro desta linha de raciocínio, consiste de maneira enfática em orientar o conjunto de aspetos atinentes ao 'estado', induzindo-o a ficar em perfeita correspondência com aqueloutro grupo de realidades, supostamente preexistentes e reportando-se à 'nação'.

Acrescentemos que o ideário nacionalista, no âmbito deste esquema mental geral, tanto pode indicar propósitos unificadores como separatistas, devendo todavia notar-se também que, durante a generalidade do século de oitocentos, a variedade centrípeta prevaleceu de maneira inquestionável. Esse facto ficou bem exemplificado quer na unificação italiana quer na alemã, em ambas as ocasiões a existência duma entidade anterior, quase 'eterna', assumindo aí oficialmente os contornos duma garantia para o próprio sucesso da empresa de unificação política. Adentro deste contexto, entretanto, o caso italiano forneceu igualmente, e de forma imediata, a ilustração exemplar da relação causal inversa da que primeiro ficou enunciada. Noutros termos, aquela unificação assumiu outrossim que, com base numa entidade política preexistente, era necessário proceder de maneira consciente e deliberada com vista a 'construir uma nação', promovendo em paralelo os correspondentes sentimentos, bem como as perceções definidoras do nacionalismo. Neste âmbito, e de acordo com a famosíssima formulação de Massimo d'Azeglio: "Já fizemos a Itália; agora temos de fazer os italianos".

De facto, porém, é talvez a França imediatamente posterior à revolução que pode e deve ser considerada o exemplo clássico e plenamente consumado quer duma variedade 'modernizada' da nação, quer da correspondente forma de estado, em plena conformidade com esta outra orientação mental. De maneira quase ideal--típica, a cidadania é considerada aqui como constituindo o fulcro mesmo da nacionalidade: francês é, basicamente, todo aquele que aceita tanto os direitos como os deveres correspondentes à condição de 'cidadão', acata no fundamental o quadro jurídico existente e decide participar em pleno no processo contínuo da autodeterminação coletiva, na verdade o 'referendo permanente' (ainda que apenas implícito) que é suposto constituir a essência mesmo da vida política em qualquer república democrática.

Para tornar isso possível, uma condição cultural prévia se torna entretanto imediatamente óbvia enquanto requisito central: a capacidade de dominar em pleno a utilização do idioma nacional, o que presumivelmente equivale a dizer que se trata aqui de rapidamente erradicar o analfabetismo. Sem dúvida, neste caso é o Estado que é admitido como pressuposto da própria produção da nação; e, mais especificamente ainda, é a condição de membro do grupo de cidadãos dum determinado estado democrático que é admitida como definidora simultaneamente da nacionalidade. Ou seja, a nação é na verdade assumida como o resultado de fluxos de comunicação permanentes, intensos e abrangentes da totalidade da existência, os quais correspondem ao normal exercício da cidadania, transmitindo também aos súbditos/cidadãos a capacidade comum de utilizar a língua dominante, oficial, que em condições democráticas tende aliás a equivaler ao vernacular. Este constitui um importantíssimo recurso que o estado democrático crucialmente garante, sobretudo através do fornecimento da instrução pública universal, obrigatória e gratuita. Para além da garantia de instrução pública universal, entretanto, a situação 'normal' dum estado-nação democrático vem igualmente associada a um impacto importante da imprensa escrita, propiciando a formação duma 'opinião pública' que, de forma consistente e ao mesmo tempo contraditória, permite a existência de suficiente espaço simbólico para o debate racional de divergências aceitáveis, mas induzindo em simultâneo a formação e/ou consolidação dum núcleo de consensos culturais fundamentais.

Um certo número de aspetos afetivos genéricos está intimamente ligado a esta configuração, em particular a tendência, muito disseminada entre os cidadãos de cada estado democrático, para imaginar a constituição deste não apenas enquanto associação voluntária, baseada em práticas estritamente reflexivas e deliberadas, mas em traços já previamente existentes, dotados de características de espontaneidade, capazes de longa duração histórica e presumivelmente ainda independentes do facto de se pertencer à mesma entidade política. Noutros termos, a 'nação' tende a ser representada uma vez e outra não apenas como realidade consciente e refletida, enquanto mero resultado da vida política, isto é, do estado, mas antes como a matriz deste e a fornecedora mesmo dos seus pré-requisitos culturais, nomeadamente os respeitantes a aspetos afetivos, em particular aqueles sugerindo a pertença do conjunto dos cidadãos a uma variedade de família alargada, uma 'comunidade imaginada', de acordo com a famosa formulação de Benedict Anderson (1991), possuindo um mesmo panteão de antepassados lendários, os quais operam enquanto 'empresários sociais' simbólicos (um conjunto de pessoas com as quais todos e cada um dos cidadãos estão, supõe-se, intimamente familiarizados e diretamente ligados), falando o mesmo idioma, muitas vezes praticando a mesma religião e mais amplamente dotados do mesmo grupo unificado e consistente de tradições, formas habituais e 'instintivas' de ser e de fazer. Este aspeto transmuta aquilo que, caso contrário, assumiria traços duma construção extremamente precária e efeito do mero acaso, algo apenas 'escrito-na-areia', digamos assim, fazendo-o alternativamente adquirir uma aura de resultado em simultâneo da necessidade (e uma necessidade aliás providencial) e da normalidade; isto é, algo que de alguma forma 'tinha de ser' da maneira como é, ou que poderia, em vez disso, dizer-se estar 'escrito-nas-estrelas': as nações, em suma, tendem normalmente a segregar quer a ideia quer o sentimento dum 'destino nacional' comum.

A copresença de aspetos eminentemente relacionados com a cidadania (a nação como 'demos') com traços de outra índole, inegavelmente de pendor comunitarista ou propensos a assumir e/ou inventar etnias (a nação como 'etnos'), induz os estados-nação democráticos a uma existência adentro dum equilíbrio que, por vezes, se revela assaz precário. Por um lado, a própria necessidade de 'intensificação semântica', intimamente ligada aos processos de modernização, propicia a gestação duma uniformidade cultural básica conforme referido, entre outros, por Ernest Gellner (1991, 1993, 1997), frequentemente acompanhada da esperável, correspondente 'invenção de tradições', para usar agora a formulação de Eric Hobsbawm (1983). Tal uniformidade cultural básica não constitui um obstáculo à diversificação social, à complexidade e/ou ao conflito, pelo contrário, predominantemente fornece o cimento cultural básico, permitindo que aqueles possam existir sem risco de se colocar em perigo a unidade fundamental da organização política. Por outro lado, o pressuposto da livre autodeterminação consciente pode, em certas ocasiões, prolongar-se para tendências separatistas, as quais se colocam em confronto direto com as noções de unidade inquebrável do estado-nação, este último pensando-se tipicamente como *indivisible under God*, 'indivisível sob Deus'.

As questões relativas ao 'direito de secessão' podem, na verdade, ser aqui consideradas o problema mais espinhoso a defrontar, sendo nesse particular diretamente interpelado e questionado o conjunto dos aspetos políticos e simbólicos mais profundos da existência dos estados-nação democráticos: não apenas os que diretamente se referem à região/estado potencialmente secessionista, mas até mesmo os da entidade política mais ampla, na qual aquela esteve até então integrada. Antes de mais, qual a entidade que tem o direito de decidir sobre esse assunto: apenas a região em causa, ou antes o conjunto da população do país em vias de ser potencialmente amputado? O que deve fazer-se, no caso de a região decidir maioritariamente pela secessão, o resto do país opondo-se entretanto veementemente a tal mudança? E se, por outro lado, uma minoria geograficamente circunscrita da região que se encontra em trajetória de rotura decide, pelo seu lado, romper com a entidade separatista, aliás muito provavelmente optando por, em vez disso, permanecer unida à entidade originária? Muitas dessas questões dolorosas, para cúmulo, têm de ser decididas adentro dum ambiente global onde os interesses e as influências movidos por potências estrangeiras são muitas vezes extremamente importantes, aliás não raro mesmo o fator determinante, as secessões podendo assim ser promovidas e/ou condenadas, mais ou menos *à la carte*, de acordo com os interesses e os sistemas gerais de alinhamentos e de oposições em termos geoestratégicos.

É outrossim necessário mencionar o facto de que, nas últimas décadas, um importante grupo de raciocínios foi apresentado com crescente frequência, no âmbito das chamadas 'teorias de globalização' (cf. Rosenberg 2002; ver também Stiglitz 2003), reportando-

-se à suposta irrelevância tendencial das instituições políticas à escala nacional. Argumenta-se, adentro dessa linha de raciocínio, com o caráter alegadamente imparável das inclinações unificadoras à escala mundial; com a tendencial insignificância das atuações (políticas, económicas, culturais...) ao nível do estado-nação; e correlativamente com a conveniência ou a necessidade, ou mesmo ambas, de sedimentação duma 'sociedade civil global', com base na qual a instituição de diversas entidades políticas representativas seria exequível, presumivelmente podendo aquelas atuar alegando fazê-lo em representação direta da humanidade unificada, contra possíveis grupos ocasionais operando apenas à escala do estado-nação, os quais passariam nesse sentido a ser tratados enquanto meros 'bandidos globais'.

Deve todavia sublinhar-se que essas cogitações não são suportadas pelos princípios fundadores da Organização das Nações Unidas, aliás bem pelo contrário. A ONU é, reconhecidamente, uma instituição composta por estados independentes e soberanos, não por quaisquer corpos emanando diretamente (e curto-circuitando assim a forma política estatal) das sociedades civis dos vários países-membros; menos ainda emanando aqueles duma qualquer putativa 'sociedade civil global'. Acima de tudo o mais, os referidos argumentos afiguram-se bastante discrepantes das realidades factuais da política global, esfera onde os interesses dos diversos estados continuam operativos e em pleno vigor (cf. Morgenthau 1973), na verdade acabando sempre por prevalecer duma forma ou outra, embora obviamente os interesses das maiores nações (hoje em dia, sobretudo os dos EUA) tendam não raro a travestir-se de pretensos interesses 'globais', o que todavia constitui essencialmente uma forma de impostura.

O estado-nação não pode ser considerado realidade 'ultrapassada' nem no âmbito duma mítica 'globalização' política, nem sequer no que diz respeito apenas a (muito mais limitadas) associações regionais, como exemplificado particularmente pelo caso da União Europeia. Na verdade, com o aumento da importância de instituições transnacionais coloca-se, por princípio mesmo, o problema da possível perda de conteúdo democrático da vida política, a qual corre nesses casos o risco iminente de fugir à capacidade de autodeterminação coletiva de cada um e de todos os povos/nações envolvidos. No caso da União Europeia, e de forma muito visível desde a chamada 'crise das dívidas soberanas' e o subsequente 'resgate' dos países endividados pela UE e pelo FMI, a trajetória é visivelmente a duma sistemática 'desemancipação' coletiva das nações, a qual afeta mais diretamente (e mais dolorosamente) os países atingidos pela 'austeridade', mas finalmente diz respeito a todos as estados-nação integrantes da UE, cujas estruturas políticas democráticas contam cada vez menos face a instituições supraestaduais eminente não-democráticas, como sejam o Banco Central Europeu e o Tribunal Europeu de Justiça: o estado--nação democrático apouca-se, ficando reduzido à condição de mera 'autarquia local' sistematicamente coagida à aplicação dum *rule of law* europeu, essencialmente não-democrático (cf. Amaral 2013, 2014).

Através desta complexa engenharia jurídico-política, porém, o conteúdo democrático da vida política nacional é perdido, sem que haja qualquer possibilidade de o recuperar ao nível duma hipotética manifestação direta da vontade não já de diversos povos europeus, mas dum verdadeiro 'povo europeu' unificado e coerente: o Parlamento Europeu é, reconheçamo-lo, uma instituição pouco mais do que decorativa; e, de resto, a diversidade de culturas e de interesses que está vertida na multiplicidade das *polities* nacionais europeias tornaria absolutamente ingovernável um cenário de eventual unificação acelerada, que pretendesse colmatar 'no topo' a perda radical de conteúdo democrático pungentemente sofrida ao nível das 'bases' nacionais europeias. Entretanto, e permanecendo para já o poder no BCE e no Tribunal Europeu de Justiça, a tendência é para a crescente desconfiança entre as diversas nações e para as recriminações recíprocas. A experiência de integração relativa, em particular, à criação duma moeda única (o Euro) e aos correspondentes dispositivos de monitorização arrisca-se, assim, a desembocar num falhanço não apenas dum ponto de vista económico, mas também pela criação dum clima de acentuada discórdia entre os diversos povos europeus (Sapir 2012; Stiglitz 2016; Streeck 2014, 2016).

A necessidade premente continua a fazer-se sentir, portanto, de se produzir um sistema de instituições internacionais e interestaduais (e internacionais, aliás, sobretudo porque interestaduais), através do qual as diversas entidades soberanas independentes possam coexistir pacificamente, com base nos princípios duma fundamental igualdade de direitos entre todas elas, cada uma operando de forma tendencialmente democrática; e na verdade cada uma usualmente considerada enquanto estado-nação. Isto, que é um princípio válido para a simples escala da União Europeia, é-o também, e *a fortiori*, a nível global.

Como condição absolutamente prévia a um qualquer intuito de organizar em termos jurídicos e políticos a humanidade inteira emerge, por conseguinte, o imperativo de tratar de organizar as diversas nações de que a humanidade é composta sob a forma política (representante por excelência da modernidade) que é o estado-nação soberano.

Colonialismo

O conceito de colonialismo está genericamente associado à adoção dum conjunto de disposições, dos pontos de vista económico, político, cultural e militar, visando o objetivo de conquistar territórios a fim de explorar os respetivos recursos e habitantes e/ou com o propósito de estabelecer aí colonos e colónias. Devemos a este respeito começar por registar que, na antiguidade, egípcios, fenícios, gregos e romanos procederam, todos eles, ao estabelecimento de variadíssimas colónias. De facto, o próprio termo 'colónia' tem origem na expressão latina *colonia*, com o significado de lugar destinado a usos agrícolas, normalmente designando o estabelecimento de comunidades de romanos residindo fora do território de Roma, em geral visando finalidades agrícolas. Os primeiros registos inequívocos desta variedade de processos podem ser reportados aos impérios helenísticos do Médio Oriente; e depois deles também ao Império Romano.

O colonialismo da Idade Moderna, entretanto, foi promovido principalmente a partir dos séculos XV e XVI, quando os europeus, sobretudo portugueses e espanhóis, procederam à colonização das Américas. Este período, ou seja, a chamada 'Era dos Descobrimentos', é pois frequentemente mencionado como correspondendo ao início do colonialismo moderno. As terras oficialmente descobertas por portugueses e espanhóis foram partilhadas entre os respetivos impérios, primeiro pela Bula papal *Inter Cætera* de 4 de Maio de 1493, estabelecendo um acordo através do qual uma linha imaginária, passando 100 léguas (ou 660 milhas) a oeste do arquipélago de Cabo Verde, dividiu o mundo instituindo as zonas de atuação de cada uma das nações ibéricas: as terras a ocidente da linha foram concedidas à Espanha, considerando-se atribuídas a Portugal as terras localizadas a oriente. Esta operação foi complementada pelo Tratado de Tordesilhas, de 7 de Junho de 1494, celebrado pelos reinos de Portugal e Espanha de forma a dividir as terras situadas fora da Europa (as já descobertas e as que ainda estivessem por descobrir) através da definição duma demarcação, fixada pelo meridiano passando 370 léguas a oeste da ilha de Santo Antão, no arquipélago de Cabo Verde; e pelo Tratado de Saragoça, assinado a 22 de Abril de 1529, com a intenção de delimitar as áreas de influência espanhola e portuguesa na Ásia e resolvendo assim a chamada 'questão das ilhas Molucas'.

Entre 1580 e 1640 os impérios ibéricos estiveram na verdade agregados através duma 'união pessoal', à frente da qual se encontravam monarcas da dinastia dos Habsburgo, mas mantendo-se as respetivas administrações separadas. Portugal possuía domínios coloniais muitíssimo dispersos, de entre os quais: na América do Sul, o Brasil; na África, Cabo Verde, a Guiné portuguesa, São Tomé e Príncipe, Angola e Moçambique; na Índia, Mumbai/Bombaim e Goa; na China, o enclave de Macau; e na Oceânia, Timor. O império espanhol detinha diversas possessões na Europa (Países Baixos,

Luxemburgo, a atual Bélgica, a maior parte da Itália, um sector importante daquilo que hoje é a Alemanha e uma parte considerável do território hodierno da França), na África (Sara ocidental, norte de Marrocos e Guiné Equatorial), nos oceanos Atlântico e Pacífico, nas Américas (América do Sul e Central, América do Norte: México dos nossos dias, Flórida, Califórnia e Novo México, bem como o chamado 'território da Louisiana') e ainda no Extremo Oriente.

Se é verdade que Portugal e a Espanha foram pioneiros no estabelecimento de impérios ultramarinos, também é um facto evidente que a Inglaterra, a França e os Países Baixos cedo procuraram de forma decidida seguir o seu exemplo na América e na Ásia. Durante o século XVII ocorreu a criação do império colonial francês, do império colonial holandês e da entidade inicialmente designada 'Império Colonial do Reino da Inglaterra', o qual foi depois renomeado 'Império Britânico', juntamente com o estabelecimento de várias colónias dinamarquesas e suecas. Em traços muito gerais, e quanto ao Império Colonial francês, destaque-se que obteve colónias na África, América, Ásia e Oceânia. Na África, estas abrangeram territórios naquilo que hoje em dia são a Tunísia, Marrocos, Guiné, Camarões, Togo, Senegal, Madagáscar, Benim, Níger, Burkina-Faso, Costa do Marfim, Chade, Congo, Gabão, Mali, Mauritânia, Argélia, Comores, Djibuti e República Centro-Africana. Na América, após o estabelecimento de Port-Royal em 1605, Samuel de Champlain fundou formalmente a cidade do Quebeque em 1608, tendo esta assumido a condição de capital da chamada 'Colónia da Nova França', ou Canadá. A França também colonizou as ilhas de Martinica e Guadalupe, São Domingos tendo sido dividida com a Espanha (a zona francesa vindo depois a produzir o Haiti) e a ilha de Saint-Martin com a Holanda. Na Ásia, foram estabelecidas colónias francesas na Índia e na Indochina. Quanto ao Império Colonial holandês, nasceu oficialmente em 1602, com o lançamento da Companhia Holandesa das Índias Orientais, que dominava um vasto conjunto de colónias. Esta empresa fundiu-se posteriormente com a Companhia das Índias Ocidentais. Apesar de ambas as empresas serem privadas, foram responsáveis pela administração de extensos territórios colonizados, que se estendiam desde as Índias Orientais Holandesas, noutros termos a atual Indonésia, até ao Caribe, passando pela colónia do Cabo, isto é, a presente África do Sul. Entre 1624 e 1654 os holandeses procuraram outrossim dominar uma parte importante do nordeste do Brasil. Todavia, estas empresas vieram a ser desmanteladas na segunda metade do século XIX, mais exatamente em 1867.

Após várias guerras importantes com a Holanda e com a França, a Inglaterra tornou-se o poder colonial dominante na América do Norte e na Índia durante os séculos XVII e XVIII. No entanto, após a perda em 1783 das chamadas 'treze colónias' na América do Norte, ou seja, os futuros EUA (colónias do norte: província de New Hampshire, colónia da província da Baía de Massachusetts, Rhode Island e Connecticut; colónias centrais: província de Nova Iorque, província de Nova Jérsei, província da Pensilvânia e colónia do Delaware; colónias do Sul: província de Maryland, colónia de Virgínia domínio/província da Carolina do Norte, província da Carolina do Sul e província da Geórgia), a atenção dos britânicos virou-se para a África, Ásia e Pacífico. Deve ainda acrescentar-se que beneficiaram, durante perto dum século, de campo aberto quase em exclusivo para operações, permanecendo a sua presença praticamente incontestada depois da definitiva derrota da França napoleónica em 1815.

Relativamente ao conjunto do empreendimento colonial levado a cabo pelas potências europeias durante a Idade Moderna decorrem, até aos nossos dias, importantes debates socio-históricos quanto ao maior ou menos relevo da referida empresa para as tendências de longo prazo do desenvolvimento da Europa, em particular a marcada 'descolagem' desta quanto a várias outras áreas civilizacionais importantes (tais como o Islão, a Índia e a China), que vieram na imediata sequência a perder nitidamente vantagem face aos europeus. Se existe algo de inegável é que o cometimento das potências europeias lesou muito significativamente, em termos absolutos, várias outras sociedades: pensemos, a título de exemplo, nos vários séculos de importante tráfico negreiro, ou na total aniquilação das civilizações ameríndias pré-colombianas. Quanto a outras sociedades, em termos absolutos o balanço é bem mais ambivalente, mas resulta ainda assim óbvio que, pelo menos em termos relativos, existe uma perda significativa.

James Morris Blaut (1993, 2000) adianta mesmo a sugestão de que, não existindo quaisquer vantagens relevantes no desenvolvimento de formas económicas capitalistas na Europa face a várias outras sociedades até 1492, pode afirmar-se que foi a 'descoberta das Américas', acompanhada do enorme acesso a variadíssimos recursos que esta permitiu, a facultar o 'arranque' subsequente das sociedades europeias, o qual se alimentou depois e se consolidou, é verdade, através de diversos dispositivos de autorreforço cumulativo que vieram a desembocar nas importantes alterações tecnológicas correspondentes à chamada 'Revolução Industrial'. Todavia, e é precisamente essa a tese central de Blaut, anteriormente a 1492 não eram observáveis quaisquer diferenças institucionais, tecnológicas, culturais, etc. que permitissem fazer antever o 'arranque' relativo da Europa, tratando-se portanto dum estrito dispositivo de *head-start* fáctico, obtido na sua maior parte por meios violentos, o qual veio depois a induzir várias modificações subsequentes, inclusive culturais e políticas, que obviamente reforçaram o fosso entretanto criado. Analogamente à tese de Blaut, notemo-lo outrossim, Eric Williams (1944) argumentou também que a própria instituição da escravatura, em particular da escravatura comercial (*chattel slavery*), praticada em massa por europeus relativamente a povos doutras civilizações, foi absolutamente basilar e imprescindível na criação das condições que vieram a permitir o arranque da economia capitalista 'normal', todavia fundada em trabalho assalariado formalmente livre. Em finais de oitocentos, entretanto, mesmo a Índia e a China estavam, a primeira colonizada, a segunda factualmente reduzida a uma humilhante condição de protetorado; e durante esse mesmo século a escravatura formal foi genericamente abolida, uma vez ultrapassada a sua necessidade inicial. Vários outros autores, entretanto, matizam significativamente estas teses, chegando por exemplo Paul Bairoch (1986) a argumentar em termos gerais que a o empreendimento colonial foi um facto de inequívoca 'soma negativa', dado ter lesado (nalguns casos sem dúvida muitíssimo) outras sociedades, sem todavia ter chegado a trazer verdadeiros benefícios aos europeus, os quais supostamente teriam sido capazes de 'arrancar' para o desenvolvimento económico e social mesmo sem a iniciativa colonial.

Seja como for, entre os finais de setecentos e os inícios de oitocentos assistiu-se a um afrouxamento da expansão geográfica dos impérios coloniais, um facto em grande medida motivado pela guerra revolucionária norte-americana e pela subsequente independência também dos países ibero-americanos. Não obstante, um importante número de colónias foi estabelecido ainda durante este período, nomeadamente pelos impérios belga e alemão. Deve bem assim ser registado que, enquanto outros impérios se expandiram principalmente através dos oceanos ou nos territórios chamados 'ultramarinos', a conquista de terras vizinhas constituiu também um importante curso de ação ocasionalmente prosseguido, em particular nos casos do Império Russo (que aliás estabeleceu inclusivamente algumas colónias também na América do Norte, do outro lado do estreito de Bering), do Império Otomano e igualmente do Império Austríaco. O Império Russo apresentava aliás, no final do século XIX, uma área de cerca de 22.400 milhares de quilómetros quadrados e os seus limites eram: o Oceano Ártico, a norte; as montanhas do Cáucaso e as fronteiras com a Pérsia e o Afeganistão, no sul; o Oceano Pacífico e a fronteira com a China, a Coreia e o Japão, a leste; as montanhas dos Cárpatos e mais genericamente as fronteiras com a Alemanha e a Áustria-Hungria, no oeste. Este império incluía, além do território estritamente russo, os chamados 'países bálticos' (atualmente Lituânia, Letónia e Estónia), a Finlândia, a Transcaucásia, a Ucrânia e a Bielorrússia dos nossos dias, o antigo reino da Polónia, a Moldávia (ou Bessarábia) e quase toda a Ásia Central. Para além disso, podia ainda contar com importantes 'esferas de influência' na Pérsia/Irão, na Mongólia e no norte da China. É importante destacar que o Império Russo possuía ainda um território na América, o Alasca, que foi vendido aos EUA em 1867.

Durante o restante século XIX, sobretudo na sua última quarta parte, ocorreu entretanto uma verdadeira corrida de promoção e expansão de impérios coloniais, com a colonização de várias regiões africanas e asiáticas por potências tais como a França, o Reino Unido, a Bélgica e os Países Baixos. Os britânicos ampliaram a sua dominação sobre a Índia e ocuparam duas províncias na África do Sul (Cabo e Natal), ao passo que a França iniciou depois de 1830 o processo de colonização daquilo que constitui a Argélia dos nossos dias. Entre Novembro de 1884 e Novembro de 1885 teve lugar a chamada 'Conferência de Berlim', oficialmente com o objetivo de resolver diversos conflitos decorrentes da ocupação da África pelas potências coloniais. A ideia do evento foi lançada por Portugal, mas foi o Chanceler Otto von Bismarck, da Alemanha, que veio nele a desempenhar o papel principal. A conferência contou com a participação da Alemanha, Portugal, Grã-Bretanha, França, Espanha, Itália, Bélgica, Holanda, Dinamarca, EUA, Suécia, Áustria-Hungria e Império Otomano. Embora inicialmente não fosse esse o seu objetivo oficial, a iniciativa culminou com a distribuição formal de territórios, estabelecendo regras para a ocupação de terras na costa africana e produzindo também importantes resoluções sobre a liberdade de navegação nos rios Níger, Benue e respetivos afluentes. A Grã-Bretanha assumiu a administração da África Austral (com exceção da 'África do Sudoeste', ou Namíbia, atribuída à Alemanha, bem como das colónias portuguesas de Angola e Moçambique) e de toda a África Oriental (exceto o chamado 'Tanganhica', a hodierna Tanzânia, retida pelos alemães), partilhando o norte da África e a costa oeste com a França, Espanha e Portugal (que ficou com a atual Guiné--Bissau e Cabo Verde). O rei belga Leopoldo II foi reconhecido como o proprietário do Congo através da chamada 'Associação Internacional do Congo', detida maioritariamente pelo próprio Leopoldo em pessoa, conseguindo também reter o Ruanda e o Burundi, territórios a leste de montanhas do Congo.

Estima-se que, se em 1875 os países europeus exerciam o controlo efetivo de apenas cerca de 11 por cento da África, já em 1902 governavam entretanto próximo de 90 por cento do território. Por volta de mil e novecentos, esses poderes tinham conseguido já agregar: perto de 11600 milhares de quilómetros quadrados adicionais ao império britânico; 9100 milhares ao império francês; 2600 milhares destinados ao império alemão; 2300 milhares ao império belga; 1300 milhares ao império russo; 480 milhares ao império italiano; e 350 milhares de quilómetros quadrados adicionais para o império dos EUA. Calcula-se que, imediatamente antes da primeira Guerra Mundial, um total de 930 milhões de pessoas, ou seja, mais da metade do número de habitantes do planeta neste período, viviam sob a tutela duma administração colonial formal. Um crescimento industrial anteriormente forte, uma intensa competição por mercados, a transição duma forma de capitalismo mais 'clássica', onde habitualmente predominava a concorrência, para o chamado 'capitalismo de monopólio', posteriormente seguida duma grave crise económica de sobreprodução, a qual induziu a 'longa depressão' que veio a caracterizar o final do século XIX, terão levado os governos de vários países à busca de novos mercados e investimentos através da adoção de políticas de ativo expansionismo e, consequentemente, induzido a ascensão de diversos dispositivos imperiais e coloniais (cf. Ferro 1994; Milza 1998, 1999; Singaravélou 2013).

Após a primeira Guerra Mundial, os aliados procederam à partição do império colonial alemão e de grande parte do império Otomano, tendo esses territórios sido classificados então em três categorias, com base nas expectativas quanto ao momento em que presumivelmente obteriam as condições suficientes para a independência. O surgimento de diversos movimentos de resistência, visando a independência de vários povos e em várias regiões, ocasionou um processo oficial de massiva descolonização, estabelecido em meados do século XX e colocando um termo a numerosos impérios coloniais. Entretanto, é igualmente interessante notar que, com exceção das Américas, a descolonização ocorreu na verdade só já bem depois do fim da segunda Guerra Mundial, mais exatamente através da criação pela Organização das Nações Unidas, em 1962, duma comissão especial visando a referida descolonização, a chamada 'Comissão dos 24', instituída com o propósito explícito de incentivar esse processo.

Em relação aos empreendimentos de colonização que caracterizam a Idade Moderna, é outrossim importante destacar que tais projetos normalmente assumem um caráter enfático de 'totalidade': visam de forma coerente ocupar um território novo, submeter os seus nativos e explorar os seus recursos. Duas formas de colonialismo são, entretanto, facilmente distinguíveis e de resto frequentemente distinguidas: o colonialismo dito 'de estabelecimento' e o 'colonialismo de exploração'. A primeira variedade surge habitualmente associada sobretudo ao propósito de obtenção de terras férteis, destinadas ao cultivo, envolvendo geralmente uma grande massa de população migrante, ou colonos. A segunda variedade refere-se essencialmente a interesses relativos à extração de vários recursos, os quais são sobretudo usados enquanto exportações para a metrópole, envolvendo um número bastante menor de colonos e geralmente garantindo a posse e a administração da maior parte das terras e do capital, usando os povos indígenas para finalidades de trabalho físico, predominantemente desqualificado e referindo-se a minas e/ou a uma agricultura de plantações. Esta variedade é principalmente aplicável às maiores colónias. Sob outra perspetiva, na primeira variedade os poderes políticos procuram antes de mais aliviar as pressões colocadas na esfera económica por aquilo que é percebido como um excesso de população na metrópole, ao mesmo tempo que usualmente visam reproduzir o mesmo tipo de sociedade noutro lugar, estendendo o seu território e a sua cultura. Por oposição, os efeitos do colonialismo de exploração são muito mais imediatos: ganhos económicos e financeiros resultantes da extração de matérias-primas, usando o trabalho dos povos nativos, que são submetidos militarmente e factualmente escravizados, ou pelo menos induzidos a trabalho coagido (cf. Arendt 1958; Losurdo 2005a).

As diferenças entre os colonialismos de exploração e de estabelecimento são decerto muito importantes para se poder compreender as trajetórias históricas subsequentes dos territórios em questão. A generalidade dos países do chamado 'hemisfério ocidental', isto é, as Américas, resultou fundamentalmente dum processo colonial-imperial que revestiu primeiro características predominantes de colonialismo de exploração, tratando-se nesse caso de extrair recursos (mineiros ou agrícolas), com base aliás numa mão-de-obra maioritariamente 'importada' de África e submetida a uma escravização formal. Em paralelo, porém, decorreu igualmente um importante processo colonizador em variedade de 'colonialismo de estabelecimento', tendo sido de facto os colonos correspondentes, ou seja, populações europeias e as respetivas descendências, a constituir-se em protagonistas dos principais processos de independência ocorridos entre finais do século XVIII, nos EUA, e inícios do século XIX, na América Latina. A grande exceção a esta regra geral é constituída pela colónia francesa de São Domingos, a qual veio a obter a sua independência em 1804 enquanto República do Haiti, na sequência da revolta dos respetivos escravos. Já a grande maioria dos casos relativos a processos descolonizadores ocorridos nas décadas posteriores a 1945 corresponde à supressão de situações dum colonialismo predominantemente de exploração, tal como acontecia na generalidade dos países africanos, na Índia britânica e na Indonésia dos nossos dias, anteriormente uma colónia holandesa. Nestas outras situações aquilo que ocorre são processos descolonizadores nos quais as populações autóctones, previamente submetidas à condição de 'indígenas' ou 'nativos', alcançam a plena cidadania, simultaneamente com o consumar jurídico-político da independência formal (e deixando aqui de lado a consideração do mais vasto problema do chamado 'neocolonialismo', o qual corresponde a diversas situações de enorme ambiguidade e configurando uma grande imprecisão em matéria factual). Várias outras 'colónias de estabelecimento', ou territórios predominantemente com essas características, alcançam entretanto também a plena independência, em geral depois de terem atravessado uma fase preliminar em que obtiveram a designação oficial de 'domínios': é esse, em concreto, o caso dos territórios britânicos do Canadá, bem como da Austrália e Nova Zelândia.

Deparamos, por conseguinte, com grupos de factos significativamente diversos entre si. Nos EUA temos um agregado de colonos europeus que se revoltam contra a respetiva metrópole, sendo no território norte-americano praticado um extensivo 'colonialismo de povoamento' conduzido rumo ao 'oeste selvagem', onde as populações nativas ('índios' ou 'peles-vermelhas') são em geral exterminadas, prevalecendo adentro do grupo dos colonos a pequena propriedade agrícola e diversas formas mais ou menos rudimentarmente 'democráticas' de organização política. A sul, todavia, o modelo sofre já um enviesamento significativo para o 'colonialismo de plantação', os EUA a norte do Potomac constituindo decerto uma 'Nova Inglaterra', mas a sul daquele aproximando-se bem mais da condição duma, por assim dizer, 'alter--Jamaica'. Aí predomina o latifúndio orientado para a agricultura de exportação e existe uma significativa população não-europeia importada, composta por trabalhadores braçais vivendo em condições de escravatura. Na maior parte da América Latina o modelo tem mais semelhanças do que diferenças relativamente aos EUA, embora a construção mítica de cada uma das nações seja ela própria bastante variável, consoante os casos: por exemplo, no México e na Grande Colômbia, países em que a escravatura foi rapidamente suprimida, a nação é 'imaginada' de forma explicitamente fundada na ideia da mestiçagem dos colonos europeus com índios e com africanos; por óbvio contraste, no Brasil, cuja independência resultou duma rivalidade interna da dinastia reinante mais até do que propriamente duma revolta de colonos, e onde a escravatura demorou bem mais ainda do que nos EUA a ser suprimida, a auto perceção coletiva tendeu até muito tarde a sobrevalorizar o elemento europeu, desconsiderando completamente os restantes.

Alhures as situações de 'colonialismo de plantações' e de 'colonialismo de povoamento' são facilmente distinguíveis opondo por exemplo, adentro do mesmo Império Britânico e de forma quase ideal-típica, os casos da Nigéria e do Gana, de um lado, aos do

Canadá e da Austrália, do outro. Nigéria e Gana correspondem obviamente à primeira variedade, a qual foi realmente posta em prática sobretudo na segunda metade do século XIX, depois de suprimido o tráfico negreiro e mesmo a escravatura, sendo o negócio até então dirigido àquele tráfico reorientado sistematicamente para a agricultura de plantações em África, com recurso a diversas variedades de trabalho coagido, mas agora já não formalmente escravo (cf. Turley 2002). Por contraste, os casos do Canadá e da Austrália são quase em pleno categorizáveis como 'colonialismo de povoamento', mas ainda assim registando entre si diferenças de relevo. De facto, enquanto o Canadá se aproxima em boa medida do modelo dos EUA, não obstante a convivência aí de populações de anglófonos protestantes com outras, de francófonos católicos, ao lado da permanência até muito tarde dum sentimento de lealismo incondicional para com a metrópole britânica, já na Austrália, a 'Sibéria britânica' dos tropicais mares do sul, predomina o latifúndio (de acordo com a tradição anglo-saxónica de primogenitura e transmissão indivisa da propriedade) e a colonização é processada em boa medida com recurso a prisioneiros condenados a desterro e a trabalhos forçados, os quais operam basicamente como sucedâneo ou equivalente funcional dos afroamericanos no sul dos EUA. O destino das populações nativas é também, em ambos estes outros casos de 'colonialismo de povoamento', a progressiva erradicação física e o extermínio.

A Índia britânica, pelo seu lado, ocupa um lugar bem mais próximo do 'colonialismo de plantações', mas adquirindo características muito particulares, sendo a colonização exercida aí em boa medida com recurso a pequenos monarcas locais ou regionais, que são cuidadosamente preservados pelo Império e operam como intermediários. Também o movimento independentista revestiu aí traços muito peculiares, assumindo inicialmente traços de reivindicação da condição de 'domínio', por analogia com os casos canadiano e australiano: só face à obstinada recusa britânica do reconhecimento dessa equiparação as reivindicações foram reorientadas e majoradas para a independência direta e estrita.

Outros casos configuram situações ainda mais complexas e ambíguas, como aconteceu em particular com a antiga Rodésia e com a África do Sul, onde conviveram modelos de colonialismo de plantação e de povoamento, as independências sendo aí obtidas por populações de colonos europeus, aliás no caso da África do Sul de origem predominantemente não-britânica. Em ambos estes casos o protagonismo dos colonos europeus foi obviamente muito maior do que no resto da África, só bem depois das respetivas independências ocorrendo a 'normalização' destes países pelos padrões da África subsariana. A norte do Sahara, a Argélia francesa indica igualmente um caso inegável de convivência dos dois tipos de colonialismo, a consequência mais importante da presença dum 'colonialismo de povoamento' tendo sido o caráter intensamente traumático da descolonização ocorrida no início da década de 1960, com refluxo massivo de colonos e das suas descendências para o território do hexágono e para a Córsega.

Uma menção é devida, enfim, ao caso de Israel, onde deparamos com uma associação basicamente independente de colonos, a Agência Mundial Judaica, a qual opera como importante *lobby* junto do Império Britânico, então o maior império colonial, no sentido da transformação dum território que até então pertencera a uma potência declinante e derrotada em 1914-18, o Império Otomano, em zona de instalação dum colonialismo de povoamento acelerado, tendo como base uma certa pertença étnica-religiosa (judaica) que entretanto evoluíra nas décadas anteriores, através do movimento sionista, para a sua própria perceção coletiva enquanto pertença nacional. Trata-se dum óbvio caso de colonialismo de povoamento, no qual a componente autogestionária predomina, modelos democráticos de organização política sendo aí inicialmente complementados por um importante movimento cooperativista, aliás de inspiração nitidamente socializante: o *kibbutzismo*. O paralelo mais próximo com o caso de Israel é evidentemente fornecido pela África do Sul, onde uma comunidade de colonos europeus, com origens nacionais diversificadas e de persuasão religiosa maioritariamente calvinista, tutelados primeiramente pela Companhia Holandesa das Índias Orientais, defronta depois o abandono por parte da metrópole holandesa, devendo suportar a partir de certo momento o ascendente e a penetração progressiva dos britânicos. Os conflitos entre grupos de colonos *Boers* ('lavradores') e anglófonos mantêm-se até muito tarde, sendo de resto permeados por sangrentas guerras Anglo-Boers perto da viragem de século XIX-XX. A 'África do Sul Branca' e o correlativo *apartheid* emergem entretanto, aquela gozando da condição de 'domínio' adentro do Império Britânico e marcando-se em paralelo um sulco jurídico-político vincado entre o grupo da sua população branca e a generalidade dos não-brancos (negros, indianos e mestiços). Os não-brancos, sobretudo os africanos, são absolutamente necessários à viabilidade económica do conjunto da 'fábrica social', dado tratar-se dos trabalhadores braçais, predominantemente não-qualificados, que preenchem praticamente todas as posições sociais inferiores, apesar de a participação política lhes ser rigorosamente vedada. Consequentemente, na África do Sul coexiste de algum modo um 'colonialismo de povoamento' com outro, pelo menos originariamente 'de plantações', continuando em todo o caso os não-europeus a ser aí sempre economicamente imprescindíveis: donde, pelo menos em parte, a própria possibilidade de 'normalização' subsequente. Por contraste com essa situação, a de Israel está mais próxima dum 'colonialismo de povoamento' puro, sendo a população nativa aí menos necessária. Para além disso, a comunidade auto-organizada de colonos encontra-se, neste caso, mais plenamente independente das restrições impostas por quaisquer metrópoles coloniais, não obstante o necessário apoio britânico inicial e o movimento diplomático-militar e 'simbólico' posterior, de marcada aproximação (até à verdadeira simbiose política atual) aos EUA. Enfim, à população palestiniana nativa permanece também, em maior ou menor grau, aberta a porta da migração para os países árabes vizinhos. Por conseguinte, a tendência mais importante é inegavelmente a da sua expulsão e/ou extermínio, sendo pouco provável a invenção duma tradição cultural potencialmente unificadora dos dois grupos étnicos (judeus e palestinianos), à maneira do ocorrido aquando da transição da *White South Africa* para a 'nação do arco-íris' do período posterior ao apartheid (cf. Fredrickson 1981; Sand 2009, 2012; Anderson 2001, 2015).

Imperialismo

Habitualmente associada em particular à variedade de 'colonialismo de plantações', ocorre frequentemente a designação de 'imperialismo', mas é necessário admitir que se trata duma associação feita duma forma algo confusa, advindo diversas sobreposições semânticas e prevalecendo aí, não raro, várias imprecisões em matéria de terminologia. A ideia de que um estádio de 'imperialismo' corresponderia a uma fase então nova e alegadamente 'suprema' de capitalismo foi habitual em princípios do século XX, sobretudo na sequência da publicação das famosas obras sobre este tema, da autoria de John Atkinson Hobson (1902) e de Vladimir Ilitch Lenin (1999). As noções fundamentais são aqui as duma evolução das economias capitalistas a partir do modelo da concorrência livre para um outro, traduzindo a crescente concentração e centralização dos capitais e culminando no monopólio. Este 'capitalismo monopolista', em estreita ligação com o exercício da soberania, defrontaria no plano interno das metrópoles dificuldades progressivas de obtenção duma taxa de lucro satisfatória, dada a generalizada insuficiência de procura, causada pelas distorções na repartição dos rendimentos inerente ao capitalismo (os salários permanecendo habitualmente ao nível de subsistência), acompanhada de crises marcadamente cíclicas, evoluindo depois para uma depressão prolongada e uma incapacidade quer de colocação de mercadorias enquanto produtos finais, quer de aplicação rentável dos capitais.

Seria neste contexto que um empreendimento de imperialismo colonial, ou seja, de captura de territórios transformados em colónias, poderia afigurar-se vantajoso do ponto de vista do

capitalismo das metrópoles: garantindo matérias-primas e mão-
-de-obra barata desqualificada nas primeiras fases dos processos
produtivos, assegurava-se obviamente maior rendibilidade nos
investimentos; assegurando mercados finais para a colocação dos
produtos elaborados, através dos típicos 'pactos coloniais' (pelos
quais as colónias ficavam adstritas à produção de matérias-primas,
as metrópoles reservando para si as fases mais elaboradas e refina-
das dos processos produtivos) fornecia-se, pelo menos, um alívio
temporário para a incapacidade de vender a preços satisfatórios
nos centros europeus; enfim, providenciando às populações europeias diversos cargos e posições sociais mais elevadas nos territórios coloniais, oferecia-se uma válvula de segurança para eventuais
excessos demográficos nas metrópoles, ao mesmo tempo que se
dava satisfação às ambições de grupos que, noutras circunstâncias,
poderiam e deveriam tender a tornar-se focos de desassossego e
subversão naquelas. Obviamente, nada disto era suposto resolver
os problemas de fundo das sociedades com economias capitalistas,
mas ainda assim propiciava-lhes pelo menos algum alívio temporário, analogamente à forma como os dispositivos de cartelização
e monopólio garantiam rentabilidade aos grupos capitalistas que a
eles conseguiam o acesso, ainda que violando os consagrados princípios genéricos de 'mercado aberto' e de 'concorrência livre'.

Deve reconhecer-se que este esquema explicativo geral diz
realmente muito, e de forma bastante acertada, acerca daquele que
foi o ambiente vivido nas sociedades europeias em princípios do
século XX, estando aliás relacionado de perto com a formação das
condições que pelo menos propiciaram, se é que não causaram
diretamente, o deflagrar da chamada Grande Guerra, ou primeira
Guerra Mundial, em 1914. Há, porém, diversos aspetos adicionais,
necessários para completar o quadro, nomeadamente o ascenso
então aparentemente irresistível dos EUA, que todavia não dispu-
seram, em sentido estrito, dum império colonial muito significativo. É verdade que alguma expansão geográfica norte-americana
(rumo às Filipinas, a Cuba e a Porto Rico, ao Panamá e ao Havai)
pode ser lida adentro desta rede interpretativa; mas ela revela-se

de imediato insuficiente, até porque na maior parte destes casos a resultante final de tais movimentos não foi um império ultramarino dos EUA, em sentido próprio e com dimensão comparativamente relevante. Mais amplamente, os Estados Unidos orientaram-se durante este período pelo princípio geral da chamada política de 'porta aberta' (*open door*), prescrevendo quer a inexistência formal de impérios coloniais *stricto sensu*, quer mesmo a ausência de tratados de comércio. Esperava-se que, adentro desse outro contexto, os EUA fossem capazes de garantir o escoamento das suas mercadorias e a colocação dos seus capitais, impondo a sua grande vantagem fáctica de base, traduzida antes de mais numa enorme disponibilidade de terras livres ou quase livres (e correspondente ausência ou quase-ausência de medos 'malthusianos' de população em excesso), 'esplêndido isolamento' geográfico e enorme facilidade comparativa em matéria de defesa, entre outros aspetos (Williams 1984, 1995; Pauwels 2002).

A atitude das potências europeias e dos EUA em relação ao resto do mundo, não é errado dizê-lo, guiou-se durante uma boa parte do século XIX por estes mesmos princípios, ou outros estreitamente análogos. Por exemplo, face à desagregação dos impérios ibéricos nas Américas, a posição britânica não consistiu num *takeover* formal daqueles territórios, procedendo-se em vez disso a uma aceitação e mesmo promoção da existência de países latino-americanos formalmente independentes, a Grã-Bretanha aliás forçando nalguns casos a abertura desses países ao comércio internacional, mesmo antes da respetiva independência: como aconteceu, por exemplo, com o Brasil, cujos portos ficaram acessíveis ao comércio direto com o Reino Unido logo em 1808/10, bem antes da independência oficial de 1822. Obviamente, os britânicos propunham-se obter também eles uma vantagem fáctica, sem todavia ser necessário colonizar formalmente: fosse ao Brasil, fosse mesmo ao território português na Europa, o qual esteve também nessa altura sob tutela britânica direta, durante um número significativo de anos, na sequência das guerras napoleónicas.

Ao longo de todo o século de oitocentos, diversas vozes se levantam em prol da ideia dum condomínio meramente fáctico do resto do mundo por parte da Europa e dos EUA: entre outros autores de relevo, propugnou famosamente essa tese o economista alemão Friedrich List, defensor da industrialização da Europa continental através da proteção aduaneira (e seguindo nisso o exemplo prático fornecido quer pela experiencia positiva do 'Bloqueio Continental' napoleónico, quer já então pelos Estados Unidos, na sequência das recomendações de Alexander Hamilton), mas afirmando, quanto ao resto do mundo, que o melhor para todas as partes intervenientes seria deixar comerciar livremente, os britânicos levando presumivelmente a palma no início, mas os demais europeus ocidentais e os EUA sendo a prazo capazes de obter um *catching up* nesse matéria. Entretanto, as sociedades não-europeias, e na verdade mesmo as do sul da Europa e do Mediterrâneo, eram e deveriam permanecer basicamente produtoras de matérias-primas e recursos naturais, sem chegarem a industrializar-se (cf. List 2005). Dessas ideias ficou, pelo menos, o anúncio formal pelos EUA, com a célebre 'doutrina Monroe', de que não tolerariam uma expansão colonial-imperial formal, fosse do Reino Unido ou de outros quaisquer europeus, rumo ao 'hemisfério ocidental', ou seja, à América Latina; e depois, com o 'corolário Roosevelt', afirmando claramente que essa região deveria permanecer sob a influência fáctica, ler a tutela supostamente benevolente, dos EUA apenas.

Em todo o caso, sobretudo na segunda metade do século regressou-se na verdade à colonização imperial direta e estrita, com um regime de controlo formal exclusivo de cada metrópole europeia relativamente ao respetivo território colonial: a África e a Ásia do Sul e Sueste foram assim, como já vimos, formalmente reduzidas à condição de colónias. Mas o assunto não se resumiu a estes territórios, dado que algumas potências tradicionais, de resto elas próprias formalmente impérios, como aconteceu com a China, o Império Otomano (Turquia) e o Irão/Pérsia, foram transformadas em 'zonas de influência' de uma ou várias potências europeias, por vezes ocorrendo nestes casos um regime de verdadeiro condomínio semicolonial, com os europeus coligando-se, por exemplo, para submeter a China e obrigá-la a vários 'tratados desiguais', forçando-a (em nome de proclamados ideais de liberdade do comércio) a abrir as portas à importação de ópio proveniente da Índia britânica, fazendo-a endividar-se e depois tomando o controlo das suas finanças públicas como forma de recuperar os empréstimos concedidos, enquanto paralelamente várias cidades portuárias chinesas iam sendo transformadas em zonas de legislação especial, cada potência europeia e/ou os EUA obtendo vantagens, nalguns casos em zonas específicas, noutros casos vigorando o condomínio das potências colonizadoras. Tudo isto, entretanto, não impediu o Japão de, em paralelo, alimentar um projeto visando obter a dominação colonial da China (e, de resto, também de outras extensas áreas da Ásia de Sudeste) para si próprio apenas, em regime de exclusividade.

Se o Japão representa assim bem o caso duma sociedade não-europeia que está já constituída em regime oficialmente imperial, depois conseguindo proteger-se da influência europeia/norte-americana durante o tempo suficiente para se modernizar, mantendo-se como jogador autónomo na política mundial, já a China destes anos assinala um afundamento que entretanto não chega a desembocar em colonização formal, a qual todavia ocorre no caso da Índia. Com o Império Otomano verifica-se um declínio primeiro lento, depois bem marcado durante a guerra de 1914-18, os aliados ocidentais procedendo à partilha dos respetivos despojos no Médio Oriente e em África, aquele império evoluindo entretanto para uma república turca em versão geograficamente já muito amputada. A Pérsia deste período, embora mantida independente na forma, fora dividida em duas 'zonas de influência' fácticas: do Império Russo a norte, do Império Britânico a Sul. Britânicos e russos disputaram aliás febrilmente o exercício de influência na Ásia central, naquilo que veio a ficar globalmente conhecido como o 'grande jogo', ou a 'grande caçada' (*great game*). O Império russo perdeu para o Japão na guerra de 1904-05, uma guerra que de resto assinala bem a entrada formal dos japoneses na 'primeira liga' das potências na política mundial, ao passo que os russos saíram do conflito não apenas derrotados, mas também profundamente humilhados, dado o facto, até então absolutamente inaudito, de não-europeus ganharem assim um conflito a uma potência formalmente europeia, mas relativamente à qual se murmurava por esta altura crescentemente, no centro e oeste da Europa, que se trataria ali duma sociedade que disfarçava mal uma 'cultura profunda' meramente asiática; por esse motivo sendo intrinsecamente 'despótica' de inclinação; por isso também aberta ela própria ao *takeover* por parte de terceiros, com amputação de largos territórios à maneira turca, ou mesmo via desmembramento integral, manobras que poderiam bem transformar a própria Rússia (ainda que não formalmente desmembrada) numa colónia de facto dos ocidentais, porventura com uma elite dirigente mantendo-se adentro da cultura europeia: em suma, assistindo-se à transformação da Rússia numa realidade não muito distante daquela que é genericamente ilustrada, quase no outro extremo do mundo, pelo exemplo do Brasil.

Como é sabido, não foi isso o que veio a verificar-se; pelo menos, não diretamente. A Rússia envolveu-se na primeira Guerra Mundial ao lado da Entente franco-britânica, correndo-lhe as operações militares predominantemente mal, no meio duma agudíssima crise social interna, vindo a ocorrer a revolução republicana de Março de 1917, e depois disso também a revolução soviética de Novembro desse mesmo ano. Já no início das hostilidades se tinha assistido, por exemplo, à mudança de nome da capital de então, que passa de 'São Petersburgo' para 'Petrogrado', indicando bem a preocupação, por parte dos círculos dirigentes do Império multinacional, em reforçar os seus traços eslavos e russos, abandonando assim a toponímia de óbvia inspiração germânica: manobra, notemo-lo também, fundamentalmente análoga à dos círculos dirigentes britânicos de então, cuja dinastia reinante passa da designação oficial de 'Hanover' para a de 'Windsor'. O Império russo, por conseguinte, apostou ainda na sua própria 'russificação'; mas foi manifestamente muito pouco e demasiado tarde. Sucedeu-lhe a república de Março, que pretendeu preservar o conjunto dos territórios mantendo a Rússia na guerra; e depois a resultante da 'revolução dos sovietes' de Novembro, encabeçada pelos bolcheviques, que retiraram de imediato e incondicionalmente a Rússia da guerra, aceitando perdas territoriais consideráveis, as quais desde logo produziram duradouramente, por exemplo, as independências da Polónia e da Finlândia. Aquilo que restou do *body politic* imperial russo veio depois a reconstituir-se de forma imensamente conturbada, incluindo uma guerra civil demorada de décadas, acompanhada primeiro pela intervenção militar das potências ocidentais logo em 1918, vindo a consolidar-se uma estrutura denominada 'União das Repúblicas Socialistas Soviéticas', oficialmente composta por 15 repúblicas e um sem-número de regiões autónomas e outras unidades de dimensão ainda mais reduzida.

A natureza da URSS é sumamente interessante do ponto de vista duma consideração analítica do fenómeno do imperialismo. Apelidada famosamente de *affirmative action empire* (Martin 2001), a sua produção resultou de facto dum compromisso, através do qual os bolcheviques, desistindo provisoriamente do projeto de revolução proletária à escala mundial, tomaram posse da estrutura política estatal que sobrara do antigo império russo, mas assumindo de início um pendor marcadamente russófobo na sua atuação (os círculos dirigentes bolcheviques eram, aliás, maioritariamente compostos por não-russos), o qual veio depois a atenuar-se, permanecendo em todo o caso a tendência para o centro político reconhecer diversos grupos étnicos como 'nações' e/ou 'nacionalidades', aliás frequentemente cada uma delas com um território assignado (e não raro existindo conflitos recíprocos pela posse de determinadas zonas), mantendo-se todavia o conjunto sob um comando político unificado, na condição de as referidas minorias étnicas serem não apenas reconhecidas enquanto grupos com direitos políticos próprios, mas inclusive beneficiando em larga escala daquilo que depois, parcialmente importado nas respetivas legislações por outros países, ficou habitualmente conhecido como *affirmative action*, ou 'discriminação positiva' (cf. Smith 1999; Martin 2001).

A transação ou *quid prod quo* fundamental sobre a qual ficou construído o novo edifício político consistia, portanto, no reconhecimento das entidades étnicas e dos respetivos direitos, acompanhado ainda por um explícito tratamento jurídico de favor garantido pelo centro às periferias, enquanto por outro lado estas últimas procediam à aceitação da integridade territorial da União Soviética e, enfim, à consagração do idioma russo enquanto 'língua franca' do conjunto territorial. Em suma, o antigo império russo, que aliás só muito tarde intentara uma russificação acelerada das diversas minorias que o compunham, ter-se-á transmutado globalmente numa novel estrutura política, a qual deixou de fazer apelo à ideia de 'nação russa' enquanto seu núcleo organizador, para se pensar numa nova modalidade de união política em que dois níveis identitários, pelo menos, coexistiriam necessariamente: o do grupo étnico de base, nação ou nacionalidade, que assim obtinha um inequívoco reconhecimento formal; todos os habitantes sendo, por outro lado, cidadãos duma nova entidade, pensada enquanto 'povo soviético' e englobando a totalidade das populações das regiões e/ou repúblicas constituintes.

Pode, pois, falar-se duma 'transmogrificação' do Império Russo em União Soviética, usando o neologismo proposto por Perry Anderson (1992: 324) com o triplo sentido de transmigração, modificação e *grificação*, isto é, transformação em grifo, mistério: os aspetos de rotura e de continuidade encontram-se de facto tão profundamente imbricados, que se torna inegavelmente muito difícil distinguir uns dos outros. Este constituiu um modelo de evolução no qual, entretanto, a consolidação do reconhecimento das minorias, a apenas parcial russificação (o russo tornou-se idioma oficial da URSS, mas vários outros idiomas nacionais foram naquela objeto de reconhecimento simultâneo e correspondente proteção), e finalmente os impasses políticos vividos pelo próprio centro, vieram a culminar na imparável inclinação secessionista das diversas repúblicas constituintes, as quais tinham entretanto vindo a beneficiar outrossim do reconhecimento explícito do 'direito de secessão', por vezes ainda adicionalmente complicada essa situação pelas tendências secessionistas também de diversas regiões adentro das novas repúblicas.

Noutros casos, as evoluções dos impérios têm sido marcadamente diversas. Com o império colonial britânico verificava-se uma diferença fundamental entre os territórios metropolitanos (Inglaterra, Gales e Escócia, a Irlanda constituindo já de certo modo uma colónia europeia) e os territórios coloniais ultramarinos, adentro destes devendo distinguir-se, por outro lado, entre 'domínios' e colónias propriamente ditas. Nos 'domínios' a maior parte da população era reconhecida como correspondendo a normais 'súbditos britânicos', gozando de direitos civis análogos aos da população metropolitana, acrescidos da capacidade para, em maior ou menor grau, exercerem também direitos políticos no âmbito da instituição do chamado *home rule*, ou experiências de autogoverno mais ou menos autónomo. Marcadamente diferente dessa era a situação das colónias propriamente ditas, onde a maior parte da população residente era oficialmente composta por indígenas, *natives* fundamentalmente desprovidos de direitos, fossem políticos ou mesmo apenas civis. Os 'domínios' correspondiam a territórios de população predominantemente europeia: Canadá, Nova Zelândia, Austrália, de certo modo também a própria Irlanda, que veio famosamente a obter o *home rule* na trajetória que a levou depois à independência plena. A condição de colónia correspondia, plenamente e *stricto sensu*, ao caso da África subsariana. Outros casos eram mais duvidosos: na Índia, os britânicos impuseram a submissão colonial em sentido estrito, o independentismo indiano durante muito tempo contentando-se em reclamar a transformação do subcontinente em 'domínio', com o que todos os indianos passariam a ser considerados súbditos britânicos propriamente ditos, coisa que não viria aliás a acontecer, porque sobreveio entretanto a necessidade sentida pelo próprio Reino Unido de, por motivos geopolíticos (sobretudo a guerra civil chinesa e a iminente vitória comunista), avançar neste caso rapidamente para a independência 'preventiva' da Índia através duma descolonização que fosse simultaneamente plena, e todavia representada simbolicamente (por todas as partes intervenientes) como consensual e meramente 'outorgada'.

Noutros contextos, a descolonização produziu resultados parcialmente paradoxais. A tendência da França, por exemplo, foi marcadamente a de conferir destaque a uma Argélia que alegadamente estaria em situação não verdadeiramente colonial, correspondendo, segundo se declarou oficialmente, a uma mera extensão ou prolongamento ultramarino (para a outra margem do *mare nostrum*) do território francês europeu. Isso permitiria distingui-la bem dos territórios subsarianos, esses sim territórios coloniais *tout court*. Todavia, se esta distinção expressa sobretudo o facto de na Argélia residir uma comunidade excecionalmente numerosa de colonos franceses, a verdade é que a continuação da negação de que a Argélia fosse uma colónia levou à situação de as autoridades francesas terem de admitir, no contexto da vigência da sua Constituição de 1946 que implicava sufrágio universal, enquanto eleitores dotados de direitos políticos plenos, várias dezenas de milhões de argelinos, por entre colonos europeus e 'nativos' árabes e berberes, o que no seu conjunto faria obviamente alterar de forma drástica os equilíbrios demográficos e políticos existentes no âmbito do próprio hexágono. Face a esse impasse, a França finalmente admitiu a necessidade de descolonizar rapidamente a Argélia, facto que provocou, na década de 1960, um súbito regresso em massa de mais de um milhão de colonos europeus e respetivos descendentes.

Outros impérios coloniais com extensões 'ultramarinas', isto é, colónias geograficamente separadas das metrópoles europeias, viveram situações mais ou menos análogas a esta. No caso português, por exemplo, a resiliência particularmente longa permitiu mudanças muito significativas na forma como o empreendimento colonial foi oficialmente percebido. Enquanto, por exemplo, na década de 1930 o 'Pacto Colonial' proclamava ufana e oficialmente a realidade do colonialismo português, afirmando sem rebuços que o papel dos territórios ultramarinos era prestar auxílio à metrópole naquilo que pelo governo desta última fosse considerado conveniente, já algumas décadas depois, no último período do império, viriam a ser segregadas uma teorização e uma doutrinação oficiais segundo as quais não existiriam, no caso luso, verdadeiramente uma metrópole e respetivas colónias, mas apenas um único Portugal indiviso ('do Minho a Timor') estendendo-se por vários continentes, geograficamente descontínuo, sim, mas moralmente unificado, basicamente uniforme do ponto de vista político e, assim se assegurava, definitivamente indissolúvel. Todavia, a permanência até aos anos 1960 duma instituição qual o 'estatuto do indígena' indicava vivamente (e para além de quaisquer intuitos de ofuscação propagandística) a subsistência de diferenças de condição jurídico-política das populações. Nas colónias, a partir de 1950 chamadas 'províncias ultramarinas' e enfim 'estados', podia-se assim ser: a) colono europeu ou descendente, b) indígena 'civilizado' ou 'assimilado' e/ou c) indígena oficialmente não civilizado, esta última condição correspondente de facto à maioria das populações rurais, analfabetas, desprovidas de acesso aos benefícios da civilização material, sem direitos sequer formalmente iguais aos dos colonos; e na verdade submetidas regularmente a várias modalidades de trabalho compulsivo e a todo o tipo de abusos, quer de forma legal quer mesmo ilegalmente: a lei escrita, de qualquer modo, nunca esteve nestes territórios destinada a aplicação demasiado estrita, pelo que a realidade fáctica se afastava consideravelmente dum quadro já *de jure* muitíssimo empobrecido. Na década de 1960, entretanto, sob as pressões internacionais e em face do início da luta armada pelos movimentos independentistas, o 'estatuto do indígena' foi finalmente revogado. Entrementes, e como a própria população da metrópole estava longe de gozar de direitos plenos de participação política, essa questão tendia obviamente a nem sequer se colocar nas 'províncias ultramarinas', até à factualidade avassaladora do simples colapso da administração pública em 1974-75, seguido das independências dos diversos territórios.

O conceito de 'império' pode, em âmbito já algo diverso dos até agora mencionados, ser referido igualmente a várias das instituições saídas das independências latino-americanas. De resto, quer o México quer o Brasil, em determinados momentos das suas histórias, reclamaram ambos explicitamente a condição imperial. E fizeram-no obviamente de maneira que, longe de poder ser considerada depreciativa ou embaraçada, expressava antes orgulho e lisonja do sentir coletivo das respetivas populações. A condição imperial, nestes casos, denotava antes de mais a extensão geográfica invulgarmente alargada. Mas correspondia também a uma pretensão particular das respetivas monarquias, por um lado incapazes de se contentarem com o simples título de 'realeza', mas mais amplamente inclinadas para se afastarem do funcionamento da política quotidiana; e importantemente invocando, enfim, os traços de multietnicidade e de multiculturalidade ínsitos às formações políticas em causa: sendo o México um império, por exemplo, o respetivo imperador podia mais facilmente, dada a sua posição enfaticamente 'supra partes', apresentar-se como defensor ou protetor de eventuais grupos étnicos ou linguísticos não-hispânicos. Ao mesmo tempo, também os EUA retiveram uma memória imperial bem consciente, sendo aliás abundantes, patentes e sistemáticas, na sua história política, as referências ao modelo mítico da Roma imperial da Antiguidade. O elemento imperial, por um lado, compatibilizava-se bem com o modelo de 'constituição mista' que era conscientemente o norte-americano, integrando componentes monárquica, aristocrática e popular; em seguida foi evidentemente propiciado pela expansão geográfica até à costa do Pacífico, primeiro, conferindo dimensão continental, isto é, verdadeiramente 'imperial' ao território do país; e depois também pelas relações com o resto das Américas, os EUA desempenhando aí ufanamente um papel de 'Grande Irmão' ao qual caberia proteger o grupo dos mais novos dos potenciais abusos que os progenitores europeus se sentissem tentados a pôr em prática. Em todo o caso, tratar-se-ia já, neste segundo caso, dum imperialismo meramente informal, não explícito.

Na Europa, pelo seu lado, a ideia de império permanece bem presente a múltiplos títulos. Com a França napoleónica, duma forma declarada; e depois disso, embora em versão mais modesta, também com o 'segundo império' de Luís Napoleão, a partir de 1851.

Em paralelo, durante séculos a designação e a ideia pairaram outrossim na configuração correspondente à multiplicidade dos estados germânicos, sem que um verdadeiro poder 'temporal' unificado lhes correspondesse. Em seguida, o nome prolongou-se para a formação abertamente multinacional que foi o império austríaco, depois 'austro-húngaro', englobando o reino da Hungria como entidade parcial, bem como vários outros territórios, fora e dentro da zona propriamente 'imperial', isto é, germânica. O império austro-húngaro foi, antes da experiência soviética, um caso assinalável do ponto de vista do reconhecimento dos direitos dos grupos étnicos e/ou nacionais englobados. Todavia, permaneceu sempre em vigor a declarada posição de *seniority* austríaca/germânica; e por outro lado, com a exceção do reino da Hungria, não havia adstrição de territórios a grupos étnicos concretos: podia existir reconhecimento dum grupo étnico croata, por exemplo, mas não duma Croácia territorialmente delimitável e dotada de direitos políticos enquanto tal. Este último aspeto, evidentemente, tornava mais difícil o êxito de quaisquer projetos secessionistas, eventualidade que não era aliás contemplada pelo desenho constitucional. Em paralelo a tudo isto, quando adentro do universo da *Kleinstaaterei* germânica emergiu enfim uma potência realmente unificadora, o reino da Prússia, tal facto ocorreu sob a forma duma unificação alemã, em 1871, que excluía cuidadosamente a rival Áustria e em simultâneo proclamava um 'Império Alemão', também aqui ufano da sua dimensão e do seu poder relativo no teatro europeu: poucos anos antes tinha conseguido bater pelas armas os austríacos; e agora impunha o mesmo tratamento aos franceses.

Posteriormente e até aos nossos dias, as expressões de 'colonialismo' e de 'imperialismo' tendem a denotar realidades próximas, ambas tendo aliás vindo a adquirir um tom predominantemente pejorativo. Todavia, interessa destacar também, no âmbito do reconhecimento da enorme polissemia de ambos os termos, que a noção de *Imperium* tem na origem, com os romanos, um valor eminentemente militar. *Imperator*, no caso dos chefes-de-estado da Roma da antiguidade, constitui um título correspondente grosso modo à categoria grega antiga de 'estratega', às nossas designações de 'comandante supremo das forças armadas', 'generalíssimo' e outras mais ou menos afins, também elas inerentemente reservadas a chefes-de-estado, até aos nossos dias. O imperador romano exerce o seu poder propriamente 'imperial' (militar, defrontando sempre o imprevisto, pelo que a sua vontade faz aí a lei ou serve de equivalente a esta) tipicamente fora da urbe, sendo adentro da cidade por excelência o primeiro-cidadão: cônsul, 'tribuno da plebe', 'augusto' e 'pontífice máximo'. Quanto a *colonia*, trata-se duma expressão que designa um ajuntamento de populações que estão dotadas da cidadania romana, mesmo quando ainda nem todas as populações não-escravas do Império Romano tinham acesso a tal, ou seja, previamente ao édito de Caracala. Por contraste, e conforme vimos, com os impérios coloniais europeus da idade moderna e posteriores, essa expressão tornou-se predominantemente degradante: os habitantes das colónias não têm por princípio os plenos direitos correspondentes à cidadania, aliás geralmente estão privados deles.

Hoje em dia subsistem, pode dizer-se, a ideia dum imperialismo fáctico, no sentido do poder duma entidade soberana que submete à sua influência política outras entidades que apenas formalmente também o são; e a dum colonialismo fáctico, ou 'neocolonialismo', quando um país formalmente independente sofre um nível de dependência económica que o impede de ser realmente autónomo, tendendo também a tornar-se mais pobre, ou mais 'economicamente atrasado' do que o país que se constitui em seu colonizador fáctico. Trata-se dum tema recorrente a propósito, em particular, das relações de vários países europeus com as suas ex-colónias africanas, ou dos EUA com diversos países latino-americanos; mas é óbvio que defrontamos aqui realidades que frequentemente é difícil provar 'para além de qualquer dúvida razoável', precisamente dado tratar-se, repete-se, de realidades apenas fácticas, não se encontrando juridicamente consagradas. Em boa medida ocorre de forma análoga com os modernos 'impérios' e 'imperialismos': é verdade que algumas organizações multinacionais, como é o caso da NATO e do antigo Pacto de Varsóvia, consagram a proeminência duma entidade soberana (respetivamente os EUA e a ex-URSS) relativamente aos seus 'aliados', assim formalmente reduzidos em boa medida à condição de 'vassalos' ou 'países-satélite'. Mas trata-se de casos configurando mais a exceção do que a regra, num mundo em que se supõe estar o género humano habitualmente organizado, em termos políticos, em estados-nação soberanos, sem que relações de hierarquia formais sejam assumidas de qualquer deles para com os demais: é o quadro para o qual aponta inequivocamente a Carta da ONU, regendo-se esta última organização ela própria de acordo com esse princípio, todavia de novo com a notável exceção da existência dum 'Conselho de Segurança' com um certo número de 'membros permanentes' (os três vencedores de 1945 ou os respetivos sucessores: EUA, Reino Unido e Rússia, acrescidos da França e da República Popular da China), que estão dotados de direito de veto relativamente às deliberações do Conselho, o qual por norma procede em nome da totalidade dos estados com assento na Assembleia Geral da organização.

Para além da relativa excecionalidade (e privilégio) correspondente à condição comum dos 5 membros permanentes do Conselho de Segurança, deve entretanto ser mencionada, quanto aos nossos dias, a absoluta singularidade da posição norte-americana no período posterior à 'Guerra Fria'. Na verdade, com o seu triunfo nesta última competição, seguido da dissolução das estruturas correspondentes à potência sua rival, a URSS, e de resto até mesmo desta, os EUA ficaram numa situação de gozo dum ascendente a nível planetário absolutamente único nos séculos mais recentes, constituindo talvez uma novidade absoluta mesmo na história da humanidade, em todo o caso sendo bem maior do que as vantagens em termos relativos usufruídas durante o seculo XIX pelo império 'onde o Sol nunca se punha', o império britânico. Esta situação absolutamente única e extraordinária encontra plena expressão na enorme assimetria do poder militar ao seu dispor: calcula-se que os gastos e o poderio militares dos EUA sejam superiores aos gastos e ao poderio somados dos países ocupando as 9 posições seguintes no *ranking* (sendo que vários destes são, pelo seu lado, já membros da NATO, isto é, vassalos dos EUA, e aí está incluída também a Arábia Saudita), a rede de bases militares norte-americanas e os sistemas de alianças tuteladas 'benevolamente' pelos EUA espalham-se por rigorosamente todo o globo. Este enorme poderio bélico, factualmente muito próximo dum verdadeiro 'império mundial', encontra por outro lado consagração numa imensamente diversificada 'indústria' cultural e mediática (rádio e televisão, jornais e livros, cinema, internet, etc.), acompanhada ainda pela vasta consagração do inglês enquanto 'língua franca' mundial (cf. Parijs 2007), dispositivos através dos quais aquele poder fáctico tende consistentemente a banalizar-se e a naturalizar-se, transformando-se assim em 'autoridade' ou 'hegemonia' imensamente difusa e praticamente omnipresente. Tal estado de coisas tem permitido aos dirigentes norte-americanos apresentar os seus diversos propósitos à escala mundial enquanto propósitos verdadeiramente 'globais', traduzindo o pretenso querer da 'comunidade internacional' (EUA, aliados e vassalos mais ou menos próximos) e expressando portanto, alegadamente, os interesses da humanidade no seu conjunto. Tais empreendimentos, sejam eles abertamente unilaterais da parte dos EUA ou correspondendo a estruturas tais como a NATO ou o chamado 'G7', tendem entretanto a divorciar-se abertamente do âmbito própria da atuação da ONU, onde o multilateralismo e a igualdade de direitos dos estados-nação soberanos são, repete-se, a regra pelo menos formal.

Existem, por outro lado, tendências claras para um erodir do ascendente norte-americano no plano económico, aspeto em que os EUA foram já aliás, em anos recentes, ultrapassados pela República Popular da China no que diz respeito ao PIB total em 'paridade de poder de compra', devendo sê-lo dentro em breve também em PIB total nominal. Embora isto deixe obviamente a China muito longe ainda dos valores *per capita* dos norte-americanos, em todo o caso representa um movimento económico de dimensões verdadeiramente tectónicas, constituindo entre outras coisas também um caso de *catching up* inauditamente bem-sucedido duma sociedade que, até há poucas décadas, se encontrava muitíssimo atrasada em termos económicos. A emergência económica mundial da China tem sido acompanhada dum estabelecimento consistente de alianças muito variadas, nomeadamente as relativas ao grupo de países denominados 'BRICS', mas correspondendo-lhe sem dúvida um 'perfil baixo' da República Popular em matéria diplomática e militar, o qual é todavia aparentemente compensado pela constância e pela consistência do seu ascenso em termos económicos (cf. Arrighi 1994, 1999; Gowan 2000; Losurdo 2012, 2016).

Uma via possível de expansão continuada destes empreendimentos, tendendo a fazer erodir os próprios fundamentos materiais do domínio norte-americano, corresponde sem dúvida ao projeto de criação de divisas internacionais eficazes na substituição do dólar. Na verdade, o facto de esta moeda operar como unidade de transação a nível planetário (emitindo-a os EUA, a esse título, inicialmente apenas como primeira aproximação ao ouro, mas passando o próprio dólar US a operar como forma normal do valor à escala global, desde a supressão da convertibilidade dólar-ouro em 1971, durante a administração de Richard Nixon) propicia à superpotência norte-americana vantagens incomensuráveis, sendo virtualmente admissível apenas no seu caso uma situação continuada de 'duplo défice', externo e orçamental, a qual se tornaria rapidamente intolerável para quaisquer outros países. A eventualidade de o dólar ser destronado da sua posição de moeda-intermediária corresponderá, assim, inegavelmente a uma enorme perda de influência dos EUA em matéria económica: o que, não sendo obviamente uma condição suficiente, é ainda assim indubitavelmente uma condição necessária do seu poderio em todos os demais planos.

Racismo

Um lugar à parte deve ser deixado, no âmbito ou na vizinhança das discussões relativas aos temas do colonialismo e do imperia-

lismo, para o assunto bem mais estrito que é o racismo. Impõe-se quanto a isso, e tão sinteticamente quanto possível, destacar antes de tudo os seguintes factos:
1) A ideia da associação duma qualquer cor da epiderme a uma condição social, seja esta uma condição superior ou inferior, proliferou sobretudo na Idade Moderna: na verdade, os romanos e os gregos antigos, que conviveram com uma abundante prática da escravatura, não tiveram todavia uma qualquer noção de escravatura fundada sistematicamente ou por princípio na cor da pele, ou na 'raça';
2) A escravatura e o tráfico de escravos da África para as Américas expandiram-se de maneira vertiginosa mormente durante o século XVIII, tratando-se duma escravatura marcadamente comercializada (*chattel slavery*) e baseada sobretudo no tráfico, a qual foi promovida pelos europeus oficialmente com base na cor da epiderme, sendo destinada a uma agricultura nas Américas que estava de forma predominante orientada para o comércio de exportação;
3) Esta foi uma agricultura produtora de formas de organização que, à sua maneira peculiar, foram em geral muito eficientes economicamente (cf. Fogel 1989), embora estivessem assentes num grau de exploração tal da mão-de-obra, que a 'esperança média de vida' era tipicamente muito baixa entre os escravos, tornando-se portanto difícil ou mesmo impossível, na maior parte dos casos, a simples reprodução fisiológica do *stock* populacional de trabalhadores, donde precisamente a necessidade, repetidamente sentida, de recurso ao tráfico intercontinental;
4) Depois do fim do tráfico esclavagista e da própria escravatura, ou seja, já no século XIX, prosperou enfim em África a colonização europeia efetiva, recorrendo sistematicamente a variedades de trabalho forçado de facto, mas não se tratando já de escravatura formal, o continente africano deixando então basicamente, por esse meio, de exportar seres humanos, para passar a exportar sobretudo os mate-

riais algo rudes (predominantemente matérias-primas) que aqueles produziam;
5) Foi este o contexto geral em que tiveram o seu pleno desenvolvimento as conceções 'racistas' em sentido estrito, isto é, afirmando de maneira consciente e enfática a superioridade e/ou a inferioridade dum qualquer grupo humano com base na cor da epiderme. Repete-se que, embora a Antiguidade tivesse conhecido a prática abundante da escravatura, a limitação da mesma a um grupo humano classificado de acordo com a cor de epiderme é um traço da Idade Moderna europeia, tal como é um traço característico desta a mercantilização massiva da população escravizada, a qual é assim reduzida mais especificamente à condição de *chattel slavery*, podendo pois ser sistematicamente transacionada;
6) Diversas modalidades de racismo ocorreram entretanto, evidentemente, George Fredrickson na sua famosa obra *White Supremacy* (1981) distinguindo em traços gerais um modelo ou tipo-ideal de inspiração anglo-saxónica e aplicado no sul dos EUA, correspondente ao chamado *one blood-drop principle*, modelo onde todos os indivíduos comprovadamente não-brancos são *ipso facto* considerados 'negros', de um modelo 'sul-africano' ou 'holandês', na verdade europeu continental em geral, onde ocorre o reconhecimento explícito do facto da miscigenação, surgindo assim uma categoria distinta de *coloured*, 'mulatos', etc.; uma população, portanto, oficialmente considerada 'mestiça', isto é, mista do ponto de vista racial.

Relativamente a grandes esquemas classificativos da espécie humana, uma observação adicional se impõe de imediato também para, na senda da obra de Steven Jay Gould intitulada *The Mismeasure of Man* (1996), distinguir muito genericamente o princípio classificativo remetendo à obra de Johann Friedrich Blumenbach, de finais do século dezoito, o qual veio a originar o recurso ainda hoje usual à designação de 'caucasiano', da criação, pelo filólogo britânico William Jones, da categoria de 'indo-europeus', ou 'arianos'. Para Blumenbach o assunto central era realmente a cor da pele, sendo-se por essa via conduzido a uma tipologia dos seres humanos que remete para a ideia duma 'evolução' que é, aliás, pensada sobretudo como degenerescência. Na verdade, enquanto Lineu tinha previamente deixado os seres humanos classificados em quatro grandes grupos: europeus/brancos, africanos/'etíopes', asiáticos/'mongóis' e ameríndios ou 'peles-vermelhas', Blumenbach visa completar e corrigir aquela classificação criando uma quinta categoria, a de 'malaios', onde se incluem grosso modo os habitantes das atuais Malásia e Indonésia, do subcontinente indiano e da Polinésia. Segundo Blumenbach, a humanidade mais antiga e mais perfeita (e também, na sua opinião expressa, a mais bela) corresponderia aos europeus, os quais teriam uma origem comum na região do Cáucaso: daí precisamente a expressão 'caucasianos'. Desse grupo, assinalando um mesmo vértice pretensamente superior e mais antigo, partiriam assim duas linhas de evolução//degenerescência: uma teria produzido num primeiro momento os ameríndios, depois os 'mongóis' ou orientais; a outra teria dado numa primeira fase os 'malaios' e numa segunda fase os 'etíopes' ou africanos. O louvor explícito dos caucasianos está aqui, registemo-lo, diretamente associado à sua pretensa antiguidade: é alegadamente melhor aquilo que se supõe ser mais antigo, não as formas mais recentes; de forma oposta, sublinhe-se, ao que um imaginário de raiz darwiniana poderia ser tentado a assumir. Num outro contexto, é uma questão de classificação das línguas que vem a produzir, também em finais do século dezoito e por Jones, a descoberta/criação do grupo dos 'indo-europeus', uma categoria assinalando a origem comum e a proximidade de diversas línguas da Índia, da Pérsia e da Europa, a qual vem a desembocar mais tarde na categoria de 'ariano' enquanto pretenso fundamento da hierarquização das várias 'raças'.

Quer a categoria de 'ariano' quer a de 'caucasiano', enquanto alegadas bases para estabelecimento duma hierarquia dos seres humanos fundada seja na cor da epiderme seja no idioma nativo, vieram depois, ao longo dos séculos XIX e XX, a receber vários outros influxos adicionais remetendo mais ou menos diretamente para o legado de Charles Darwin, reclamando para os referidos grupos uma condição de grupos pretensamente mais 'adaptados', ou na verdade mais dotados. Em paralelo, assistiu-se também ao desenvolvimento de diversas técnicas antropométricas, particularmente a chamada 'craniometria', depois também os testes visando aferir o pretenso 'quociente de inteligência', as quais genericamente propiciaram a sedimentação dum racismo 'científico', ou pelo menos reclamando esse fundamento. Sociologicamente falando, entretanto, devemos notar que a condição do sucesso dessas conceções remete acima de tudo para a massiva realidade fáctica do domínio europeu, realidade da qual elas correspondem genericamente a racionalizações e justificações, muito mais do que para qualquer fundamento científico sólido. Esse domínio revestiu ao longo dos tempos modernos, e como já ficou escrito acima, as formas de esclavagismo (sobretudo ligado à agricultura de plantações) e de tráfico transcontinental de escravos; de colonialismo real ou fáctico, com diversos impérios coloniais constituindo-se e/ou reforçando-se, particularmente em África, sobretudo ao longo da segunda metade de oitocentos; enfim, também de sedimentação de sociedades ditas de 'supremacia branca', como as que genericamente caracterizaram até tempos recentes a zona meridional dos EUA e a África do Sul.

Ainda assim, é também de registar a sobrevivência, praticamente até aos nossos dias, de conceções bastante explícitas de 'racismo científico', bem expressas por exemplo na obra de Richard Herrnstein e de Charles Murray intitulada *The Bell Curve* (1994), onde genericamente se tende a 'naturalizar', pretendendo explicá-las biologicamente, isto é 'racialmente', as enormes diferenças estatísticas ainda hoje prevalecentes no âmbito da população norte-americana, diferenças facilmente detetáveis segundo clivagens que acompanham de perto a 'raça', ou seja, as características fenotípicas ligadas sobretudo à cor da epiderme. O assunto deu um maior brado ainda, em virtude de estes autores pretenderem de forma declarada apelar a um dispositivo mental a que já no século XIX recorrera amplamente Francis Galton, precisamente a célebre 'curva de sino', então usada para defender a alegada conveniência da promoção de ritmos reprodutores mais acelerados no interior dos grupos pretensamente 'mais dotados', limitando os direitos reprodutivos das habitualmente mais férteis populações pobres e em geral dos grupos considerados menos dotados (assim impedindo que ocorresse a temida 'sobrevivência dos menos aptos': chamou-se a isto 'eugenia'), e mais genericamente procurando evitar o refluxo estatístico do conjunto da sociedade para o predomínio dos simples valores médios, o qual seria propiciado pela prevalência de princípios de distribuição 'normal', também dita em 'curva de sino' (cf. Shipman 1994).

Os argumentos de Galton, porém, não são necessariamente 'racistas', pelo menos em sentido estrito, mas mais exatamente sociais-darwinistas. Trata-se, da sua parte, de assumir a alegada inevitabilidade e mesmo tendencial bondade do processo de apuramento do género humano através da 'seleção dos mais aptos', mas acrescentando que as medidas de proteção aos mais pobres, ampliadas ainda pela elevada propensão reprodutora destes e pela contrastante prudência reprodutora das elites, fazem as sociedades desembocar realmente na seleção não dos 'mais aptos' (*fittest*), mas em geral dos 'menos aptos'. Tais tendências degenerescentes só poderiam ser devidamente controladas suprimindo em geral o apoio aos pobres, promovendo deliberadamente a reprodução homogâmica no interior das elites, enfim neutralizando pela 'eugenia' as tendências reprodutoras excessivas dos mais pobres e supostamente menos capazes, nalguns casos impondo-se mesmo a esterilização forçada de certos grupos: deficientes físicos ou mentais, criminosos (que se assumia tenderem a transmitir hereditariamente a inclinação para o crime), certos grupos (como os chamados *morons*) aos quais supostamente a endogamia excessiva, resultante do isolamento geográfico e/ou de outros fatores, teriam levado a uma condição de 'atraso' mental irreversível, etc.

Este quadro mental, entretanto, foi por um lado usado depreciativamente pelas elites de cada país em relação às respetivas massas (a 'ralé', 'canalha', 'escumalha'...), mas foi depois, durante a chamada 'Idade do Império', transferido para a relação do grupo da nação 'metropolitana', no seu conjunto, com os povos coloniais: aquela passando, desde aproximadamente a viragem de século XIX-XX, a ser predominantemente contrastada em bloco com os 'nativos' das regiões submetidas a domínio imperial-colonial. Os medos de reprodução insuficiente, antes referidos apenas às elites, passaram a estender-se a toda a nação imperial; os relativos a uma possível reprodução excessiva, com degradação ou pelo menos ausência de progresso nos padrões médios gerais (daí a 'curva de sino'), foram transferidos para os 'nativos' das colónias, facilmente identificáveis com base na cor da epiderme. Este surto de 'racismo', agora suscetível de ser tomado em sentido estrito e pretendendo-se apoiado em argumentos rigorosamente 'científicos', proliferou obviamente durante a referida 'Idade do Império', constituindo sem dúvida ele mesmo um importante refluxo relativamente aos aspetos formalmente mais 'progressistas' do movimento geral da opinião pública nas sociedades euro-americanas, o qual produzira algumas décadas antes, em particular, o apoio à causa da abolição da escravatura.

Os EUA, neste contexto, configuram entretanto um caso muito particular, dada a sua condição ambivalente desde o próprio momento fundacional: de território parcialmente 'metropolitano' a norte, onde a escravatura era portanto proibida; e parcialmente colonial a sul, onde proliferavam o latifúndio, a agricultura orientada para a exportação e baseada no *gang system* (minuciosa e sistemática divisão do trabalho, todavia com escassa utilização de máquinas), enfim também a escravatura, constituindo a base de todo o edifício social. É nestes EUA, por assim dizer 'em-parte-Inglaterra-em-parte-Jamaica', que a causa abolicionista tarda já algumas décadas a finalmente prevalecer na década de 1860 (quando por contraste a 'democracia branca', ou a democracia para brancos, é uma conquista muito precoce, já dos anos de 1830), que pouco depois da vitória abolicionista diversos regimes, configurando a reintrodução sub-reptícia duma escravatura ou quase-escravatura fáctica, vêm a prevalecer no Sul, associados ao chamado período *Jim Crow* da história norte-americana, e desembocando num regime de consistente 'supremacia branca' que finalmente dura até aos anos 1960.

Nestes EUA difunde-se também, em princípios do século XX, o grande medo do 'ascenso das raças não-brancas', sobretudo negros e/ou asiáticos, os grupos aos quais ficara em grande medida afeta a realização dos trabalhos braçais e socialmente mais desqualificados. É este, acrescido da importação massiva de ideias social-darwinistas, o quadro cultural correspondente à grande generalização de persuasões racistas, as quais sistematicamente tendem a vestir roupagens oficialmente científicas e vêm a ganhar o apoio consistente da maioria da população branca, como evidencia bem o próprio sucesso editorial fulgurante da obra *The Revolt against Civilization: The Menace of the Under Man*, de Lothrop Stoddard, um verdadeiro best-seller aquando da sua publicação original, em 1922. Socialmente isto é ainda ampliado pelo receio, por parte de grandes grupos de assalariados brancos, de que a comum condição salarial pudesse levar à sua assimilação ou a uma equiparação à minoria negra, o que induziu a génese dum racismo de pendor 'defensivo', associado de perto à preocupação de manutenção de 'status', ou mais exatamente ao medo da mobilidade social descendente e/ou da degradação: quer em matéria de níveis salariais, quer simbolicamente, quer inclusive em direitos políticos. Este grupo de fatores, operando em conjunto, tornou os EUA, em particular os estados do Sul, um terreno muito fértil para a disseminação duma variedade de racismo predominantemente 'defensiva' e também marcadamente plebeia, o racismo da chamada *white trash*, o qual nem por isso veio a revelar-se, ao longo das décadas, menos virulento (cf. Fredrickson 1981).

A ligação desses outros traços com o exercício normalmente democrático da vida política norte-americana assume, por vezes, aspetos à primeira vista paradoxais: o país da 'democracia branca' muito precoce (aliás, o precursor em grande medida daquilo que já foi designado como *Herrenvolk democracy*: cf. Pierre van den Berghe 1967), bem como do funcionamento do sistema judiciário com base em tribunais de jurados, é também, apesar disso ou em parte precisamente por isso mesmo, o país do Ku-Klux-Klan; da banalidade (até já bem adentro do século XX) da prática pública dos linchamentos, reduzidos a mero espetáculo de piquenique familiar domingueiro; da negação consistente de direitos fundamentais à minoria afroamericana pela generalidade dos estados do sul, até à década de 1960; enfim, da preservação até aos nossos dias, embora apenas faticamente, de enormes clivagens de condição socioeconómica que continuam em boa medida a acompanhar as diferenças oficialmente percebidas como 'raciais'.

Mais recentemente tem sido notado que a persistência deste racismo supostamente reativo e 'defensivo' duma parte importante da população branca norte-americana (mas obviamente não só dela) pode, em boa medida, ser considerado também um significativo efeito perverso das medidas ditas de *affirmative action*, as quais foram importadas e aplicadas pelos EUA desde os anos de 1960. Tratando-se oficialmente de medidas com um pendor 'social', isto é, almejando uma redução das desigualdades e um aumento das probabilidades de ascenso social de grupos até então negativamente discriminados, estas medidas contêm, na verdade, o incontornável problema de todavia significarem um tratamento formalmente desigual dos cidadãos em face da lei. Através delas, não é o pobre enquanto pobre que é protegido (apenas circunstancialmente, enquanto permanece pobre e porque permanece pobre), mas o negro ou o índio (entretanto designados como 'afro-americano' e 'americano nativo'), ou noutros contextos também outras categorias dependentes de critérios muito variáveis (a mulher, o cigano, o muçulmano, o católico, o hispano-falante ou 'latino', etc.) que são objeto dum explícito tratamento de favor em face lei, usualmente através do recurso a diversos sistemas de quotas. Estes sistemas de quotas são, repete-se, pensados originariamente como promoção adicional supostamente apenas inicial, ou como *head--start*, para uma evolução subsequente em que se assume outrossim a tendência para o desaparecimento (a partir de certo momento 'espontâneo') das discriminações de certos grupos.

Todavia, estas medidas são, notemo-lo, significativamente diferentes das usuais medidas de caráter 'social', isto é, com um objetivo equalizador da distribuição dos recursos. Enquanto o pobre que beneficia dum 'rendimento mínimo garantido', por exemplo, ou da isenção fiscal nos escalões mais baixos dum IRS progressivo, ou dum subsídio de desemprego, ou do acesso gratuito a hospitais, escolas ou tribunais, usufrui essas vantagens explícita e estritamente enquanto pobre (se entretanto enriquecer perde o 'rendimento garantido' e/ou começa a pagar IRS, por exemplo), já por contraste o pobre negro, índio ou 'latino' que goze benefícios análogos nos EUA, onde os efeitos redistributivos do chamado 'Estado-providência' ou *welfare state* se fazem sentir sobretudo em regime da *affirmative action*, obtém o referido acesso em resultado duma condição adstrita (*ascribed*), não em virtude dum qualquer desempenho (*achievement*) menos competente ou menos afortunado; e também não em nome de quaisquer princípios universais (cf. quanto a esta temática infra, 'Status e cidadania').

As políticas públicas de pendor 'social' são pois, nos EUA, em geral mais fracas do que, por exemplo, na Europa (para níveis comparáveis de PIB per capita); e surgem, para além disso, explicitamente associadas em boa medida à 'discriminação positiva' de certos grupos específicos. Estas medidas perdem assim, muito significativamente, em dimensão de universalidade, podendo dessa forma contribuir indiretamente: quer para a formação dum ressentimento surdo e invejoso, por parte de segmentos empobrecidos dos grupos adstritos como não-beneficiários (brancos pobres do sexo masculino, por exemplo); quer também para o reforço duma perceção de si mesmos que é simultaneamente estigmatizadora e inclinada para a autovitimização, por parte dos próprios grupos recipientes das medidas, os quais são, num certo sentido, assim oficialmente definidos como cidadãos de alguma forma atingidos por um *handicap* ou uma deficiência permanente e constitutiva. Com esta perda de universalidade e esta rotulagem estigmatizadora (e vitimizadora) permite-se entretanto, às elites sociopolíticas norte-americanas, continuar a levar a cabo uma muito subtil prática de *divide et impera* adentro da plebe do mesmo país. Trata-se, em suma, de por princípio tratar de 'virar os pobres contra os pobres', evitando assim que eles se percebam como integrando o mesmo corpo (isto é, como grupo globalmente desfavorecido) e se sintam, mesmo que apenas remotamente, tentados a questionar o poder das elites fácticas: repete-se que tudo isto ocorre em paralelo com a realidade, profunda e multissecular, da extrema debilidade das políticas públicas 'welfaristas' nos EUA, quando confrontadas com a realidade dos 'apoios sociais', habitualmente universais, nos países europeus com níveis de riqueza semelhantes.

5

TOTALITARISMO

A categoria de totalitarismo resulta, em boa medida, da acentuação de várias das tendências enunciadas a respeito do capítulo anterior. Se o 'facto social total' e a 'obra de arte total' foram noções que puderam ser largamente apreciadas e tornadas objeto de encómios e fonte de inspiração, a verdade é também que a brutalidade dos processos de colonização impostos pelas sociedades europeias e norte-americana a vários 'povos inferiores' e a múltiplas 'sociedades sem história' (como as mentalidades de então os percebiam e o correspondente jargão os designava) constitui um condimento adicional, necessário ao lento cozinhar da categoria de totalitarismo.

A mistura é subsequentemente enriquecida pelo conjunto de circunstâncias diretamente associadas ao deflagrar da primeira guerra mundial (e correlativa 'mobilização total' das populações), prolongada naquilo que já foi designado como 'segunda guerra dos trinta anos', isto é, o conjunto do período de 1914-1945. Enfim, a paz de 1945, a 'era das superpotências' e a chamada 'guerra fria' levaram a um deslocamento sistemático do grupo de discussões associadas ao 'totalitarismo', que da denúncia inicial dum racismo, dum imperialismo e dum antissemitismo de génese predominantemente europeia, vêm finalmente a desembocar na estigmatização dum 'asiatismo' (soviético e/ou chinês) tomado de forma tendencial como equivalente, simétrico ou irmão-rival das potências do Eixo.

Nessa operação é contraposto o conjunto destas sociedades à feliz 'exceção ocidental', com o que basicamente se regressa aos dispositivos mentais profundos associados à noção de 'despotismo'. Através desta última, os europeus tinham aprendido a perceber-se, no século de setecentos, como 'naturalmente livres', ao contrário do que supostamente aconteceria com os 'asiáticos'; e autorizados portanto a submeter/educar diversos outros povos, como africanos, ameríndios e demais.

Totalitarismo

Embora a denominação "totalitarismo" esteja, sem qualquer dúvida, dotada duma ampla ressonância retórica, desfrutando simultaneamente dum enorme reconhecimento, quer nos círculos da 'alta cultura' académica quer em matéria de uso generalizado na vida quotidiana através dos 'media', a verdade é que as noções convocadas e/ou veiculadas por este termo são tão imprecisas e concetualmente gelatinosas que é imperativo, neste caso, começar por um exercício de clarificação, visando uma melhor compreensão do significado exato das palavras.

Frequentemente mapeado na vizinhança de expressões tais como 'ditadura', 'tirania' e 'despotismo', o termo 'totalitarismo' emerge entretanto em contextos onde importantes diferenças relativamente a essas outras denominações são, todavia, também facilmente detetáveis. Por exemplo, quer a 'ditadura' quer a 'tirania' evocam iniludivelmente um traço malévolo, bem como alguma forma de propensão para o exercício da violência política por parte das entidades soberanas, sendo por isso facilmente associadas a noções de abuso de poder e desrespeito pelos direitos humanos, bem como à violação dos princípios do 'estado de direito' e da 'separação de poderes'. Porém, não obstante estarem obviamente ligadas a ideias de excessiva concentração de poder apenas num indivíduo (ou mesmo num conjunto de indivíduos) e à sua inclinação possível ou provável para métodos excecionalmente duros, estas variedades de *modus operandi* político correspondem reconhecidamente apenas a circunstâncias excecionais, que na verdade se supõe imporem momentaneamente certos aspetos, aos quais entretanto essas sociedades tenderiam normalmente, por si mesmas, a repelir de forma autónoma e espontânea.

Esta argumentação aplica-se plenamente aos casos quer da 'ditadura' quer da 'tirania': o apelo à etimologia latina e/ou grega pode em certas circunstâncias ser relevante, mas para os nossos propósitos tais *nuances* podem e devem ser desconsideradas. Em determinadas condições, seja em nome da luta contra potências estrangeiras ou visando evitar o perigo de se deslizar para uma guerra civil, a "suprema lei da salvação pública" permite, e na verdade é mesmo suposto implicar, do ponto de vista de quaisquer agentes políticos 'bem-intencionados', pelo menos a possibilidade do apelo momentâneo a métodos extremos e de último recurso, incluindo a suspensão provisória das garantias jurídicas e a concentração de poderes, que normalmente estariam dispersos por várias instâncias jurídicas, num único magistrado ou corpo de magistrados. A condição de 'ditadura', ou 'tirania', é assim assumida como correspondendo a um estado de emergência que é também conscientemente um estado de exceção: está longe de indicar a normalidade ou a regra, mas pode ainda assim ocorrer ocasionalmente, de forma tal que deve ser considerada aceitável, embora apenas limitadamente, em nome dos próprios princípios de normalidade que crucialmente permite quebrar (cf. Schmitt 2014). A este modo de designação, respeitando à ideia de circunstâncias excecionais e extremas e aos correspondentes métodos (uma "ditadura comissária", na terminologia de Schmitt, visando a preservação duma determinada ordem política), foi entretanto mais recentemente adicionada outra componente semântica: a de que aquelas constituem, na verdade, formas muito frequentes de passagem para regimes sociopolíticos mais democráticos. De facto, em diversos casos de genérica transição política de formas de organização mais hierárquicas (monárquicas ou aristocráticas) para outras, mais democráticas e igualitárias, a trajetória de mudança ficou reconhecidamente associada à atribuição pontual de poderes excecionais (de "ditadura soberana" à la Schmitt, a qual é produtora duma ordem política nova) a determinados indivíduos que, recorrendo a vários meios tirânicos-ditatoriais, providenciaram de facto as bases necessárias para a edificação de sociedades democráticas: em suma, diversos ditadores/tiranos foram também, algo embaraçosa mas inegavelmente, em muitos casos 'pais fundadores' de regimes democráticos.

"Despotismo" configura, todavia, um caso substancialmente diverso, dada a suposição de que o termo denota realmente não apenas uma exceção momentânea, mas uma situação de normalidade: decerto uma normalidade não tipicamente 'europeia' ou 'ocidental', mas de qualquer forma uma normalidade. Os aspetos mais importantes, neste outro caso, são a ausência de quaisquer 'leis' fundadoras e imprescritíveis, no sentido duma plasticidade aparentemente irrestrita da política, permitindo assim ao soberano proceder de maneira ilimitada a alterações, meramente de acordo com sua vontade mutável; a ausência duma nobreza hereditária (dado que os grupos privilegiados correspondem aqui estritamente aos favoritos momentâneos do déspota, não possuindo verdadeiros direitos face àquele); a inexistência de propriedade privada plena (visto que toda a 'propriedade útil' dos súbditos pode ser considerada apenas uma mera posse, cedendo o passo à 'propriedade eminente' do soberano); e mais amplamente o caráter de certo modo desestruturado e 'inorgânico' do tecido social, permitindo precisamente este peso desproporcionado da vontade consciente, na verdade do mero capricho, por comparação com a presumível imutabilidade da 'natureza-das-coisas', a qual indicaria a existência de 'leis' mais amplas e imutáveis, por oposição à mera deliberação humana consciente (cf. Blaut 1993). A própria religião acaba por constituir um claro indicador deste último aspeto, sendo a sua condição assumida como realmente independente em termos 'axiológicos' do poder político nos países europeus, ao passo que nos casos exteriores à pretensamente afortunada 'exceção europeia' o soberano seria usualmente também o *Pontifex*

Maximus, a vida religiosa podendo, em tais circunstâncias, ser considerada de forma apropriada como mera sociolatria, isto é, um simples e mal disfarçado culto da própria sociedade.

Um importante aspeto adicional adquire particular relevo, de acordo com a apresentação clássica da categoria de 'despotismo', efetuada em meados do século XVIII por Montesquieu (1995): a presença da escravatura, sem dúvida um fenómeno reconhecido como pernicioso, excecional, extremamente perturbador e verdadeiramente 'contranatura' para o autor francês, mas ainda assim indubitavelmente apresentado por esta altura como uma necessidade absoluta, no contexto das possessões coloniais das potências europeias noutros continentes, particularmente nas Américas. Por conseguinte, e de forma compreensível, Montesquieu tende a apresentar o fenómeno em causa como suscetível duma normalização parcial, uma vez prudentemente apartado do 'nosso' espaço geográfico sagrado e confinado a sociedades e/ou culturas radicalmente diferentes das 'nossas', aqui o 'nós' genericamente assumido como correspondendo à Europa, em parte também à cristandade. Desde que cuidadosamente referida a não-europeus e não-cristãos, tudo levado em consideração talvez a escravatura seja realmente aceitável, especialmente nos casos em que, precisamente através do engenhoso dispositivo mental do 'despotismo', tal situação se torna apresentável enquanto resultado não realmente daquilo que 'nós' fazemos, mas na verdade da suposta maneira de ser 'deles'. Tratar-se-ia, portanto, dum grupo de factos sem dúvida pensados como intrinsecamente maus e nocivos, mas também de algo que no fundamental era considerado como inevitável, desde que devidamente referido a indivíduos essencialmente incapazes e perversos: preguiçosos, ladrões, agressivos, mentirosos, hipócritas, etc. A tremenda realidade factual de seres humanos capturados e escravizados em África por europeus, e traficados depois em massa para as Américas por obra também das potências europeias, era deste modo objeto duma enorme transfiguração, de pendor marcadamente ideológico e produtora em larguíssima escala duma 'boa consciência' coletiva, permitindo assim representá-la enquanto realidade fundamentalmente... 'asiática': o "regime despótico das nossas colónias", como então se escrevia (cf. Vidal-Naquet 1993: 154), ao qual os europeus recorreriam, como é óbvio, apenas muito excecionalmente; e de resto, por demérito ou por culpa fundamentalmente das suas vítimas.

Analogamente ao sucedido com a escravização de africanos, também depois a apropriação (não raro violenta) de recursos de populações reduzidas à dominação colonial se torna moralmente muito mais fácil e tratável, argumentando com base na categoria de 'despotismo oriental' e na suposta ausência, nas sociedades 'despóticas' da Ásia, de verdadeira propriedade privada: se as posses dos camponeses indianos (sobretudo as terras) correspondem na verdade a propriedade eminente do 'rajá', e se o Império Britânico substitui este último ou o mantém apenas como 'régulo' ou seu intermediário no local, pode portanto o referido império apropriar-se das riquezas da Índia, ou reclamar uma 'propriedade eminente' do conjunto das mesmas, sem por isso ter de indemnizar ou compensar quem quer que seja: na verdade, o Império de Sua Majestade ter-se-ia limitado a 'na Índia, ser indiano', aplicando a uma sociedade alegadamente de tradição 'despótica' métodos que, como está bom de ver, não poderiam senão ser eles próprio também assumidamente despóticos (quanto a isto, Blaut 1993, 2000).

Muitas das sugestões contidas já na categoria de 'despotismo' despontam sem dúvida também na mais recente noção de 'totalitarismo', mas entretanto submetidas a processos transfiguradores adicionais, tornando-as ainda mais ofuscadas e intelectualmente 'deslocadas' e obscuras, bem como mais propensas a utilizações meramente manipuladoras e oportunistas. Uma componente adicional corresponde à ideia de que as sociedades ocidentais, através das suas disposições para uma democratização aparentemente inevitável, foram de facto tendendo basicamente também para a condição de 'sociedades-de-massas', onde as diferenças sociais se tornariam irrelevantes, passando os indivíduos a ser fundamentalmente intercambiáveis e assim também *ipso facto* dispensáveis, sendo simultaneamente reduzidos a uma condição atomizada que todavia, quanto a alguns aspetos, propiciaria pelo menos uma aparência ou um sucedâneo da verdadeira liberdade. Essa 'sociedade--de-massas' de indivíduos intercambiáveis, essencialmente iguais e mutuamente substituíveis, mas simultaneamente atomizados, corresponde de perto ao tipo-ideal daquilo que o discurso liberal--conservador no pensamento político europeu, já desde a revolução francesa e celebremente representado pelos trabalhos de Alexis de Tocqueville (1989, 1999), proclamava em meados do século XIX ser o desfecho esperável, no caso de as tendências democráticas, como de resto se afigurava inevitável, realmente prevalecerem. Tal linha de cogitação é, bem mais perto de nós, exemplarmente ilustrada no século XX também pelo famoso escrito de Jacob Talmon (1960) acerca das origens da 'democracia totalitária'.

Por outras palavras, o triunfo da democracia deveria constituir também certamente o triunfo dum sistemático 'despotismo de massas': seja assumindo os mais violentos e politicamente instáveis traços correspondentes à experiência francesa, neste caso intimamente associado ao frequente e entusiasta culto de ditadores-tiranos, bem como ao deslizar simultâneo para reivindicações de redistribuição económica, o 'socialismo' aqui apresentado enquanto corolário inevitável da democracia; ou por oposição adquirindo os traços comparativamente benignos da experiência sociopolítica norte-americana, a redistribuição económica sendo neste caso evitada principalmente através da expansão geográfica continuada, a separação de poderes adentro da organização política e o respeito pelos direitos básicos garantidos no que respeita ao grupo dos cidadãos (as 'desagradáveis' realidades da escravatura negra no Sul e do extermínio em massa dos peles-vermelhas sendo remetidas para a periferia do retrato, ou mesmo completamente apagadas) e a estabilidade política fundamental consistentemente afiançada pela submissão de todos os cidadãos ao despotismo 'suave' da opinião pública. Este despotismo 'suave' possuía, no imaginário retrato tocquevilliano, dois traços simultâneos, opostos mas complementares: cada cidadão poderia proceder à sua livre 'busca da felicidade', que se considerava estar intimamente ligada à crescente prosperidade económica e à prevalência da 'liberdade dos modernos' ou 'liberdade negativa', impondo-se face a possíveis contrapartidas de regresso à liberdade 'antiga' ou 'positiva'; simultaneamente, porém, cada um e todos ficavam de facto completamente submetidos aos ditames absolutos da moda e da opinião pública, através de diversos sistemas elaborados de sinalização social das hierarquias, verificando-se um peso esmagador da influência de modelos operando como exemplos a imitar, ao mesmo tempo que uma adesão íntima e inconsciente ao 'pensamento grupal' permitiria uma engenharia-das-almas massiva e exercendo-se em profundidade, embelezada todavia pelo respeito que formalmente ficava reconhecido a vastas esferas 'privadas' da existência.

As realidades imponentes da expansão imperial-colonial ultramarina, levada a cabo pelas potências europeias, vieram depois a enriquecer ulteriormente esta já de si ampla e sofisticada estrutura interpretativa, tornando-a ainda mais complexa, mas por vezes também menos clara. Com efeito, o colonialismo tinha representado historicamente, e do ponto de vista das elites, uma importante forma de substituição ou evitamento da maior parte das consequências político-culturais dos processos emancipadores relativos às populações europeias. As cláusulas de exclusão eleitoral formal, deve dizer-se, continuaram a ser estritamente aplicadas nos países europeus durante o auge do liberalismo de oitocentos, mas foram progressivamente postas de lado durante a posterior viragem de século, sendo substituídas por uma nova realidade político-cultural onde a ideia nuclear de 'aristocracia' tendia cada vez mais a designar não apenas um confinado grupo minoritário de entre a população metropolitana, mas a totalidade da 'nação' de cada uma das potências soberanas europeias: o caso clássico corresponde às célebres noções de os ingleses supostamente constituírem uma aristocracia no âmbito da espécie humana, os 'direitos do homem' abstratos-dedutivos sendo aqui postos de lado e substituídos, no respeitante à 'ilha afortunada', pelos direitos histórico-indutivos dos ingleses, decerto devendo ser colocados em prática adentro do país materno, as passo que as duras realidades de sociedades inteiras sendo nas colónias reduzidas ao extermínio e/ou ao massivo trabalho forçado deveriam ser desconsideradas, naturalizadas enquanto 'factos de vida' inevitáveis, fundamentalmente através da adição duma camada, mais recente, de ideias 'científicas' malthusianas e social-darwinistas, à *forma mentis* mais primordial, onde em todo o caso já tendiam na maior parte dos casos a prevalecer diversas noções relativas à condição 'excecional', étnica e religiosamente, de cada nação enquanto 'povo escolhido': a Inglaterra enquanto moderna 'Jerusalém', em suma.

As realidades factuais das sociedades submetidas à dominação colonial-imperial europeia foram reconhecidamente um importante *locus*, em torno do qual a noção de 'totalitarismo' posteriormente se consolidou. Inegavelmente, ocorreram naquelas processos 'artificiais' em grande escala que, para além de estarem associados diretamente e de forma imediata a níveis muitíssimo elevados de violência, na verdade implicaram a redução profunda das estruturas pré-existentes a uma nova factualidade social, com importantes traços a destacar: uma realidade agora fundamentalmente desestruturada, 'inorgânica' e de aparência infinitamente plástica, que tipicamente ficou associada ao caso clássico das chamadas 'colónias de plantação'. Um outro foco de importação e aglutinação das noções inspiradoras do 'totalitarismo' foi a eclosão, na própria Europa, da primeira Guerra Mundial, níveis extremamente elevados de violência sendo então usados pelos europeus lutando entre si, uma mecanização e uma padronização intensivas sendo também nessa ocasião aplicadas, o que aumentou exponencialmente a escala de carnificina; e especialmente as noções concomitantes de 'mobilização em massa' e de envolvimento 'total' da nação no esforço de guerra sendo recorrentemente apresentadas, e processadas como uma banalidade melancólica, por um esforço de propaganda que, em todos os países envolvidos na contenda, tendia ele próprio a transformar-se em mais um empreendimento 'total', devendo os resultados práticos ser apresentados sem olhar a meios e a verdade factual sendo obviamente a menor das preocupações, por parte dos organismos oficiais tendo a seu cargo a 'informação de massas' ou, de facto, a propaganda.

Os níveis de violência física e psicológica que foram alcançados no contexto da primeira Guerra Mundial, e também de correlativa desconsideração pela realidade factual nos assuntos propagandísticos, constituem sem dúvida um ponto crucial no que respeita ao núcleo de todas as narrativas 'totalitárias'. Na verdade, deve acrescentar-se, a experiência da guerra civil norte-americana já estava então bastante presente nas mentes, as formas brutais da violência que aquela evidenciou constituindo uma clara advertência do quão facilmente um refluxo massivo na pura barbárie podia ocorrer, mesmo em sociedades aparentemente civilizadas. Mais exatamente, tornou-se então bem evidente como é viável ocorrer a produção duma variedade extremamente culta e sofisticada de nova barbárie numa sociedade bastante civilizada, e ainda por cima no âmbito duma única comunidade política, os novos meios técnicos evidenciando uma surpreendente e assustadora capacidade para levar a cabo feitos duma enorme ferocidade, sendo as ações malfazejas não apenas facilmente praticáveis, mas de facto extremamente banais e suscetíveis de serem transformadas em algo perfeitamente 'vendável' à opinião pública por uma máquina de propaganda cuidadosamente construída e devidamente afinada e lubrificada. Por outro lado, todo este esforço de guerra, nas suas múltiplas dimensões, tinha nas décadas subsequentes sido já conduzido em pleno, mas num contexto colonial, por europeus contra não-europeus: 'não-caucasianos' ou 'não-arianos', como a gíria de então os denotava (cf. Davis 2002). Só pouco depois, no período de 1914-18, foi entretanto massivamente virado por europeus contra outros europeus, iniciando-se aquilo que pode ser concetualizado como uma enorme guerra civil à escala continental, já apropriadamente designada como 'segunda guerra dos trinta anos': 1914-1945 (cf. Mayer 1981; Canfora 2007).

Para entender completamente o que estava em jogo são, porém, necessárias ainda outras componentes. Uma delas correspondeu, sem dúvida, à sugestão de usar 'veneno-contra-veneno', ou seja, utilizar certas paixões como forma deliberada de compensar ou aniquilar outras paixões. Já desde que enfrentara as enormes capacidades de mobilização inegavelmente associadas à revolução francesa, e o seu subsequente evoluir para as guerras napoleónicas, o meme estava claramente presente na conduta de todas as elites europeias, pelo menos desde a célebre batalha de Valmy, de lisonjear as respetivas massas a fim de produzir um consenso interno capaz de sustentar as capacidades de protagonismo de cada potência quer na Europa, quer no âmbito da política mundial. Nacionalismo e patriotismo, em suma, estavam a ser crescentemente usados como potenciais substitutos ou sucedâneos de possíveis tendências para convulsões sociais internas. Um lento processo de democratização parecia, por conseguinte, passível de ser monitorizado, na medida em que fosse cuidadosamente acompanhado da correspondente emergência do chamado 'social-patriotismo': facto que permaneceu uma verdade política decisiva para a expansão imperial-colonial, mas sendo de utilização também necessária, e provavelmente de forma mais importante ainda, para os conflitos intraeuropeus.

Deste modo, as principais ideias de 'mobilização total' e de 'esforço total', independentemente dos aspetos conducentes a um culminar na 'guerra total', podem ser assumidas como tendo gozado realmente dum nível muito elevado de aceitação social e de respeitabilidade cultural, tanto mais se devidamente consideradas na proximidade doutras noções típicas da viragem do século XIX-XX, como sejam por exemplo as de 'obra de arte total' ou de 'facto social total', para referir apenas as duas espécies provavelmente mais importantes adentro deste género. Em ambos os casos, a análise da questão remete-nos para um processo envolvendo diversas dimensões da existência social (económica, política, artística, religiosa...) e simultaneamente implicando o empenho ativo de grandes massas, em termos ideais até mesmo uma participação coral de todos os seus membros. Assim sendo, esta importância dos fenómenos 'totais' assume conjuntamente um sentido relativo à extensão (*omnes*) e um sentido referente à compreensão (*totus*):

estes são factos supostamente destinados a dizerem respeito a todos os membros da sociedade; e referem-se outrossim à totalidade dos aspetos da vida de cada um. Usadas com este significado, as ideias sobre processos 'totais' estavam nesta altura muito longe de possuir uma qualquer tonalidade pejorativa: com efeito, reconhecidamente associadas a processos de democratização, também denotam atividade, mobilização e participação enquanto traços típicos da cidadania, ao invés duma mera atitude passiva/submissa ou indiferente, bem mais comum nas sociedades tradicionais. Os regimes modernos e democráticos, por outras palavras, são num certo sentido tipicamente regimes 'totais': um facto com o qual as elites tiveram de lidar desde relativamente cedo; e ao qual foram capazes de transformar numa componente não necessariamente negativa do estado-das-coisas na esfera política.

Esta disposição global em termos de política 'total' e 'totalitária' culmina no grupo de estados que, no período entre as duas guerras mundiais, surgiram na Europa, nomeadamente a Itália fascista e a Alemanha nazi, os quais devem ser desde logo ser diferenciados neste contexto, dado serem formalmente e conscientemente estados 'totalitários' e orgulhosos disso mesmo: ambos oficialmente apostados em corrigir as injustiças do Tratado de Versalhes, considerado como tendo produzido alterações do panorama político europeu de forma desfavorável a essas potências, e devendo assim presumivelmente ser revisto de forma substancial; ambos também empenhando-se oficialmente em suprimir ou substituir os conflitos sociais, nomeadamente os conflitos de classe; mas igualmente em corrigir um número importante de 'falhas-de-mercado' diagnosticadas, as quais deveriam ser remediadas e superadas através dum esforço 'total' assente na nação e monitorizado pelo estado, capaz de curar em profundidade os problemas dos países e de produzir uma regeneração global, sobretudo uma regeneração cultural e, mais amplamente, um novo começo do conjunto da vida em sociedade.

A roupagem política associada a esta terapia era geralmente suposto incluir: a adoção duma política de partido único, muitas vezes apresentado como sendo realmente um 'não-partido', tratando-se portanto oficialmente dum regime político de 'união nacional'; o culto dum 'líder carismático', um indivíduo excecionalmente dotado, cujas qualidades eram consideradas essenciais enquanto meio de devoção nacional, portanto de mobilização e também de cura em profundidade dos males nacionais; uma mistura singular de componentes ideológicas modernistas e tradicionalistas, que já foi apresentada como 'modernismo reacionário' e na verdade inclui o intuito crucial duma 'reespiritualização' global dos dispositivos técnicos, nomeadamente um sector industrial amplamente mecanizado, mas também umas forças armadas equipadas com tecnologia sofisticada; particular ênfase em noções de comunidade nacional, ou *rassemblement*, geralmente sublinhando aspetos emocionais e de devoção aos exemplos históricos, tendendo portanto a assumir a nação enquanto 'comunidade popular' (*Volksgemeinschaft*), cujo 'destino coletivo' era suposto estar fundamentalmente em jogo em conflitos ditos 'existenciais', de vida ou morte (cf. Herf 1998; Losurdo 1998); reforço acentuado das pretensões em assuntos coloniais e, mais amplamente, dos intuitos de protagonismo em política internacional. Uma realidade mais prosaica de violência sistemática contra os adversários, supressão dos direitos cívicos e políticos básicos, polícias políticas secretas muito poderosas e influentes, prisão em grande escala para os antagonistas, censura e propaganda cuidadosamente orquestradas, incluindo quer os meios de comunicação de massa quer importantes reformulações na educação de jovens, completam o fundamental deste retrato genérico.

    Uma importante nota adicional relativa às categorias deve ainda ser feita, referindo-se à distinção recorrentemente estabelecida entre regimes propriamente 'totalitários' e outros, meramente 'autoritários' (Linz 2000), esta outra variedade de regime tendo proliferado na Europa Ocidental e nas Américas durante praticamente todo o século de novecentos. Aceitando a diferenciação normalmente apresentada, os casos alegadamente 'autoritários' tenderiam a limitar as suas atuações restritivas a medidas referentes ao chamado 'foro externo', enquanto o verdadeiro totalitarismo implicaria sempre coerção no 'foro interno'; por outras palavras, os regimes totalitários, sendo mais mobilizadores, geralmente apelariam à adesão formal por toda a população, ao passo que os regimes autoritários tenderiam a contentar-se com o silenciamento da oposição ativa, sendo na maior parte dos casos tolerados importantes grupos sociais, conhecidos embora por serem não-aderentes, desde que estes se mantivessem basicamente silenciosos. Formulando alternativamente a distinção, e recorrendo à tipologia das liberdades famosamente apresentada por Isaiah Berlin (1969), enquanto a 'liberdade positiva', ou seja, a plena capacidade política, é inquestionavelmente lesada por ambas os regimes, a variedade autoritária, ainda assim, tende a preservar uma gama considerável de 'liberdade negativa' para os súbditos. Mantidos afastados da participação política em caso de discordância, é-lhes todavia permitida uma existência privada próxima da normalidade política liberal, sob a ressalva importante da necessidade de permanecerem calados. Ainda numa outra formulação deste conjunto de ideias, o nível de 'engenharia-das-almas' posto em prática seria presumivelmente inferior no caso do autoritarismo, muito maior nos casos propriamente totalitários, com o consentimento tácito sendo em princípio assumido nos regimes autoritários, mas havendo por contraste a exigência duma adesão formal explícita nos totalitários.

O problema reside aqui, no entanto, na óbvia presença de importantes dificuldades ao nível da distinção prática dado, por exemplo, o facto de as liberdades negativas e positivas coexistirem frequentemente num todo autorreforçado e contínuo, pelo que lesões a um nível implicam realmente lesões em todo o sistema de direitos, os dispositivos de censura tendendo predominantemente a tornar-se *ipso facto* também instrumentos de propaganda ativa e assim sucessivamente. Para além do mais, a sugestão dum carácter comparativamente benigno dos regimes 'autoritários' tende a ser amplamente desmentida pela realidade de diversos casos de regimes que presumivelmente seriam apenas 'autoritários', como aconteceu com a Espanha franquista e várias ditaduras latino-americanas, os quais foram realmente, em circunstâncias comparáveis, mais agressivos e malevolentes para com os adversários do que, por exemplo, o fascismo italiano, pelo menos quanto ao período até 1943. Analogamente, a própria noção de que o caso 'autoritário' pode ser aproximado do tipo-ideal da mera 'ditadura' também se afigura falhada, dado o importante aspeto de que a dialética interminável da regra e da exceção parece, de facto, implicar que os casos presumivelmente apenas 'excecionais' ou 'provisórios' de variedades autoritárias/ditatoriais revelam uma tendência, aliás sistemática e notável, para durarem na verdade muito mais tempo do que as versões oficialmente 'totalitárias' e presumivelmente 'definitivas'.

De qualquer forma, mesmo admitindo a viabilidade duma distinção clara entre estas duas variantes, emerge ainda o aspeto relevante de que os processos de modernização, e na verdade mesmo a democratização, dada a faceta de mobilização inerente a esta, correspondem muito melhor ao caso de declarado 'totalitarismo'. Pelo contrário, o tipo do 'autoritarismo', através duma complacência meramente instintiva e cega face a realidades factuais pré-existentes, habitualmente transfiguradas em 'tradição', tende de alguma forma a obter uma atenuação, pelo menos aparente, das suas características agressivas, mas isso está muito longe de poder ser usado como critério seguro de distinção: o fascismo italiano, em determinado momento, proclamou-se a si próprio, de forma oficial e orgulhosamente, como regime 'totalitário'; mas ao mesmo tempo foi bastante acomodatício, por exemplo, com a realidade pré-existente da influência da Igreja Católica, o que aliás também já permitiu que fosse, precisamente por isso, tomado pelo contrário como forma política simplesmente 'autoritária'. Essa atitude tem, todavia, o importante vício de empolar demasiado, sobrevalorizando-os analiticamente, factos que terão obedecido sobretudo a razões estritamente circunstanciais: o fascismo italiano e o nazismo procederam de forma diversa face às igrejas católicas de cada um dos países, decerto que sim; mas isso releva sobretudo das diferenças das realidades prévias de cada país, mais do que de quaisquer diferenças atinentes ao caráter 'intrínseco' de cada um destes regimes. A distinção entre totalitarismo e autoritarismo permanece, portanto, algo fosca, afigurando-se aceitável, quando muito, o postular da assunção analítica de dois tipos-ideais, entre ambos situando-se um espectro mais ou menos amplo de casos, ao longo do qual pequenas *nuances* são identificáveis, mas apenas nalgumas circunstâncias e com um valor, em termos práticos, sempre muito discutível.

O decisivo passo adicional, de juntar a União Soviética ao grupo genérico dos regimes chamados 'totalitários', torna as coisas ainda muito mais complicadas e turvas, levantando na verdade dúvidas consideráveis sobre uma qualquer pertinência analítica relativa à própria categoria. Embora seja verdade que na história soviética o elemento importante do domínio do partido único se manteve uma característica duradoura, facto esse notoriamente em comum com os regimes, oficialmente autodenominados 'totalitários', da Alemanha nazi e da Itália fascista; e apesar da verdade de que todos estes foram sem dúvida, pelo menos durante certos períodos, regimes vivamente apostados na mobilização; e de que até certo ponto esteve realmente presente um culto do líder 'carismático' na história soviética (especialmente a respeito de Stalin, cujo 'culto da personalidade' foi todavia posteriormente denunciado e desmentido pelo regime), o facto é, também, que outras características igualmente cruciais do nazismo e do fascismo, tais como o racismo exaltado e o culto do imperialismo, foram formalmente e muito enfaticamente combatidas pela União Soviética, aliás em nome da sua própria matriz ideológica. Com efeito, o aspeto mais perturbador relativamente a essas características pode muito bem ser em particular a proximidade da visão nazi com aquilo que constituía, até então, o núcleo consensual da 'sabedoria oficial' no mundo anglo-americano: o 'problema judeu', por exemplo, foi em grande parte processado pelos nazis com base no tratamento do 'problema negro' ocorrido anteriormente nos EUA, operando este país como um importante *role model* de sociedade 'ariana', a seguir e a tentar imitar muito conscientemente pelos nazis. Para além disso, a expansão alemã para a Europa Oriental foi também explicitamente considerada como a conquista dumas 'Índias alemãs', a qual teria sido abusivamente negada à Alemanha por um Reino Unido que sistematicamente exibira uma bastante lamentável ausência de *fair-play* ao lidar com os seus 'primos germânicos', mas sendo ainda assim indiscutivelmente considerado um parente próximo, 'racial' e culturalmente falando, do regime nazi. Darwinismo social enfático, anti-judaísmo religioso deslizando para um repúdio genético-biológico do 'semitismo', racismo reforçado, culto da eugenia, imperialismo entusiástico e, mais amplamente ainda, uma subscrição genérica de visões-do--mundo exaltando o *homo hierarchicus* e em viva oposição ao tipo mesmo do *homo aequalis*: eis provavelmente os traços básicos, em torno dos quais podemos muito facilmente identificar gritantes semelhanças entre os orgulhosamente autoproclamados 'estados totalitários' oficiais que foram o nazismo alemão e (em menor grau) o fascismo italiano, por um lado, e as 'democracias ocidentais', por outro; os W.A.S.P. (*White, Anglo-Saxonic and Protestant*) EUA e o Reino Unido indiscutivelmente num primeiro lugar *ex aequo*, com a França *anti-Dreyfusarde* muito provavelmente obtendo, quanto a isto, uma duvidosamente honrosa terceira posição.

 Obviamente, reconheçamo-lo também, é sempre possível 'arrumar' um certo número semelhanças aparentes entre formas políticas todavia essencialmente muito diversas, mas isso tende a conduzir-nos a taxonomias que constituem mais uma forma de obscurecimento do que um utensílio de esclarecimento; métodos, portanto, mais de dificultar do que de propiciar a análise. Para recorrer agora a uma analogia biológica, é um facto inegável que tanto os tubarões como os golfinhos são animais aquáticos fusiformes, mas reconhecidamente uns e outros são o resultado duma convergência evolutiva, que todavia não nos revela nada de substancial sobre as respetivas filogenias. Que méritos gnosiológicos reconheceríamos numa taxonomia que, procedendo estritamente com base no imediato empírico, aproximasse por exemplo tubarões e crocodilos, designado os primeiros como 'leviatãs marinhos', enquanto os segundos seriam nomeados como 'leviatãs fluviais'? Qual a pertinência analítica possível dessa categoria de 'Leviatã', género biológico imaginário do qual as duas variedades indicadas constituiriam as espécies? Como é óbvio, no domínio da biologia descartámos há muito tais formas de proceder, afigurando-se aliás legítimo atribuir a um fundo de medo supersticioso (ou, pior ainda, ao intuito de aproveitar este último) a própria iniciativa de proposta de tal género 'Leviatã'. Curiosamente, como sabemos é muitíssimo mais legítimo, isso sim (e por oposição a estas aproximações empíricas forçadas), avizinhar filogeneticamente crocodilos de seres humanos, distinguindo a ambos, em bloco, dos peixes de esqueleto cartilaginoso que são os tubarões.

Todavia, se passarmos da biologia para a politologia, que concluímos no contexto das discussões associadas à categoria de 'totalitarismo'? É certo que tanto a União Soviética como as orgulhosamente 'totalitárias' potências do Eixo exibem inquestionavelmente um certo número de características comuns, sendo os elevados níveis de violência envolvidos em todos estes casos muito provavelmente a característica mais fácil de destacar. Todavia, elevados níveis de violência foram sem dúvida postos em prática por regimes políticos com enormes diferenças recíprocas, tudo dependendo das circunstâncias; e é sempre muito delicado produzir declarações capazes de separar de forma conclusiva aquilo que é acidental e exógeno do que presumivelmente pode ser considerado intrínseco e endógeno às realidades acima mencionadas; exceto, claro, nos casos em que os traços em questão foram proclamados explicitamente como resultados das doutrinas oficiais dos regimes em causa: tal como aconteceu, por exemplo, com a persistente discriminação e perseguição dos negros nos Estados Unidos do Sul, ou dos judeus sofrendo discriminações e perseguições análogas por parte do Terceiro Reich. A União Soviética, é verdade, também promoveu medidas constituindo grupos étnicos inteiros enquanto suspeitos de 'colaboração' com as forças inimigas e, portanto, potenciais traidores: uma forma de culpa coletiva, ou pelo menos de suspeita, que obviamente constitui uma flagrante discrepância de todas e quaisquer normas comuns relativas ao respeito pelos direitos humanos. No entanto, o facto é que os EUA de Franklin Delano Roosevelt, também eles, promoveram medidas comparáveis em relação à sua própria população norte-americana de origem nipónica; e isso num ambiente incomensuravelmente mais suave, com um muito menor grau de *'clear and present danger'* do que aquele que foi indubitavelmente defrontado pela URSS de Stalin. Essas medidas de Roosevelt, e esse facto é decerto crucialmente importante na apreciação do assunto, foram suscetíveis de ser colocadas em questão, discutidas e criticadas sob os critérios jurídicos, morais e políticos dos próprios EUA. Entretanto, também crucialmente importante, as medidas de Stalin foram elas próprias consideradas suscetíveis de serem discutidas e criticadas de acordo com os critérios legais, morais e políticos do país da 'discriminação positiva' por excelência que foi a URSS. Mais ainda: os EUA nunca produziram, relativamente à sua conduta oficial no passado e nesses domínios, qualquer coisa mesmo remotamente comparável ao chamado 'relatório Khrushchev', bem pelo contrário: a tendência que aí predomina é para a consistente auto-celebração exaltada, de tonalidade irrestritamente narcisista.

Uma consideração mais próxima sobre o trabalho *The Origins of Totalitarianism*, de Hannah Arendt (1958), provavelmente a epítome de toda a literatura de investigação sobre o 'totalitarismo', permite talvez identificar os problemas fundamentais desta construção teórica. Com efeito, as realidades consideradas nas primeiras secções como a base social da génese do novo Leviatã totalitário, enquanto monstro político que teria emergido do *maelstrom* da primeira Guerra Mundial, são acima de tudo o império britânico, com os seus correlatos de patriotismo exclusivista e racista, darwinismo social desenfreado e escravização factual em massa das populações coloniais submetidas; e em menor grau também a França dos ambientes *anti-Dreyfusards*, com a tradicional judeofobia religiosa sendo aprofundada e adensando paulatinamente em anti-judaísmo de pendor biológico. O discurso de Arendt, no entanto, sofre uma mudança drástica nas secções finais exaltadamente *cold-warrior*, em termos gerais o último livro, onde o colonialismo e o racismo deixam de ser os alvos, de molde a permitir-se a entrada em cena da construção final da obra: aquela que corresponde à amálgama de nazismo e comunismo estalinista, os dois regimes alegadamente simétricos e gêmeos rivais, que passam a constituir o alvo proclamado, contra o qual a peroração é conscientemente e manifestamente elaborada.

Méritos literários à parte, vale a pena considerar com mais detalhe e prudência mesmo as genealogias expostas em primeiro lugar: será justo limitar aos casos coloniais britânico e francês a ancestralidade do totalitarismo, deixando completamente isentos os Estados Unidos WASP, furiosamente eugenistas e racistas? Mas é entretanto inegável que a taxonomia final, relativa ao bestiário mítico nazi-comunista, deve ser resolutamente posta de lado em matéria de investigação científica pretendendo-se rigorosa, embora seja sem dúvida relevante, aliás mesmo uma peça fundamental, em qualquer possível 'Museu Universal das Quimeras Políticas'. Todavia, em todos os assuntos pretendendo ir mais além das usuais inclinações tautológicos para explicar os efeitos do ópio através da sua célebre *virtus dormitiva*, provavelmente a mais importante consequência das estórias 'totalitárias' é, de resto em analogia muito direta e muito óbvia com aquilo que já antes ocorrera com a categoria de 'despotismo' (cf. Wittfogel 1959), o propiciar do processo continuado, e até aos nossos dias aparentemente interminável, através do qual as sociedades ocidentais tipicamente culpabilizam pela sua própria violência as vítimas não-ocidentais da mesma: uma vez integrados no ambiente *cold-warrior*, de inspiração cultural remetendo mais ou menos diretamente à tradição das Cruzadas, os esquemas analíticos acerca do 'totalitarismo' tendem de facto a tornar-se mormente formas de autojustificação e auto-celebração por parte da 'Civilização Ocidental', embora se trate realmente, e para usar a designação de Domenico Losurdo (2004b), de formas sobretudo 'contraditoriamente performativas'.

Como ilustração desta última ideia, consideremos a recente obliteração pelas potências ocidentais dum país inteiro, o Iraque, juntamente com a aniquilação de mais de 1 milhão de vidas humanas, sob o pretexto grotescamente impostor das obviamente inexistentes 'armas de destruição em massa'; e como em todo esse processo (e em vários outros, fundamentalmente análogos: ver mais recentemente também o sucedido com a Líbia) depressa se tornam muitíssimo atenuados todos os assuntos relativos a uma qualquer possível 'culpa ocidental'; e como toda a situação fica, de resto, bem suscetível de ser tratada de forma fundamentalmente banal e indiferente, nos casos em que os correspondentes regimes anteriores à invasão ocidental são singelamente definidos enquanto regimes 'totalitários': por conseguinte, sendo o valor de cada vida individual de qualquer forma considerado nulo em tais situações, seja como resultado de tendências malthusianas para excessos de população, de traços espontaneamente violentos resultantes duma cultura 'asiática' dotada de inextirpável pendor profundo para o despotismo e a impessoalidade, ou em virtude de um qualquer outro motivo mais ou menos aparentado, em todo o caso fazendo perceber a referida sociedade de acordo com o modelo e o quadro mental do 'totalitarismo'.

6
—
DESENVOLVIMENTO POLÍTICO*
—

Saber em que consiste o 'desenvolvimento político' é questão muito delicada, dado que defrontamos aqui, acima de tudo, uma enorme diversidade de trajetórias históricas que torna muitíssimo arriscados quaisquer exercícios visando identificar um 'mais' e/ou um 'menos' na comparação das organizações políticas de diferentes sociedades. De entre as ideias usualmente avançadas encontram-se as de uma diferenciação e uma especialização crescentes, permitindo desde logo distinguir esferas políticas de outras, de natureza religiosa, cultural, económica, etc. Com esta convivem frequentemente raciocínios argumentando pela crescente multiplicidade de centros de poder ('poliarquia'), ou ainda defendendo a mobilização acrescida das populações como critério de mensuração.

Sucede, entretanto, que estes critérios são significativamente diversos uns dos outros, podendo mesmo gerar, em certos casos,

---

* Capítulo em coautoria com Rita Gomes Correia.

conclusões antagónicas. Uma mobilização acrescida, por exemplo, pode induzir um momentâneo movimento de refluxo nas tendências diferenciadoras. Noutros casos, argumentou-se também, os dispositivos de modernização criam bloqueios a um desenvolvimento continuado, a lógica prevalecente sendo pois a do ciclo e da perpétua recorrência (*corsi e ricorsi*), não a do desenvolvimento continuado e cumulativo.

Várias teorias do desenvolvimento político são expostas, sendo outrossim destacado o papel crucial que os media desempenham nesse grupo de processos, mas também toda a ambivalência a que o exercício da atividade destes se encontra associado: uma 'esfera pública' é condição necessária a um normal exercício da cidadania, mas os media são sempre também uma expressão dos poderes fácticos e um importante instrumento de multiplicação da capacidade de influência.

Outro dos traços significativos associados à discussão do desenvolvimento político é o que diz respeito à importância do status: declinante nalgumas circunstâncias, mas nunca completamente ausente, até porque o próprio exercício da cidadania reproduz e potencia continuadamente as condições e os pressupostos da sua relevância.

O que é o desenvolvimento político?

A primeira questão a defrontar relativamente ao tema do 'desenvolvimento político' diz respeito ao próprio significado da expressão: fará de todo sentido falar em 'desenvolvimento político'? Que se entende exatamente por estes termos? De resto, quaisquer digressões sobre desenvolvimento político são, antes de mais, interpeladas pelas interrogações relativas à própria ideia de 'desenvolvimento' em geral. E analisar esta última é, necessariamente, entrar nas discussões clássicas relativas a conceções cíclicas, decadentistas e progressistas do tempo histórico. A história constituirá um progresso? Sê-lo-á, ainda que podendo registar-se inegáveis declínios parciais e momentâneos? Estaremos nós, as gerações mais recentes, em condições de beneficiar do nosso próprio aparecimento 'tardio', o qual supostamente nos permite, quais "anões aos ombros de gigantes", aprender com os erros dos demais, as gerações anteriores? Por outro lado, este tema prende-se também diretamente com a distinção, academicamente consagrada, entre 'crescimento' e 'desenvolvimento económico'. Este último conceito, para além da referência habitual aos níveis do PIB e do PNB *per capita*, indicadores com base nos quais se procede normalmente ao tratamento do primeiro termo, remete também para diversos outros índices, em particular os relativos ao 'desenvolvimento humano': as dimensões educacionais da formação da população, o seu acesso aos cuidados de saúde, a mortalidade infantil, a 'esperança média de vida à nascença' e outros indicadores afins.

Por último, deve registar-se igualmente que obteve uma larga consagração a proposta, apresentada por Amartya Sen em *Commodities and Capabilities* (1987; ver também 2001), segundo a qual um conceito coerente de 'desenvolvimento' consistiria acima de tudo na promoção das 'capacidades' (*capabilities*) dos seres humanos, as quais exigiriam entretanto incontornáveis condições materiais com vista à sua plena atualização. O desenvolvimento estaria, assim, intrinsecamente ligado ao exercício da autodeterminação, a qual por sua vez sugere a ideia duma essencial indeterminação da condição humana. Se do 'homem' genérico podemos reter a noção de que se trata dum ser basicamente indefinido e indefinível, atualizando potencialmente essa indeterminação essencial de múltiplas formas, então é mais 'desenvolvida', pode dizer-se, a sociedade que permite o exercício desta mesma autodeterminação, preservando e aumentando as 'capacidades' de que os seus membros estão dotados. Entretanto, desde logo defrontamos uma potencial ambiguidade: a comunidade politicamente organizada suscetível de ser considerada mais 'desenvolvida' é aquela que otimiza o exercício da sua autodeterminação coletiva, ou antes a que mais o permite ao nível individual? Existirá fundamentalmente uma complementaridade e um reforço, ou teremos antes um conflito e porventura também um *tradeoff* entre estes dois objetivos?

O tema do 'desenvolvimento', podemos ainda acrescentar, encontra-se estreitamente ligado ao da 'evolução' no âmbito da tradição sociológica, este último por sua vez diretamente articulado com o da diferenciação crescente das sociedades, ou 'organismos sociais'. A durkheimiana 'divisão do trabalho social' corresponde, como se sabe, em traços gerais à ideia duma diferenciação crescente, associada a uma especialização e a uma especificação também crescentes. Aquilo que fica obviamente sugerido por este quadro mental é uma inclinação para o encontrar ou o inventar de 'nichos' diversos, o crescimento das interdependências e da 'densidade moral' decorrendo a par da emergência do 'individualismo moral' e, de resto, também político. Entretanto, a divisão do trabalho social, ainda assim, ocorre permanentemente no contexto duma relação tensa com o individualismo moral, o que conduz à manutenção duma conexão tendencialmente conflitual também entre os ideais de 'formação plena dos indivíduos', por um lado, e por outro de formação meramente profissional dos mesmos: as potencialidades dos indivíduos que se trata de promover tendem decerto a torná-los mais autónomos, desde logo moral e intelectualmente; mas tal facto promove ou inibe a sua inserção no todo social, bem como os progressos desta própria totalidade? (cf. Durkheim 1977, 1903).

Todas as entidades políticas, devemos igualmente sublinhar, aspiram duma maneira ou outra à formação dos cidadãos e à correspondente 'endogeneização da procura política'. É conveniente, na discussão das categorias políticas, relembrar a importância da formação dos cidadãos que é sugerida pela própria equivalência antiga da categoria de 'cidadão' à de soldado. Nas sociedades modernas, embora o nexo da cidadania com o serviço militar tenha inegavelmente sido atenuado, ele ainda assim permanece, sendo agora acompanhado da importância revestida pelo ensino público universal, gratuito e obrigatório, enquanto momento de 'igualdade de oportunidades', obviamente que sim, mas sobretudo como formador de consciências cívicas (a *virtus*, associada de perto ao republicanismo) e em simultâneo promotor da independência intelectual e moral de cada um (o *sapere aude* que acompanha a corrente filosófica do iluminismo). Registemos, nesse âmbito, a enorme importância social dos intelectuais (*clercs*), em particular do professorado, enquanto agente deste outro vetor de mudanças. Relacionando esse aspeto com a noção acima referida de que todo o regime político tende a produzir a sua própria procura (a vida política sendo sempre construída com base numa procura razoavelmente 'endogeneizada'), somos levados à conclusão da necessidade de reconhecimento do quanto os professores, com frequência, têm operado como sucedâneos (e ao mesmo tempo rivais) dos sacerdotes. A este respeito, porém, merece um particular destaque o relevo da possível diversidade de trajetórias. De facto, consoante os casos, a díade professor/sacerdote pode operar, e tem realmente operado, em registo de complementaridade, mas também frequentemente de competição e de conflito. A terceira república francesa e a primeira república portuguesa podem, neste âmbito, ser mencionadas enquanto clássicas situações de 'professorocracia', por oposição a casos em que a socialização política dos indivíduos é mais amplamente deixada a cargo das respetivas 'sociedades civis'. Esta problemática articula-se de perto com as múltiplas condições do professor: um mero preceptor privado de nobres, num extremo do espectro; no outro extremo um funcionário público, e de resto um funcionário público investido de particulares responsabilidades para com a própria república.

A consideração de casos imensamente diversos sugere a existência quer de problemas correlativos ao insucesso, quer de outros originados pelo sucesso evolutivo. A própria diversidade de trajetórias, finalmente, interpela a possibilidade duma qualquer teoria geral: poderá realmente existir uma sociologia política enquanto verdadeira sociologia do desenvolvimento político... ou apenas, e muito mais modestamente, uma história diferenciada dos processos políticos? Esta questão tem sido discutida especialmente no contexto da distinção, oficialmente consagrada, opondo 'desenvolvimento' e 'modernização'. Em particular, Samuel Huntington (1968), numa obra que ficou célebre acerca da 'ordem política em sociedades em mudança', debate enfaticamente o tema duma 'modernização' que é pensada como potencialmente conflitual com o desenvolvimento. Huntington explana um raciocínio organizado em torno da noção de ciclos políticos, o decurso dos quais alegadamente envolve diversos níveis de 'participação' e de 'institucionalização'. Vários entraves podem, segundo Huntington, criar uma tensão difícil de ultrapassar entre a lógica da modernização e a do desenvolvimento. Segundo argumenta, para assegurar a modernização enfraquece-se por vezes o desenvolvimento político, assim fazendo entrar em cena os interesses e a corrupção. A conclusão do autor é de que só através dum crescimento lento,

Desenvolvimento político | 235

bem estruturado em torno de situações institucionais favoráveis, se pode conseguir a prossecução eficaz dos objetivos de desenvolvimento. Na verdade, e ainda segundo Huntington, as tendências modernizadoras possibilitam dois tipos de sistemas políticos: um deles correspondendo ao predomínio da chamada 'sociedade civil', o outro ligado ao que designa como 'sociedade pretoriana'. Nas sociedades ditas 'pretorianas' os grupos de oposição tendem a recusar a negociação, o que conduz a um generalizado subdesenvolvimento institucional, em tais circunstâncias cada interveniente utilizando de forma mais ou menos desregrada os meios ao seu alcance: no caso dos operários, as greves; com os ricos, a corrupção; para os militares, o golpe de estado; e assim sucessivamente. Neste contexto, quer o clero, quer os sindicatos, quer as universidades operam habitualmente como partidos, os próprios níveis de participação acrescidos tendendo a fazer acelerar o declínio geral. Existe inquestionavelmente, neste quadro concetual de Huntington, uma analogia óbvia e muito próxima com o conceito de 'anomia' à maneira de Durkheim.

O argumento de Huntington organiza-se de acordo com um esquema de propiciações diversas, os seus raciocínios sugerindo globalmente a ideia dum ciclo: maiores níveis de institucionalização tendem a 'civilizar', argumenta; facto que, por sua vez, tende a levar a uma maior participação; o que, pelo seu lado, pode tender a 'pretorianizar'; o que, em princípio, deverá finalmente conduzir a uma menor participação. Consideremos quanto a isso o seguinte diagrama, onde se condensa o fundamental da argumentação de Huntington a este respeito. Em abcissas temos um eixo correspondente a níveis de participação, com os maiores valores situados à direita; em ordenadas um outro, expressando níveis de institucionalização, estando os maiores valores indicados em cima. O vaivém da participação pode assim, segundo Huntington, ser fundamentalmente enunciado da seguinte forma.

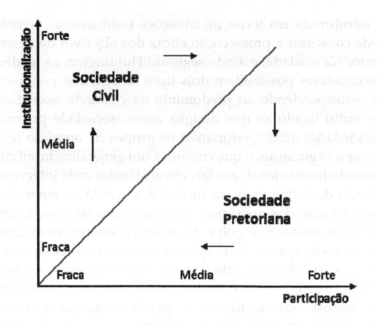

Segundo raciocina, observa-se genericamente um nível de participação fraco nas chamadas 'sociedades civis orgânicas', sendo que esse nível passa a médio, de acordo com o mesmo critério, para as 'sociedades civis liberais', atingindo-se com as 'sociedades civis participativas' um nível forte. Daí pode frequentemente passar-se, por redução dos valores em matéria de institucionalização, para as chamadas 'oligarquias pretorianas de massa', onde a participação continua a ser forte, passando-se depois destas para as 'oligarquias pretorianas radicais', com níveis médios de participação e chegando-se enfim ao tipo das oligarquias pretorianas propriamente ditas, nas quais o nível de participação é fraco. Esta argumentação tem suscitado várias perplexidades e múltiplas críticas, entre outras a de se tratar dum modelo marcadamente etnocêntrico, extrapolando abusivamente com base na experiência política norte-americana. Veicula também uma óbvia desconfiança, aliás de inclinação tipicamente 'liberal', relativamente à própria participação política, de cujo crescimento irrestrito se receiam sistematicamente as possíveis 'derivas' pretorianas.

A lucubração sociológica relativa ao 'desenvolvimento político' tem incluído outrossim uma componente 'funcionalista', mais ou menos consciente. Um excelente exemplo de teoria geral, relativa às alegadas funções universais dos sistemas políticos, é decerto o que foi apresentado por Gabriel Almond e James Coleman (1960), procurando identificar um certo número de funções omnipresentes dos sistemas políticos, os quais por sua vez, e no âmbito dum quadro analítico cujos fundamentos remetem a Talcott Parsons, são genericamente definidos enquanto sistemas de interações que desempenham funções de 'integração' e de 'adaptação' através do recurso (ou ameaça de recurso) ao constrangimento legítimo. Segundo Almond e Coleman, seriam identificáveis sete funções universais dos sistemas políticos, assim enunciadas: socialização e recrutamento, expressão de interesses, agregação de interesses, comunicação política, elaboração de regras, execução de regras e, enfim, a função judicial. De acordo com esta dupla de autores, todo o sistema político exerce funções ditas de 'conversão', ou seja, transforma diversos fluxos de exigências e de apoios dirigidos ao 'sistema político' num feixe de decisões. Exerce também, o que é crucialmente importante, funções de adaptação, sendo que a manutenção e a adaptação dos sistemas políticos, em face das pressões da mudança, implicam pelo seu lado dispositivos de recrutamento, com a produção de titulares competentes para os cargos; e dispositivos de socialização, o que corresponde a uma necessidade de difusão da cultura política. As capacidades universais do sistema político, ou seja, as funções que devem necessariamente ser desempenhadas pelos sistemas políticos nas suas relações com o meio ambiente, podem segundo Almond e Coleman ser enunciadas como segue: a) função extrativa, ou seja, devem ser obtidos os recursos materiais e humanos necessários ao cumprimento dos objetivos do sistema político, o que pode ser concetualizado como uma capacidade prévia; b) função de regulação, o que significa a existência dum controlo eficaz sobre os diversos indivíduos e grupos intervenientes; c) função distributiva, correspondente ao objetivo de repartição adequada de bens, serviços, honras e 'status' disponíveis; d) função simbólica, relativa à difusão de valores simbólicos e à mobilização do apoio popular; enfim e) uma função de resposta, traduzida em termos práticos na sensibilidade do sistema e na sua correspondente capacidade para detetar e satisfazer exigências.

Ainda segundo a dupla Gabriel Almond e James Coleman, e bem adentro do legado teórico parsoniano que reconhecidamente influencia a sua obra, o desenvolvimento político é suposto acarretar uma autonomia e uma especialização crescentes das estruturas políticas. A diferenciação estrutural, que constitui o critério da eficiência do sistema e o princípio da sua divisão, implica também a formação duma certa cultura política, correspondente a determinadas atitudes, crenças, valores e competências. A ideia de 'desenvolvimento político' corresponde assim, no caso de Almond e Coleman, no fundamental às tendências, por estes autores detetadas, para a 'diferenciação estrutural' e para a 'secularização cultural'.

A um esquema desta alegada latitude de aplicação pode todavia, aliás de acordo com o que tantas vezes acontece a respeito do legado de Talcott Parsons, ser feita a crítica central de que se trata aqui, acima de tudo, de generalidades insípidas e fundamentalmente irrelevantes. Entretanto, e já adentro dum espírito de maior especificação, numa outra obra, Gabriel Almond, mas agora em parceria com Sidney Verba (1963), procede à identificação dos seguintes diferentes tipos de cultura política: 'paroquial', supostamente caracterizada sobretudo pela indiferença; 'de sujeição', assinalada pela passividade; enfim, 'de participação', predominando aí o exercício da vontade. A correspondente tipologia de sistemas políticos conduz Almond e Verba (1963 e 1980) a identificar: 'sistemas primitivos', com cultura paroquial e ausência de diferenciação; 'sistemas tradicionais', correspondendo-lhes uma cultura de sujeição acompanhada de escassa diferenciação estrutural; 'sistemas modernos', correspondendo simultaneamente à propagação duma cultura de participação e a uma grande diferenciação estrutural (cf. também Almond e Powell 1966 e 1978).

Também no âmbito dum genérico esquema mental parsoniano, e em particular a respeito da formação histórica do estado-nação, Stein Rokkan (1970, 1973, 1975 e 1976) leva bem mais longe um empreendimento análogo de diferenciação de situações, o que lhe permite a elaboração dum 'mapa concetual' do continente europeu que veio a ficar justamente famoso. Rokkan recorre de facto a três tipos de variáveis, alegadamente correspondentes a níveis diversos de profundidade histórica: variáveis ditas preliminares, intermédias e dependentes, o que na prática vem em boa medida a corresponder a variáveis económicas, territoriais e culturais. Deteta no panorama europeu uma importante clivagem leste/ /oeste e, mais importante ainda, a existência e o papel fulcral desempenhado por um contínuo urbano, um *cluster* de cidades situadas no centro da Europa, prolongando-se da Flandres até ao norte da Itália. Por outro lado, destaca também uma outra oposição geográfica, agora opondo norte a sul, a reforma e a contrarreforma religiosas sendo em cada uma destas zonas o fator decisivo de formatação. Procede, enfim, à análise das periferias e à sua classificação. Ao desenho do seu mapa conceptual da Europa acrescenta ainda Rokkan o registo da importância de elementos mais recentes, como sejam a difusão das práticas democráticas e do estado social, em certos casos tornando-se aspetos mais decisivos do que a própria revolução industrial.

Num outro trabalho, escrito em parceria com Seymour Lipset, Rokkan procede à teorização das clivagens partidárias e dos alinhamentos do voto observáveis na Europa, reportando-os diretamente ao famoso 'esquema AGIL' de Talcott Parsons. A assunção central de que parte a análise de Lipset e Rokkan (1967), relativa à formação das clivagens do voto e dos sistemas partidários, é a de que cada sociedade tem as suas clivagens e os seus conflitos definidores, mas decididamente todas as sociedades os têm. Quatro tipos de conflito são nesse âmbito identificáveis, dotados de profundidades diversas e reportando-se cada um deles a uma dimensão do referido esquema, na prática um dos "imperativos funcionais" parsonianos: conflitos opondo igreja e estado (atinentes portanto à "estabilidade normativa"); conflitos entre cultura dominante e culturas dominadas (relativos ao imperativo funcional da "integração"); o 'clássico' conflito marxista, de capitalistas versus proletários (imperativo funcional da "prossecução de objetivos"); enfim, conflitos opondo cidades a campos (imperativo funcional da "adaptação"). Destaque-se aqui a estreita ligação à parsoniana tipologia 'AGIL', cada conflito sendo referido a um imperativo funcional bem distinto: adaptação, prossecução de objetivos (*goal attainment*), integração e estabilidade normativa (*lattency*), tornando-se possíveis várias situações, consoante as combinações em concreto destes quatro eixos de conflito. No limite, cada eixo classificativo corresponde a uma díade, pelo que operamos na prática com dezasseis (dois elevado à quarta) situações-tipo. Existem, assim, casos em que se torna propício o surgimento no panorama político de partidos correspondentes a uma base territorial, de partidos camponeses, partidos comunistas, partidos católicos, etc.; e casos em que esses partidos se tornam por oposição inviáveis, ou nem sequer chegam a surgir. Evidentemente, porém, a questão que pode com facilidade colocar-se a Lipset e Rokkan é a que resulta do desdobramento da já antes referida a respeito de Gabriel Almond: tratar-se-á aqui outrossim duma mera arrumação ou mapeamento mental, acompanhada de aparência de sabedoria *post facto*, que todavia nada de concreto nos pode fornecer como instrumento prospetivo?

Neste contexto, devem ser deixadas referências também a um grupo de obras justamente célebres, da autoria de Barrington Moore Jr., Theda Skocpol e Perry Anderson. No seu livro sobre as 'origens sociais da ditadura e de democracia', Moore (1975) procede em síntese a uma comparação do que considera serem três tipos básicos de democratização política: democrática, fascista e comunista, como variáveis fundamentais trazendo à colação os conflitos internos às elites e os casos em que este evolui para o reforço do parlamentarismo (ou pelo contrário para o seu declínio), bem como a possibilidade duma aliança entre proprietários terratenentes e camponeses e/ou da respetiva oposição. Muito sinteticamente, a 'modernização democrática' de Barrington Moore corresponde aos casos de viabilidade do parlamentarismo, enquanto as outras trajetórias bloqueiam este último. A modernização comunista é entretanto pautada pela oposição aberta, adquirindo expressão política direta, dos camponeses aos proprietários, ao passo que na variante fascista a elite terratenente (apoiada nas estruturas eclesiásticas tradicionais, mas segregando entretanto também estruturas partidárias de tipo novo) mantém as massas camponesas alinhadas pelas suas posições. Já Theda Skocpol (1985) destaca na sua obra a singularidade das revoluções sociais, desde logo distinguindo antes de mais as situações em que estas ocorreram e foram decisivas, a França, a Rússia e a China, dos casos em que elas permaneceram basicamente ausentes: o Japão, a Alemanha e a Inglaterra. A tese central de Skocpol é de que nalguns casos de sociedades, que estão a sofrer processos de atraso ou 'periferização', o próprio esforço de modernização levado a cabo pelo centro contribui frequentemente para desenraizar este, opondo-o às periferias, sendo essa a ocasião em que as revoluções acontecem. Já quanto às situações de notória ausência, destaque-se o Japão, onde as relações de dominação, segundo argumenta Skocpol, assumem um caráter essencialmente e diretamente político; a Alemanha, que na verdade experimentou uma 'revolução a partir de cima' verdadeiramente merecedora desse nome; e a Inglaterra, caracterizada acima de tudo pela fraqueza global do estado, acompanhada da dominação da sociedade civil por parte duma aristocracia muito bem organizada, sobretudo através de formas não diretamente políticas. Quanto a Perry Anderson (1984), sublinha no seu livro sobre a génese do 'estado absolutista' a alegada importância: do lastro histórico de 'longa duração' e, em termos gerais, também da clivagem geográfica leste/oeste observável na Europa, a qual correspondeu, por exemplo, a uma maior importância a ocidente do legado cultural romano, notória entre outras dimensões na ideia vivaz de propriedade privada plena; de múltiplos fatores especificamente militares na trajetória de difusão do estado absolutista (a qual ocorre consistentemente de oeste para leste); da diversidade das possíveis alianças e oposições de classe, subjacentes à referida difusão; da igualmente variável importância relativa das cidades, a qual é em geral menor a leste; do fim da servidão de gleba, ocorrido bem mais cedo a ocidente, enquanto na parte oriental da Europa se assistiu pelo contrário ao seu reforço neste período (cf. também Badie 1988).

Em matéria de 'desenvolvimento político', menção à parte deve ser feita outrossim a um conceito, ou mais exatamente um assunto, que na verdade veio a adquirir a condição de clássico absoluto da politologia. Foi o que inegavelmente sucedeu com o tema da chamada "poliarquia" de Robert Dahl, o qual constitui decerto um excelente motivo para meditar naquilo que existe de verdadeiramente novo nas teorias políticas, e no muito que nelas permanece decerto também de muito antigo, embora ocasionalmente objeto de reformulação. Deve sublinhar-se que a 'poliarquia' é apresentada por Robert Dahl (1961, 1971) enquanto correlato dum desenvolvimento pensado em parte como 'evolução' à maneira de Durkheim, ou seja, como diferenciação e especialização, mas também na esteira de Parsons (promovendo adaptação, complexidade, autonomia e coesão); e mais ainda enquanto expressão do muito anterior motivo da 'divisão de poderes' e da importância crucial de que esse último veio a revestir-se, enquanto forma expedita de genericamente distinguir as típicas sociedades europeias (e depois também a norte-americana) das sociedades ditas 'despóticas', em princípio não-europeias. Tão marcante foi a importância que este tema veio depois a assumir, que ele permaneceu em definitivo central na tradição de pensamento político europeu, mesmo depois de desaparecidas as sociedades setecentistas que verdadeiramente lhe deram origem (sociedades essas tipicamente providas de 'constituições mistas'), para passarem a vigorar princípios políticos oficialmente democráticos, de acordo com os quais *todo* o poder residiria numa entidade única, designada com 'o povo', ou 'a nação'.

Na verdade, considerado este assunto mais de perto, pode facilmente verificar-se a existência dum estatuto muito ambíguo da própria noção de separação de poderes. Por um lado, ela denota sem dúvida o projeto muito lato de 'limitação do poder pelo poder', através do exercício dos famosos sistemas de 'contrapesos', ou *checks and balances*; mas é também inegável aqui o evidenciar das dimensões de especialização funcional e complementaridade. Os significados possíveis da primeira linha de discussão correspondem quase ideal-tipicamente à defesa das prerrogativas dum grupo particular, aliás um grupo nobre, o qual se considerava tradicionalmente o defensor da constituição não escrita do reino (na senda dos famosos comentários de Montesquieu e traduzindo a perspetiva no seu tempo associada à influência da chamada 'nobreza de toga' e dos *parlements*). Esta ideia, repitamo-lo, embora bem característica duma sociedade de 'antigo regime' na sua formulação inicial, foi todavia mantida pelas repúblicas fundadas em finais do século XVIII, nomeadamente os EUA e a França. Em parte, ter-se-á tratado dum anacronismo, permitido pela polissemia das expressões a que se recorreu, nomeadamente a muito celebrada 'separação de poderes' e o famoso tema do 'respeito pela lei'.

O princípio da separação de poderes, registemo-lo, foi diretamente interpelado aquando da revolução francesa, sobretudo a respeito das suas relações com o poder constituinte. Na medida em que tendesse a constituir-se em obstáculo ao exercício da autodeterminação coletiva incessante (isto é, o 'contrato social' rousseauniano permanentemente reativado, ou o correlativo 'plebiscito permanente'), aquele tendeu também a conflituar com a ideia jacobina de precedência do 'poder constituinte' relativamente a quaisquer poderes constituídos. Mas este, o da revolução francesa, é talvez bem um caso em que a polissemia e a ambivalência das ideias esconde (e simultaneamente denuncia) a fundamental aporia. Já enquanto garantia da lei, e em particular da igualdade de todos em face da lei, ou 'isonomia', trata-se aqui bem duma ideia democrática clássica: obedecemos todos à lei que coletivamente nos damos, como forma de garantirmos que no nosso *'body politic'* ninguém verdadeiramente obedece a outrem. Os regimes democráticos, entretanto, e em virtude da própria noção de que *todo* o poder reside num corpo unificado e coerente, tendem talvez inevitavelmente para o 'estado total'. O corolário afigura-se bastante óbvio: a democracia, se o quiser verdadeiramente ser, deverá incontornavelmente revestir também características de regime 'total'. Todo o poder reside no povo e nenhuns direitos podem portanto ser invocados contra este, enquanto pretensamente imprescritíveis: das decisões populares havendo, quando muito (e no espírito da célebre fórmula de Rousseau, segundo a qual a 'vontade geral' é infalível, mas a maioria por vezes comete erros), direito de apelo de novo para o próprio povo, em nome de quem, aliás, até mesmo os tribunais necessariamente decidem (cf. Rousseau 1974; Althusser 1976). Só é imprescritível, portanto, a própria capacidade inesgotável para decidir acerca de si por parte da nação: a sua 'razão raciocinante', digamos assim, que não a sua razão raciocinada.

O grupo de problemas que permanecem assim em aberto inclui a questão mesmo de ser, ou não, recomendável a existência duma constituição escrita. Deve ou não haver uma carta de direitos fundamentais, fixando assim limites à deliberação e à atuação de 'o povo', o qual por outro lado se proclama detentor dum poder necessariamente total? Estes diversos elementos estão, na verdade, inextricavelmente mesclados nas teorias acerca da democracia, dos direitos dos indivíduos e do constitucionalismo que foram hegemónicas até aos nossos dias. Nos EUA cedo tendeu a prevalecer uma tese de *divide et impera* duma separação de poderes enquanto travão ao exercício do poder soberano, tese promovida especialmente por James Madison; mas esta inclinação fazia todavia comportar, para o conjunto da república, o risco dum desembocar no impasse permanente, tendo por isso sido complementada pela componente dum presidencialismo à maneira de Alexander Hamilton. Aliás, e muito conscientemente, o elemento democrático (ou popular) é, no quadro constitucional dos EUA, caldeado com elementos aristocráticos e monárquicos, de forma a obter *a* constituição, o dispositivo institucional supostamente perfeito, correspondente ao 'regime misto', o qual, conforme notado por Daniel Lazare (1996 e 1999), deveria ser em perpetuidade capaz de absorver mudanças pouco a pouco, sem precisar de quaisquer alterações profundas adicionais. Um elemento monárquico bem típico corresponde à invenção da figura de presidente da república, eleito indiretamente, de cuja confiança depende o governo. Claros elementos aristocráticos constituem por outro lado, neste mesmo âmbito, a existência duma câmara alta, ou sénior (de início aliás eleita indiretamente, ao contrário da Câmara dos Representantes), restrições censitárias mesmo para a câmara baixa, bem como a criação duma câmara altíssima: um Tribunal Constitucional. Ora bem, o que importa aqui destacar é a forma como, neste contexto, e particularmente através das reflexões políticas de James Madison e da fileira doutrinária por elas originada, se torna inclusivamente possível pensar numa 'divisão de poderes', agora em vigor já em contexto de democracia, ou pelo menos de república, enquanto meio terapêutico de praticar o *divide et impera* no seio do povo, pelo próprio povo e alegadamente também em nome deste. A estratégia fundamental, visando-se este propósito, consiste no desenho constitucional duma multiplicidade de instâncias decisórias, dispositivo esse que passa a constituir uma garantia de que 'tudo mudando, tudo fica na mesma', dado que um número indefinidamente elevado de mudanças se torna realmente possível, todavia permanecendo o próprio desenho constitucional de base inalterado, e em boa verdade quase inalterável: o que já levou inclusive alguns autores a, mais recentemente, proporem a pertinência duma leitura de 'James Madison enquanto pós-modernista' como quadro de leitura fundamental para podermos compreender a vida política das hodiernas democracias, sobretudo os EUA (cf. Lazare 1996 e 1999).

Constitui este, sem dúvida, um pano de fundo importante, ao qual deve ser reportado o tema da 'poliarquia' de Robert Dahl. Mas esta deve entretanto ser também contraposta de forma direta ao igualmente célebre, e num certo sentido simétrico motivo da importância da 'elite do poder', de Charles Wright Mills (1956); e ainda mais sucintamente ao da 'sinarquia', de Annie Lacroix-Riz (2008 e 2010): um tema sugerindo a persistência, nas nossas sociedades, sem dúvida 'complexas' e 'desenvolvidas' quanto à maior parte dos aspetos, e decerto também formalmente democráticas, dum núcleo central de poder, isto é, aquilo a que por vezes se chama o *deep state*, resultante da atuação concertada duma elite, que sobrevive e se renova pelo meio de inúmeras mudanças, todavia mais aparentes que substantivas; e em circunstâncias normais através do exercício mesmo dos dispositivos de controlo democrático dos processos políticos.

Entretanto, é inegável que os EUA e o seu 'regime misto' inicial, depois democratizado, exerceram também desde muito cedo uma influência notória do lado europeu do Atlântico, o que deve considerar-se válido pelo menos desde o momento imediatamente subsequente à democracia jacobina e ao regime do Termidor, a célebre 'aristocracia dos ricos' da qual rapidamente saiu Napoleão enquanto 'Washington francês' (acerca deste grupo de temas, cf. as importantes considerações acerca de 'teoria política neo-romana' de J. G. A. Pocock 1975; ver igualmente Quentin Skinner 1987; Domenico Losurdo 2004a). Os EUA enquanto modelo ou enquanto extravagância constituem o núcleo mesmo do tão debatido 'excecionalismo' do caso político norte-americano, seja na linha que muito genericamente conduz do livro de Alexis de Tocqueville (1999 [1835]) acerca da 'democracia na América' ao de Seymour Lipset (1996) sobre o 'excecionalismo americano', isto é, a versão tendencialmente produtora duma 'lenda branca', o discurso laudatório ainda hoje predominante, quer em versão de 'lenda negra', ou em diversos graus doseando as duas grelhas de leitura. Tratou--se aqui, inegavelmente, duma sociedade onde se mesclaram várias 'excentricidades', como as diretamente associadas por exemplo ao famoso 'direito de usar armas', à proliferação das milícias e mesmo à invulgar sobrevivência dos duelos, com outras, tal como a instituição dos tribunais de jurados, até ao presente cruciais para os norte-americanos, do ponto de vista da salvaguarda da componente popular do seu quadro constitucional, mas entretanto quase ausentes entre os europeus. Em paralelo, regista-se também nos EUA das primeiras décadas de história independente uma persistência, e na verdade inclusive um novo fôlego da escravatura, preservada mesmo no 'território sacro' do solo pátrio (ao contrário dos europeus, que cedo a relegaram para as colónias) e inclusivamente reintroduzindo-a nos territórios que conquistam, como aconteceu por exemplo no Texas.

A democracia parece manter, por conseguinte, relações genericamente ambivalentes com qualquer noção de 'processo civilizacional', afigurando-se razoável o alvitre de a persistência da escravatura e dos duelos, por exemplo, ter sido propiciada pela emergência dum tipo de regime que afirmou desde o início o direito à autodeterminação, regime que veio realmente a ser democrático, no âmbito dos *white-male-adults* (a 'comunidade dos livres'), poucas décadas depois da independência. Não apenas a escravatura, mas também os duelos se apresentam com um indisfarçável traço de estranheza, a isso acrescendo ainda a pulsão para o extermínio sistemático dos indígenas 'inúteis' ou não escravizáveis, os ameríndios, completada pela generalização e banalização, já mesmo até às primeiras décadas do século XX, duma prática tão *sui generis* como os linchamentos: trata-se aqui bem do 'lado escuro' da democracia, digamos assim; e também, acrescente-se, do lado informal e oculto dos tribunais de jurados. Para cúmulo, estes diversos traços não apenas coexistem, como parecem mesmo complementar-se: Andrew Jackson, o sétimo presidente norte-americano e o grande democratizador da república adentro da população branca, foi também sem dúvida um 'grande exterminador' de ameríndios, para além de ter sido outrossim proprietário de escravos negros, obviamente (cf. Mertes 2006). Estes diversos elementos deixaram um lastro bem visível na paisagem social norte-americana, prendendo-se de perto, por exemplo, com os estereótipos do 'pele-vermelha' e do 'negro' que chegam mesmo até aos nossos dias: ver, quanto a isto, sobretudo as obras de George Fredrickson (1981) sobre a 'supremacia branca' e de Michael Mann, acerca do 'lado escura da democracia' (2005), bem como a 'contra-história do liberalismo' de Domenico Losurdo (2005a; cf. também 2013).

Em que medida tem a democracia caminhado historicamente a par da exaltação do *demos* concebido predominantemente também como grupo étnico? É este o problema central associado à noção consagrada de 'etnocracia', ou *Herrenvolk democracy*, tal como foi exposta em 1981 por Pierre van den Berghe em *The Ethnic Phenomenon*. O autor reporta explicitamente este conceito aos casos da África do Sul de então e dos EUA, mas também ao de Israel. Um confronto se impõe a este respeito com outros casos, nomeadamente os relevantes do modelo do chamado 'patriotismo cívico', o qual podemos facilmente opor ao do 'nacionalismo étnico': 'demos' versus 'etnos' enquanto origem e fundamento da legitimidade e da soberania. Convém igualmente, a este respeito, reter a importância, ou pelo menos o valor ideal-típico das ideias prevalecentes no caso da revolução francesa. Registe-se que a nação foi, neste outro caso, enfaticamente concebida como associação voluntária, de natureza eminentemente política, fundada na participação e no 'contrato social', o qual supostamente seria reativado em permanência. Todavia, é inegável mesmo aí uma tendência, que se diria assoberbante e verdadeiramente imparável, para o refluxo na conceção meramente 'étnica' da nação.

Por outro lado, parece também inquestionável que o *pathos* da cidadania tem emergido, em diversos contextos sociais, em estreita associação com a importância adquirida pelos aspetos relativos à mobilização. Karl Deutsch, nos seus escritos sobre mobilização, comunicação e modernidade (1953, 1961, 1981) e David Lerner, especialmente no seu livro sobre os aspetos políticos da transição de sociedade tradicionais para modernas (1958), escreveram importantes obras, onde justamente se chama a atenção para esta outra faceta do 'desenvolvimento político': a alfabetização e o ensino universais ou quase, bem como o enorme desenvolvimento dos media, entre outros fatores sociais, têm produzido uma considerável tendência para um certo número de formas de homogeneização cultural, podendo a democracia moderna apresentar-se enquanto regime tendencialmente 'total' ou 'totalizante', mesmo o regime 'totalitário' por excelência (por marcado contraste com a limitação tendencial dos 'autoritarismos', de pendor mais ou menos arcaico, aos aspetos relativos ao chamado 'foro externo'). Também neste contexto é conveniente destacar, a par da importância da mobilização, o relevo sociológico duma outra categoria: a da homogeneização parcial que a modernidade política usualmente reclama; e nesse âmbito, a importância assumida pela produção do nacionalismo; e adentro desse quadro, de novo, o relevo sociológico adquirido pelos grupos de intelectuais. A reclamação de homogeneidade cultural/nacional, deve destacar-se, é tão mais relevante quando, conforme também já vimos, outra das pulsões associada aos processos modernizadores é a diferenciação.

Numa exposição que ficou famosa, no seu livro sobre 'nações e nacionalismo', Ernest Gellner (1993) relaciona este grupo de alterações com aquilo que designa como 'intensificação semântica': utilizando o exemplo fornecido pelo próprio Gellner, na sociedade tradicional o senhor e o camponês podem bem falar idiomas diversos, de resto permanecendo ambos iletrados. Por marcado contraste com isso, entretanto, na modernidade a densificação das interdependências e dos fluxos comunicacionais determina que utilizem ambos o mesmo idioma; e também que saibam ler e escrever. Adentro da mesma linha de argumentação, torna-se entretanto bem compreensível a necessidade usualmente sentida de as nações produzirem 'genealogias míticas' comuns, correspondentes a 'comunidades imaginadas', para usar a expressão cunhada por Benedict Anderson (1991). Nas sociedades modernas, é o argumento de Anderson, através do crescimento e do adensar quer das redes sociais quer da noosfera, as populações são induzidas à partilha duma 'falsa' familiaridade, fornecida pelo idioma comum, pela história pátria ensinada a todos, pelo correspondente panteão e pelo culto cívico dos heróis (que operam como 'empresários sociais', encurtando a 'distância social' imaginária adentro do corpo dos cidadãos). Em todo o caso, aquilo que de outro modo tenderia a ser pensado como realidade demasiado precária, meramente resultante ou dependente do querer dos viventes, tende assim a apresentar-se a todos e a cada um enquanto realidade 'profunda', inevitável e independente das volições momentâneas; ou seja, e em resumo, com as vestes de 'destino coletivo'.

Estas ideias devem, por outro lado, ser consideradas e discutidas relacionando-as com as problemáticas correlativas à díade formada por emancipação e 'desemancipação'. Tem mais recentemente sido notada por vários autores uma tendência consistente para a perda de 'espessura semântica' na chamada 'era da globalização', conforme registado em particular por Régis Debray na sua obra sobre a 'mediologia' (2000). A imprensa, 'Bíblia do homem moderno', como Hegel em tempos distantes a designou, aliás já *cum grano salis*, perdia decerto algo quando comparada aos livros; e muito mais ainda perdem, obviamente, a rádio e a televisão. Assistimos assim a uma inegável perda de 'compreensão' ou de intensidade, a par do ainda mais óbvio crescimento em 'extensão': é a tese, por exemplo, de Luciano Canfora em várias obras (2007, 2010), mas de forma particularmente incisiva no seu livro sobre a 'natureza do poder' (2009b). Diversos outros autores têm todavia exposto ideias afins, relativas à alegada simultaneidade de processos de emancipação e de 'desemancipação' nas nossas esferas políticas. A evidente extensão do sufrágio é acompanhada dum esvaziamento da democracia: caso de que a chamada 'construção europeia' constitui, de resto, uma excelente ilustração, decerto em geral silenciosa, mas ainda assim bem eloquente. E convém outrossim, quanto a esse outro aspeto, pelo menos deixar uma menção ao recorrente problema da determinação do 'mérito' em política, tal como argumentado classicamente por Leo Strauss, e relacionando isso também com o alegadamente necessário 'duplo discurso', ou prática das 'mentiras nobres', que segundo Strauss (1963) constituiria reconhecidamente a prática usual das elites. Em suma, a 'desemancipação' fáctica, a ocorrer realmente, deverá presumivelmente tender, de forma sistemática, a ocorrer num grau bem superior àquele que isso é oficialmente admitido.

É esse o enquadramento imposto pelos debates mais recentes, relativos por exemplo às teorias explicativas do fenómeno da abstenção, as quais assim ficam aqui, pelo menos, enunciadas nas suas linhas gerais. Traduz o crescimento deste fenómeno realmente um estado de satisfação quase universal e de ascenso de valores ditos 'pós-materialistas', conforme argumentado famosamente por Ronald Inglehart (1991) na sua obra sobre as alegadas mudanças culturais nas 'sociedades avançadas'? Expressa antes uma lamentável, mas em definitivo talvez inevitável perda de 'capital social', conforme defendido, entre outros, por Robert Putnam (1995) e Francis Fukuyama (1996)? Ou traduz antes uma tendência para a 'desemancipação' fáctica dos grupos com menores recursos económicos e/ou simbólicos, conforme sustenta Domenico Losurdo no seu livro sobre democracia e 'bonapartismo' (2004c)? A abstenção, em suma, revela sobretudo uma condição de satisfação generalizada, como tendencialmente se concluirá dos que a identificam de maneira despreocupada, ou expressa antes, de forma predominante, um estado de descontentamento surdo, não articulado decerto enquanto oposição, mas ainda assim obviamente denunciando uma disfuncionalidade profunda?

Enfim, o caráter intrinsecamente discutível da categoria de 'desenvolvimento político' face à óbvia diversidade das trajetórias históricas, ao peso da *path-dependency* e à relação de conflitualidade não raro existente entre vários dos objetivos visados, ou das tendências evolutivas detetáveis, torna absolutamente imperativo dizer duas ou três coisas também acerca da importância das analogias históricas, nos dispositivos de análise comparativa com base nos quais inevitavelmente procedemos à discussão dos processos de mudança, logo também da própria categoria de 'desenvolvimento'. Numa exposição que ficou célebre, e que esteve intimamente associada à sua própria defesa da unificação política da Alemanha no século XIX, o historiador Johann Gustav Droysen recorreu à analogia explícita com a antiguidade clássica, referindo--se ao caso das cidades-estado gregas, as quais só puderam reconhecidamente ser unificadas com base num poder parcialmente exterior (a Macedónia) e através da suspensão momentânea da vida política democrática. O paralelo com o seu tempo reportava--se de forma muito óbvia, na obra de Droysen, ao caso da Prússia, a qual liderou realmente a unificação alemã em moldes imperiais, num primeiro momento sem dar muito crédito à vida política parlamentar, dado (entre outros motivos) o carácter tendencialmente paroquial da conduta das diversas Dietas. O contraponto ao modelo prussiano-alemão de unificação é de resto, na argumentação de Droysen, fornecido pelo habitual 'grasnar' fátuo da 'advogadocracia', pretensamente característica da França.

Pelo seu lado, Luciano Canfora, em *L'Uso Politico dei Paradigmi Storici* (2010), refere-se igualmente a este mesmo paralelismo, destacando a importância da analogia no conhecimento historiográfico; e também o próprio relevo da redescoberta da categoria de "helenismo", até então considerado sobretudo um sinal de 'decadência', mas depois de Droysen repensado enquanto algo comportando um significado positivo, o significado correspondente ao humanismo universalista ou 'ecuménico', o qual é aqui considerado por oposição ao paroquialismo (ou 'tribalismo') alegadamente típico da vida política da cidade-estado democrática, que sempre teria considerado os seus vizinhos como 'inimigos íntimos': a Grécia clássica, por conseguinte, operando aqui enquanto modelo de 'anfictionia'. O problema, acrescentemos agora, reside todavia no facto de que a nação é vista, no esquema de Droysen, basicamente como análogo da ecúmena, ao passo que habitualmente ela é, hoje em dia, pensada precisamente como o seu oposto: o particularismo típico dos nossos tempos é, de facto, o próprio nacionalismo, enquanto para Droysen o correlato da Alemanha unificada seria constituído pelos grandes impérios helenísticos, caracterizados por uma aculturação predominantemente 'superficial', é verdade, e relativa sobretudo às elites (a 'helenização', precisamente), enquanto a população permaneceria aí apegada a cada uma das tradições particulares e ao respetivo vernáculo. O recurso à analogia desemboca portanto, pelo menos neste caso de interpretação socio-histórica, no paradoxo.

Recordemos outrossim, e em conclusão, que no seu ensaio sobre a pretensa 'originalidade de Maquiavel', Isaiah Berlin (1980) usa esta mesma oposição de patriotismo 'particularista' a ideais de humanismo universalista, para se referir mais amplamente a 'valores pagãos' e a 'valores cristãos', aos quais reporta aliás também respetivamente a 'liberdade positiva' e a 'liberdade negativa', que de forma aproximada correspondem, reconhece Berlin, à 'liberdade dos antigos' e à 'liberdade dos modernos' de Benjamin Constant. Berlin raciocina com base num esquema de oposições (não harmonias ou afinidades eletivas distantes, menos ainda reforços recíprocos), que todavia não supõe exatamente um *tradeoff* quantificável entre os diversos objetivos, antes uma escolha não racional: agonística e/ou trágica. Na pretensa lucidez acerca disso consistiria, segundo Berlin (que remete quanto a isso para obras de Benedetto Croce e de Friedrich Meinecke), a chamada "adaga de Maquiavel". Mas será realmente verdade que a especificidade da política consiste, como argumentado por Berlin, na necessidade de fazer escolhas, aliás frequentemente trágicas? Berlin merece talvez, quanto a este assunto, ser pelo menos parcialmente contraposto a Albert Hirschman, que em obra igualmente famosa (1991) enunciava aquilo que considerava serem os típicos argumentos quer da 'retórica reacionária' quer da 'retórica progressista': do lado daquela temos o tema dos 'efeitos perversos', o do risco/perigo (*jeopardy*) e o da futilidade; a opor, do lado dos progressistas, aos temas do reforço, da necessidade/emergência e à ideia de se estar 'do lado da história', pensada enquanto movimento imparável.

Tenderá a própria ideia de desenvolvimento a confirmar estes sistemas de oposições, ficando assim sublinhado que o núcleo da política é a escolha? Contribuirá em vez disso para os superar, postulando que 'desenvolvimento' significa realmente, à maneira de Amartya Sen, um aumento consistente das 'capacidades', logo um evitamento da própria necessidade de fazer escolhas trágicas? Em terceira versão, combinar-se-á a dimensão da necessidade das escolhas, ou da disjunção, com a abertura de novas possibilidades, por vezes mesmo a convergência e a tendencial conjunção? Enfim, demandando a possibilidade, mas não necessidade, das várias alternativas anteriores: manter-se-á toda a existência política associada a uma fundamental componente de caráter 'performativo' ou de 'princípio de incerteza' ou, noutros termos ainda, de 'profecias autorrealizadas'? Assumindo que as teorias políticas constituem elas próprias uma parte das realidades a que se reportam, talvez possamos dizer apenas, em súmula muito parcialmente e provisoriamente conclusiva, que o mais complexo se afigura com efeito o mais indeterminado; pelo que reencontramos nas discussões sobre 'desenvolvimento político', uma e outra vez, o tema pertinaz da incontornável liberdade da condição humana: de como, em suma, estamos 'condenados a ser livres'; e o estamos, de resto e com toda a coerência, tanto mais quanto mais 'desenvolvida' for a nossa existência política.

Media e cidadania

A narrativa sociológica hoje em dia dominante relativa à génese da cidadania moderna, bem como à sua ligação com os progressos dos 'meios de comunicação', destaca geralmente que durante os séculos XVII e XVIII teve início o surgimento de diversas formas de espaço público correspondentes à discussão alargada dos assuntos comuns, nas quais tinha habitualmente lugar uma leitura comunitária que chegava mesmo a abranger nos debates a participação dos analfabetos, uma condição de resto bastante comum naquela época. Entre outros, Immanuel Kant, o célebre filósofo do iluminismo alemão, vislumbrou neste contexto a possibilidade de criação duma cidadania ativa e da participação na vida política através dum processo público de discussão e produção de ideias, um processo supostamente baseado na responsabilidade crítica e autónoma de cada um e de todos os indivíduos. Três condições seriam, do ponto de vista de Kant, necessárias para alcançar o referido propósito: indivíduos responsáveis e capazes de formarem uma opinião própria, independente de influências; filósofos que contribuíssem com pensamentos críticos para fomentar o aparecimento de novas ideias, quer sob a forma de problemas quer enquanto soluções; e finalmente a existência dum espaço público, livre e plural, que possibilitasse o diálogo, a discussão, a argumentação racional e a formação de consensos.

Na verdade, este período caracterizou-se por estarem em decurso diversas e profundas alterações sociais. Desde logo, fruto da conjugação de fatores eminentemente técnicos (progressos tipográficos e desenvolvimento dos transportes, serviços postais e vias de comunicação) com o nascimento duma opinião pública mobilizada simultaneamente por diversas guerras (guerra civil inglesa, guerra dos sete anos...) e por revoluções (britânica, norte-americana e francesa), a imprensa foi assumida e tendeu a assumir-se enquanto fonte privilegiada de conhecimentos. Um outro aspeto importante foi a profunda transformação ocorrida ao nível das estruturas fundamentais da própria sociedade civil. Com o desenvolvimento dos principais centros urbanos e a migração em massa das populações para as cidades surgiram inúmeros movimentos sociais e políticos, frequentemente com características meramente associativas, que por um lado fomentaram a adoção e a criação de diversos locais, tais como salões e cafés, para a discussão e a partilha de ideias de vária ordem, e por outro contribuíram para acentuar a perceção das divergências existentes. Em paralelo, surgiu também uma maior consciência da individualidade e uma profunda mudança dos hábitos sociais e culturais, as quais conduziram a uma alteração das próprias formas de leitura (cf. Keane 1991; Inglis 1993; Thompson 1995; Breton & Proulx 1997).

Deve entretanto reconhecer-se que, com a proliferação dos meios de informação escritos e a comercialização do lazer, a leitura passou a assumir novas características, cujo sentido não é de modo nenhum inequívoco. Entre outros, Asa Briggs e Peter Burke (2005) referem que, desde logo, apesar das novas liberdades e responsabilidades sociais dos indivíduos, a leitura se encontra nesta época muito longe de ser sempre feita duma forma crítica, dado que as pessoas tendem a crer em tudo o que veem impresso, sendo este aspeto obviamente aproveitado por diversos autores de escritos. Indicam também que a leitura, pela sua própria capacidade de despertar emoções, é na verdade tão poderosa como potencialmente perigosa. Em terceiro lugar, Briggs e Burke chamam a atenção para o facto de os conteúdos poderem ser lidos de forma 'criativa', de modo que as intenções do autor podiam facilmente resultar distorcidas. Sublinham outrossim que a leitura se tornou de tal forma extensiva que tendeu a banalizar-se, perdendo o seu aspeto sagrado e o seu carácter de base de reflexão. Por último, aqueles autores frisam ainda que a leitura passou a fazer-se tendencialmente mais em privado: cada vez mais acessíveis, atraentes e de pequena dimensão, os meios de leitura tornaram-se crescentemente também de manuseamento fácil.

Entretanto, cumpre destacar agora que a existência de fortes suspeitas quanto aos aspetos excessivamente 'cândidos' da narrativa predominante sobre os desenvolvimentos dos *mass media* e o florescimento da cidadania não constitui, de facto, coisa nova. Talvez se possa encontrar em Claude Adrien Helvétius (1715-1771) uma das primeiras formas de pensamento agudamente crítico sobre a imprensa e a sociedade de massas, enquanto pilares da cidadania. Filho de um médico de Luís XV e sendo ele mesmo um filósofo convictamente de persuasão 'utilitarista', Helvétius argumentou que os indivíduos, regra geral, para além de muito flexíveis e manipuláveis, eram também demasiado ignorantes. Fruto dos seus pensamentos irrefletidos e das suas atitudes irracionais, bem como duma governação de perfil usualmente pouco educativo, contrapunha Helvétius, os indivíduos tendem antes a ser exclusiva ou predominantemente movidos pela busca do prazer e pela recusa da dor. Sendo assim, de nada servem os discursos edificantes, já que os súbditos nem os escutam, nem tão-pouco os compreendem. O que urge fazer é, isso sim, criar meios de reforço e de punição social, através de legislação adequada, os quais permitam que as pessoas sejam conduzidas a uma maior felicidade racional e objetiva (objetivo ideal de qualquer governo), ainda que eventualmente seja necessário proteger os indivíduos uns dos outros e até de si próprios. Para Helvétius a atividade de governação exige conhecimentos, por conseguinte o poder de decidir e elaborar as leis deve, nos seus traços definidores, ser o exclusivo dum grupo de especialistas.

Para além de estarmos aqui perante um conceito muitíssimo empobrecido de 'democracia', o qual é obviamente muito diverso do que foi propugnado por Kant, três ordens de problemas podem imediatamente ser apresentadas em contraposição, visando questionar agora as posições de Helvétius. Por um lado, no que diz respeito aos potenciais conflitos de interesses associados à sua visão utilitarista, o interesse do/s governante/s pode bem não ser o mesmo que o dos governados. Por outro lado, a entrega do poder absoluto a um especialista ou a um grupo de especialistas limita-se realmente a substituir uma tirania explicitamente associada à ignorância e ao medo por uma outra, agora de cunho tecnológico e formalmente racional. Finalmente, o seu objetivo de felicidade negligencia que os indivíduos podem talvez, no seu esquema, ser felizes, mas a ideia de liberdade é aqui sem dúvida perdida. Todavia, e agora a favor de Helvétius, o 'realismo político' torna forçoso reconhecer que os indivíduos são de facto, na sua grande maioria, suscetíveis de serem facilmente submetidos a uma persuasão impostora e mesmo à manipulação; e que as suas emoções e aspirações tendem a constituir o verdadeiro guia para a sua ação, ainda que sobretudo de forma inconsciente (cf. Berlin 2005; Correia 2008).

Helvétius não foi, porém, o único autor fundamentalmente cético quanto a este assunto. Vários outros pensadores e figuras de relevo da tradição política, mesmo que em desacordo mútuo quanto a vários outros aspetos, teceram argumentos e manifestaram profundos receios relativos à imprensa e ao advento duma sociedade de massas. Começando pela conceção que tinham de cada indivíduo, é possível constatar que, para filósofos políticos tais como, entre outros, Alexis de Tocqueville (1805-1859) e Pierre-Joseph Proudhon (1809-1865), apesar das suas diferenças, o povo não dispõe de conhecimentos de base suficientes para a assunção duma qualquer responsabilidade social e política (Montesquieu e Saint-Simon, acrescentemos ainda, comungando fundamentalmente desta mesma ideia). Tal como Helvétius, Tocqueville e de novo Saint-Simon pensavam que os indivíduos buscam essencialmente, seja de forma consciente ou não, a satisfação dos seus interesses, necessidades e desejos individuais, pelo que se tornam facilmente objeto de sugestão, sendo induzidos a cair naquilo que Tocqueville (1999) considerou ser o facilitismo preguiçoso alegadamente associado à igualdade. Tocqueville julgou entretanto detetar também uma outra suposta ameaça, decorrente da igualdade das massas: o individualismo. Com a crescente igualdade das condições sociais, os indivíduos já não se encontravam tão suscetíveis de exercer ou sofrer pressões relativamente aos seus semelhantes, embora por outro lado não dispusessem de meios suficientes para serem verdadeiramente autónomos. Não estando já formalmente dependentes dum coletivo para alcançar os seus fins, para satisfazer as suas necessidades, as pessoas passam entretanto a definir as suas prioridades de forma individual, tendendo a considerar de forma ilusória que o seu futuro está unicamente nas suas mãos. As pressões sociais continuam obviamente a fazer-se sentir, mas não raro deixa de operar o princípio do exemplo associado a uma ideia de dever, para passar a prevalecer um seguidismo grupal, simultaneamente inseguro, invejoso e por isso obsessivamente imitador de padrões de consumo. Pierre-Joseph Proudhon, pelo seu lado, considerava que a questão essencial residia no facto de o povo, em virtude da sua inferioridade e miséria, ser fundamentalmente incapaz de compreender a vastidão e a complexidade dos assuntos governativos. Para este fundador da corrente política do anarquismo, o povo, dada a sua ignorância, premência de necessidades e ansiedade de desejos, tende a confiar os seus destinos a formas de autoridade basicamente sumárias. Desta forma, na prática pouco se altera com a transição das formas de governo oficialmente assentes na autoridade, para outras, formalmente assentes na liberdade: o poder continua, de facto, centralizado nos detentores de conhecimento, cabendo aos súbditos apenas a escolha, por maioria, de quais são os indivíduos concretos que desempenham a função de seus representantes (cf. Proudhon 1996).

Todas estas posições tendem obviamente a implicar a questão central da forma como deveria ser conduzido o governo: Saint-Simon julgou reconhecer este problema e intentou responder-lhe. Partindo também da crucial assunção da significativa e essencial fragilidade educativa dos povos, defendeu que a atividade governativa deveria ser assegurada por especialistas que representassem eficazmente os cidadãos, garantindo a defesa dos seus interesses; e que, de forma racional, assegurassem uma sociedade progressista. Para este filósofo social francês, o progresso dependia não unicamente e não essencialmente dum qualquer tipo de revolução política ou social, ou de avanços tecnológicos, mas fundamentalmente da intervenção dos chamados 'homens de génio', aqueles cujas capacidades lhes permitiriam analisar e entender, de forma aprofundada, as circunstâncias do seu tempo. Tendo por base a ideia de que a ciência e a indústria, em virtude da especialização requerida por ambas, estão essencialmente livres da opressão, do privilégio e do obscurantismo típicos das antigas formações sociais, considerava que estas duas instituições tinham vindo para ficar e que a sua aplicação constituía o único meio consistente de organizar a sociedade de forma duradoura, satisfazendo de forma consistente as necessidades da generalidade dos indivíduos. Já Proudhon tinha uma perspetiva bastante mais cética em relação quer às formas de governo, quer à sociedade moderna em geral, considerando que a ordem política assenta fundamentalmente numa constante dicotomia entre dois tipos concetuais, simultaneamente imprescindíveis, reciprocamente dependentes e antagónicos: a 'autoridade' e a 'liberdade'; e que por esse motivo não podiam existir quaisquer formas de governo 'puras', fossem elas totalmente autoritárias ou totalmente democráticas. Assim, a verdadeira 'democracia', apesar de tanto fascinar as sociedades modernas, nunca poderia existir, estando os sistemas políticos de facto condenados a uma constante sucessão de governos aparentemente inovadores, mas idênticos em essência. Todavia, salienta Proudhon, os 'publicistas' instalaram na política uma confusão falsa e muito perigosa, comparando formas teóricas intrinsecamente irrealizáveis, tais como a monarquia e a democracia, com os governos de facto existentes (cf. Berlin 2005; Correia 2008).

Bem mais perto de nós, e de acordo com Phillippe Breton e Serge Proulx (1997), o século XX ter-se-ia caracterizado globalmente pela explosão da comunicação e das suas técnicas na esfera política. O potencial que a comunicação encerra, enquanto mobilizadora de multidões, é neste período plenamente descoberto pelos agentes políticos. Os cidadãos, num contexto democrático, ao deterem uma parcela importante da capacidade de decisão política, passam a ser objeto duma constante tentativa de convencimento relativo às ideias de cada uma das fações políticas existentes, e reportando-se mesmo à própria forma de funcionamento do sistema. Em particular, com o surgimento das grandes guerras, foi necessário um grande reforço dos conceitos de pendor patriótico e nacionalista, visando conquistar a adesão popular. Com a franca expansão tecnológica e a crescente especialização das profissões, toda a atividade política tendeu por outro lado a tornar-se bastante mais tecnicizada, passando os políticos a ser assessorados por profissionais do jornalismo, da publicidade e outros. Pode dizer-se que a partir de meados do século de novecentos, todas as ideias políticas, para poderem vingar, têm de se transformar em mensagens mediáticas, passando assim a recorrer-se de forma intensiva às sondagens e às técnicas de marketing e publicidade, especialmente apoiadas na atuação dos 'media', um facto que muda radicalmente o modo de ação e de debate político.

Quatro vertentes podem, em termos genéricos, ser identificadas relativamente a estas alterações: imagem, trabalho, recrutamento e meio partidário. Os políticos, conscientes da tendência para a personalização no seu *métier*, passam a ter uma preocupação constante de gerir bem e de cuidar da sua imagem: já não bastando as ideias, é cada vez mais importante seduzir o eleitorado através duma presença agradável, forte, coerente e pertinente. Esta necessidade altera toda a lógica da comunicação política, a qual passa a privilegiar, também por influência dos gabinetes técnicos de assessoria, a dramatização, a estetização, o chamado *infotainment*, o impacto nas intervenções e até mesmo uma certa forma de propaganda negativa relativamente aos opositores. Outro aspeto relevante é a influência no trabalho político. Para além de, diariamente, através da sua agenda, condicionarem as ações e decisões dos governos, os media submetem a generalidade dos agentes políticos à pressão da urgência dos seus tempos e dos seus temas. Os agentes políticos, mesmo em princípio necessitando de tempo para proceder a análises profundas e a decisões cuidadas, são assim conduzidos sobretudo a reagir, no momento e em direto, às inúmeras solicitações dos jornalistas, das sondagens e/ou da opinião pública. Mas os media também influenciam decisivamente o recrutamento dos políticos: num meio onde outrora tendia a prevalecer quem detivesse o reconhecimento, quer das bases quer dos pares, os dotes de oratória e a força das ideias, tende hoje em dia a triunfar sobretudo quem tem popularidade (adquirida ou não na política), telegenia e genericamente um bom desempenho mediático. Por último, verifica-se também uma influência ao nível do interior dos próprios meios partidários. Os partidos vêem-se confrontados com uma nova realidade social na qual os cidadãos dedicam uma atenção acrescida aos media, os quais se baseiam numa lógica mais comercial e lúdica do que propriamente relativa às fontes de ideologia política, pelo menos explícita, o que faz com que, numa ânsia de visibilidade, os políticos e os seus aparelhos canalizem os seus esforços no sentido de garantir uma boa reação mediática, relegando para segundo plano tudo o resto, chegando inclusive a promover mesmo a deliberada espectacularização da política, por exemplo através do ataque mútuo. Cria-se, desta forma, um fosso abissal entre os políticos 'mediáticos' e os restantes, que são basicamente desconhecidos do grande público, um facto que conduz globalmente a um enfraquecimento dos corpos partidários intermédios, que anteriormente funcionavam como importantes filtros e meios de arbitragem, ao mesmo tempo que a generalidade dos discursos tende a ficar formalmente 'desideologizada', ou seja, a perder uma orientação doutrinária-filosófica formal, o que por sua vez induz que a 'má ideologia' (exigindo menos meditação e crítica, limitando-se a confiar cegamente no senso comum) expulse com cada vez maior facilidade a 'boa ideologia', mais formalizada, consciente e assumida (cf. Baudrillard 1991, 1995; Wolton 1999, 2000, 2015).

Um facto maior tem vindo a impor-se de forma consistente, no respeitante às relações dos 'media' com a vida política: assistimos a uma inegável e crescente crise de representação, bem como a diversos sinais de desconforto relativamente à participação política. Quanto a isto, acrescentemos ainda, mesmo que a chamada 'sociedade digital' forneça importantes potencialidades quanto à reversibilidade desta situação, ela está, por si só, bem longe de constituir uma condição suficiente para tal. Com a aceleração generalizada trazida pela sociedade de informação, foram acentuadas tendências que de facto já vinham dos media tradicionais, em particular os jornais e o conjunto da imprensa escrita, como sejam a 'mercadorização', a 'ludicização' e o predomínio das preocupações de ordem técnica, não raro avançadas como solução para os problemas sociais e políticos. A grande maioria dos indivíduos, por seu turno, vêem-se ainda mais enredados num fluxo torrencial permanente, repetitivo e infindável de informações, mensagens e solicitações, o qual crescentemente produz dispersão, confunde e satura. Mas os novos media, para além de estarem frequentemente envoltos numa aura de progresso e cientificidade, surgiram empunhando uma bandeira diferente. Ao contrário da televisão, da rádio ou da imprensa, eles não teriam, assim se proclamou, diretamente por base uma lógica de oferta de conteúdos, estando antes oficialmente assentes numa lógica de primado da procura. Os sujeitos, ou cada um deles, é que passariam em princípio a selecionar os conteúdos pretendidos, toda a informação sendo alegadamente livre e encontrando-se disponível à distância de um 'clique', sem filtros, sem hierarquias, em tempo real, de forma transparente, 'bidirecional' e em princípio acessível a todos.

A realidade apresenta-se todavia dotada de contornos bem mais complexos, e na verdade também mais complicados, do que o sugerido por esta tão propalada nova utopia da chamada 'sociedade de comunicação'. Wolton é particularmente incisivo a este respeito, salientando quatro aspetos fundamentais. Em primeiro lugar, os indivíduos podem tender a ver-se confrontados com uma solidão interativa fundamental, caracterizada pela dificuldade em estabelecer contactos físicos com as outras pessoas. Começam a estar tão absorvidos pelas possibilidades técnicas de contactos, que quase não têm disponibilidade física e psicológica para olharem realmente em seu redor. O segundo aspeto é relativo à experiência do tempo. Com o conjunto dos novos meios, principalmente a internet, entra-se de facto numa escala temporal diferente, a todo o momento sendo possível aceder a um 'espaço-tempo' que em nada tem a ver com a 'vida real', o qual parece todavia mais presente do que qualquer outro, passando a condicionar toda a vivência pessoal e social dos indivíduos. Um outro domínio de problemas diz respeito ao facto de que, porque podemos tratar de inúmeros assuntos a partir do computador pessoal, tendemos a considerar que a sociedade está mais desobstruída, quando a situação corresponde muitas vezes a uma 'transparência impossível'. Por último, as novas tecnologias parecem sustentar a ideia de que, pela sua vulgarização e omnipresença, podem eliminar as lacunas entre emissores, mensagens e recetores. A verdade, porém, é que existem distâncias intransponíveis entre as três partes, as quais estão aliás na base da própria individualidade e da liberdade, distâncias essas que não podem nem, por definição mesmo, poderão ser anuladas por quaisquer meios de comunicação.

De acordo com os discursos *mainstream*, de resto, cada inovação tecnológica surge usualmente envolta numa aura de avanço, de cientificidade e de poder tais, que tende por hábito a ser vista como a solução miraculosa para múltiplos problemas sociais e políticos. Quanto a diversos aspetos, a internet é bem o mais recente exemplo desse tipo de inovações. Com as suas enormes potencialidades de interação em tempo real, sem limitações espaciais e em princípio livre de qualquer tipo de controlo, o ciberespaço pode alegadamente aproximar-se do ideal de 'espaço público' de discussão dos assuntos comuns. Todavia, sabemos perfeitamente que não basta existirem os meios técnicos que possibilitem a participação. Sem uma profunda transformação da esfera política e o fim das assimetrias sociais agudas, bem como da frequente 'clivagem digital' que a acompanha, a internet tenderá a ser apenas mais um meio de comunicação, com enormes potencialidades, é certo, mas cuja realidade em pouco difere dos demais, ficando igualmente muito aquém das elevadas expectativas por vezes nele depositadas (cf. Wolton 2000, 2015).

Uma vez claramente assumido que a disseminação da internet e meios correlativos não faz desaparecer a realidade social constitutiva que é o próprio poder, não sendo por conseguinte promovido desse modo qualquer tipo de utopia acrática, torna-se entretanto necessário reconhecer um certo número de especificidades que lhe estão intimamente associadas. O exercício do poder político é, nos nossos dias, obviamente inseparável do recurso inteligente àquilo que é por vezes designado como *soft power*, enquanto produção organizada e subtilíssima de consensos muito amplos. E essa dimensão encontra-se, por sua vez, intimamente associada à possibilidade reconhecida duma intervenção direta, ainda que de âmbito meramente subalterno, à generalidade das populações que são objeto de condicionamento e manipulação. Como ilustração disto, registe-se por exemplo que nas últimas eleições presidenciais norte-americanas o candidato vencedor foi aquele que recorreu mais abundantemente, e de forma mais consistente, às chamadas 'redes sociais'. Isso foi particularmente notório no caso de Barack Obama, cuja vantagem em relação aos rivais diretos foi, aliás, bem maior no segmento de votantes diretamente ligados à utilização daquelas redes do que no universo global dos votantes: aquele grupo não constituiu ainda um bom indicador dos valores médios, mas indiscutivelmente assinalou o *trend* geral. Aquando do segundo mandato de Obama a tendência para as chamadas 'redes sociais' aumentarem de importância continuou a expressar-se com indesmentível clareza, aliás de forma claramente acentuada. Já com a eleição de Donald Trump, entretanto, o quadro geral resultou algo mais obscurecido, dado tratar-se aqui de um candidato em termos gerais desprezado ou desconsiderado pelos media dominantes, sendo a massa dos seus eleitores constituída, de resto, pelos célebres *'deplorables'*, isto é, populações empobrecidas, com menores recursos culturais e presumivelmente com um menor acesso médio ao protagonismo mediático. Ainda assim, Trump tornou-se inegavelmente conhecido também pela importância atribuída pelo próprio à rede *Twitter* como forma de estabelecer uma comunicação direta com as suas bases de apoio, pretensamente por dessa forma poder curto-circuitar de maneira eficaz quer as estruturas partidárias, quer um grupo de cadeias televisivas que lhe seriam maioritariamente hostis.

Este conjunto de factos pode bem ser lido como uma chamada de atenção para a emergência, através da internet e das redes sociais, dum traço das realidades políticas, relativo ao poder soberano, para o qual já Thomas Hobbes chamou na verdade a atenção há vários séculos: o soberano só pode sê-lo plenamente na condição de proceder como 'representante' ou 'ator', ou seja, enquanto veículo de pulsões cujo 'autor' permanece todavia o conjunto dos súbditos (Hobbes 1995; Gauthier 1969). Transpondo este esquema mental para a análise do hodierno recurso à internet e às redes sociais, o agente político eficaz é, nos nossos dias, sem dúvida aquele que se revela capaz de 'cavalgar o tigre' da iniciativa (todavia parcialmente espontânea) dos seus seguidores, os quais entretanto, para vários efeitos limitados, podem e devem realmente operar 'em rede', não de acordo com uma hierarquia explícita, menos ainda uma hierarquia formal. O referido funcionamento 'horizontal' ou 'em rede', porém, não suprime os traços profundamente hierárquicos do conjunto dos dispositivos políticos instituídos; mais ainda: desde que inteligentemente monitorizado e orientado (o *soft power* transformando-se assim plenamente em *smart power*), o elemento de 'rede' reforça as capacidades das instâncias hierárquicas superiores, acrescentando um enorme 'efeito multiplicador' às iniciativas destas últimas. Fixa-lhes entretanto também um limite, ou assinala-lhes uma necessidade imperativa: a de levar em devida consideração a existência da tal tendência para o procedimento 'em rede', contra o qual não se pode aparentemente operar com eficácia, pelo menos de forma explícita e direta.

Status e cidadania

Qualquer digressão sobre a noção de 'status' na teoria sociológica moderna exige um regresso, ainda que apenas momentâneo, ao texto matricial de Max Weber (1968, 1989) intitulado *Classe, Status e Partidos*, onde é apresentada a seguinte distinção ideal-típica de grupos sociais: a) o critério determinante é económico, prevalece uma perspetiva de mera associação de facto e o grupo é formalmente aberto, o que produz a 'classe'; b) o critério decisivo consiste no prestígio, impera o aspeto do reconhecimento recíproco e desse modo o grupo tende ao fechamento, do que resulta o 'grupo de status'; c) o critério é político num sentido amplo, referindo-se a um grupo parcial adentro duma associação mais vasta, visando coordenar a ação para o exercício do poder no âmbito da última, o que conduz ao 'partido'.

No caso da classe, a lógica imanente expressa o predomínio dum 'princípio de mercado' tal como definido pela economia *mainstream*, isto é, uma completa ausência formal de barreiras à entrada ou à saída, os níveis de preços sendo estabelecidos pela concorrência e aceites pelos agentes enquanto meras realidades paramétricas. Na medida em que o princípio efetivo do mercado se torna em vez disso o oligopólio, a conduta de cada agente adquirindo portanto uma repercussão significativa na definição do ambiente que é defrontado pelos outros, a racionalidade da conduta deixa *ipso facto* de ser 'paramétrica' e torna-se em vez disso 'estratégica', por conseguinte emergindo aí inevitavelmente uma dimensão 'política' em sentido lato, ou uma lógica de 'partido'. Por outro lado, no caso em que a 'função-utilidade' ou a estrutura das preferências de cada agente depende dos outros, particularmente em resultado da presença dum elemento agonístico envolvido nas práticas de consumo, as quais assumem assim um caráter 'conspícuo', a situação adquire também uma inegável componente de 'status'.

A classificação tripartida de Weber ecoa tanto a oposição entre 'status' e 'contrato' previamente estabelecida por Henry Sumner Maine, como a distinção fundamental postulada por Karl Marx entre 'classe em si' e 'classe para si'. De acordo com Sumner Maine, aquela oposição corresponde em grande parte às diferenças entre tradição e modernidade, o costume e a fixidez das posições sociais predominando inquestionavelmente no primeiro caso, a deliberação voluntária e a mobilidade na segunda. Quanto ao par conceptual de Marx, o primeiro termo exprime a existência duma mera realidade factual, objetiva, o segundo implicando por oposição um elemento de reconhecimento recíproco e, consequentemente, uma conduta política concertada visando a tomada de poder. Marx, acrescentemo-lo ainda, pensou no seu próprio empreendimento teórico enquanto meio de transformação do proletariado moderno de simples 'classe em si' numa 'classe para si', dotada portanto de 'consciência de classe' e capaz de iniciativa política própria.

Weber aceitou apenas em parte a antinomia de Sumner Maine, dado que tendia a assumir a existência inevitável duma dimensão de status também nas sociedades modernas; e transformou aquilo que constituía originariamente a dicotomia de Marx num esquema mais diversificado, porque tripartido. No seu quadro de categorias, as classes denotam uma realidade económica e referem-se a uma associação meramente factual, desconsiderando o reconhecimento pelos outros agentes. Tudo dependendo da perspetiva do investigador e dos seus interesses, as classes sociais podem aliás ser agrupadas de várias maneiras, reportando-se quer à produção quer ao consumo, denotando várias condições e tipos diversamente inclinados: uma 'classe de consumo' (ou noutros termos, um grupo de agentes com a mesma posição objetiva quanto a critérios de consumo), dado que necessariamente adota um determinado estilo de vida, tende muito mais do que uma 'classe de produção' a estar estreitamente correlacionada com um 'grupo de status'. Mais importante ainda, a passagem marxiana do 'em si' ao 'para si' resulta agora, na obra de Weber, claramente desdobrada em dois processos bastante distintos. Na verdade, um elemento de reconhecimento mútuo e ação reciprocamente orientada está presente quer no 'grupo de status' quer no partido. Todavia, no que se refere ao partido a ação é conscientemente interessada/utilitária, visando produzir certos resultados práticos e sendo portanto orientada por um princípio de 'racionalidade por referência aos objetivos', enquanto no 'grupo de status' defrontamos aquilo a que a sociologia viria mais tarde a chamar ação 'expressiva', por oposição à dita 'instrumental': a pertença a um 'grupo de status' constitui eminentemente um fim em si mesma, o ponto central de interação consistindo, nesse caso, em ser reconhecido pelos outros membros enquanto 'um de nós'.

É importante reconhecer, no entanto, que estas três dimensões constituem segundo o próprio Max Weber apenas um quadro 'ideal-típico', a factualidade correspondendo usualmente a várias combinações possíveis. Assim, e como já vimos, uma pertença de status elevada implica a adoção dum estilo de vida dispendioso e, em consequência, uma ligação necessária com a 'classe de consumo' imediatamente emerge. Um padrão de consumo luxuoso constitui, porém, uma condição realmente necessária, *mas não suficiente*, duma pertença de status elevada: é o que a tradicional figura do 'novo-rico' ilustra plenamente. Por outro lado, se uma lógica de status acabar por exercer uma influência decisiva e verdadeiramente predominante na vida económica, o princípio dito de 'mercado livre' é expulso daquela e, por conseguinte, os grupos profissionais tendem no limite a transformar-se em castas, tal como, segundo Weber, teria acontecido de forma consumada com a sociedade indiana tradicional. E múltiplos outros casos ainda, de mescla e de combinação destas dinâmicas distintas, são facilmente identificáveis na análise sociológica.

Embora Weber somente de forma muito limitada tenha concedido que existe um enfraquecimento da componente de 'status' nas sociedades modernas, diversos outros autores vieram mais tarde a fazer deste tema um ponto crucial da respetiva linha de argumentação. Foi nomeadamente o caso com Ralph Linton (1936), embora a oposição seja, no seu caso, formulada em termos duma antinomia entre status dito 'atribuído' e status 'adquirido', o que configura a diferença entre fixidez e mobilidade, ou entre componentes transmitidas por herança e componentes decorrentes do desempenho individual. Esta oposição, por sua vez, supostamente exprimiria a diferença fundamental entre as sociedades tradicionais e as modernas. A distinção estabelecida por Linton foi mais tarde recuperada por Talcott Parsons (1951), o qual a reportou ao seu quadro sociológico mais amplo, sobretudo às chamadas 'variáveis de configuração', em particular aquela que denota e opõe tudo aquilo que na vida social é realizado/obtido (*achieved*) àquilo que é simplesmente 'atribuído' (*ascribed*). Parsons destaca a distinção entre status 'atribuído' e 'adquirido', a primeira variedade indicando atributos pessoais que tipicamente escapam ao controlo de cada um, tais como a idade, a raça ou o sexo, a segunda referindo-se aos aspetos alcançados através do esforço ou do mérito, com a conclusão de que as sociedades contemporâneas tendem a encorajar a mobilidade social individual mais do que as sociedades tradicionais, o 'status adquirido' sendo nelas uma componente crucialmente importante na distribuição das recompensas.

Vários outros autores, aludindo de facto à etimologia latina da palavra, têm estabelecido uma correspondência entre as ideias de 'status' e de 'posição' na sociedade, destacando-se neste conceito uma componente supostamente estática, fixa ou 'estrutural', da qual a noção de 'papel' expressaria por contraste o reverso alegadamente dinâmico, ativo ou 'funcional' (cf. particularmente Dahrendorf 2012). Outros autores realçaram outrossim a especificidade do conceito de 'status', por oposição ao de 'papel', enquanto grupo de recursos permitindo que os atores interpretem ou desempenhem as suas funções de acordo com modulações originais. Parcialmente no mesmo sentido, uma distinção é por vezes também estabelecida entre esses dois termos, tratando o 'status' enquanto sanção para a forma como os atores desempenham os seus 'papéis'. Em ambos os casos, o 'status' é pensado enquanto algo mais informal e pessoal, mas também (e em parte por essa mesma razão) mais estável, ao passo que o 'papel' é considerado mais imediatamente social e mais institucional/formal, mas também explicitamente mais mutável. Uma menção é igualmente devida à distinção entre o status dito 'objetivo', associado a direitos jurídicos formais dos indivíduos, e o status autopercebido ou 'subjetivo', correspondente apenas a autoavaliação, apesar do usual reconhecimento analítico de que mesmo a autoavaliação de cada indivíduo fica de facto, em boa medida, a dever-se às perceções experienciadas pelos outros agentes, ou seja, é também ela socialmente determinada, pelo menos em parte.

Enfim, e não obstante a maior ênfase frequentemente colocada na questão do 'status' individual, vários autores ainda, por vezes reivindicando aliás explicitamente uma perspetiva weberiana, têm sublinhado principalmente a noção de comunidades ou 'grupos de status' enquanto coletividades sociais integradas e combativas. De facto, deve reconhecer-se que grupos com estilos de vida diferenciados dos demais, acompanhados de referências culturais e sistemas morais idênticos, tendem a criar laços de solidariedade, produzindo comunidades separadas da sociedade global, as quais, por sua vez, tendem a estar organizadas de modo a desfrutar de privilégios e benefícios específicos.

Neste contexto, devemos distinguir duas noções relativas a 'status': a) uma dimensão cultural, referindo-se estritamente ao estilo de vida; b) o status enquanto direito político-legal, ou seja, necessariamente comportando também um componente essencial da cidadania. Quanto a esta outra dimensão, o status pode evidentemente estar relacionado com a reclamação de direitos particulares, como acontecia de resto com a maior parte dos grupos nas sociedades europeias ditas tradicionais ou de 'antigo regime', direitos esses que depois foram predominantemente percebidos de forma negativa, e assim pejorativamente designados como 'privilégios'; mas pode também, caracteristicamente, vir relacionado com a reclamação duma igualdade real, e não apenas formal, tal como acontece com aquilo que hoje em dia designamos usualmente como formas de 'discriminação positiva' (cf. Turner 1988, 1993).

Seja como for, estejam as reivindicações associadas à (historicamente mais frequente) reclamação de direitos particulares, ou assumam mesmo elas o caráter de pretensão a direitos 'universais', deve notar-se que se trata ainda assim, neste último caso, duma 'universalidade' forçosamente adentro dum universo correspondente de facto apenas ao grupo dos cidadãos duma qualquer 'polis', duma qualquer sociedade politicamente organizada, normalmente um estado-nação, cujas estruturas políticas têm condições para, precisamente, garantirem em termos práticos o acesso a um certo número de direitos, considerados inalienáveis e imprescritíveis, por parte de todos os membros da respetiva cidadania/ /*citizenry*. A obtenção de quaisquer direitos de cidadania, entretanto, mesmo os mais elementares, tende a vir associada quer a aspetos económicos quer a aspetos de status, tal como aliás foi justamente destacado por Thomas Humphrey Marshall no seu clássico estudo sobre cidadania (1950). Em suma, toda a cidadania/ /*citizenship*, acompanhada para cúmulo pela sua característica tendência para o adensamento e a aquisição de dimensões sucessivas e cumulativas (civis, políticas, 'sociais' e outras), adquire invariavelmente facetas que nunca são estritamente políticas, mas necessariamente relativas também quer a aspetos económicos, ou de classe social, quer a aspetos de status.

Quanto a isto, o conjunto de especificidades, supostamente muito significativas, usualmente reportadas àquilo que é por vezes denominado como condição 'pós-moderna', tende obviamente a ver a sua importância diluída. Entre outros numerosos autores, foi exemplarmente alegado por Nancy Fraser (2003) que as questões políticas e culturais relevantes teriam, nos nossos dias, basicamente deixado de ser económicas, ou de 'classe' no sentido weberiano, para supostamente passarem a ser sobretudo de 'grupo de status' em sentido lato, obviamente incluindo questões de etnia, de género e outras mais ou menos afins, em todo o caso sempre fazendo apelo ao aspeto do reconhecimento, analiticamente destacado por

Fraser em oposição ao grupo de traços relevantes do económico, ou da classe social. Ora bem, parcialmente em oposição a este outro *trend* argumentativo, é importante destacar aqui que, embora a perspetiva da classe se preste naturalmente de forma muito mais fácil a constituir o veículo por excelência da universalidade, o que aliás é facilmente identificado como correspondendo ao veio principal do raciocínio de Marx e ao marxismo clássico (o proletariado das sociedades modernas enquanto pretensa 'classe universal' por excelência, representante do género humano ou da humanidade no seu conjunto, em todos os lugares e em todos os tempos), o que é facto é que a tal 'universalidade' encontrou invariavelmente expressões históricas, de resto sempre limitadas, adentro de contextos culturais e políticos específicos, por conseguinte permanecendo sempre inseparável de elementos de status e de cidadania: noutros termos, aspetos implicando sempre o reconhecimento recíproco e elementos vários acarretando o exercício da política.

O exercício pleno dos direitos pelos indivíduos ocorre, assim, necessariamente adentro dum grupo ou adentro de grupos parciais, de entre os quais convém destacar a própria nação e aquilo que hoje em dia por norma acompanha esta: o estado e o exercício da política. O usufruto habitual dos direitos (sejam eles simplesmente 'civis', políticos ou sobretudo 'sociais') tem, por conseguinte, sistematicamente lugar já num contexto institucional delimitado, que é o da pertença ao grupo de cidadãos duma 'polis'. Por outro lado, se é verdade que facilmente reconhecemos também, para além daqueles, um grupo de 'direitos humanos' absolutamente irrevocáveis e verdadeiramente universais, adentro destes tais direitos universais inclui-se precisamente, e de forma crucial, o de pertencer a grupos parcelares da espécie humana, as nações ou nacionalidades, que em condições habituais são inseparáveis do reconhecimento recíproco e fornecem o fundamento para a produção de estruturas políticas (das quais o estado-nação é a mais comum e na verdade a mais esperável) capazes da garantia material e formal da cidadania, enquanto requisito prévio ao pleno gozo dos direitos.

7

REVOLUÇÃO FRANCESA

Embora distante já em mais de dois séculos, a revolução francesa continua hoje em dia a ser objeto de acalorados debates historiográficos e/ou sociológicos, as oposições doutrinais do presente encontrando frequentemente naqueles debates uma expressão direta. Por este modo se evidencia bem o quanto a revolução francesa é um tema ainda atual.

Embora tivesse obviamente vários pontos de afinidade com as revoluções britânica de 1688 e norte-americana de 1776, a revolução francesa cedo trilhou um rumo muito próprio de acontecimentos, de entre os quais são de destacar: a ênfase no projeto racionalizador do conjunto da vida social e a intensa ligação à tradição iluminista, ou a uma certa variedade desta tradição (o que esteve associado a um papel muito importante nela desempenhado por diversos segmentos intelectuais); o radicalismo e a intensidade adquiridos pelas inclinações igualitárias, bem traduzidos pela primazia constitucionalmente consagrada ao 'direito à subsistência' e pela adoção do sufrágio universal masculino e da fiscalidade progressiva; a propensão marcadamente universalista, bem expressa na abolição imediata da escravatura nas colónias.

Várias destas tendências, ou pelo menos a intensidade com que foram vividas, permitem distinguir facilmente a revolução francesa da generalidade das 'revoluções atlânticas', que geralmente permaneceram bem mais 'cordatas' ou 'moderadas' (pelos padrões da época) e também muito menos plebeias e mais estritamente europeias ou 'euro-norte-americanas'. A revolução francesa, sendo ela própria em grande medida já uma expressão de atraso económico comparativo (em que a França se deixara cair durante o século XVIII), evidencia também o intuito de recuperação relativamente ao referido atraso e, simultaneamente, a tendência para metamorfosear esta condição num grupo de ideários políticos de natureza, podemos dizer, semirreligiosa.

A derrota da França na disputa pela hegemonia com o Reino Unido fez aquele país num certo sentido 'arder' e 'sublimar-se' no combustível ideológico que aquela derrota o levara a produzir. As consequências desse facto ultrapassam, em muito, o âmbito da estrita rivalidade franco-britânica e mesmo da história europeia: com a revolução francesa, podemos dizer, o 'género humano' no seu conjunto tomou consciência de si próprio e capacidade para proceder em conformidade com a referida comum condição humana.

Nenhuma corrente política expressa tão bem quer os limites quer as potencialidades da revolução francesa como os jacobinos. Nenhuma encarna tão perfeitamente quer as suas promessas, quer a condição trágica dos seus obstáculos e das suas incapacidades. Maximilien Robespierre foi a figura onde, acima de todas as outras, ficaram condensadas todas estas tensões e contradições. Nenhuma foi, por isso, tão intensamente objeto de *damnatio memoriae* continuado até aos nossos dias. Importa pois, quanto a isso, confrontar os mitos com a realidade factual, tanto quanto podemos hoje em dia reconstruir esta última.

O que foi a revolução francesa?

Talvez seja impossível mencionar um momento mais central para o pensamento político moderno do que a cadeia de eventos, iniciada em 1789, que mais tarde foi genericamente designada como 'Revolução francesa'. Entretanto, em paralelo com os próprios acontecimentos existe também, quanto a este assunto, toda uma imensa tradição subsequente de comentário (filosófico, historiográfico, sociológico), melhor ou pior baseada na factualidade, mas à qual se torna em todo o caso necessário considerar, desde logo em virtude do enorme 'facto' do ponto de vista da história das ideias (e nesse sentido também um 'facto performativo') que a mera consolidação daquela vem a produzir. Desde a celebérrima denúncia panfletária efetuada por Edmund Burke, passando pelo conjunto da tendência contrarrevolucionária oitocentista (Maistre, Taine e tantos outros), até aos autores que iniciaram na viragem de século XIX-XX um processo de reabilitação da memória da revolução (Jean Jaurès, Herbert George Wells, Albert Mathiez, Georges Lefebvre) que num certo sentido culmina na obra de Albert Soboul, desembocamos mais recentemente na proposta da categoria de 'revoluções atlânticas', avançada por Jacques Godechot (1965) e Robert Palmer (1970), em paralelo com um processo de denúncia da inclinação 'totalitária' da revolução que é levado a cabo, entre outros, por Hannah Arendt (1971) e François Furet (1978, 1999; cf. também, quanto a isto, Christofferson 2004), para confluirmos nas declaradamente mais distanciadas tentativas de contextualização, propostas por Barrington Moore Jr. (1975), Theda Skocpol (1985), Donald M. G. Sutherland (2003) e Michel Vovelle (2007) e enfim numa recuperação da memória da prática revolucionária assente na consideração mais atenta, acima de tudo, dos intuitos redistributivos correspondentes às suas tendências igualitaristas, conforme destacado, entre outros, por autores como C. L. R. James (1989), Edward P. Thompson (1989, 1991), Florence Gauthier (1989, 1992), Jean-Pierre Gross (2002) e Domenico Losurdo (2004a, 2005b).

Em todo o caso, por baixo das várias camadas sedimentares de comentário crítico, ou para além delas, é conveniente começarmos por regressar aos factos revolucionários propriamente ditos, bem como ao respetivo contexto. A fim de entendermos de forma global e satisfatória a cadeia dos eventos da revolução devemos, assim, considerar primeiramente a circunstância de que a França tinha sido a potência política mais importante no 'teatro' europeu no período que a antecedera, imediatamente após a dissipação do ascendente ibérico que caracterizara o início da Idade Moderna. O reino francês, ao contrário dos segmentos oriental e central do território que em tempos longínquos constituíra o Império Franco, e que mais tarde viriam a produzir, grosso modo, respetivamente a Alemanha e o grupo de entidades políticas correspondentes à chamada 'Lotaríngia' (ou seja, os Países Baixos, a Confederação Helvética e o conjunto de miniestados da Itália central e setentrional), tinha mantido uma notável continuidade histórica enquanto unidade política, constituindo o poder hegemónico da metade ocidental da Europa durante o período decorrendo, de forma aproximada, de 1600 a 1750.

Todavia, este ascenso de França foi sempre disputado sob diversas formas. Depois de ter conseguido com sucesso despachar a antagonista Imperial/espanhola, a potência francesa teve assim de lidar primeiro com a supremacia naval e económica holandesa, e depois disso com os britânicos imiscuindo-se em pleno no centro dos assuntos continentais europeus. Embora gozasse duma posição geográfica de 'país do meio' no âmbito da Europa Ocidental, em grande parte conseguindo fazer reverter a seu favor o fluxo global das heranças políticas, culturais e económicas provenientes de fontes quer italianas quer ibéricas, a França foi de facto fundamentalmente superada por aquilo que constituiu uma importante e rápida deslocação do centro de gravidade civilizacional europeu ocidental, o qual se transferiu genericamente para a sua porção noroeste, ou seja, aproximadamente os Países Baixos e a Grã-Bretanha. Durante todo o século XVIII a França é, aliás, de longe o país mais populoso da metade ocidental do continente europeu, atingindo pelo menos 3 vezes o nível da Grã-Bretanha, isto é, mais de 25 milhões versus 7-8 milhões de habitantes por volta de 1750, mas entretanto não só Grã-Bretanha e os Países Baixos eram então já consideravelmente mais ricos, com uma agricultura e uma pecuária tecnologicamente mais avançadas e mais eficientes: registavam igualmente níveis mais elevados de urbanização e de alfabetização, os britânicos encontrando-se, para além disso, no começo da Revolução Industrial. Acima de tudo, detinham também o maior poder naval do mundo, um facto que permitiu a sua vitória crucial na corrida pelos recursos e pelos mercados coloniais, ficando consagrado nos tratados de paz que concluíram a chamada 'Guerra dos Sete Anos' (1756-63) e deixaram os franceses basicamente afastados da América do Norte e da Índia, pela mão dos seus tão odiados rivais britânicos e em benefício destes. Em paralelo, os britânicos conseguiram também dominar fundamentalmente o conjunto da paisagem continental europeia, na medida em que permaneceram capazes de promover de forma recorrente diversos sistemas de alianças e oposições, os quais consistentemente evitaram o ascenso demasiado marcado de qualquer poder político unificado no território continental: por outras palavras, a Grã-Bretanha foi capaz de garantir o 'equilíbrio-de-poderes' europeu, facto que a deixou realmente numa condição muitíssimo vantajosa, simultaneamente de proximidade e de separação da Europa continental, isolada mas ainda assim fundamentalmente ligada, de certa forma 'à parte e acima' do continente: quer em termos geográficos, quer sobretudo da perspetiva político-militar (cf. O'Brien 1999, 2003; Winch & O'Brien 2002; Findlay & O'Rourke 2007).

A principal vítima deste processo, escusado será dizê-lo, foi a França, cuja condição imediatamente anterior à revolução era a dum gradual declínio, cada vez mais evidente se medido enquanto atraso económico comparativo, desesperados esforços sendo então envidados com o fito de contrariar esta tendência por parte dum centro político que, ainda assim, se debatia com desvantagens fundamentais, nomeadamente as relativas às tendências recorrentes para gerar défices públicos, e sendo então já inegáveis os riscos de ser apanhada numa espiral económico-fiscal descendente: os bloqueios ao crescimento da 'riqueza da nação' gerando uma compressão consistente dos gastos públicos, a retirada da intervenção económica pública induzindo posteriormente bloqueios ainda maiores ao crescimento do rendimento nacional e assim por diante. Os conflitos sociais diretamente relacionados com o défice público, bem como as suas repercussões imediatas nas discussões relativas a tributação, tiveram consequências que vieram a tornar-se verdadeiramente explosivas em múltiplos sentidos.

Este período tinha também importantemente testemunhado a secessão das colónias britânicas na costa leste norte-americana, ou seja, a independência dos futuros EUA, de acordo com princípios que consagravam precisamente a necessidade, para os poderes soberanos, de obterem o consentimento dos súbditos em matéria fiscal, fosse direta ou indiretamente, através dos dispositivos de representação política. Traduzida e transportada para o contexto francês, porém, a noção de *'no taxation without representation'* veio a adquirir ramificações políticas sem dúvida ainda mais formidáveis. Qualquer intuito, por parte dos poderes centrais, de aumentar os níveis de tributação, em particular tentando limitar as isenções fiscais dos numerosos grupos sociais privilegiados, era obrigado a defrontar a oposição feroz por parte do clero e sobretudo da nobreza, entrincheirada nos chamados *parlements*, uma extensão institucional da *noblesse de robe* ou nobreza de toga, formalmente a sede do 'poder judiciário', mas realmente dotados, em particular o *Parlement* de Paris (que era considerado pelos demais como instituição sénior), duma crucial capacidade para vetar quaisquer medidas régias que visassem alterar por meios políticos o quadro institucional geral. Essa atitude estava presumivelmente fundada numa Constituição tradicional, imaginária e não-escrita, do reino da França, de cuja sacrossanta integridade os *parlements*, desse modo autopromovidos em tribunais constitucionais de facto, se consideravam precisamente os guardiães intransigentes. No caso de o monarca e os seus ministros pretenderem anular esta capacidade de veto, e de acordo com a clássica formulação consagrada na obra de Montesquieu (1995), essa manobra constituiria uma rotura fundamental da independência do 'poder judiciário', o que significava que a França, com os ramos 'legislativo' e 'executivo' da soberania já concentrados no setor formado por 'rei-e-ministros', nesse caso deixaria de todo de ser um reino, ou uma monarquia, para em vez disso degenerar num mero caso de despotismo, ou seja, numa configuração política carente de qualquer verdadeira constituição, onde os momentâneos caprichos do governante único se tornariam capazes de ditar tudo.

O profundo impasse causado pela necessidade urgente, por parte do centro político, de elevar os níveis de tributação, em confronto com a intransigência obstinada dos grupos privilegiados quanto a qualquer abdicação fundamental das suas prerrogativas, acabou por produzir a emergência da ideia de ressuscitar os velhos 'Estados Gerais', uma instituição representando toda a população do reino e dotada de importantes direitos políticos, por isso presumivelmente capaz de fornecer os meios necessários a uma ultrapassagem do impasse institucional que se experimentava, não obstante o facto de tal instituição ter na verdade permanecido de algum modo 'congelada' durante aproximadamente o século e meio anteriores, período durante o qual os monarcas franceses tinham reinado-e-governado com muito maior latitude de manobra do que os seus análogos britânicos, que naquela época tinham de lidar permanentemente com um Parlamento nacional unificado, o qual era também *ipso facto* muito mais influente do que os seus equivalentes franceses, divididos e assim enfraquecidos, e precisamente por isso reduzidos a um papel meramente 'judiciário' (cf. Plamenatz 1992).

Todavia, a decisão de reativar os 'Estados Gerais' induziu uma dinâmica de mudança bastante inesperada e inteiramente nova, com a antiga representação política através de 'ordens' ou 'estados' separados a ser rapidamente substituída, por iniciativa dos delegados do 'terceiro estado', ou seja, os plebeus, evoluindo depois rapidamente para uma representação unificada, uma Assembleia Nacional, unicameral e dotada de capacidade constituinte, que supostamente representaria já não os diversos grupos sociais tomados em separado, mas um bloco unificado correspondente ao 'Povo' ou à 'Nação', tendo prosseguido com vista à elaboração duma nova Constituição escrita, incorporando uma Declaração de Direitos marcadamente solene, de acordo com uma trajetória que facilmente evoca a que tinha sido seguida, poucos anos antes, pelos nascentes EUA. Este parlamento, que permaneceu em atividade de 1789 a 1791, foi substituído por uma Assembleia Legislativa que durou de Outubro de 1791 até Setembro de 1792; e posteriormente por uma Convenção vigorando de Setembro de 1792 até Outubro de 1795, a qual testemunhou realmente os episódios mais radicais e decisivos da revolução francesa.

Pode legitimamente dizer-se que o processo francês, nos seus estágios iniciais, seguiu um trilho configurando um compromisso entre o caso britânico de 1688 e a mais recente experiência norte-americana, a qual tinha, para além disso, sido anteriormente ajudada pela monarquia francesa, ansiosa por obter, mesmo que apenas através de terceiros, pelo menos uma compensação parcial pela sua derrota na 'Guerra dos Sete Anos' (1756-63). Os meios políticos franceses inicialmente foram de facto bastante inspirados pelos EUA, com a óbvia e importante ressalva de que a França era uma monarquia e, por isso, alguns traços produzidos pela 'Revolução Gloriosa' britânica tinham também de ser mantidos, como por exemplo o facto de o rei, atuando através de seus ministros, ser primeiro oficialmente considerado o centro do 'poder executivo', detendo uma capacidade de veto limitada relativamente às decisões parlamentares. No entanto, o legislativo francês ficou constituído por uma única câmara, as distinções legais adentro da cidadania foram rápida e formalmente suprimidas através da enfática abolição do 'feudalismo'; e na verdade o conflito entre a monarquia e o legislativo sofreu uma rápida deterioração, o rei vindo rapidamente a cair, aos olhos da opinião pública, na condição algo acabrunhante de *Monsieur Veto*, o conjunto de acontecimentos desembocando na supressão da monarquia e na proclamação da república já em 21 de Setembro de 1792.

Se todos estes traços rapidamente apartaram o caso francês do britânico, outros aspectos contribuíram para separá-lo claramente também do curso norte-americano de eventos. De facto, na França apenas nas fases iniciais do processo os principais intervenientes no processo político foram meios burgueses, com o chamado *menu peuple* ou 'arraia-miúda' a tornar-se rapidamente o protagonista fundamental e principal ocupante do palco central: artesãos, trabalhadores intelectuais de posições médias e subalternas, pequenos comerciantes, camponeses e outros trabalhadores independentes, mas também muitos operários assalariados, inúmera criadagem e em geral um número considerável de mulheres, na sua maioria correspondentes aos estratos sociais mais baixos. Este traço eminentemente plebeu, ou noutros termos o claro e vincado aspeto 'banáusico' da Revolução francesa rapidamente conduziu, por exemplo, à inclusão formal do 'direito de subsistência' enquanto princípio constitucionalmente reconhecido como direito universal e primordial, facto que veio a ocorrer durante o período da Convenção (Gauthier 1989; Losurdo 1993, 2004a). Esteve também intimamente ligado a diversas outras medidas de imediata relevância económica, tais como a tentativa de introdução do imposto direto progressivo e a instituição sistemática do tabelamento (ou definição legal de *máximos*) em matéria de preços dos bens de consumo comuns, especialmente os relativos a necessidades básicas. Estas políticas económicas tornam a Revolução Francesa facilmente distinguível das suas contrapartidas anglo-americanas através da presença avassaladora, adentro do fulcro mesmo dos debates políticos, de eminentes intuitos redistributivos com um pendor economicamente igualitário (Gauthier 1992; Gross 2002).

Tal tendência, procurando conduzir a prática política a ocupar-se primordialmente do tratamento das realidades económicas, visando ocupar-se dos problemas que afligiam a grande maioria da população, em particular os traços materiais correspondentes ao quotidiano, levou assim a promover aspetos até ao momento considerados meramente temas da comédia, como seja a vida banal das 'pessoas pequenas', elevando-os até ao palco central daquilo que era antes considerado um análogo à tragédia, portanto incidindo supostamente apenas sobre a vida dos grandes. Esta guinada da Revolução Francesa para a esfera da vida económica e para o mundo das 'coisas pequenas' tem, até aos nossos dias, repugnado profundamente aos comentadores 'liberais' de praticamente todas as tonalidades (cf. por todos Arendt 1971). Mas houve algo mais naquela revolução, e algo mais escandaloso ainda do que esta tentativa, já de si muitíssimo impertinente, de proclamar Papageno-e-Papagena como personagens centrais da trama da História Universal. A mesma inclinação plebeia e igualitária encontrou uma expressão indiscutivelmente acentuada na rápida abolição da escravatura em todas as colónias francesas, que foi proclamada de forma incondicional e com efeitos imediatos, de facto acompanhada dum complemento de inclinação trágica conscientemente invertida, através da declarada desconsideração das possíveis consequências económicas de tais medidas: 'Que pereçam as colónias, em vez dum princípio', de acordo com a célebre réplica de Maximilien Robespierre (*Périssent les colonies, plutôt qu'un principe*) aos que invocavam a alegada inviabilidade económica da empresa colonial, caso a escravidão fosse abolida *tout court* e de forma imediata. A inclinação abolicionista da revolução francesa permite estabelecer um claro contraste com o caso dos EUA, nos quais a escravatura foi de facto deliberadamente mantida e mesmo reforçada pela proclamação da independência por parte dos colonos, várias salvaguardas em benefício dos proprietários de escravos tendo ficado conscientemente e cuidadosamente consagradas no projeto original da nova da comunidade política, incluindo cruciais direitos de veto em matéria constitucional (ou possibilidade de formação de 'minorias de bloqueio') para os Estados do Sul, aspetos que viriam aliás, décadas mais tarde, a impor o apelo ao 'estado de exceção' e à guerra civil enquanto instrumentos absolutamente necessários para implementar as medidas abolicionistas (cf. James 1989; Lazare 1996, 1998, 1999; Losurdo 2004c, 2005a).

Durante o seu período mais radical, ou 'jacobino', a revolução francesa trouxe também momentaneamente o sufrágio masculino universal, considerado então uma completa aberração pelos padrões contemporâneos do liberalismo político *mainstream*, assumido como equivalente a uma tirania exercida pela maioria da sociedade, isto é, os pobres, e considerado assim, por definição, uma forma de poder 'terrorista'. Com as paixões políticas levadas ao rubro, várias guerras e coligações foram organizadas e promovidas pelo conjunto das outras potências europeias 'respeitáveis' contra a 'terrorista' França. De facto, o país revolucionário foi mesmo momentaneamente rebaixado à condição duma sociedade globalmente fora-da-lei, o modelo mesmo do *rogue state* (muito antes de a expressão ter sido cunhada) contra o qual seria legítimo e mesmo necessário lutar *todo modo*, de acordo com a argumentação de publicistas famosos, como Edmund Burke. Neste contexto, a que acresceu ainda o abandono em massa do país pela aristocracia, produzindo assim grandes ondas de *emigrés*, o conjunto de noções típicas do republicanismo clássico ganhou um ascendente momentâneo, o patriotismo, a virtude cívica e a 'liberdade dos antigos' sendo intensamente exaltados, uma permanente participação política coral dos cidadãos sendo considerada desejável e, em boa verdade, assumida mesmo como condição normal dos assuntos públicos.

Na sua fase mais radicalizada, a revolução francesa produziu também novas divisões administrativas, uniformizando através do diminuto 'departamento' um território até então composto por regiões consideravelmente maiores e dotadas de diversos estatutos jurídicos, económicos e simbólicos, para além disso centralizando as decisões e proclamando enfaticamente a condição 'una e indivisível' da república: a indivisibilidade constituiu de facto um importante complemento para a famosa tríade fundamental, composta por 'liberdade, igualdade e fraternidade', sendo ela própria outro importante resultado explícito do período mais radical dos acontecimentos. Quando o refluxo político começou, primeiro em Julho de 1795 com o golpe do Termidor e o desaparecimento do triunvirato jacobino de Robespierre/Saint-Just/Couthon, rapidamente seguido pela cassação dos direitos políticos dos pobres através da introdução de restrições eleitorais baseadas no sufrágio censitário, o fim das políticas económicas de tabelamento dos preços e de tributação progressiva, bem como o expurgo do 'direito-à-subsistência' do texto constitucional, por conseguinte a 'normalização' liberal do regime (ou a 'tirania dos ricos', como também lhe chamaram os derrotados), o movimento produziu uma rápida evolução no sentido duma vida política fortemente 'personalizada', Napoleão Bonaparte emergindo como o crucial 'grande homem', capaz de fornecer uma orientação política de *juste milieu*, permitindo uma reconciliação nacional global e a metamorfose do ímpeto revolucionário anterior num esforço patriótico global, de facto num nacionalismo duma variedade marcadamente imperialista.

Da perspetiva das ideias políticas prevalecentes, isto significava que o elemento monárquico mitigado, que os norte-americanos tinham conseguido de forma eficaz e durável incorporar na sua constituição conscientemente 'mista' através da figura presidencial, fora inicialmente ignorado por completo pelos franceses, cujas instâncias dirigentes assumiram, neste período, um caráter sempre formalmente colegial; mas foi depois rapidamente inflacionado, evoluindo do Diretório para o Consulado, primeiro, e posteriormente deste para o Império hereditário, em 1804. Embora em retrospetiva este refluxo constitua um óbvio exagero, tal movimento deve todavia ser avaliado e apreciado tendo em mente que Napoleão intentou, de forma consciente e declarada, ser ele mesmo uma variedade de 'Washington francês' (cf. Losurdo 2004c). Esta tentativa destinava-se assim a constituir um foco de possível 'normalização' política nos sentidos mencionados, mas também possuía o importante significado de a França assumir a recuperação do seu empreendimento colonial enquanto 'normal' empreendimento colonial europeu, a escravatura devendo portanto ser reintroduzida nas Caraíbas. Este intento veio a produzir, enquanto movimento de oposição crucialmente importante, uma variedade radicalmente diversa de 'revolução atlântica', em termos práticos a secessão e a independência da São-Domingos francesa, que se tornou assim a República do Haiti também em 1804: um outro modelo de independência ocorrido no hemisfério ocidental, neste caso não 'de-para-e-pelos' colonos, antes 'de-para-e-pelos' próprios escravos, e de facto evoluindo rapidamente para a condição de pária geopolítico perene, na verdade o *rogue state* por excelência durante a quase totalidade do século de oitocentos.

Durante as suas fases mais dramáticas, a viabilidade, bem como a possível legitimidade intrínseca de 'exportar' a causa revolucionária por meios militares foi apaixonadamente debatida pelos meios políticos franceses, com a fação girondina obtendo uma clara intuição inicial quanto às potencialidades associadas ao uso da guerra enquanto meio de produção de consenso interno, e de facto mesmo uma ativa mobilização em apoio do governo. Os jacobinos, pelo outro lado, e sobretudo Robespierre, descartaram enfaticamente a possibilidade de exportação da revolução, as guerras defensivas devendo obviamente ser suportadas pelos cidadãos-em-armas que eram os exércitos republicanos, mas simultaneamente os 'missionários armados', constituindo um recurso político que deveria ser firmemente e categoricamente rejeitado (Gauthier 1992; Losurdo 1993, 2016). Todavia, esta complexa casuística de guerras justas e injustas, bem como o momentâneo triunfo formal da ideia de república-num-só-país, não fornecia qualquer base sólida para a resolução de complexos casos-limite, com os quais continuou muito difícil lidar: foi o que aconteceu em particular com aquilo que constitui o território da hodierna Bélgica, o qual foi totalmente integrado da República francesa mesmo anteriormente à expansão correspondente ao ascendente napoleónico e imperial, para ser entregue à monarquia dos Países Baixos no imediato pós--1815, sendo depois disso, já na sequência da sublevação de 1830, enfim transformado num estado-tampão, formalmente independente, mas conscientemente usado pelos britânicos (promotores do estatuto de oficial neutralidade do novo país) enquanto forma de obter quer um assentamento parcial para si próprios no continente, quer um *containment* e mesmo um *roll-back* não apenas das tendências revolucionárias francesas, mas de facto também da própria França enquanto tal.

Outra característica importante da Revolução Francesa correspondeu ao grupo de procedimentos visando novas formas racionais de medida, suscetíveis duma universalização que era visada enquanto forma de promover comunicações mais fáceis, e bem assim a concórdia, em todo o globo. O triunfo do 'sistema métrico' constituiu, sem qualquer dúvida, o mais importante e duradouro feito nessa matéria, expressando aliás uma influência muito importante e muito óbvia das ideias do Iluminismo no decurso dos eventos revolucionários. Igualmente de inspiração iluminista foi a consciência clara, adquirida durante estes anos por um grupo importante de agentes políticos de relevo, relativa ao facto de que os modelos fornecidos pelos tempos antigos estavam realmente a tornar-se uma sobrecarga simbólica que dificultava a atuação dos modernos. As cidades-estado gregas clássicas e Roma eram, tal como foi então frequentemente observado, entidades políticas baseadas de facto na escravidão e, por conseguinte, deveriam ser global e definitivamente postas de lado enquanto modelos. A novidade radical daquilo que os contemporâneos estavam a levar a cabo, por oposição a esta influência 'classicista', provavelmente embebida sobretudo através dum excesso global de referências literárias e artísticas, deveria pois ser plenamente reconhecida (cf. Canfora 2007). Do mesmo modo, os modelos de ensino, até então baseados principalmente no conhecimento dos idiomas do grego antigo e do latim, foram profundamente reorganizados e substituídos por novas variedades de estudos, apelando mais a um esforço inspirado por preocupações tecnológicas e científicas, e em termos gerais dotados duma forte inclinação matemática-algébrica.

Ao contrário do seu triunfo genérico em matéria de medições do espaço, a tentativa análoga dos revolucionários franceses visando implementar o sistema métrico nos aspetos (muito mais simbólica e religiosamente carregados) da contagem de tempo sofreu, entretanto, uma derrota consistente e irrefragável: se tomado globalmente, o calendário revolucionário, incluindo meses novos e também um novo momento-zero absoluto, no âmbito da contagem das eras da História Universal, constitui um óbvio fracasso. Em particular, as 'decimanas' transformaram-se num fracasso retumbante, os propósitos políticos de reconciliação com o catolicismo romano tendo aliás, já no início do século XIX, levado o Império a abandonar esse projeto, fazendo assim reverter este outro importante movimento de 'descristianização' (cf. Gusdorf 1978).

O influxo do Iluminismo na revolução francesa foi globalmente imenso, mas na verdade as influências de sentido inverso devem também ser avocadas, considerando a fonte de inspiração que a experiência revolucionária constituiu para as obras de filósofos tais como, entre outros, Immanuel Kant, Johann Gottlieb Fichte e Georg Wilhelm Friedrich Hegel (cf. Lukes 1996; Israel 2002; Losurdo 1993, 2004a, 2014b, 2016), condicionando crucialmente as cogitações destes sobre a viabilidade duma 'paz perpétua' entre estados republicanos e, mais amplamente ainda, sobre as possibilidades de moldar a existência política de acordo com os preceitos da 'razão prática'. Em termos genéricos, é justo dizer que as ideias subsequentes (e até aos nossos dias) relativas à existência de direitos humanos universais, ou seja, direitos de todos os seres humanos e enquanto seres humanos, são ideias basicamente decorrentes do grupo de debates políticos iniciado pela revolução francesa. Relativamente à sua inclinação universalista, é razoável supor que o pendor formalmente 'classicista' da revolução, embora tendo sem dúvida induzido uma considerável quantidade de anacronismo e desajustamento, operou sobretudo enquanto fonte de ampliação da correspondente 'imaginação sociológica': acima de tudo, constituiu um importante antídoto ou contrapeso às tendências para referências estritamente bíblicas, as quais constituíram obviamente a principal fonte de inspiração para vários acontecimentos políticos anteriores, tais como a 'Revolução Gloriosa' britânica e mesmo o movimento que produziu a independência norte-americana.

As esperanças do Iluminismo relativamente à substituição global da guerra pela pacífica 'indústria' e pelo comércio no âmbito dos assuntos humanos, e também das crenças religiosas pela ciência, encontraram uma expressão importante na corrente filosófico-política do 'Saint-Simonismo', a qual em larga medida prolonga para o período posterior a 1815 a influência revolucionária, e certamente também o propósito coletivo nacional francês, quer duma expressividade ou autoafirmação coletiva, quer duma recuperação ou dum *catching-up* económico, vindo a produzir ramificações ou desdobramentos criticamente importantes, tais como as próprias noções de 'socialismo' e de 'sociologia' (ambos os termos foram cunhados por saint-simonianos), entre várias outras (cf. Gerschenkron 1962). O mesmo pode ser dito de ideias ainda mais amplas, mas também mais difusas e imprecisas, relativas à unidade fundamental da espécie humana, ao seu processo cumulativo de existência enquanto 'espírito-do-mundo', correspondente a uma forma continuada e unitária de autoprodução coletiva, ocorrendo crucialmente também sob a forma de produção coletiva duma consciência universal unitária: a própria 'humanidade', ou o 'género humano' enquanto agente coletivo global consciente, podem portanto, neste sentido, ser considerados como constituindo o resultado teórico e prático mais importante da cadeia de eventos correspondentes à revolução francesa (Gardiner 1984; Collingwood 1989).

Maximilien Robespierre

O propósito central desta secção é proceder a um esclarecimento da opinião informada quanto a um certo número de elementos factuais associados à vida do político francês Maximilien Robespierre, protagonista de relevo nos acontecimentos da Grande Revolução. A exposição de tais factos, e bem assim dum feixe de opiniões diretamente correlativas, está organizada como comentário ao livro de Ruth Scurr sobre Robespierre (Scurr 2006; cf. também Prendergast 2007), comentário onde, em linhas muito gerais, se procede à deteção de algumas das principais falsidades, imprecisões e absurdos expressos naquela obra. É impossível pretender fazer um balanço socio-histórico razoável e equilibrado da factualidade da Revolução Francesa sem aceitar defrontar, de preferência diretamente, um certo número de tropos ou lugares-comuns intimamente articulados com a construção da correspondente 'lenda negra', que até aos nossos dias tão intensamente condiciona as perceções dominantes acerca daqueles eventos e daqueles atores históricos. O caso de Maximilien Robespierre é, a esse título, verdadeiramente exemplar; e exemplar, embora não exatamente pelas melhores razões, é também o tratamento a que ele é submetido na obra de Ruth Scurr.

Em primeiro lugar, notemo-lo agora nós, Ruth Scurr regista a defesa por Robespierre da causa do sufrágio universal; mas sem por um momento destacar a absoluta excecionalidade desta tomada de posição, sem a contrastar com as várias teorias do sufrágio limitado (censitário ou outras), tais como a exposta neste período, por exemplo, por Emmanuel Sieyès, entre tantos outros; e sobretudo sem marcar que para os liberais setecentistas e oitocentistas típicos o sufrágio universal e, mais amplamente ainda, a democracia, configuravam de facto uma completa aberração e um enorme perigo para o conjunto da ordem social. Na verdade, logo depois do golpe de estado que derrubou Robespierre, o Termidor, o sufrágio universal foi abolido, por confessado receio da utilização que os pobres lhe poderiam dar. Voltou-se então a um sufrágio censitário, ou à 'tirania dos ricos', como lhe chamaram os seus detratores, que satisfaria decerto as ambições da variedade de teoria económica que na segunda metade do século XX ficou conhecida como *'public choice'* (basicamente, a construção de dispositivos institucionais que colocassem os governos ao abrigo do chamado 'ciclo eleitoral', ou que na verdade permitissem aos governos o exercício dum poder político 'livre-de-eleições'), mas estava muito longe da ideia de governo responsável em contexto de sufrágio universal.

Em segundo lugar, Scurr constata também a defesa por Robespierre da norma da inelegibilidade em duas legislaturas consecutivas (ou, numa outra formulação, a sua defesa da necessária rotação do pessoal no desempenho dos cargos políticos), atribuindo todavia esse propósito a um mero erro de cálculo político que o obrigou a abandonar temporariamente a condição de parlamentar, sem aparentemente lhe ocorrer que para o 'incorruptível' (como Robespierre ficou no seu tempo conhecido) se podia bem tratar, precisamente, de 'ética de fins últimos', ou noutros termos do mero cumprimento dum dever moral e cívico. Na verdade, esta *démarche* é de algum modo típica daquilo que constitui a atitude fundamental de Ruth Scurr em toda a sua obra: em casos de dúvida material, assume-se por princípio a culpa do alvo das suas invetivas. Pelo nosso lado, e na manifesta impossibilidade de provar o que quer que seja em matéria de intenções, resta-nos ainda assim a possibilidade de aplicar a Scurr um pouco da sua própria medicina: ao homem de coração puro, diz um provérbio alemão, nada parece impuro; e simetricamente...

Em terceiro lugar, Scurr nota a oposição denodada de Robespierre à caminhada consciente para a guerra que foi propugnada pelos girondinos, mas atribui essa atitude a uma mera obsessão sua (ou uma pretensa obsessão sua) com os 'inimigos internos' ou 'ocultos', sem uma só vez mencionar a tese robespierriana acerca da impossibilidade fundamental de espalhar os ideais republicanos através de 'missionários armados'. A inclinação pacifista, todavia profundamente enraizada, do 'incorruptível', a sua aversão a guerras ofensivas supostamente doutrinárias e visando já na altura alegadamente 'propagar a democracia', a sua afirmação do caráter intrinsecamente danoso e perverso dos 'missionários armados', mesmo que da melhor das causas, tudo isso fica assim diluído em mera paranoia, em mania persecutória e, é claro, em inclinação agressiva e tirânica para com os seus concidadãos. A lógica da conduta dos seus opositores, assente na fabricação deliberada e calculada de 'inimigos externos' como forma de cimentar o consenso interno, e de acordo com um modelo de atuação política obviamente muito em voga já então, e até aos nossos dias, passa igualmente despercebida à autora.

Em quarto lugar, Ruth Scurr menciona, embora apenas de passagem, a defesa por Robespierre da primazia constitucional do 'direito à existência e aos meios de a conservar', preceito com óbvias implicações redistributivas na esfera económica; mas vê nisso estritamente um ressurgimento pontual de ideias muito antigas e muito respeitáveis da tradição de filosofia política europeia, sem todavia querer reconhecer aí, bem ao invés, o gesto dum notável precursor de correntes redistributivas ou 'niveladoras' posteriores, desde a tradição socialista de oitocentos até ao moderno *welfare state*, para não falar mesmo das ideias de um John Rawls. Qual é o fundamento de toda a ordem social? Qual o princípio capaz de legitimar as desigualdades e as hierarquias? Não é outro, opina Rawls, senão a ideia de que os que ficarem a ocupar a pior posição em virtude da adoção dessas hierarquias, mesmo esses, veem a sua situação melhorada como consequência delas: o chamado *'maximin'* rawlsiano, em suma, que levaria os seus alegados decisores racionais a optar, em situação de 'véu da ignorância', pela existência de hierarquias sociais. Haveria portanto, se se quiser argumentar nesses termos, um 'custo de oportunidade', mesmo para os menos bem colocados na hierarquia, na eventual não-adoção do princípio hierárquico. Naturalmente, quando se raciocina nesta base coloca-se o 'direito à existência' antes de tudo o mais: tal como faziam Robespierre e os jacobinos, mas não os seus opositores.

Note-se, agora também *en passant*, que as formulações constitucionais iniciais da Revolução Francesa estavam mais próximas do tipo 'vida, liberdade e propriedade', enquanto precisamente via Robespierre se passa para outras tais como, nomeadamente, 'liberdade, igualdade e fraternidade' (a fórmula literal é retirada dum discurso seu), deixando cair a 'propriedade' e fornecendo um conteúdo material imediato à defesa do 'direito à vida', o qual assume a forma de 'direito à existência e aos meios de a conservar'. É por esta via que emerge a defesa do imposto progressivo e duma intervenção económica estatal, embora limitada, que está assente no tabelamento dos preços (os célebres *máximos*), na garantia da efetiva concorrência (o propósito de combate aos açambarcamentos) e visando a provisão pública de emprego ou subsídio a todos os cidadãos. Robespierre era todavia contrário à restauração, que foi então proposta por alguns, das 'leis agrárias' típicas da Antiguidade, em parte por valorizar um traço importante da 'liberdade dos modernos': o valor social intrínseco da propriedade privada, desde que devidamente exercido em condições de equidade. Registe-se bem assim que, apesar desta oposição a um aspeto particular de conceções 'neo-romanas' de redistribuição, Robespierre apoiou a expropriação dos chamados *emigrés*, mas neste caso com base na secessão política (ou traição) da parte destes últimos.

Ruth Scurr passa também completamente ao lado do facto de que os jacobinos, e quanto a partidos organizados só mesmo os jacobinos, foram contrários à escravatura sob todas as suas formas, até mesmo face ao argumento dos perigos do abolicionismo para a viabilidade económica do império: "pereçam as colónias antes que um princípio", segundo a fórmula do próprio 'incorruptível'. Por contraste, Scurr faz do girondino Brissot e dos seus companheiros pretensos campeões indómitos da 'causa dos negros', quando na verdade se tratava, para vários destes últimos, de combater tão-somente o tráfico negreiro, que não a própria escravatura nas colónias. Como é evidente, Scurr passa bem assim ao lado da comparação da atitude face a este problema por parte dos 'pais fundadores' norte-americanos (tolerantes para com a escravatura, e de resto maioritariamente proprietários de escravos eles mesmos) com a que foi a atitude típica dos jacobinos. A feroz guerra pró-colonialismo e pró-escravatura que os britânicos promoveram durante a década de 1790 é também, obviamente, deixada passar por esta autora em completo silêncio.

Ruth Scurr chega, em determinado momento, a invocar ela própria, sem qualquer distanciamento crítico, o tema das 'mães de

França' num espírito muito pró Maria Antonieta, acusando genericamente Robespierre das mortes causadas pelo conjunto do Terror, bem como das guerras que a França por estes anos travou. Isto, apesar de ter também reconhecido (ver supra), embora apenas de forma ínvia, a atitude fundamentalmente pacifista daquele! O que também fica de fora, neste juízo 'feminista' pós-moderno de Scurr, é o facto de a guerra de agressão, a 'guerra total' antifrancesa, a declaração da França como país fora-da-lei ou *rogue state* ter, na verdade, constituído um dos momentos principais do crescendo da argumentação contrarrevolucionária, particularmente no Reino Unido, via Edmund Burke e tantos outros. Na França, por contraste, e precisamente graças aos jacobinos, a guerra foi estritamente legitimada apenas enquanto guerra defensiva.

É reconhecida por Ruth Scurr a oposição de Robespierre à pena de morte, à tortura e à chamada 'conspurcação familiar', até então usualmente associada aos criminosos. Sublinha Scurr depois que, por razões de excecionalidade e *salus populi*, ele aceita o regresso da pena de morte; mas uma e outra coisa são consideradas pela autora como naturalmente concatenadas, sem se destacar que os próprios jacobinos reconheciam estarem a proceder em 'estado de exceção' e declaradamente contra as suas intenções fundamentais, tendo por isso a Constituição francesa sido por eles guardada e mantida provisoriamente num relicário, à vista dos deputados, numa atitude que é decerto patética, mas ainda assim também muito sintomática e merecedora de confronto com aquilo que foi a realidade da maior parte dos países integrando as coligações antifrancesas deste período, Reino Unido incluído, os quais eram essencialmente avessos à própria existência de quaisquer declarações de direitos e/ou a quaisquer constituições escritas. Seria talvez conveniente, a este respeito, recordar a Ruth Scurr a contabilidade que, na sua *História Universal*, o seu compatriota Herbert George Wells (1982 III) fez, a respeito do terror da Revolução Francesa: as vítimas deste último, incluindo quer as do terror 'vermelho' quer as do terror 'branco' contemporâneo ou subsequente, foram bem menos do que as da guerra; e também, destaca Wells, menos do que, em proporção, as execuções capitais (por enforcamento) ocorridas no Reino Unido pelo mesmo período. É certo que num caso se tratava de alegados crimes políticos, enquanto no outro se era enforcado por roubar um presunto. Mas, precisamente por isso, talvez fosse conveniente cotejar a violência diretamente política na França revolucionária com a violência social mais difusa nos países seus antagonistas, mesmo que tratando-se duma violência não estritamente ou tão imediatamente política.

Passa-se igualmente ao lado do facto de ter sido negado ao grupo de partidários de Robespierre, aquando dos eventos que ditaram a sua queda, o simples direito à palavra em defesa própria antes do seu aprisionamento, julgamento e execução (é apenas dito por Scurr que Saint-Just, tendo sido interpelado pelo presidente da mesa, se calou a meio do seu discurso), dando a tudo isso um tom de coisa perfeitamente normal, depois de todas as patifarias por eles supostamente perpetradas... Noutros casos, é toda a atividade legislativa deste período que é pintada assumidamente como coisa de loucos varridos (vide o caso envolvendo a troca de acusações entre Robespierre e vários deputados girondinos, com o pintor Jacques-Louis David interpondo-se em defesa daquele), adotando aqui Scurr em pleno, de forma completamente acrítica e acéfala, mas sempre muito doutoral, a tradição restauracionista de abordagem da política revolucionária num registo que insiste sobretudo em 'demonizá-la' e tratá-la enquanto tema predominantemente 'psicopatológico'.

Todavia, acima de tudo deve destacar-se aqui a obra de Scurr enquanto emblemática do lamentável predomínio habitual, mesmo muito perto dos nossos dias, dum discurso historiográfico que não apenas abdica abertamente de qualquer intuito de tratamento imparcial dum grupo de eventos, que todavia se revestiram duma importância crucial, como se independentiza por completo, isso sim, e radicalmente, do necessário respeito académico pela *veritá effetuale della cosa*, numa operação de colagem completa e acrítica aos clichés habituais da mais estafada das tradições historiográficas que floresceram no âmbito da propaganda contrarrevolucionária.

8

MARXISMO, GUERRA E PAZ

Talvez um dos principais paradoxos relativos à condição do marxismo seja o que resulta de esta corrente teórica e doutrinária ser frequentemente considerada a epítome das teorias sociológicas 'do conflito', ao mesmo tempo que se torna muito difícil investigar ou reconstruir uma posição coerentemente 'marxista' a respeito do tema da guerra. Em parte, isto decorre do caráter fragmentário das cogitações de Marx acerca do tema do estado e da vida política; mas resulta também, de forma muito significativa, do facto de Marx esperar uma revolução proletária mundial que, para além de libertar a humanidade da escassez, a resgataria também da dominação de grupos de seres humanos por outros grupos de seres humanos. A passagem do 'reino da necessidade' ao 'reino da liberdade' pressuporia, na verdade, o desaparecimento progressivo do estado, e com ele outrossim da própria multiplicidade de organizações políticas soberanas; logo também da própria possibilidade de ocorrência de guerras. Este enunciado do 'estado das coisas' em matéria de teorias é superlativamente irónico, dado que o destino das correntes marxistas ao longo de todo o século XX, a condição mesmo quer do seu sucesso, quer da sua falência, se encontrou intimamente associada à ocorrência de guerras: desde a primeira guerra mundial, da qual a revolução bolchevique foi uma consequência importantíssima, embora não prevista nem desejada, passando pela segunda guerra mundial e pelas guerras de libertação anticoloniais, até à guerra fria, cuja conclusão induziu alguns a profecias algo prematuras e manifestamente exageradas da morte do marxismo e mesmo do 'fim da história'.

É seguida neste capítulo com particular atenção a obra do filósofo marxista italiano Domenico Losurdo, na qual estes temas têm encontrado um lugar importante, no âmbito duma tentativa de reinterpretação que considera recuperar o fundamental do legado concetual de Marx e das correntes de pensamento inspiradas na sua obra, ocupando-se em particular das complexas articulações entre conflitos no interior de cada sociedade (como a luta de classes é, aliás, em princípio pensada) e conflitos opondo sociedades diversas. Um grupo final de considerações é reservado, neste capítulo, a uma breve *histoire raisonée* da chamada 'guerra fria', usando-se a vantagem da retrospetiva para extrair do decurso daquela um certo número de conclusões de ordem genérica.

Teorias marxistas da guerra

Se existe um grupo de temas a propósito do qual deve ser considerada válida a sugestão, expressa por Costanzo Preve em *Storia Critica del Marxismo* (2007), de que Marx não deixou uma teoria coerente visando a sua própria transformação num qualquer 'ismo', mas apenas um (muito rico e mesmo sobreabundante, mas também algo desorganizado) "atelier de trabalhos em curso", tal é certamente o que ocorre a respeito das teorias marxistas da guerra e da paz: um aspeto de história intelectual que merece decerto ser ponderado como pelo menos parcialmente irónico, levando simultaneamente em conta o importante facto de que o marxismo é, na exposição usual das ideias em manuais de teoria sociológica, considerado como a 'teoria do conflito' por excelência.

No que se refere ao próprio Marx e a título de pano-de-fundo conceptual, é conveniente começar por recordar aqui que uma díade que se tornou clássica, formada pelos termos 'guerra' e 'revolução', foi muitas vezes apresentada, durante o século XIX, enquanto meio de erradicação definitiva da violência: seja tomando ambos os termos em união, seja pensando-os em alternativa. Neste âmbito, diversos autores como Hegel, Byron, Comte ou Zola, entre muitíssimos outros, assumiram tranquilamente a guerra como um mal, decerto que sim, mas em todo o caso um mal necessário; e Proudhon chegou mesmo ao ponto de considerar aquela o mais sublime de todos os fenómenos, adentro do universo da vida moral. Quanto ao próprio Marx, aponte-se desde já que na sua obra aflora ocasionalmente a ideia de que a augurada 'revolução proletária' deveria iniciar um período em que as esperanças do iluminismo relativas à obtenção duma 'paz perpétua' seriam alcançadas. Todavia, Marx não se adentra nessa linha de investigação, entre outras razões porque ele também considerou qualquer poder estatal enquanto expressão duma guerra social, o mais das vezes latente, pontualmente manifesta, mas em todo o caso sempre viva, a história da humanidade, no seu conjunto, sendo aliás pensável fundamentalmente como história das lutas de classe. Esta linha de raciocínio marxiana sugere, por conseguinte, um futuro certamente feito de paz, mas também na verdade resultando na dissolução de todas as ordens políticas e visando bem assim superar a própria categoria social de 'trabalho', dada a abundância irrestrita de recursos que supostamente deveria corresponder à sociedade comunista para que a história universal alegadamente apontava. Este constitui, portanto, um quadro mental que inclui sem dúvida uma importante componente messiânica e apocalíptica, sugerindo-se um horizonte cronológico, subsequente à *plenitudo temporum* da própria revolução proletária, que deveria, rigorosamente falando, ser decerto 'pós-económico', mas também inequivocamente 'pós-militar' e mesmo 'pós-político'.

Mais em concreto, e de regresso a problemas bem mais reais, na obra de Marx é por vezes apresentada a noção de que as guerras constituem uma forma de os diversos grupos dirigentes ou elites atraírem a simpatia das respetivas massas, um esforço que, como é óbvio, deveria ser firmemente rejeitado enquanto manobra de diversão relativamente aos conflitos segundo Marx fundamentais, ou seja, as 'lutas de classe' adentro de cada país. Mas ocorre também frequentemente a expressão da ideia de que, pelo menos nalgumas circunstâncias, os conflitos nacionais são dotados duma base real e positiva, as nações oprimidas devendo assim ser apoiadas na sua luta contra dominações imperiais opressivas. Foi manifestamente esse o caso, na obra de Marx, com a Irlanda, a Índia e a Polónia, cujos povos teriam portanto o incondicional direito à luta, incluindo a luta armada, contra as potências imperiais: Grã-Bretanha, Rússia, Prússia, etc. Para além disso, Marx expressa também, embora apenas fragmentariamente, a opinião de que uma guerra civil, tal como a Guerra Civil Norte-Americana, corresponderia a uma forma legítima de fazer política, em particular política interna: Marx, que nutria de resto uma devoção genuína e mesmo algo ingénua para com Abraham Lincoln, considerava o desencadear daquela guerra civil (através da qual Lincoln e o Partido Republicano impediram a secessão dos estados do Sul, submetendo-os através da supressão das garantias constitucionais e com recurso a meios tirânicos, na verdade *manu militari*, com o propósito da supressão da escravatura) um episódio de enorme significado político, de facto o acontecimento mais importante na história mundial desde as revoluções de 1848. Coerentemente, Marx nutria um profundo rancor e azedume relativamente à suposta estreiteza de vistas da 'ralé' ou 'canalha' ('*canaille*', na expressão do próprio) irlandesa de Nova Iorque, e geralmente em relação aos brancos pobres do Norte, que a União utilizou abundantemente como 'carne para canhão' e que tão teimosamente permaneceram numa atitude de feroz recusa do recrutamento militar obrigatório (cf. Losurdo 2013).

A este respeito, deve destacar-se também de imediato que Marx não subscrevia qualquer posição de princípio, fosse ela pró ou contra, um hipotético e genérico 'direito de secessão' das comunidades politicamente organizadas e/ou dos distintos grupos étnicos. Esta ausência e/ou 'silêncio' de Marx inscrevem-se, aliás, na sua tendência sistemática para a desconsideração dos problemas específicos colocados pelos nacionalismos enquanto tal (cf., quanto a isto, Szporluk 1988). Considerava, no entanto, bastante óbvio que um possível movimento independentista irlandês era merecedor de apoio nas suas aspirações separatistas relativamente ao Reino Unido, enquanto por outro lado negava o mesmíssimo direito à *Dixieland*, ou seja, aos estados do sul dos EUA. A explicação para esta discrepância, ou aparente incoerência, reside no facto de que, para Marx, o problema essencial não consistia no tal 'direito de secessão', por si mesmo e em termos abstratos, preterindo a discussão daquele a favor da consideração do conflito social subjacente: os irlandeses tinham sido historicamente, e eram ainda, um povo submetido a uma escravatura fáctica, em boa verdade eram mesmo o alvo dum quase-extermínio, ao passo que os estados norte-americanos do sul pretendiam, pelo contrário, separar-se ou 'libertar-se' de Washington basicamente como meio de se manterem livres para continuarem a praticar a escravização doutras populações.

É também interessante notar que, mais amplamente ainda do que no estrito caso da guerra civil norte-americana, Marx considerava certas guerras como operando potencialmente enquanto influências ou 'alavancas' políticas capazes de promover causas sociais emancipadoras. Na verdade, várias guerras poderiam servir para expressar esses conflitos sociais emancipatórios: poderiam, portanto, ser de certa forma interpretadas como uma variedade de 'continuação da política por outros meios'. A este respeito, Marx veicula e expressa bem uma oscilação, ou uma ambivalência, que é típica do radicalismo político do século XIX, um traço cujas origens podem na verdade ser reportadas aos tempos da própria revolução francesa: os jacobinos, a seu tempo, tinham já denunciado os girondinos como grupo promotor de guerras enquanto forma de solidificação do seu próprio poder no plano interno, desviando assim a atenção de questões mais cruciais. Segundo os jacobinos, e por contraste, os 'missionários armados' constituíam, declaradamente e em definitivo, uma maneira ilegítima de propugnar os ideais revolucionários, reconhecendo eles legitimidade apenas às guerras defensivas: mas ao mesmo tempo, e duma forma bem reveladora, a sua conceção de guerra 'defensiva' incluía, por exemplo, a verdade aparentemente 'autoevidente' de que o território da atual Bélgica constituía uma parte da França. Por outro lado, também era inegável que as guerras de Bonaparte tinham realmente promovido e disseminado todo um importante grupo de causas progressistas (suprimindo inúmeros atavismos feudais, pelo menos nos países considerados dignos da aplicação do 'Código Napoleão'), apesar de também terem deliberadamente lesado várias outras: tendo por exemplo, e com o apoio dos EUA, tentado sem sucesso reintroduzir a escravatura no território da antiga São--Domingos francesa, o Haiti atual, que precisamente por isso mesmo reagiu (contra Napoleão, sublinhe-se, que não contra a França jacobina) fazendo secessão e tornando-se independente em 1804.

Poderá a guerra, num sentido estrito, servir o propósito da revolução social? Era esse o ponto de vista defendido em finais de oitocentos pelo então oficialmente 'marxista' Georges Sorel. No entanto, Sorel rapidamente evoluiu a partir desta posição, na qual subscrevia as ideias económicas de Marx e um projeto de construção do socialismo, embora adicionando-lhes o elogio das virtudes da guerra (e, mais amplamente, da violência), para uma outra, de acordo com a qual o socialismo seria simplesmente inviável e a revolução social corresponderia de facto apenas a um 'mito', embora um mito politicamente útil na medida em que era dotado duma importantíssima, tremenda capacidade de mobilização das massas. A teoria económica marxista estaria, por conseguinte, fundamentalmente errada, mas para Sorel (1972) o ímpeto revolucionário poderia ainda assim ser usado como forma de descartar o estilo de vida 'burguês' (no sentido de propenso à rotina, ao conforto material, à burocratização e ao 'desencantamento'), enaltecendo por oposição o *ethos* marcial, enquanto forma de obter uma circulação das elites socialmente revitalizadora e uma alegada revivescência moral da Grécia clássica. Esta linha argumentativa procedeu àquilo que já foi designado como "revisionismo irracionalista do marxismo", empreendimento para o qual a descoberta subsequente das obras de Friedrich Nietzsche e Vilfredo Pareto constituiu um combustível concetual indispensável, tendo sido fundamental, segundo alguns comentadores, para o 'nascimento da ideologia fascista' (Sternhell et al. 1995; Sternhell 2000) ocorrido então na Europa Ocidental, principalmente na França. Este tom geral do discurso, registemo-lo, encontra-se também em estreita proximidade com a 'ideologia da guerra' alemã de 1914-18 (Losurdo 1998), desprezando intensa e enfaticamente a 'civilização burguesa' meramente superficial e ansiando por um renascimento da 'cultura trágica' que teria supostamente caracterizado a Grécia dos tempos clássicos. Ainda assim, este ideário gozou duma dispersão de influência bastante ampla ao longo do espectro político, de tal modo que mesmo um autor habitualmente defensor de posições politicamente moderadas, como Max Weber, em determinado momento não lhe resistiu, tendo sucumbido ao invencível fascínio pela "guerra grande e maravilhosa" (a primeira Guerra Mundial), com os seus pretensos benefícios culturais e a sua propalada capacidade para uma profunda redenção moral das sociedades.

A 'ideologia de guerra' alemã veio a colidir diretamente, em 1914-18, com o bolchevismo, sem dúvida o principal movimento político adversário da guerra 'imperialista' e por isso ferozmente antagonizado, quanto a essa matéria, quer pelos partidos 'burgueses' (entretanto massivamente convertidos à *Kriegsideologie*) quer pelos sociais-democratas, os quais circunstancialmente permaneceram alinhados em termos práticos com os ideólogos-da-guerra. Este grupo de problemas possuía, no entanto, inegavelmente origens bem mais profundas. Nas últimas décadas do século dezanove a Alemanha testemunhou o seu florescimento econômico, o qual ocorreu todavia em simultâneo com a afirmação do militarismo, Bismarck famosamente argumentando, por exemplo, que a paz só poderia ser garantida por um reforço dos armamentos, uma tese então fortemente criticada pelo Partido Social-Democrata alemão (SPD), o qual alegava que aquela atitude induzia vários outros países numa corrida armamentista. Para o SPD, entretanto, e conforme referido em particular na campanha eleitoral de 1887, uma posição política antimilitarista não significava qualquer renúncia à defesa nacional, razão pela qual o mencionado partido defendia também que a nação inteira deveria receber treino militar, assim ficando assegurados os legítimos objetivos de defesa nacional, ao mesmo tempo que se garantia permanecerem as forças armadas na condição de instrumento dos 'cidadãos em armas' (evitando-se pois o predomínio de quaisquer cliques de militares profissionais). No mesmo ano, Friedrich Engels expressava temores relativos a uma escalada de agressão militarista, a qual levaria inevitavelmente à guerra e acarretaria sérios danos ao movimento dos trabalhadores; mas ao mesmo tempo, e ainda segundo o mesmo Engels, se por um lado a guerra estava associada a diversas formas políticas e económicas correlatas do capitalismo, por outro lado devia reconhecer-se que ela abria uma nova e importante perspetiva estratégica e tática, tendo em conta a mobilização de todo o povo assim gerada, um fator crucialmente importante, a ser devidamente considerado como necessariamente operativo também no plano dos estritos combates políticos.

Estes temas foram debatidos de forma aprofundada nos congressos socialistas internacionais: no de 1889, em Paris; e de novo em 1907, em Stuttgart e Essen. A guerra, argumentou-se então, seria supostamente decorrente do modo de produção capitalista, o socialismo internacional constituindo portanto a única garantia da paz mundial. A verdade, porém, é que ao longo de todos estes debates nunca se conseguiu construir uma verdadeira unanimidade relativamente às medidas concretas a adotar pelo movimento socialista internacional. Em 1907 ocorreu a secessão por parte da esquerda revolucionária, liderada por Lenin, um facto que muito contribuiu para a subsequente dissolução da Segunda Internacional. Existe entretanto toda uma série de *nuances* importantes, que vale a pena mencionar, mesmo adentro do grupo radical, dito 'bolchevique' (ou 'maioritário', em russo), das organizações socialistas marxistas. Por exemplo, de acordo com Rosa Luxemburgo as tendências militaristas correspondiam predominantemente às necessidades de expansão do mercado mundial, a sua lógica fundamental residindo no ímpeto para a obtenção de ganhos económicos, através da colonização de outros países (a expansão colonial-imperial sendo assim imposta pela tendência permanente da economia capitalista para o subconsumo). Já Karl Liebknecht, pelo seu lado, não atribuía uma ênfase tão grande e tão estrita a critérios económicos; e não considerava o militarismo uma característica necessária do capitalismo, vendo nele mais uma forma particular de secreção ideológica que produzia uma ameaça permanente à paz, na medida em que promovia a omnipresença dos profissionais da guerra: ou seja, em termos muito gerais, aquilo que veio mais tarde a ser designado como 'complexo militar-industrial'. Entretanto, e segundo Franz Mehring, os estados capitalistas teriam uma necessidade absoluta de manter tropas regulares, uma vez que somente estas podiam de forma apropriada fornecer as necessárias garantias de eficiência no funcionamento do sistema capitalista, dado serem acompanhadas de diversas formas de disciplina que se encontravam baseadas nos processos históricos reais. Pelo seu lado, Nikolai Bukharin concebia as guerras como estando situadas adentro dum movimento global de internacionalização do capital: uma ênfase especial era, no seu caso, colocada nos objetivos de conquista militar, a qual deveria funcionar como meio de reprodução ampliada das relações de produção dominantes.

A posição dominante do marxismo russo, tal como ficou expressa por Lenin e por Trotsky, foi realmente marcada muito mais pelos imperativos políticos práticos (frequentemente imediatos) do que por quaisquer considerações teóricas elaboradas. Apesar de Lenin considerar os exércitos, em virtude da própria estrutura hierárquica destes, predominantemente como um instrumento opressivo no quadro da luta de classes, o facto é que o surgimento de ameaças externas posteriores à revolução soviética, bem como o seu interesse político na transição para o socialismo, impôs a tarefa de construir uma nova força militar: a natureza da guerra, fazendo desta um instrumento revolucionário ou reacionário, dependeria portanto basicamente das políticas e dos interesses motores subjacentes. Trotsky subscreveu no fundamental estas opiniões, mas depois de os exércitos soviéticos terem conseguido com sucesso repelir a invasão do respetivo território pelas tropas ocidentais, e de ficar também garantida a sua vitória na guerra civil, infletiu a sua posição e passou a defender a transformação das tropas regulares em simples milícias: sem dúvida, admitamo-lo, em resultado da necessidade de reduzir as despesas militares; mas também, inegavelmente, dado o facto crucial de que o Exército Vermelho se encontrava já, nessa altura, sob a direção do seu rival Stalin.

Nas décadas seguintes, e dado o reconhecimento, por parte das organizações marxistas, do iminente perigo decorrendo da ascensão do fascismo na Europa, a Internacional Comunista vem a adotar em certo momento uma posição de defesa da dissolução dos exércitos, em vez de reclamar a sua democratização. Esta linha bastante radical foi, todavia, alvo de duras críticas na sequência da ascensão nazi na Alemanha. O relatório de Georgui Dimitrov ao VII Congresso da Internacional Comunista, em 1935, reconheceu a subestimação persistente do perigo fascista; e um segundo relatório, apresentado por Palmiro Togliatti e incorporando o fundamental da argumentação de Dimitrov, defendeu que o objetivo principal da atuação comunista deveria ser a luta pela paz, o que impunha exércitos baseados nas massas. A missão dos marxistas deveria, consequentemente, consistir em levar a cabo um trabalho político clandestino adentro dos referidos exércitos, doutrinando-os e democratizando-os a fim de induzi-los a oporem-se ao fascismo.

Entretanto, e independentemente do enunciado destas e de inúmeras outras particularidades históricas, em termos gerais é justo dizer que o nascimento do bolchevismo incluiu uma importante componente doutrinária de pendor 'pacifista', embora não tanto como sistema de convicções filosóficas coerentes, muito mais em resultado de diversos imperativos políticos, aliás principalmente de natureza imediata, e em termos gerais produzindo aquilo que pode considerar-se um pacifismo predominantemente paradoxal: de facto, para os bolcheviques tratou-se oficialmente de 'fazer a guerra à guerra', visto assumir-se esta como uma diversão relativamente à 'luta de classes' decorrendo simultaneamente no interior de cada país e à escala mundial. Posteriormente, as necessidades práticas da União Soviética e de vários outros estados cuja orientação doutrinária oficial foi o marxismo produziram ziguezagues teóricos e práticos outrossim muito significativos. A título de exemplo, ainda durante a década de 1930 a URSS aderiu à Liga das Nações, assumindo-se enfim como mais uma potência estatal soberana entre as outras potências estatais soberanas (em vez de continuar a pretender ser a pátria dum mítico Proletariado Global), e teve nesse âmbito um papel muito importante nas repetidas tentativas de promoção da construção dum 'bloco antifascista', em cooperação com as potências ocidentais. Este curso de ação, todavia, constituiu basicamente um falhanço e pode mesmo dizer-se que do ponto de vista soviético produziu apenas derrotas (a URSS sendo repetidamente atraiçoada pelo Reino Unido e pela França a respeito dos casos da Áustria, da Espanha, da Checoslováquia e de outros), sendo essa abordagem bruscamente substituída no final da década por uma rápida manobra de 'diplomacia triangular', aliás predominantemente bem-sucedida, a qual incluiu as potências do Eixo, vindo a culminar notoriamente no célebre Pacto Germano-Soviético de não-agressão, de 1939 (cf. Roberts 1989). Um outro aspeto que vale a pena mencionar, agora a respeito da participação soviética na segunda Guerra Mundial, onde aliás veio a ser de longe o protagonista mais destacado, à escala mundial, na grande coligação que defrontou o Eixo, refere-se à invocação explícita, por parte das autoridades soviéticas, do imaginário da Rússia tradicional e pré-revolucionária, o qual foi de facto constituído em importante fonte de mobilização das massas contra os exércitos invasores, de novo com sucesso e de forma retumbante (Roberts 2008).

Quanto ao período pós-1945, a primeira menção importante a fazer refere-se à revolução comunista chinesa, outro caso claro de sobreposição dos conflitos sociais com imperativos de 'salvação nacional'; e também aqui, destaque-se imediatamente, uma situação de importante vitória duma formação política de designação marxista, o partido comunista chinês, entretanto transformado oficialmente num partido sobretudo patriótico. Por comparação com o caso chinês, a quase simultânea independência da Índia, que assumiu (da perspetiva britânica) óbvias características geostratégicas de independência 'outorgada' e 'preventiva', foi no essencial superiormente monitorizada pelas potências ocidentais e veio a ficar quase desprovida de influências marxistas de relevo.

O ímpeto anticolonial subsequente transferiu-se entretanto para a Indonésia, onde os comunistas registaram alguns sucessos iniciais relevantes, para virem todavia a ser depois radicalmente *rolled--back* através duma repressão em escala genocida, que os erradicou duradoura e consistentemente do panorama político. Seguiram--se de perto as descolonizações da Indochina e de África, onde a independência veio em vários casos direta e oficialmente associada de perto a movimentos proclamando fidelidade ao marxismo, frequentemente apelando à guerra de guerrilha como método de luta e beneficiando de apoio soviético e chinês, quer politicamente quer em termos militares, seja contra as potências coloniais europeias ou contra os EUA, que tinham decidido intervir diretamente em substituição daquelas. Este subconjunto de conflitos durou até meados da década de 1970, com a queda do império colonial português e a simultânea derrota norte-americana no Vietname.

No que respeita à Europa, a expansão soviética até Berlim em 1945 produziu o surgimento, nas décadas subsequentes, dum 'cordão sanitário' invertido, a URSS garantindo uma zona geográfica de proteção imediata, que incluía a maior parte dos países anteriormente alinhados com a invasão ocidental posterior a 1917, ou depois disso com o Eixo durante a segunda Guerra Mundial, ou mesmo com ambos (Canfora 2008; Roberts 2005). As afinidades ideológicas revelaram-se muitas vezes difíceis de compaginar com os imperativos geoestratégicos, muitos desses países permanecendo maioritariamente inclinados para uma secessão dos novos alinhamentos logo que possível, o que veio finalmente a ficar consumado em 1989-91, quando ao mesmo tempo os partidos comunistas da Grécia, da Itália e da França, que tinham de facto constituído a espinha dorsal das resistências antinazis daqueles países e estavam dotados duma possibilidade muito real de sucesso no período do imediato pós-guerra, mas residiam no lado 'errado' das zonas de influência, foram deixados numa situação muito complicada ao terem de enfrentar os novos suseranos anglo-americanos destes países, um facto que veio aliás a ter importantes consequências trágicas no caso da guerra civil grega.

Este grupo de tensões consolidou-se sob a forma da chamada 'Guerra Fria' (ver capítulo infra), cujas relações com o marxismo permanecem ainda assim essencialmente 'performativas', ou seja, provenientes no fundamental do importante facto de que um dos lados envolvidos no confronto tinha uma linha de conduta oficialmente inspirada pelo marxismo. O subsequente apoio formal soviético a teses enfaticamente de 'coexistência pacífica', quanto às relações entre países com diferentes sistemas económicos (e sem embargo da existência de antecedentes da mesma atitude já no tempo da União Soviética de Stalin), foi primeiro violentamente denunciado como traição aos ideais socialistas por parte dos comunistas chineses durante o período de maior azedamento das relações China-URSS, principalmente durante as décadas de 1960 e 1970. No período subsequente, contudo, a República Popular da China veio a evoluir de forma paulatina para a sua própria variedade de 'coexistência pacífica' em questões de natureza geoestratégica.

Quanto aos eventos ocorridos no chamado 'hemisfério ocidental', o exemplo da revolução cubana é obviamente merecedor de destaque, tendo-se tratado aqui dum caso que veio a contribuir para gerar, por emulação, diversos movimentos de guerrilha em vários países latino-americanos. Todavia, deve outrossim sublinhar-se que tais movimentos, frequentemente de inspiração mais ou menos oficialmente 'guevarista', 'castrista' ou aparentada, vieram sobretudo a produzir fracassos ou, quando muito, situações correspondentes a prolongados impasses, das quais se tem melhor ou pior procurado sair pela adoção duma via oficialmente pacífica e 'institucional' de conduta política, habitualmente ocorrendo concessões por parte das várias fações em conflito e resultando a definição doutrinária de tais movimentos, em geral, consideravelmente atenuada. Em todo o caso, e mais fundamente, a própria relação originária de tais movimentos com o marxismo continua entretanto a ser matéria duvidosa, para dizer o mínimo, considerando entre outras coisas a importante confissão, feita pelo próprio Fidel Castro (cf. Preve 2007), de que, nas suas manobras de ataque à leitura de *Das Kapital*, nunca teria conseguido ultrapassar as importantes linhas-de-defesa correspondentes à página vinte...

'Partidos' de Lenin, Gandhi e Wilson

Reportando-se também estritamente às relações do marxismo com a guerra e a paz, mas operando no âmbito duma discussão de escopo mais vasto ainda, a qual engloba genericamente as atitudes face ao problema do recurso à violência, o filósofo marxista italiano Domenico Losurdo expôs em obras recentes a importante tese de que, a respeito daquilo a que designou como "partido de Gandhi" e "partido de Lenin", bem longe de estes poderem ser distinguidos pelo pretenso pacifismo do primeiro e pela alegada inclinação para a violência do segundo, o que ressalta no confronto da atitude daqueles dois dirigentes políticos (o segundo dos quais reconhecendo-se oficialmente como leitor e discípulo de Marx) é acima de tudo a propensão de Gandhi para as soluções meramente parciais e o seu pendor para a cooptação, ao passo que Lenin seria suscetível de ser pensado sobretudo como mais intransigente quanto ao universalismo dos seus intuitos. Em todo o caso, ambos os dirigentes, bem como as subsequentes cadeias de agentes políticos pensando-se mais ou menos diretamente enquanto seus seguidores, foram indiscutivelmente forçados, durantes as respetivas trajetórias, pela necessidade imperiosa de fazer escolhas drásticas, algumas das quais podendo mesmo ser categorizadas como escolhas 'trágicas', ou 'agonísticas'.

Quanto a Gandhi, a pretensão inicial de obtenção duma 'paz comprada' face ao então quase omnipotente Império Britânico ditou em certos momentos atitudes como a recomendação, formalmente endereçada à população indiana residente na África do Sul, de se oferecer como voluntária ao exército britânico, ajudando este último na repressão por exemplo dos Zulus, ou dos Bóeres; ou ainda o apoio ativo e empenhado ao esforço de guerra britânico na primeira Guerra Mundial. Através destes repetidos gestos oficialmente de 'boa vontade', que todavia incorporavam uma componente explicitamente militarista e aguerrida face a terceiros, Gandhi e outros visavam uma mudança fundamental da orientação britânica, a qual na verdade nunca chegou a ocorrer de forma plena. Em concreto tratava-se, do ponto de vista de Gandhi, o 'recrutador-mor' do Império Britânico (como ele em determinado momento se designou aliás abertamente), de reclamar, com base numa pretensa condição comum de povos 'arianos' ou indo-europeus, uma dignidade também comum que deveria fundamentalmente unir europeus e indianos, levando assim a Índia britânica, cuja população nativa possuiria um 'valor' intrínseco que seria provado precisamente através da bravura evidenciada nos campos de batalha, a progredir da condição de 'colónia' para a de 'domínio', a sua população vendo assim reconhecidos os seus correspondentes direitos, inerentes à condição de normais súbditos britânicos, de forma análoga ao que realmente ocorreu, por exemplo, com o Canadá e a Austrália. Por conseguinte, não se tratava da parte de Gandhi de recusar o colonialismo por princípio, mas de alegar a existência dum suposto erro fundamental de categorização, o qual teria deixado a população indiana (de epiderme predominantemente escura, decerto, mas ainda assim ariana) do lado errado das divisórias sociais. Também não se tratava dum qualquer 'pacifismo' de princípio, bem pelo contrário, mas dum militarismo perfeitamente assumido, embora reconhecidamente subalterno e meramente tático.

Destas posições evoluiu depois Gandhi, é verdade, para a formal reclamação da independência plena, a qual se trataria de alcançar através duma luta política formalmente 'não-violenta'. Mas Losurdo (2010), assinalando os aliás hábeis efeitos 'propagandísticos' de tais proclamações genéricas, ou seja, o seu permanente apelo à simpatia da parte de terceiros e também, no limite, dos próprios agentes britânicos, anota uma e outra vez como Gandhi foi repetidamente confrontado pela necessidade de fazer escolhas, de tal modo que a ausência de violência num contexto, ou sob um certo ponto de vista, implicava realmente uma violência acrescida noutros contextos e/ou sob outros pontos de vista. A título de exemplo, a própria participação organizada de crianças nas manifestações pró-independência, ocorrendo num ambiente em que as autoridades policiais tenderiam obviamente a fazer delas vítimas fáceis, não é desencorajada pelos independentistas, bem pelo contrário, sendo as respetivas consequências assumidas e racionalizadas através de diversos dispositivos psicológicos de desculpabilização, que não raro chegam a adquirir aspetos estritamente martirológicos (sendo as crianças entregues ao arbítrio da divindade, à sua misericórdia e/ou à sua deliberação de fazer delas vítimas inocentes dos britânicos, evidentemente acontecer-lhes-ia o que aquela em última análise decidisse...), para além de fazerem facilmente evocar acusações, mais recentemente expostas pela generalidade dos dirigentes de Israel quanto à resistência palestiniana, de esta deliberadamente promover a constituição dos chamados 'escudos humanos'.

Seja como for, está-se aqui radicalmente apartado dum qualquer 'categórico' no sentido kantiano do termo e, se existem realmente aspetos 'não-violentos' na atuação dos independentistas indianos, eles são estritamente circunstanciais e guiados pelo cálculo político, embora usualmente envoltos num culto da emoção que constitui o veículo para um muito astuto dispositivo de apelo à simpatia. Não é esse o caso habitual com o 'partido de Lenin', muito mais abertamente político em sentido estrito (e portanto assumidamente preocupado com questões de eficácia prática), embora quer este quer o 'partido de Gandhi' possam ser compreendidos enquanto orientados de acordo com uma lógica profunda de "ética de responsabilidade" no sentido weberiano da expressão, não tanto duma qualquer "ética de fins últimos", de que a 'não-violência' oficial tende habitualmente a reclamar-se. Em suma: o cálculo político é o verdadeiro guia da atuação num e noutro dos casos, o critério é o da 'ética de responsabilidade' e as decisões são portanto tomadas em função não do 'categórico' kantiano, mas estritamente do 'condicional'. Todavia, o 'partido de Gandhi' assinala em geral um mais engenhoso recurso ao *soft power*, um mais hábil apelo aos *hearts and minds*, o que marca bem a tendência evolutiva daqueles que têm, ao longo das décadas, vindo outrossim a reclamar-se da não-violência.

Mais perto de nós, Losurdo regista basicamente o mesmo tipo de dispositivos no caso de Martin Luther King e das lutas pelo fim da discriminação racial nos EUA, nos anos de 1960, sublinhando neste último caso a consciência clara, vertida aliás por escrito no próprio acórdão do Tribunal Constitucional que nos EUA suprime aquelas formas de discriminação nos estados do Sul, de que elas lesariam irreparavelmente a imagem internacional desta potência, um assunto revestindo-se obviamente de extrema importância num contexto global de 'Guerra Fria' e de disputa correlativa pelos *hearts and minds* das nações entretanto recém-chegadas à independência política. Se este é o cenário 'macro' em que as lutas decorrem, a orientação que lhes é incutida continua a evidenciar a mesma tendência para a cooptação e para a subalternidade, e também a mesma aposta nos apelos habilidosos à simpatia, acompanhada entretanto pelo inegável e indisputável primado das considerações políticas e do 'condicional', tornando portanto completamente vazias de conteúdo quaisquer pretensões a uma qualquer proclamação de 'não-violência' genérica. Em movimentos mais recentes ainda, nomeadamente os correspondentes ao culto do Dalai Lama e do pretenso pacifismo 'categórico' do budismo tibetano, Losurdo indica a degradação destas reais tragédias históricas em mera farsa, guiada de perto pela lógica propagandística das *psyops* características da *intelligence* norte-americana; e de resto em manifesto e violentíssimo conflito com a simples verdade factual: a realidade social do tão decantado Tibete teocrático era obviamente muitíssimo violenta e indicadora dum imenso desprezo da elite de monges pela população em geral, cujos infortúnios tendiam facilmente a cair no olvido através dos vários dispositivos da sua própria banalização, sendo sistematicamente racionalizados como mero *karma* no ciclo interminável das reencarnações...

No outro extremo do espectro, em matéria de dignidade, encontramos na narrativa de Losurdo o caso dos grupos de radicais (ou 'fundamentalistas') cristãos que, ao longo do século de oitocentos, na história dos EUA acabam por descobrir no próprio texto fundador constitucional norte-americano "um convénio com a morte e um acordo com o inferno" ('*a convenant with death, and an agreement with hell*'), o qual permitira a perpetuação do 'mal absoluto' que seria a escravatura. Assim sendo, e sobretudo depois da promulgação das medidas legislativas determinando a 'devolução' aos estados do Sul dos escravos fugitivos, estes grupos de cristãos abolicionistas experimentam uma evolução que vem a desembocar no reconhecimento da luta armada contra a escravatura, incluindo as rebeliões de escravos no Sul, enquanto um 'mal menor' e portanto um trajeto político em definitivo recomendável, dadas as circunstâncias. Analogamente ainda, acrescente-se, para certos grupos de cristãos que, em meados do século XX, virão a estar ativos no âmbito da resistência antinazi.

Considerações muito semelhantes podem ser produzidas acerca, por exemplo, do discurso racionalizador de Leão Tolstoi, cujas deliberações de antimilitarismo e anticolonialismo radicais e incondicionais (quanto a isto, assinala Losurdo, bem diversas das posições de Gandhi) continham elas próprias implicações irredutivelmente e inevitavelmente violentas, como de resto veio a ficar bem patente pouco depois da morte de Tolstoi, a respeito do início da I Guerra Mundial: a recusa intransigente de combater, a rejeição do próprio alistamento militar, por parte dos grupos políticos que por uma razão ou outra se opunham à guerra, como aliás aconteceu em termos gerais precisamente com o 'partido de Lenin', produziu imediatamente reações dum nível de violência tal (Losurdo concede quanto a isto particular ênfase à trajetória pessoal, a este título exemplar, do 'espartaquista' alemão Karl Liebknecht) que esta fação, embora genericamente pacifista, foi implacavelmente pressionada pelas circunstâncias a passar do simples "não à guerra" à mais radical, mas muito mais evolutivamente viável palavra-de-ordem de "guerra à guerra". Obviamente, nenhuma opção política estando livre desse tipo de implicações, também aqui o evitamento duma forma particular de violência num certo contexto vem inextricavelmente associado à produção de violência alhures. Em concreto, no caso pessoal de Lenin isto ditou uma evolução fazendo-o em certo momento passar duma atitude de simples pacifismo ("a guerra configura um mal absoluto") a um verdadeiro *derrotismo* ("a derrota do meu país pode bem, tudo ponderado, constituir um mal menor"), determinando o momentâneo *agreement with hell*, ou verdadeiro 'pacto com o Diabo', que foi desde logo o acordo com o Império alemão garantindo o trânsito pessoal de Lenin para a Rússia republicana: do ponto de vista do estado--maior alemão, com o propósito declarado de obter a saída unilateral da Rússia do conflito, objetivo aliás plenamente conseguido, acompanhado do importante corolário que foi o subsequente Tratado de Brest-Litovsk, através do qual a Rússia soviética fazia concessões amplíssimas às pretensões imperiais alemãs, em troca também aqui duma 'paz comprada', decerto injusta (e bem diversa da palavra de ordem bolchevique de 'paz sem anexações nem indemnizações'), mas então considerada por Lenin como circunstancialmente imprescindível e urgentíssima.

Naturalmente, não sendo o bolchevismo internacional um instrumento do Império alemão (ou doutro qualquer império), nem vice-versa, mas podendo ambos tentar proceder à respetiva utilização dessa forma, através de jogadas por definição arriscadas para ambas as partes (e em que o próprio imperativo de sobrevivência impõe a necessidade inescapável de 'viver perigosamente'), o que aconteceu pouco depois foi o triunfo do bolchevismo na Rússia, sim; mas também um fim da guerra mundial que foi correlativo, na Alemanha, dum contributo decisivo dos bolcheviques deste país para a queda do respetivo império, aliás no âmbito dum turbilhão muitíssimo complexo de eventos de onde a violência não está nunca excluída, nem a possibilidade por princípio de lhe fazer apelo: é essa, todavia, a condição mesmo de toda e qualquer atuação política, da qual uma qualquer 'não-violência' categórica se pode considerar fundamentalmente excluída por definição mesmo.

Em obra posterior, e referindo-se mais estritamente à questão das expectativas associadas ao tema da 'paz perpétua', Losurdo (2016) sublinha o facto de, em momentos históricos bem distintos, este tema ter surgido no panorama intelectual europeu, aliás frequentemente associado, e é esse também classicamente um traço muito importante, à ideia duma reconciliação adentro do âmbito europeu e/ou cristão, como forma de propiciar empreendimentos conjuntos dirigidos contra não-europeus, 'pagãos' ou 'infiéis'. Trata-se aqui, em boa verdade, do antiquíssimo moto das Cruzadas, o qual é reprocessado, embora sendo submetido a flutuações significativas, ao longo do processo de expansão colonial europeia, chegando por exemplo, já no século de setecentos, a reaparecer nas obras de Leibniz e do Abade Saint-Pierre, enquanto ideia dum empreendimento bélico dirigido contra o Império Otomano, o qual seria constituído em ocasião para simultaneamente instituir uma paz mais duradoura adentro do universo simbólico e político da Cristandade. Algumas décadas depois, entretanto, o projeto duma paz perpétua reaparece explicitamente na obra de Kant, mas agora em direta associação aos acontecimentos da revolução francesa: sendo a guerra um resultado dos caprichos dos príncipes, do desejo de 'vã glória' típico destes, da excessiva margem de deliberação deixada ao seu arbítrio e da prevalência do secretismo, a difusão das constituições republicanas, correlativa ao predomínio dos princípios do debate racional e da publicidade, tenderia a tornar a guerra supérflua e abertamente disfuncional, conduzindo assim ao seu desaparecimento.

O rápido naufrágio destas expectativas, no contexto das guerras revolucionárias e imperiais, não impediu que bem pouco depois perspetivas da 'paz perpétua' emergissem de novo, desde logo no âmbito do triunfo da própria contrarrevolução em 1815, desembocando na ideia de 'Santa Aliança', que combinava intentos visando suster a possível caminhada revolucionária em cada país, com outros, de pacificação nas relações internacionais, antes de mais através da proclamada amizade pessoal entre os príncipes. Um pouco mais tarde, ao longo do século de oitocentos, a isto acresceu ainda, e de forma crucial, a prevalência da noção de *doux commerce*: as atividades económicas 'normais', bem como os correspondentes progressos na riqueza material das nações, exerceriam uma ação pacificadora em profundidade quer no interior destas, evitando assim as 'guerras sociais', quer no cenário das relações internacionais, promovendo a paz em sentido estrito. Embora seja de reter a importante noção, argumentada por diversos autores, relativa a uma pretensa "paz dos cem anos" durante o intervalo de tempo 1815-1914, a verdade é que esse período, não obstante todos os possíveis intuitos pacificadores correlativos à atuação conjunta da *haute finance* internacional e da rede social aristocrática correspondente às casas reinantes europeias (direta ou indiretamente aparentadas ao núcleo central de 'Rainha-Vitória-e-primos'), assistiu de facto a conflitos sociais violentíssimos de âmbito internacional, a várias guerras mesmo entre diversas potências europeias, e sobretudo a uma enorme explosão de atividade bélica dirigida por europeus contra não-europeus, a qual ficou bem expressa na brutal violência associada à expansão colonial que foi testemunhada por este século.

Se pode aceitar-se a noção dum sistemático recurso dos grupos dirigentes ao dispositivo consistindo num orientar da violência contra terceiros, o que teria porventura permitido atenuar os conflitos intraeuropeus, assim evitando ou atrasando revoluções sociais e parcialmente também guerras no teatro europeu, já entretanto o período seguinte, prolongando-se de 1914 a 1945, período conhecido por vezes como "segunda guerra dos trinta anos" (Mayer 1981; Canfora 2007), assinala desde logo o refluir de tal violência para o estrito âmbito europeu, depois também o projeto, por parte das diversas elites, de estimular os conflitos internacionais enquanto forma de encontrar um sucedâneo para as possíveis revoluções em cada país: a guerra, em suma, como grande sucedâneo ou grande alternativa, por ilusória que fosse, à revolução social e aos explícitos conflitos de classes (cf. Pauwels 2014).

O decorrer dos eventos confirmou nuns casos tais expectativas, noutros tendo-as todavia defraudado. Foi obviamente o caso com a revolução bolchevique russa, a qual foi suscitada diretamente como única forma praticamente viável de evitamento dos horrores da guerra, em 1914 promovida quer pelas potências da Entente, quer pelos impérios centrais, quer pela Rússia czarista. Enquanto prolongamento do triunfo dos bolcheviques, surge durante um certo período o projeto mesmo duma revolução mundial (a qual também teria obviamente como consequência o fim imediato de quaisquer hostilidades internacionais), projeto que é entretanto rapidamente substituído pela necessidade de acomodação da novel formação estatal resultante da revolução bolchevique, a União Soviética, ao ambiente duma política mundial onde entretanto tinha despontado e sobressaído das ruínas da Europa uma potência não estritamente europeia, os EUA, como instância cada vez mais indiscutivelmente hegemónica. A paz de 1918 configura portanto, globalmente considerada, decerto não a vitória do 'partido de Lenin', mas sobretudo o triunfo do 'partido de Wilson'; e nesse sentido também, em boa medida, a substituição da *Pax* britânica pela *Pax* norte-americana: os EUA promovem a formação da Liga das Nações enquanto instituição de arbitragem dos possíveis conflitos subsequentes, mantendo-se eles próprios todavia cuidadosamente à parte (e obviamente acima) dela; a dominação colonial não é em si mesma colocada em questão, embora o princípio da emancipação nacional seja explicitamente invocado, mas somente na Europa, com viés oportunista e como forma de enfraquecimento dos potenciais rivais; já a nível mundial a trajetória típica é a da substituição do colonialismo dos vencidos pela tutela alegadamente benevolente, ou o protetorado, dos vencedores e/ou da própria Liga das Nações; enfim, e em paralelo, as potências anteriormente em guerra coligam-se, visando sufocar o recém-formado estado soviético, durante alguns anos reduzido à condição de pária global e vendo o seu território sofrer uma intervenção multinacional estrangeira.

De permeio a este conjunto de processos, assiste-se a um reforço da posição dos EUA enquanto potência de algum modo 'suserana', mas ainda não incontestada, mesmo adentro dos países da 'primeira liga', em particular os detentores de impérios coloniais (Reino Unido, França, Japão...), cuja posição se intenta de algum modo reforçar no seu conjunto. As rivalidades entre os diversos imperialismos, o progressivo ascenso dos EUA enquanto híper-império formalmente supra partes, bem como o movimento descolonizador entretanto timidamente iniciado à escala mundial, sob o impacto combinado das rivalidades entre imperialismos, dos apelos leninistas à revolta dos povos coloniais e da intervenção oficialmente tuteladora dos EUA, impediram entretanto a consolidação dum ambiente internacional pacífico até 1945, aquando da conclusão da sequela muito ampliada de 1914-18 que foi a II Guerra Mundial. Falhado o projeto das potências do Eixo de se substituírem ao Império Britânico, foi este último entretanto forçado pelo peso dos acontecimentos a ceder no fundamental o passo, mas duma forma basicamente pacífica e formalmente consentida, à hegemonia dos EUA. A grande novidade institucional resultante do conflito de 1939-45 foi a ONU, instituição através da qual se pretendeu oficialmente renovar as esperanças pacificadoras já antes associadas à Liga das Nações do período entre guerras, na verdade consagrando desde logo a proeminência dos 'três grandes' vencedores (EUA, URSS, Império Britânico) num núcleo central deliberadamente acrescido de forma calculada, visando incorporar também a França e a China: a França sendo patrocinada pelos britânicos, a China pelos norte-americanos, então persuadidos da eventual vitória do Kuomintang e de Chiang-Kai-shek (cf. Gowan 2003).

A situação excecional destes 'cinco grandes' foi entretanto, melhor ou pior, compaginada com o fundamental reconhecimento da soberania correspondente ao estado-nação, assumido como condição normal da totalidade da humanidade, e resultante esperável do advogado exercício do direito de autodeterminação. Escusado será acrescentar, desde o início mesmo ocorreram tensões e zonas de fricção entre estes diversos princípios orientadores, a principal das quais correspondeu ao subsequente processo descolonizador. Na verdade, a ONU proclamava (e proclama) a fundamental intocabilidade dos limites territoriais de cada um dos estados que a integram; mas por outro lado postula também o exercício da autodeterminação enquanto direito inatacável, o que desemboca evidentemente num conflito de orientações, que os processos de descolonização ilustram vivamente. Para cúmulo de todas estas orientações potencialmente conflituais, emerge ainda a pretensão da 'nação indispensável', os EUA, a uma intocabilidade e uma excecionalidade inquestionáveis, bem à parte e acima mesmo do resto do 'grupo dos cinco', pretensão que todavia encontra a expressão mais frequente e habitual num aparente universalismo de intuitos, inclinado a assumir por excelência as vestes da própria ONU enquanto seu veículo preferencial.

Esta condição dos EUA enquanto 'superpotência única', e portanto autoproclamado 'xerife mundial', foi assumida em pleno apenas depois de 1989-91, isto é, logo a seguir ao fim da 'Guerra Fria', não obstante diversos traços apontarem nesse sentido já desde bem antes, pelo menos desde 1945. Embora o 'globalismo' da orientação norte-americana tivesse antes sido obrigado a reduzir as suas pretensões, acabando por reconhecer a contragosto a existência de 'esferas de influência' de outras potências, depois de 1945 sobretudo a URSS, no período pós-Guerra Fria esta inclinação é assumida de forma aberta, a 'nação excecional' procedendo à sua própria celebração enfática enquanto arrogada 'nação-líder' do género humano, capaz de deliberar direta ou indiretamente (isto é, travestindo-se ocasionalmente com a formal autoridade 'onusiana' nas ocasiões em que isso lhe seja fácil e lhe aprouver), se necessário em derrogação direta da capacidade das demais nações para decidirem por si próprias; e isto num contexto comemorado, aliás explícita e enfaticamente, enquanto advento anunciado do universal 'Fim da História' (Fukuyama 1992). Neste sentido, pode mesmo afirmar-se que a principal fonte de ameaça consistente à paz mundial, provocando aliás um sempre vivo *'clear and present danger'* de eclosão de conflitos muito sérios e entrando em possível derrapagem rumo a um completo descontrole global, reside na autoatribuída posição dos EUA enquanto 'polícia do mundo', promovendo permanentes iniciativas belicosas, mas reclamando-se sempre de princípios formalmente universais (em particular, a defesa dos direitos humanos e a promoção da democracia), embora de forma obviamente abusiva e impostora: porque reclamam para si uma posição de 'elite do género humano' que é manifestamente incompatível com quaisquer ideias de igualdade fundamental de direitos no interior daquele; e porque, dessa forma, negam e ofendem o direito à autodeterminação dos demais países, firmemente consagrado na Carta da ONU.

Os EUA exprimem, desse modo, sobretudo a sua própria *hubris* coletiva de potência dominante: notemos, de resto, que a última vez que os EUA declararam formalmente guerra a outra potência aconteceu em 1941, com o Império do Japão. Desde essa altura, toda a enorme e incessante atividade bélica norte-americana é assumida pelos próprios sistematicamente não enquanto guerra, mas como simples atividade de polícia: a dignidade de inimigos formais, a terem por princípio de ser reconhecidos com *iustus hostis* (isto é, adversários ou oponentes ainda assim dotados dum núcleo de direitos imprescritíveis) é desta forma liminarmente negada aos oponentes, ato contínuo despromovidos à posição de meros 'bandidos globais', enquanto por outro lado, no plano interno, a presidência dos EUA vê o seu poder decisório imensamente multiplicado, sendo habilmente contornada a necessidade de consentimento por parte do 'ramo legislativo', o Congresso, para o desencadear de quaisquer iniciativas belicosas. Esta capacidade, que Kant identificava e denunciava classicamente nos monarcas absolutos do período pré-1789, é assim manifestamente prolongada (e imensamente ampliada), nos nossos dias, para a presidência norte-americana. Não somente a ideia de fazer a guerra 'em nome da democracia' constitui, portanto, uma falácia e um embuste: na verdade, é a lógica exatamente oposta que acaba por impor-se. Não existem verdadeiras 'guerras pela democracia', bem pelo contrário: as guerras realmente desencadeadas, mesmo que em seu nome, impedem o estabelecimento de instituições democráticas nos países agredidos, porque os obrigam a viver em permanente estado de guerra (classicamente colocado aliás, por Rousseau, como em essência equivalente à condição de escravatura), logo obviamente também em estado de exceção; mas igualmente nos próprios EUA, onde a responsabilidade política dos eleitos, as regras de publicidade, o respeito pela lei, etc. são assim nulificados em termos práticos (cf. Losurdo 2015, 2016).

As décadas subsequentes assistiram ao esperável conflito frontal das pretensões dos EUA à posição de 'xerife global' com os fundamentos do ideário da ONU, o qual aponta obviamente não para a existência duma qualquer 'elite' nacional, ou *Herrenvolk*, adentro do género humano, mas para a igualdade de direitos, pelo menos formal, de todos os estados-nação; e para a correlativa autodeterminação nacional. A lenta, mas firmemente autossustentada, ascensão económica secular doutras potências, sobretudo a República Popular da China, acompanhada do protagonismo crescente duma multiplicidade de instituições multilaterais que são suportadas por esta potência emergente (os BRICS, a 'Organização de Cooperação de Xangai' e a nova 'rota da seda' constituindo porventura os casos mais óbvios dessa tendência) e almejando, entre outros propósitos, à própria remoção do dólar da sua posição de 'super-moeda' à escala universal, tem suscitado um mal-estar crescente do lado norte-americano, do qual são evidentes manifestações as tendências bélicas também crescentes dos EUA: o formal guardião autonomeado da ordem mundial transformando-se assim claramente no desordeiro-mor, o *trouble-maker* número um à escala mundial, ou na verdade o *global bully* por excelência.

Guerra fria

A vitória conjunta dos EUA, do Reino Unido e da União Soviética na II Guerra Mundial produziu uma situação global que é frequentemente designada como a "era das superpotências". Na verdade, devemos acrescentar, o primeiro desses países saiu da guerra com o seu território praticamente incólume, tendo sofrido um número significativamente reduzido de baixas e encontrando-se numa posição de claro domínio económico a nível mundial, o qual tinha ainda recentemente sido muito ampliado em termos relativos, dada a ruína comum (e reciprocamente infligida) de todos os potenciais rivais. Ao contrário do que se passava com os EUA, o Reino Unido, apesar da sua posição vitoriosa, debatia-se já em 1945 com um percetível declínio da sua influência global, nas décadas subsequentes tendo ainda de sofrer o importante facto que foi a perda do seu império colonial. A terceira potência vencedora, a União Soviética, tendo suportado um número extremamente elevado de baixas durante a guerra, tinha também a sua economia praticamente destruída e encontrava-se de facto ainda no rescaldo duma conturbada revolução interna, a qual se prolongara depois sob a forma de quase três décadas de guerra civil, quer explícita quer decorrendo sob uma forma apenas larvar, tudo culminando nos 4 terríveis anos da invasão pelas tropas nazis e da subsequente contraofensiva vitoriosa até Berlim. Nos anos imediatamente posteriores a 1945 a acentuação dos conflitos veio entretanto a produzir um fusão parcial das duas potências anglo-americanas, os britânicos cedendo mais ou menos explicitamente a sua anterior posição de hegemonia mundial aos norte-americanos e o conflito evoluindo assim basicamente para um confronto simplificado, correspondente a um mundo 'bipolar': dum lado a União Soviética; do outro os EUA apoiados pelo Reino Unido como parceiro subalterno.

Em matéria de retórica política, todos estas três potências tinham empreendido a guerra contra o Eixo em nome da liberdade e da democracia, apesar de estas expressões assumirem então significados obviamente escorregadios e muitíssimo flutuantes, largamente dependentes quer dos seus utilizadores, quer do contexto. Para a URSS, o projeto de 'exportação' do seu próprio modelo revolucionário, embora sem dúvida importante no início do período subsequente a 1917, tinha já evoluído antes mesmo da II Guerra Mundial na direção das noções bem mais realistas de 'socialismo num só país' e de 'coexistência pacífica' de países com regimes económicos e políticos diferentes. Ainda assim, o facto de terem sido os soviéticos, dum modo geral, a suportar de longe o maior fardo da vitória dos aliados, tendo também sido eles a entrar vitoriosos em Berlim e Viena, fez momentaneamente reavivar propósitos de proselitismo revolucionário armado, os quais foram em todo o caso rapidamente reduzidos à escala dum projeto da supremacia partilhada, que encontrava plena expressão na ideia de 'áreas de influência', postas em prática por cada um dos vencedores: para a URSS, a maior parte da Europa Oriental e porções significativas do Médio Oriente, o que em grande medida correspondia, do ponto de vista soviético, à constituição dum 'cordão sanitário' invertido, em termos gerais o exato oposto daquilo que as potências ocidentais tinham erguido contra eles depois de 1917, apoiando-se em diversos países da Europa oriental. A URSS justificava assim a instituição duma rede de países oficialmente 'amigos' na sua vizinhança próxima, impedindo dessa forma tanto o quadro das intervenções estrangeiras do imediato pós-1917 como o ainda pior cenário de 1941-45. Aos anglo-americanos, entretanto, era deixada como zona de influência a Europa Ocidental; e em boa verdade o essencial do resto do globo, embora neste outro caso de forma algo mais dúbia, tendo em conta o processo das descolonizações que já então se adivinhava.

Este acordo genérico, na verdade, defrontou no período subsequente dois problemas fundamentais: 1) evitava obviamente a questão dos países que se tornaram independentes nas décadas seguintes com os processos de descolonização em massa, tratando-se nesse caso sobretudo de ex-colónias de potências europeias ocidentais, e em particular de potências vencedoras em 1945, nomeadamente o Reino Unido e a França; 2) não contemplava a inclinação 'globalista' exibida desde o início pelos EUA, os quais sistematicamente deslizaram do reconhecimento meramente momentâneo das 'esferas de influência' de outras potências para uma outra inclinação, mais profunda e muito mais consistente, de índole acentuadamente 'unipolar' ou 'globalista', ou seja, assumindo a totalidade do território mundial enquanto sua própria 'zona de influência' exclusiva.

Sob a liderança dos EUA e, oficialmente, com vista a reformar o sistema existente de relações internacionais através da criação dum sistema de segurança coletiva, diversos países estiveram, no período imediatamente subsequente ao fim da guerra de 1939-45, envolvidos em múltiplas negociações a nível mundial. Desde logo, e depois duma série de reuniões e declarações preparatórias, Churchill, Stalin e Roosevelt decidiram instituir a Organização das Nações Unidas. Oficialmente uma entidade representativa e dotada de grandes poderes, visando a promoção dos princípios da cooperação internacional, da autodeterminação dos povos, dos direitos humanos e do progresso económico e social em todo o mundo, esta organização foi fundada pela Carta de São Francisco, a 26 de Junho de 1945 e posteriormente ratificada por 51 Estados, a 24 de Outubro seguinte. No âmbito da ONU, para além da Assembleia Geral, também o Conselho de Segurança entrou em funcionamento, com cinco membros permanentes oficialmente dotados de poder de veto: os três vencedores da última guerra, mais a China e a França, acrescentados ao grupo a pedido dos EUA e do Reino Unido, respetivamente. A China, entretanto, permaneceu excluída da ONU até a década de 1970, primeiramente como consequência da guerra civil entre as forças do Kuomintang e as do Partido Comunista Chinês, e depois da vitória destas últimas em virtude da alegada existência de 'duas Chinas': a República Popular, com capital em Pequim, e a residual 'República da China' do derrotado e fugitivo Kuomintang, recolhido a Taiwan sob a asa protetora dos EUA (cf. Gowan 2003).

Na verdade, quer a coordenação adentro do grupo dos vencedores quer o próprio funcionamento da ONU foram postos em questão logo em Janeiro de 1946, quando foi apresentada uma queixa formal no Conselho de Segurança pelo governo iraniano, apoiado pelos EUA e pelo Reino Unido, acusando a URSS de continuar a ocupar o Azerbaijão iraniano. Sob estas invocações formais, porém, ocultavam-se sobretudo: o desígnio britânico (e norte-americano) de preservar o seu próprio acesso irrestrito ao petróleo, mantendo dele afastados tanto quanto possível os soviéticos, e pontualmente também o intuito pessoal de Winston Churchill de salvaguardar a sua posição pessoal, diretamente ameaçada no final da guerra pelo ascenso dos trabalhistas: "Churchill, sem posição e caído em desgraça, estava desejoso de um confronto. Este veio a suceder, sem grandes surpresas, no Médio Oriente. A Grã-Bretanha controlava 72 por cento do petróleo do Médio Oriente; os Estados Unidos tinham dez por cento e queriam uma percentagem maior. A União Soviética também aspirava a uma percentagem. Tendo colocado tropas durante a guerra no norte do Irão, além da sua fronteira, para manter o abastecimento de petróleo a salvo de mãos nazis, os soviéticos entraram em conflito com a Grã-Bretanha, no sul" (Stone & Kuznick 2015: 154-155).

Vários outros pontos de atrito se tornam, entretanto, facilmente identificáveis já mesmo durante este período: relativamente à condição da Europa de Leste há um notório azedamento, suscitado originariamente pela crescente influência da URSS na Polónia: país este relativamente ao qual Londres tinha deixado cair as iniciais pretensões do 'governo no exílio' sob sua proteção, face à realidade factual do avanço militar soviético, mas sempre a contragosto e sob muitas reservas. Existe também o problema de os EUA serem nesta altura os detentores únicos, e além disso utilizadores efetivos, de armas nucleares, a URSS sentindo-se cada vez mais ameaçada por esse desequilíbrio, o que levou à rejeição formal do chamado 'plano Baruch', de Janeiro de 1946, os soviéticos apresentando uma contraproposta de destruição definitiva de todas as armas nucleares existentes e de que ficasse formalmente proibido o uso militar da energia atómica: como é evidente, nenhum dos planos obtém boa consecução. Embora já em Março de 1946 Winston Churchill tivesse publicamente anunciado os termos gerais da chamada "guerra fria", através do seu célebre discurso relativo à "cortina de ferro" instalada na Europa, foi só na verdade em Março de 1947 que Harry Truman abriu oficialmente as hostilidades com o seu famoso discurso sobre a divisão do mundo em dois blocos, apresentados pelo presidente norte-americano como em definitivo irreconciliáveis.

A nível mundial, neste período, enquanto a guerra civil chinesa continuava, a Índia beneficiou entretanto da rápida concessão pelos britânicos duma independência 'preventiva', através da respetiva 'lei de independência', a qual levou à fundação formal da União Indiana a 15 de Agosto de 1947. A URSS, entretanto, consolidou a sua influência na zona composta por Polónia, Roménia, Bulgária, Jugoslávia, Checoslováquia e Hungria. Pelo seu lado, os EUA puseram em prática um plano de ajuda económica e financeira à Turquia e Grécia, países oficialmente considerados 'ameaçados pelo comunismo', plano esse que rapidamente foi estendido a 16 estados europeus afetados pela guerra. Apresentado na Universidade de Harvard, a 5 de Junho de 1947, como não sendo "contra qualquer país ou doutrina, mas contra a fome, a pobreza, o desespero e o caos", o plano Marshall, enquanto meio de recuperação económica, foi na verdade um instrumento fundamental na garantia duma ligação consistente da Europa aos EUA. Os outros pilares foram oficialmente a defesa, através da NATO, e a política, através do massivo e sistemático apoio norte-americano a uma larga variedade de partidos não-comunistas operando em regimes multipartidários. Em resposta aos movimentos norte-americanos, os representantes dos partidos comunistas e análogos, de nove países europeus, criaram em Setembro de 1947 o 'Kominform' (Serviço de Informação Comunista), formalmente com o propósito de promover uma melhor articulação internamente ao grupo. Os membros do Kominform eram os partidos da Bulgária, Roménia, Hungria, Checoslováquia, Polónia, URSS, França, Itália e, até Junho de 1948, também a Jugoslávia. A ocidente, em Abril de 1948 foi instituída a Organização para a Cooperação Económica Europeia (OECE), visando oficialmente a administração prática do plano Marshall. Tinha inicialmente 16 participantes: Áustria, Bélgica, Dinamarca, França, Grécia, Islândia, Irlanda, Itália, Luxemburgo, Países Baixos, Noruega, Portugal, Suécia, Suíça, Turquia e Reino Unido. Depois da conclusão formal do plano Marshall, e com a crescente importância da NATO, a OECE deu lugar à Organização para Cooperação e o Desenvolvimento Económico, OCDE: fundada em Setembro de 1961, esta organização possui atualmente 34 Estados-Membros (cf. Vaisse 1997).

Em conformidade com o que foi decidido na conferência de Ialta em Fevereiro de 1945, a Alemanha viu o seu território dividido entre os 'três-mais-um', ou seja, os três vencedores mais a França. Os EUA ocuparam o sul da Alemanha; os britânicos, o noroeste; a França, um segmento de regiões vizinhas à sua fronteira oriental, tendo a URSS consolidado o seu controle sobre os territórios a leste. A cidade de Berlim, profundamente encravada na zona soviética, foi no entanto também dividida pelas quatro potências. Em Junho de 1948, na conferência de Londres, os três representantes ocidentais decidiram unificar as suas zonas de ocupação de Berlim, tomar várias medidas económicas no âmbito do plano Marshall, organizar eleições para uma assembleia constituinte e fundar uma moeda comum, o Marco alemão. Estas iniciativas, sinalizando a intenção de criar um estado alemão obviamente pensado como alinhado com o resto da Europa ocidental, implicavam também a rotura definitiva com a ideia que tinha sido insistentemente propugnada pelos soviéticos: a formação duma Alemanha unificada, simultaneamente neutral e desmilitarizada. As potências ocidentais envoltas em diversas discussões relativas à administração conjunta dos seus sectores de Berlim, a URSS instalou entretanto, a 23 de Junho de 1948, um bloqueio a esta cidade, ao que os EUA responderam de imediato com a criação duma 'ponte aérea' visando garantir os suprimentos a Berlim Ocidental. Esta situação de impasse durou até 12 de Maio de 1949, culminando na divisão do território alemão em dois estados: a República Federal da Alemanha, fundada a 23 de Maio e a República Democrática Alemã, criada em resposta a 7 de Outubro.

No contexto da crescente tensão entre os EUA e a URSS, foram estabelecidos vários acordos de defesa. Exemplos destes são o Tratado de Dunquerque, de Março de 1947, o qual foi seguido pelo Tratado de Bruxelas, de Março de 1948 e modificado em 1954, a fim de incluir a Alemanha e a Itália sob a designação de 'União da Europa Ocidental'. Em Janeiro de 1949 foi assinado o Tratado instituindo o COMECON (Conselho de Assistência Económica Mútua), que funcionava como uma organização económica, sob a liderança da URSS e, entre 1949 e 1991, juntou vários estados socialistas: Bulgária, Checoslováquia, Hungria, Polónia, Roménia e União Soviética, seguidos da Albânia (que saiu em 1961) e depois também a Alemanha Oriental (RDA), a Mongólia, Cuba e o Vietname. A 4 de Abril de 1949 o 'Tratado do Atlântico Norte' foi assinado por doze países: Bélgica, Canadá, Dinamarca, EUA, França, Islândia, Itália, Luxemburgo, Noruega, Países Baixos, Portugal e Reino Unido. Estabelecia a Organização do Tratado do Atlântico Norte (NATO//OTAN), ligando militarmente os países da Europa Ocidental com a América do Norte e estendendo-se posteriormente conforme segue: Grécia e Turquia (Fevereiro de 1952), República Federal da Alemanha (1955), Espanha (1982), Hungria, Polónia e República Checa (1999), Bulgária, Eslováquia, Eslovénia, Estónia, Letónia, Lituânia e Roménia (2004), Albânia e Croácia (2009). Também em 1949, pondo fim ao monopólio nuclear dos EUA e inaugurando assim uma nova fase no confronto dos dois blocos, a URSS levou a cabo o primeiro teste deste tipo de armas, a 29 de Agosto. Pouco tempo depois, a 1 de Outubro, a República Popular da China foi proclamada na sequência da vitória das forças do Partido Comunista Chinês sobre o Kuomintang.

    O primeiro conflito 'quente' no contexto da 'guerra fria' teve início no ano seguinte. A Coreia, que tinha sido transformada em colónia japonesa já antes da segunda guerra mundial e assim permanecera durante o conflito, foi dividida depois de 1945 entre uma zona setentrional, oficialmente libertada com o apoio de Moscovo e Pequim e reconhecida pela União Soviética e pela República Popular da China; e uma zona Sul, oficialmente libertada pelos norte-americanos (na verdade, largamente apoiados nas estruturas sociopolíticas da Coreia previamente 'colaboracionistas' em relação aos japoneses) e produzindo um regime apoiado por Washington. Nenhuma das entidades correspondentes a cada uma das áreas reconheceu diplomaticamente o estado ou regime do outro lado do conflito, tendo pelo contrário assumido ambas a atitude política oficial de se considerarem, cada uma, como representante da Coreia na íntegra: uma situação que na verdade permanece até aos nossos dias. Após diversas hostilidades de menor dimensão, a guerra começou declaradamente a 25 de Junho de 1950, a Coreia do Sul sendo invadida pelos exércitos norte-coreanos, que penetraram primeiro facilmente no território da sua congénere meridional, após o que foram repelidos por uma intervenção direta de tropas dos EUA, as quais beneficiaram do patrocínio oficial da ONU sem embargo dos métodos radicais a que recorreram, os quais incluíram o célebre *carpet bombing* de extensas zonas controladas pelos adversários. Esta reação vigorosa permitiu às tropas norte-americanas adentrar-se depois profundamente na Coreia do Norte, até virem elas próprias a ser repelidas pela intervenção massiva de forças chinesas, a qual induziu por sua vez o planeamento, seriamente meditado pelos dirigentes dos EUA, do eventual recurso à bomba atómica, chegando-se finalmente a uma trégua, correspondente a uma linha que na verdade ficou muito próxima da divisão original. A partir de Setembro de 1951, o aparente desinvestimento simbólico por parte das grandes potências levando-as pouco a pouco a reduzir consideravelmente a dimensão dos respetivos protagonismos, as duas repúblicas coreanas acabaram por ser pressionadas à trégua por parte dos respetivos patronos globais, o que conduziu ao simples armistício (mas sem um verdadeiro tratado de paz) assinado a 27 de Julho de 1953, definindo um quadro diplomático que no fundamental permanece até hoje (Abril de 2018).

Depois de ter já beneficiado dum reforço substancial de recursos, ocorrido na sequência imediata do encontro de Lisboa do Conselho do Atlântico Norte, o órgão político da NATO, em Fevereiro de 1952, esta organização foi ainda adicionalmente reforçada pela adesão da Alemanha Ocidental (RFA) a 6 de Maio de 1955, facto ao qual a União Soviética respondeu através da criação do Pacto de Varsóvia. Oficialmente instituído a 14 de Maio de 1955, através dum tratado formalmente de assistência mútua entre os oito Estados (URSS, Albânia, Bulgária, Checoslováquia, Hungria, Polónia, República Democrática Alemã e Roménia), o pacto foi pensado como complemento militar do COMECON. A partir dessa data, e até 1991, as forças militares do Pacto de Varsóvia e da NATO prepararam-se conscientemente para um possível confronto direto 'quente', na Europa, o qual todavia nunca chegou a ocorrer.

Entre 1956 e 1962, no entanto, o mundo foi palco de várias outras crises diretamente ligadas a este quadro de confronto global. Depois da morte de Stalin em Março de 1953 e das lutas de poder subsequentes adentro do *inner circle* soviético, o XX Congresso do Partido Comunista da URSS produziu o famoso 'relatório Khrushchev' de Fevereiro de 1956, denunciando o chamado 'culto da personalidade' e expondo numerosos abusos que, pelos próprios padrões soviéticos de legalidade, teriam sido cometidos durante o período de Stalin. Como resultado destas revelações, e em boa medida incentivados por elas, vários conflitos ocorreram na Polónia, variando de greves a manifestações de rua e verdadeiros motins, tudo culminando num compromisso que promoveu a criação dum novo governo, sob a liderança de Władysław Gomulka. A crise eclodiu em pleno entre Junho e Outubro de 1956, sendo superada de forma minimamente satisfatória para a generalidade das partes envolvidas e evitando-se assim a intervenção soviética.

O mesmo não aconteceu, todavia, pouco depois na Hungria, onde o ascenso análogo de Imre Nagy culminou em Outubro com o enunciar do projeto, explícita e oficialmente proclamado, de romper com o Pacto de Varsóvia, facto que foi acompanhado por diversos motins e revoltas populares generalizadas. Os conflitos cresceram de tom e tornam-se muito agudos, até ao dia 4 de Novembro, a rebelião sendo debelada pela intervenção militar direta dos soviéticos. O caso húngaro deve ser avaliado levando evidentemente em consideração os eventos quase simultâneos na Polónia, mas também a situação da vizinha Áustria, onde a ocupação conjunta dos exércitos aliados tinha terminado no ano anterior, os soviéticos basicamente conseguindo aí aquilo que lhes foi negado na Alemanha, através do 'Tratado do Estado' austríaco de Maio e da declaração oficial de neutralidade, incorporada na Constituição austríaca de Outubro de 1955. De facto, afigura-se razoável dizer que a finalidade principal da URSS, logo depois de 1945, era obter a neutralização militar simultânea do conjunto da Europa Central e Oriental, com a transformação deste grupo de países em não-alinhados mais ou menos 'amigáveis' do ponto de vista de Moscovo. Entretanto, o falhanço do projeto de unificação-com--neutralidade na Alemanha, bem como a formação da NATO e a subida de tom a Ocidente, suscitaram a crispação dos círculos dirigentes da URSS e a confirmação do controlo estritamente exercido sobre os países do seu próprio 'cordão sanitário' (Canfora 2008).

Quase em simultâneo com os eventos da crise húngara, a situação deteriorou-se também rapidamente no Médio Oriente. O governo desenvolvimentista, oficialmente socialista e pan-arabista (e também crescentemente pró-soviético) do Egipto, liderado por Gamal Abdel Nasser, procedeu aqui à nacionalização do Canal do Suez, ao que os britânicos e os franceses, apoiados pelos israelitas, reagiram de forma rápida com uma agressão bélica direta em que depressa derrotaram as forças armadas egípcias. A URSS, no entanto, respondeu pelo seu lado de forma sonora, engrossando o tom e ameaçando intervir ela própria em apoio do seu aliado africano. Face ao risco de escalada global subsequente, os EUA ordenaram aos seus parceiros subalternos o respetivo recuo, tendo esse facto basicamente permitido a Nasser superar a crise, não apenas salvando a face, mas ainda mantendo a nacionalização do Suez.

A partir de finais de 1958 Khrushchev relança publicamente propostas de reunificação-e-desmilitarização da Alemanha, colocando particular ênfase no problema de Berlim Ocidental e sugerindo mesmo a possibilidade de restabelecer o bloqueio da cidade, caso as suas propostas não fossem aceites, pelo menos para o caso específico de Berlim. A posição dos aliados ocidentais propugnava a reunificação alemã acompanhada de eleições gerais, que os comunistas alemães não tinham qualquer esperança de ganhar, admitindo apenas um certo grau de desarmamento alemão num contexto em que seria obviamente esperável a manutenção do país na NATO. Enfrentando esta radical incompatibilidade de posições e sob pressão da direção comunista alemã-oriental, pelo seu lado ansiosa por cimentar a sua própria posição no território da RDA, a divisão do país iniciada 12 anos antes foi oficialmente prolongada também à capital, ficando consumada com o início da construção, em Agosto de 1961, do célebre Muro de Berlim, que viria a ser derrubado somente a 9 de Novembro de 1989.

Em Cuba, onde em Janeiro de 1959 ocorreu uma revolução que derrubou um dos inúmeros ditadores pró-EUA típicos da região, o novo regime adquire rapidamente uma considerável radicalização política, tendendo manifestamente a alinhar com Moscovo em termos diplomáticos, facto que é percebido por Washington como uma ameaça demasiado intolerável adentro do 'Hemisfério Ocidental' e com a agravante de, para cúmulo, acontecer no seu imediato 'quintal das traseiras'. Como se isso não bastasse, em Maio de 1962 tornaram-se conhecidos importantes movimentos de contingentes militares soviéticas em Cuba, acompanhados da instalação de 150 'mísseis táticos', capazes de atingir facilmente os EUA. A crise e o pânico dos meses imediatamente subsequentes, se tomados em conjunto, podem bem ser considerados a situação permanentemente mais vizinha da eclosão efetiva dum conflito nuclear global. Toda esta tensão foi entretanto lentamente apaziguada, acabando por ser possível chegar a uma solução pacífica, mas apenas a 27-28 de Outubro, quando John Fitzgerald Kennedy e Nikita Khrushchev estabeleceram enfim um acordo: os mísseis soviéticos iriam ser voluntariamente retirados de Cuba em troca da promessa norte-americana de não invadir o país, complementada ainda por um acordo secreto relativo aos mísseis norte-americanos Júpiter, instalados na Turquia, os quais seriam outrossim removidos: o 'Juízo Final' nuclear tinha sido evitado.

Poucos anos depois, ainda na década de 1960, na Europa Oriental uma nova liderança checoslovaca, com Alexander Dubcek, esforçou-se por levar a cabo um importante grupo de reformas políticas substanciais, começando em Janeiro de 1968 e culminando, de forma análoga ao que ocorrera na Hungria doze anos antes, numa tentativa de rotura com o Pacto de Varsóvia, ou pelo menos aquilo que os círculos dirigentes da URSS de Leonid Brezhnev perceberam como tal, induzindo nova intervenção militar direta dos soviéticos, em Agosto desse ano: a secessão do Pacto permaneceu assim, reconhecidamente, o interdito absoluto para qualquer projeto reformista no leste europeu, durantes estas décadas.

No Vietname, após a derrota em Dien Bien Phu contra o Vietcongue, em Março-Maio de 1954, complementada com os acordos de Genebra do seguinte mês de Julho, os exércitos franceses retiraram-se integralmente da sua antiga colónia, ficando o país dividido pelo paralelo 17, de forma análoga ao que ocorrera já antes com a Coreia. No caso do Vietname, entretanto, os próprios dirigentes norte-americanos tinham a persuasão clara de que, havendo eleições gerais em todo o país, Ho Chi Minh, o dirigente do Viet Minh (o movimento da resistência vietnamita quer ao colonialismo francês, quer à ocupação japonesa durante a II Guerra Mundial), ganharia com facilidade o apoio da maioria da população vietnamita, quer a norte quer a sul. Depois da divisão norte-sul, a continuação duma ativa guerrilha na república do Sul, a qual era apoiada pela república do Norte, levou à intervenção militar norte-americana, claramente percetível já nos anos de Kennedy (1960-3) e aumentando durante o período de Lyndon Johnson (1963-8), os círculos dirigentes norte-americanos não se coibindo então de publicamente fazerem a ameaça de, caso os seus intuitos fossem contrariados, bombardear o Vietname 'de volta à Idade da Pedra'. Todavia, os repetidos insucessos no terreno e o número significativo de *'American lives'* perdidas no processo, acompanhados da crescente vaga de protestos contra a guerra nos próprios EUA, levaram a uma diminuição significativa do número de *'boots on the ground'* durante os mandatos de Richard Nixon (1969-74), terminando com a queda de Saigão (entretanto rebatizada 'Cidade de Ho Chi Minh') para o Vietcongue, em Abril de 1975, seguida da reunificação oficial do Vietname em Julho desse ano.

Ainda na década de 1970, um certo número de outros conflitos em África é merecedor de destaque. Em Angola, e logo depois da rápida descolonização portuguesa em 1975, a guerra civil eclodiu entre o MPLA, apoiado por Moscovo e Havana, a FNLA e

UNITA, estes últimos apoiados pelos EUA, pelo Zaire e pela África do Sul. O MPLA emergiu vitorioso na capital, Luanda, onde a 'República Popular de Angola' foi proclamada de Novembro de 1975, mas grande parte do território angolano permaneceu de facto na posse dos outros movimentos. As hostilidades foram suspensas em 1992, com eleições multipartidárias em 1993 ganhas pelo MPLA, mas pouco depois disso o conflito armado entre Luanda e a UNITA reacendeu-se duradouramente até 2002. Na Etiópia, os soviéticos apoiaram o regime de Mengistu Haile Mariam, o qual durou de Setembro de 1974 a Maio de 1991, tendo estado quase permanentemente em conflito com a vizinha República da Somália a respeito das regiões do Tigré e da Eritreia.

A vitória soviético-cubana em Angola e sua derrota na Etiópia assumiram todavia um significado muito reduzido, por comparação com os efeitos daquilo que aconteceu no Afeganistão, onde os soviéticos, que já estavam presentes de forma limitada desde a revolução de Abril de 1978, intervieram diretamente em Dezembro de 1979, levando à tomada do poder pelo seu homem-de-mão, Babrak Karmal. Nos anos seguintes proliferou uma extensa e muito variada insurgência de base étnica e religiosa, diversas tonalidades de guerrilha fundamentalista muçulmana sendo então apoiadas simultaneamente pelo Paquistão e pelos EUA, facto que levou os soviéticos a reconhecer a derrota das suas tropas, conduzindo à respetiva saída em Fevereiro de 1989. A partida dos soviéticos foi acompanhada pelo ascenso político de Mohammad Najibullah Ahmadzaie, que presidiu a um governo dito de 'reconciliação nacional' num período oficialmente de transição, o qual durou até Julho de 1992, de facto já bem depois do fim da própria URSS (cf. Roberts 2005).

Em todos os conflitos anteriormente mencionados (Vietname, Angola, Etiópia, Afeganistão) outra importante tendência global é também facilmente detetável, nomeadamente as consequências da rotura sino-soviética ocorrida na década de 1960, resultando durante a década de 1970 na chamada 'diplomacia triangular' promovida por Henry Kissinger e na consistente aproximação dos norte-americanos com a República Popular da China, quase invariavelmente ajudando os movimentos e/ou países em conflito com fações apoiadas pela URSS, a decorrente mais notável desse realinhamento global sendo talvez o apoio sino-americano ao movimento dos 'Khmers Vermelhos' no Camboja: Washington primeiro desempenhando por via de regra um papel oficialmente de 'moderação', num segundo momento sendo aparentemente induzida por Pequim a um endurecimento de posições face a Moscovo.

No 'Hemisfério Ocidental', durante os anos cinquenta e sessenta do século XX ocorreram várias intervenções *soft* dos EUA, através do patrocínio de inúmeros golpes-de-estado militares, culminando na década de 1970 com a transformação de todos os países do extremo meridional do continente, ou 'cone sul', tradicionalmente dotados de regimes democráticos razoavelmente estáveis, em ditaduras militares. O final da década é também marcado pelos casos notórios da Nicarágua e de El Salvador. Na Nicarágua, os Sandinistas tomaram o poder político através duma insurreição armada em Julho de 1979; e em seguida venceram as eleições de Novembro de 1984, vindo depois a perder as de Fevereiro de 1990, para entretanto o seu dirigente Daniel Ortega regressar ao poder através de eleições em Novembro de 2006. Em El Salvador, onde uma junta militar governou desde 1979, a guerrilha lutando desde o início da década de 1980 e controlando de facto metade do país em 1983, foram encetadas conversações de paz em 1991, iniciando-se assim um processo oficialmente de 'reconciliação nacional'.

No Irão, onde os EUA e o Reino Unido tinham décadas antes promovido a deposição do primeiro-ministro Mohammad Mosadegh, eleito em 1951 e removido em Agosto de 1953, uma 'revolução islâmica' teve início em Janeiro de 1978 e durou até Janeiro de 1979, sendo os seus resultados principais a deposição do Imperador/Xá, um típico alinhado subalterno com o Ocidente, e a constituição dum regime oficialmente islâmico, de pendor inicialmente bastante hostil aos EUA, o qual se mantém em vigor até aos nossos dias, embora tendo entretanto suavizado consideravelmente a sua postura diplomática. Na Indonésia, que entretanto adquirira uma iniciativa mundial de significativo relevo, entre outras razões dado o protagonismo de Sukarno na constituição do chamado 'Movimento dos não-Alinhados', um golpe conduz em 1965 à substituição daquele por Suharto, desembocando numa feroz repressão dos opositores, particularmente os comunistas, que são então vítimas daquilo que merece ser considerado um verdadeiro genocídio. A liderança de Suharto fica pontuada pelo firme alinhamento indonésio com os norte-americanos, numa ocasião em que a vizinha Indochina se encontrava submersa em inúmeros conflitos e guerras civis, permeadas aliás por intervenções militares diretas dos EUA. Notabilizou-se também pelo *takeover* hostil imposto em 1975 a Timor-Leste, assim sendo evitadas 'preventivamente' as temidas ramificações da influência comunista, suscitadas por ocasião da descolonização portuguesa.

Na Europa, no início dos anos oitenta o caso da Polónia adquiriu sem dúvida considerável notoriedade, vários movimentos sociais existindo aqui associados à central sindical 'Solidariedade', tendo esta assumido a liderança do conflito com as autoridades e forçando-as assim a responder através da promulgação da lei marcial, em vigor em Dezembro de 1981 e durando até Julho de 1983, oficialmente como reação preventiva desencadeada com o intuito de evitar nova intervenção soviética direta, analogamente ao que acontecera anos antes com a Hungria e a Checoslováquia. O caso polaco esteve intimamente associado ao fim do período usualmente conhecido como *détente*, o qual em boa medida caracterizara os anos 60 e 70 na Europa, os humores genéricos sendo então algo mais suaves, um facto que veio aliás a culminar na Convenção de Helsínquia de 1976. Na década de oitenta, todavia, e principalmente no decurso das administrações Ronald Reagan (embora vários elementos da nova abordagem já tivessem na verdade ficado explícitos nos anos finais de Jimmy Carter), assistiu-se a um regresso claro a posições de negociação 'duras' por parte dos EUA e da NATO; e de facto aquilo que é por vezes designado como 'segunda guerra fria' foi lançado neste período, ocorrendo em particular inúmeros impasses nas negociações relativas ao número dos exércitos e mísseis então estacionados no continente europeu (Roberts 2005).

Mais tarde, na segunda metade da década de 1980 e em grande medida como resultado do esgotamento económico e militar produzido por este reacender da guerra fria, as reformas promovidas pela liderança soviética de Mikhail Gorbatchev induziram a adoção de regimes multipartidários na generalidade dos países da Europa Oriental, bem como a dissolução do COMECON e do Pacto de Varsóvia. No caso da Alemanha, a 31 de Agosto de 1990 os dois Estados assinaram em Berlim Ocidental o tratado instituindo a forma como o país iria ser reunificado, um facto que ficou confirmado no dia 3 de Outubro desse mesmo ano. No ano seguinte ocorreu entretanto a dissolução da própria URSS, o que supostamente deveria ter significado (mas obviamente não significou) também o fim da 'Guerra Fria'.

Face a este resultado paradoxal, vale a pena, à laia de balanço, destacar alguns aspetos genéricos sobre a natureza do conflito. O primeiro corresponde a sublinhar que esta guerra só foi realmente 'fria' para a Europa, dado que no resto do mundo a realidade correspondeu de facto a inúmeras guerras abertas, de resto bastante 'quentes', quer entre diversos estados quer sob a forma de guerras civis, dotados de graus variáveis de belicosidade, mas sempre envolvendo operações militares diretas. Outro aspeto importante é que, ao contrário duma crença bastante vulgarizada, o conflito global nunca foi verdadeiramente simétrico no seu caráter fundamental. A URSS tinha de facto uma agenda claramente regional, ou seja, envolvendo acima de tudo a preservação do Pacto de Varsóvia enquanto grupo de 'países-satélite' considerados como devendo funcionar enquanto 'cordão sanitário' invertido; e em consequência o projeto de abandono do pacto transformou-se no Rubicão, cuja ultrapassagem permaneceu terminantemente vedada a todos e quaisquer projetos de reforma política nesses países. Por oposição, os EUA possuíam uma agenda marcadamente global, aliás cada vez mais nitidamente definida, a sua proclamada recusa de reconhecimento de quaisquer 'esferas de influência' de qualquer outra 'grande potência' significando em termos práticos, e para colocar as coisas da forma mais clara possível, o projeto de transformação da totalidade do globo numa única e exclusiva 'esfera de influência' norte-americana (Williams 1984, 1995; Gowan 2000; Pauwels 2002; Graça e Correia 2015).

O importante facto a nível mundial que foi o processo das descolonizações, todavia, complicou de forma significativa este quadro e induziu entretanto genericamente os soviéticos a um nível de protagonismo global bastante acima daquilo que eles primeiro tenderam a assumir como necessário. Neste contexto, uma menção de destaque é também devida ao chamado 'movimento dos países não-alinhados', promovido pela Índia de Jawaharlal Nehru, a Indonésia de Sukarno, o Egipto de Nasser e a Jugoslávia de Josip Broz Tito. Apresentando-se de forma habitual como formalmente equidistante dos blocos ocidental e oriental da 'guerra fria', a verdade é que este movimento, ainda assim, se situou geralmente muito mais próximo das posições soviéticas do que das norte-americanas; e, mais importante ainda, permaneceu fundamentalmente confiado no papel desempenhado pela URSS enquanto dispositivo global de contrapeso, na verdade uma peça indispensável para que o próprio movimento dos 'não-alinhados' continuasse a gozar duma margem relevante de iniciativa autónoma. A assimetria global entre os EUA e a URSS está outrossim bem patente na existência dum número considerável de organizações 'irmãs' ou análogas menores da NATO, como é o caso com a SEATO a ANZUS, a CENTO, etc.; e é enfim, acima de tudo, sublinhada pela enorme proliferação global de bases militares dos EUA durante todo este período (e prolongando-se, aliás, até aos nossos dias). Para além de tudo isso, deve notar-se que os norte-americanos detiveram sempre a vantagem em termos de quantidade, de qualidade e de novidade do equipamento militar, incluindo bombas atómicas e mísseis; e que trataram incessantemente de reiniciar a corrida, sempre que os soviéticos conseguiram obter resultados suscetíveis de serem considerados como próximos da paridade.

Por último, e beneficiando de visão retrospetiva, é interessante notar que o caráter indefinidamente expansivo (por oposição a meramente defensivo) da NATO, e em geral do aparelho militar norte-americano, se tornou bastante óbvio e indesmentível nas últimas duas décadas e meia. A natureza ideológica do conflito resultou, em vez disso, bem mais turva e mesmo muito duvidosa, sem embargo do tradicional investimento simbólico do Ocidente nos aspetos de 'guerra fria cultural' e de oficial 'antitotalitarismo' (cf. Saunders 2013; Christofferson 2004), dada a aparentemente incontrolável compulsão ocidental para reconstituir o antagonismo mesmo face a uma Rússia bastante debilitada, privada de países--satélites, geograficamente muito amputada (através da dissolução da URSS nas suas 15 repúblicas constituintes, várias delas, bem como todos os antigos satélites, aderindo aliás entusiasticamente à UE e à NATO) e quase inacreditavelmente propensa a uma atitude de *appeasement* dos ocidentais no período pós-soviético: pelo menos até anos recentes, nos quais tem sido repetidamente encurralada, provocada e, enfim, obrigada a reagir. Isto, evidentemente, para não mencionarmos uma gigantesca República Popular da China, a qual até aos nossos dias permaneceu quase completamente remetida a um muito cuidadoso e, aparentemente, muito calculado silêncio.

De forma mais ampla, resulta outrossim confutada a teoria muitíssimo propalada segundo a qual regimes democráticos não tenderiam a entrar em conflitos bélicos recíprocos. Mesmo entendendo aqui a expressão "democráticos" no sentido estrito de "multipartidários", é forçoso reconhecer o caráter formalmente democrático das hodiernas Rússia e Síria, por exemplo, tal como o da Jugoslávia de 1995-99, agredida pela NATO na sequência dum ultimato gritantemente ilegal. Democráticos são aqui os regimes dos países antagonizados pela aliança ocidental, tal como os regimes dos membros desta última (pelo menos formalmente, e para ambos os lados dos conflitos). Não se trata, pois, de os regimes democráticos poderem evitar a belicosidade mútua, ou de as democracias só fazerem a guerra a países com regimes não-democráticos (ou vice-versa). Pelo contrário, o que chama a atenção nestes casos é a tendência da propaganda de guerra ocidental para lestamente redefinir de maneira indefinidamente 'elástica' os regimes dos demais países, todos aqueles que se encontram em conflito com o Ocidente sendo, em virtude disso mesmo, automaticamente desprovidos *ipso facto* da condição de 'democracias', ao passo que, de forma simétrica, as não-democracias aliadas das potências ocidentais (Arábia Saudita, Koweit...) veem as suas práticas mais atrozes atenuadas para a condição de meros 'pecadilhos' pontuais, sendo elas próprias promovidas ao estatuto de regimes de paternalismo benevolente.

9
—

DOIS PAÍSES LUSÓFONOS

—

Sendo este um manual escrito por um português e em língua portuguesa, um grupo de reflexões é devido, enfim, à história política de Portugal e de um país que foi uma colónia sua: a hodierna República de Angola.

Quanto ao caso português, destaque-se desde logo a precoce constituição como território politicamente unificado e centralizado. A condição geograficamente periférica de Portugal afastou os seus dirigentes políticos do centro dos conflitos europeus e em boa medida facilitou e apressou a pacificação no território continental, mas por outro lado permitiu/induziu uma expansão imperial ultramarina que veio a condicionar de perto toda a trajetória subsequente do país. Se a história política de Portugal é inseparável das relações mantidas com o seu império (ou os seus sucessivos 'ciclos imperiais'), deve por outro lado sublinhar-se também a relação simbiótica, mas muito desigual, mantida durante séculos com o aliado e 'patrono' britânico, simultaneamente penhor da independência política portuguesa e marca dos seus limites absolutos. Breves considerações são enfim expressas, relativamente à organização política da monarquia constitucional, da primeira república, do estado novo e da terceira república, salientando-se as implicações da integração de Portugal em blocos militares (NATO) e em uniões económicas (CEE/UE). Fica assinalado também o caráter tardio da democratização da vida política portuguesa, que é todavia parcialmente compensado pela relativa tranquilidade institucional das últimas décadas, bem expressa na preservação do quadro fundamental da estrutura partidária.

O capítulo conclui-se com uma breve resenha da história sociopolítica de Angola. Esta foi, sem dúvida, a principal das colónias no último dos ciclos imperiais de Portugal. Teve uma existência política atribuladíssima nas primeiras décadas enquanto país independente, a sua situação permitindo destacar o quanto foram ambíguas as consequências quer da 'guerra fria', quer do seu término: recorde-se que em Angola os vencedores foram os vencidos à escala global, no âmbito regional a atribulada vitória do MPLA tendo servido de trampolim também para o fim do *apartheid* no principal país, a África do Sul. Noutros termos: o triunfo do MPLA anunciou de perto também o do ANC, com tudo o que isso implica quer em termos práticos e diretos, quer sobretudo indireta e simbolicamente. O ideário independentista angolano experimentou entretanto uma longa migração, que o levou dum socialismo monopartidário a um republicanismo multipartidário de pendor oficialmente social-democrata, mas mergulhado de facto numa complexa e multímoda crise, da qual as desigualdades profundas, a corrupção e a dependência da monocultura petrolífera são, talvez, os traços definidores mais marcadamente problemáticos. Pela positiva, destaque-se entretanto também o empenho na manutenção da integridade territorial do país e (atrevo-me a acrescentar) o apego pelo idioma português, cuja consagração como língua oficial se afigura inquestionável, sendo aliás um instrumento importante na preservação da própria unidade moral da nação angolana.

Breve contextualização

Portugal constitui, desde meados do século XII, uma entidade politicamente independente: durante perto de oito séculos um reino; desde Outubro de 1910 uma república unitária. A ressalva mais importante a ser acrescentada a este registo de nítida continuidade global corresponde ao período de união dinástica com Castela-e-Leão, o qual durou de 1580 a 1640 e é normalmente retratado na historiografia oficial portuguesa como um período de perda de independência e de posterior 'restauração'. À parte esse importante facto, deve registar-se que a fronteira geográfica com a Espanha permaneceu praticamente intacta durante séculos. A esta continuidade institucional deve enfim ser adicionada a inexistência de diferenças regionais relevantes, o país sendo aliás frequentemente referido (no que respeita ao 'retângulo' territorial europeu) como um caso pleno e praticamente consumado de estado-nação.

Todavia, e sem embargo deste conjunto de circunstâncias aparentemente auspiciosas, se considerarmos o conjunto da história política portuguesa o primeiro aspeto a ser merecedor de destaque pode bem corresponder ao caráter extremamente tardio de que se revestiu o seu processo de democratização, as primeiras eleições verdadeiramente democráticas (com sufrágio universal, igual, direto e secreto dos maiores de 18 anos) ocorrendo apenas muito tardiamente, de facto já em Abril de 1975, um ano após a chamada 'revolução dos cravos' que tinha derrubado o 'Estado Novo', um regime que fora iniciado em 1933 e que no seu período final, em particular no contexto geopolítico imediatamente subsequente a 1945, tinha acabado por adquirir características que o deixavam, quanto a vários aspetos, próximo duma condição de verdadeiro fóssil político.

Pelo menos em parte, a compreensão destas discrepâncias estruturais impõe que tratemos de referi-las à esfera das relações exteriores. Desde logo, a constituição do território europeu de Portugal realmente acarretou, a partir dum momento bastante recuado, apenas um reduzido número de guerras com a Espanha, mas esteve também intimamente associada a uma outra importante componente militar: a da chamada 'reconquista' cristã de Península Ibérica, os reinos do norte da península expandindo-se sistematicamente para sul e procedendo à correlativa expulsão das populações mouriscas. Quando a expansão portuguesa rumo ao sul ficou concluída, no século XIII, com a conquista do Algarve, a tendência para o alargamento territorial induziu de seguida o intuito de conquista do norte da África e, mais importante ainda, o início do empreendimento da expansão marítima, culminando nos chamados 'Descobrimentos' e na constituição dum império colonial bastante extenso e geograficamente muito disperso, o qual viria de facto a perdurar por vários séculos. As intensas ligações ao respetivo império ultramarino, no qual a peça mais importante foi primeiro constituída pelo tráfico de malagueta, ouro e escravos com a costa ocidental africana, depois pelo comércio de especiarias com o Índico, em seguida pela extração de ouro do Brasil, finalmente pela exploração das colónias africanas, tornaram-se assim um fator absolutamente decisivo para a compreensão da história do próprio território 'metropolitano', ou de Portugal em sentido estrito.

Portugal

As origens mesmo de Portugal, primeiro enquanto reino e depois enquanto estado-nação, encontram-se profundamente imbricadas com as guerras da 'Reconquista', através das quais os territórios cristãos no norte da Península se expandiram para sul. Neste contexto, Portugal constitui uma ramificação ocidental direta do Reino de Leão, ao qual estavam ligados quer a Galiza quer o território de *Portucaliae*, nome tradicionalmente atribuído à região localizada entre rios Minho e Douro. Através da ajuda de Cruzados, pertencentes à casa de Borgonha e assim desviados do seu propósito inicial, esses territórios foram capturados e concedidos aos referidos nobres borgonheses, deste modo transformados em vassalos de Leão, mas posteriormente obtendo uma autonomia crescente: Portugal ascendeu assim à independência em 1143, por obra de Afonso I, ou Afonso Henriques, através do Tratado de Zamora, embora o formal reconhecimento papal como *Rex Portucaliae* (e não apenas *Dux Portucalensis*) tenha demorado mais algumas décadas, ocorrendo apenas em 1179.

Estes inícios belicosos, nos quais as realidades de facto estabeleceram sistematicamente primeiro, pelas armas, aquilo que depois acaba por se tornar reconhecido *de jure*, marcaram de forma determinante os primeiros séculos da história de Portugal. Além dos conflitos intermitentes com o vizinho reino de Leão-e-Castela, os reis portugueses envolveram-se de maneira bastante eficaz na expansão continuada para sul à custa dos mouros, até a conquista do Algarve no século XIII, um facto importante, que fez o país adquirir bastante cedo aquela que permanece, quase inalterada, a sua fronteira terrestre até ao presente. Este nascimento nas guerras de Reconquista, bem como sua natureza geograficamente periférica, induziram desde muito cedo uma proeminência da figura régia e uma hipertrofia do clero, especialmente as 'ordens militares', em detrimento do peso relativo de que, pelos padrões europeus habituais, desfrutavam normalmente as nobrezas.

Em finais do século XIV, a crise relacionada com a mudança dinástica, de Borgonha para Avis, implicou uma guerra com pretendentes rivais castelhanos, a qual de facto prolongou até à Península Ibérica os alinhamentos diplomático-militares fundamentais que caracterizaram a chamada 'Guerra dos 100 Anos', consolidando uma aliança da casa de Avis com a monarquia inglesa (Lancaster), ao mesmo tempo que os castelhanos eram apoiados pela França. As principais ocorrências militares deste período, no qual o exército português defendeu com sucesso o seu núcleo territorial, consagraram o declínio militar da cavalaria e o ascenso das tropas de infantaria, predominantemente compostas por camponeses e em geral por plebeus, as quais eram coadjuvadas por arqueiros; e outrossim o triunfo da técnica defensiva dita da 'formação em quadrado'. Estes traços assumiram forma especialmente notória em Aljubarrota em 1385, trinta anos antes de Azincourt.

Um país europeu periférico com uma monarquia precocemente centralizada, uma autoperceção coletiva intensamente cristã e uma nobreza permanentemente faminta de terras, Portugal continuou depois da conquista do Algarve a sua expansão, intentando proceder à anexação territorial do Magreb logo no início do século XV. O substancial falhanço desta tentativa (marcada pela importante derrota portuguesa em Tânger) fez infletir a expansão para a forma de descobertas marítimas, desde logo através da colonização dos arquipélagos atlânticos e prolongando-se depois para o sul, ao longo da costa africana, em busca de ouro, escravos e malagueta; e oficialmente também almejando a cristianização dos povos 'gentios', um esforço no qual o proselitismo e a celebração das virtudes marciais estavam inextricavelmente entrelaçados – donde precisamente a fórmula oficial de 'dilatação da Fé e do Império' – mas onde os interesses económicos estiveram também sempre muito presentes (cf. Mattoso 1993; Godinho 1971; Magalhães 1993).

Portugal veio a ficar mundialmente famoso sobretudo pela sua subsequente expansão marítima, os chamados 'Descobrimentos', levando à circum-navegação da África, em 1488, rumo às especiarias da Índia, em 1497-8, e à descoberta oficial do Brasil, em 1500. Neste contexto, menção especial deve ser feita ao uso de navios conhecidos como 'Caravelas', primeiro recorrendo a velas latinas (triangulares), depois correspondendo às chamadas 'Caravelas portuguesas', que utilizavam velas redondas. O uso destes barcos veio associado a uma técnica naval conhecida como 'navegação à bolina', a qual essencialmente permitia navegar com ventos contrários. Os portugueses aprenderam sobretudo das práticas dos marinheiros italianos, no tocante aos aspetos em que as lições relativas ao Mediterrâneo eram transponíveis para o Atlântico, mas também com vários povos ibéricos detentores de importantes tradições pesqueiras (galegos, bascos, ástures...) e especialmente com base nos saberes dos marinheiros árabes, dos quais receberam variadíssimos conhecimentos técnico-práticos, muito escassamente codificados, mas resultando, entre outros, no sextante e no astrolábio, para além de vários outros melhoramentos tecnológicos, os quais viriam mais tarde a ser replicados e aperfeiçoados por outros povos europeus. Outro importante aspeto a merecer, neste âmbito, menção destacada é o facto de que foi através dos portugueses (os célebres *Nanban*, ou 'bárbaros do Sul') que o uso das armas de fogo se tornou generalizado no Japão durante o século XVI, um acontecimento diretamente ligado à ascensão ali do Xogunato e ao subsequente isolamento voluntário do resto do mundo, através do qual o Japão prosseguiu a sua autoproteção até o século XIX, evitando cair na situação de colónia dos europeus.

Vale a pena destacar a magnitude do feito militar que constituíram os Descobrimentos portugueses: tenhamos em mente que se tratava dum país pequeno e muito escassamente povoado, o qual todavia veio a adquirir momentaneamente um poder e uma importância apenas permitidos pela sua posição social de 'intermediário' ou *'entre-preneur'*, em múltiplos sentidos. Na verdade, particularmente quando comparado com a sua contemporânea homóloga espanhola, a expansão colonial portuguesa é facilmente distinguível pela muito menor penetração territorial que habitualmente implicou: o Império Português foi quase sempre um império predominantemente marítimo, comerciante e intermediário. Aliás, o próprio monarca, no período áureo dos Descobrimentos, estava direta e pessoalmente envolvido em diversas práticas comerciais (o rei português sendo mesmo, por vezes, designado na Itália como 'il re mercatore'), que todavia ocorreram geralmente em associação direta com o exercício da guerra e da soberania (cf. Boxer 1969; Anderson 2013; Godinho 1971).

Uma empresa inextricavelmente política, económica e religiosa, os Descobrimentos portugueses foram todavia levados a cabo através dum esforço militar e orçamental excessivo, o qual esgotou o país de todos os pontos de vista, particularmente em termos demográficos. As sempre presentes disputas com a Espanha (unificada em 1492), embora parcialmente resolvidas pelo partição do mundo através do 'Tratado de Tordesilhas', culminaram em 1580 com a ascensão dos Habsburgos, Filipe II utilizando uma nova crise dinástica em Lisboa para reclamar com sucesso a coroa portuguesa, o país vindo a permanecer em 'união pessoal' com a Espanha até 1640. A recuperação da independência ocorreu num contexto de enfraquecimento da influência espanhola no teatro europeu: a emergente dinastia de Bragança teve de procurar ajuda primeiro na França, mas com resultados muito limitados, e depois disso junto da Inglaterra, o que se traduziu fundamentalmente num sucesso. A renovada aliança britânica persistiu durante os séculos seguintes: como importante fator de garantia da independência portuguesa, mas induzindo também a limitação drástica desta. De facto, o reforçado alinhamento militar e diplomático com a Grã-Bretanha produzido pela 'Restauração' portuguesa gerou uma situação que veio a sofrer nos séculos subsequentes uma degradação generalizada (sem embargo da notória tentativa de reação independentista constituída pelo período dito 'pombalino'), até finalmente o país desembocar na condição de mero vassalo fáctico dos britânicos, uma realidade que durou, pode dizer-se, até já mesmo adentro do século XX.

Momentos decisivos nesta tendência evolutiva foram o estabelecimento do conhecido 'Tratado de Methuen' em 1703, o qual em termos práticos tendeu a assignar a Portugal uma condição estritamente agrícola; e acima de tudo os conflitos napoleónicas. A recusa da monarquia portuguesa em alinhar com o chamado 'Bloqueio Continental' atirou de facto o país para o centro das guerras europeias, tendo conduzido a uma tríade de invasões francesas, lideradas respetivamente por Junot, Soult e Masséna: todas elas finalmente falhadas, mas tendo determinado a fuga apressada do rei português e da corte para o Rio de Janeiro. A sequência da ocupação francesa e das manobras subsequentes por parte do aliado-patrono britânico, ajudando a libertar o território europeu, mas rapidamente evoluindo para uma ocupação britânica factual, induziram também a transformação formal e oficial do 'Reino de Portugal e dos Algarves' em 'Reino Unido de Portugal, Brasil e Algarves', a corte e o rei da novel formação permanecendo reconhecidamente no Rio de Janeiro, enquanto em Lisboa a regência britânica ficava livre para impor o seu *diktat* de forma praticamente irrestrita. Esta situação foi, para cúmulo, agravada ainda pela decisiva quebra do monopólio português no acesso aos mercados coloniais, tendo entretanto sido também imposta pelos britânicos a abertura oficial do Brasil ao comércio internacional, o que equivalia em termos práticos à transferência daquele território (até então verdadeiramente a 'joia' do império colonial português) para a 'esfera de influência' económica de Londres (cf. Hespanha 1993; Torgal e Roque 1993).

Este conjunto de circunstâncias contribuiu de forma decisiva para produzir a revolução de Agosto de 1820, que marcou a adoção por Portugal duma variedade de liberalismo político de pendor radical, sem dúvida inspirado pelos antecedentes próximos em Espanha, particularmente as 'Cortes de Cádis': a Constituição escrita de 1822 consagrava assim a soberania da Nação Portuguesa, a divisão em três ramos da soberania (poderes legislativo, executivo e judicial), o legislativo estando sediado num parlamento unicameral ('Câmara dos Deputados'), a responsabilidade do governo instituída face à Câmara dos Deputados, com uma Declaração de Direitos bastante generosa, eleições envolvendo um importante segmento da população adulta masculina; a Constituição, enfim, sendo proclamada pela assembleia legislativa em nome da Nação portuguesa. Estas liberalidades genéricas foram ainda complementadas com a importante exigência feita ao rei de regressar a Lisboa, o mui católico João VI, até então oficialmente monarca por mandato divino, sendo considerado como suscetível de se tornar pacificamente um 'rei-cidadão' constitucional, legalista e ordeiro. Isso ocorreu realmente, registemo-lo, durante algum tempo, mas no meio dum conjunto quase inumerável de vicissitudes, as quais acabaram finalmente por impor os seguintes factos: a secessão plena do Brasil, tornando-se este um Império com Pedro I, filho primogénito de João VI, sendo proclamado Imperador (vindo depois a suceder-lhe o próprio filho primogénito, Pedro II, o qual viria a reinar até à proclamação da república no Brasil, em 1889); um importante período de guerras civis tendo início em Portugal, começando com um golpe de estado católico-legitimista em 1823 e prolongando-se até 1834, com a chamada 'Convenção de Évora--Monte'.

Nessa altura, e sob os altos auspícios britânicos, procedeu-se a um grupo de arranjos constitucionais visando substituir o liberalismo político inicial, de inclinação radical e vincadamente francófila, por uma variante mais 'moderada', correspondente à 'Carta Constitucional' de 1826, a qual foi restaurada em 1834 e depois novamente em 1851 (com um parcial retorno momentâneo de tentações mais radicais encontrando expressão na chamada 'Revolução de Setembro 'de 1836 e na correspondente Constituição de 1838). Ao contrário das Constituições de 1822 e 1838, a 'Carta' de 1826 não era formalmente proclamada pelos representantes da nação, mas meramente outorgada pelo monarca. O legislativo ficava oficialmente dividido entre uma 'Câmara dos Senhores Deputados da Nação' e uma 'Câmara dos Dignos Pares do Reino', o governo sendo responsável apenas perante o monarca, enquanto a soberania era considerada oficialmente como estando dividida em quatro ramos: legislativo, executivo, judicial e agora um poder dito 'moderador', pensado como fonte da ultrapassagem de possíveis impasses, um poder de última instância, atribuído de forma direta e indelegável à própria pessoa do monarca.

Após o conturbado período anterior a 1851, comportando guerras civis, golpes de estado, revoltas camponesas (as famosas 'Maria da Fonte' e 'Patuleia') e intervenção militar britânica direta na década de 1840, a nação pareceu ter enfim acalmado e assentado com um novel acordo de paz, produzindo a chamada 'Regeneração', através da qual foi imposta uma versão ligeiramente revista da Carta, a qual basicamente durou até à revolução republicana de Outubro de 1910. Portugal adotou na prática uma variedade do fundamental acordo britânico de alternância bipartidária, acrescido da tendência permanente para um forte protagonismo pessoal dos monarcas, os quais interferiam de facto, direta e repetidamente, na vida parlamentar e governamental, e de resto no jogo político em geral: na verdade, Portugal teve até mesmo a sua própria variante do arranjo matrimonial à maneira do conúbio Victoria-Albert, sendo que a rainha D. Maria II veio a casar com Fernando de Saxe-Coburgo-Gotha, mas no caso português foi o 'rei consorte' Fernando (proveniente também ele dum pequeno principado germânico) que veio a enviuvar prematuramente. Esses arranjos institucionais permitiram uma pacificação política que correspondeu a uma expansão económica sustentada, e na verdade a um *catching up* correlativo à realização de diversos 'melhoramentos materiais' importantes, nomeadamente em matéria de transportes e comunicações (cf. Torgal e Roque 1993; Almeida 1991). Este processo foi realmente interrompido apenas no final do século dezanove, quando uma depressão económica persistente veio a misturar-se com diversas crises financeiras e várias outras peripécias, incluindo numerosos escândalos (também sobretudo financeiros), os quais acabaram por produzir uma crescente aversão popular pelo regime monárquico. A principal força política a tirar partido da vaga de protestos, e de resto também a organizá-los e conduzi-los, foi sem dúvida o Partido Republicano Português, reforçado outrossim pelas crescentes desordem e confusão instaladas adentro das fileiras dos diversos partidos monárquicos, tornando-se aliás frequente o recurso à instituição da ditadura, nomeadamente com propósitos financeiros, nas décadas finais da monarquia. Em particular, foi neste contexto muito relevante a aceitação, pelas autoridades monárquicas, das exigências constantes do Ultimato Britânico de 1890, reclamando para o Reino Unido as regiões do chamado 'mapa cor-de-rosa' (e impedindo assim a formação dum corredor de terras portuguesas unindo Angola à 'contracosta', ou seja, Moçambique), ao qual a opinião portuguesa aspirava entusiasticamente.

Para além da inegável componente de bravado colonial-patriótico correspondente à vaga de indignação coletiva do imediato pós-Ultimato, à qual se revelou capaz de orientar, aliás com bastante habilidade, capitalizando politicamente muitíssimo com isso, o movimento republicano buscou também apoio em propósitos de pendor eminentemente secularista, a 'lei de separação' do Estado e da Igreja Católica sendo de resto promulgada logo imediatamente depois da revolução republicana de Outubro de 1910. Mais genericamente ainda, ao republicanismo correspondeu outrossim um impulso almejando uma nova 'regeneração', em certa medida visando conscientemente o desenvolvimento económico e cultural do país, mas também o seu 'renascimento' em termos morais, mentais e por vezes mesmo estritamente medicinais, propósito esse que foi suportado por uma mescla doutrinária de cientificismo 'positivista' com várias outras sugestões de pendor igualitário, não raro mesmo anarquizantes e/ou socializantes, que todavia foram rapidamente abandonadas em termos práticos (cf. Ramos 1994; Alexandre 1998).

Apesar de a propaganda republicana anterior a 1910 prometer o sufrágio universal masculino, a verdade é que I República, embora evitando exclusões baseados no censo, tratou consistentemente de expulsar os analfabetos da participação eleitoral, levando a que a vida política ficasse imediatamente confinada aos centros urbanos, efetivamente reduzindo o universo de eleitores bem abaixo mesmo dos limites já atingidos durante o período monárquico, na sua fase final: de qualquer forma, o universo dos eleitores potenciais permaneceu sempre abaixo de 1 milhão; e isto numa população total rondando já os 5 milhões de habitantes. Esta limitação foi conscientemente apoiada por temores de que a massa dos camponeses analfabetos fosse facilmente manipulada pela igreja católica; e deve reconhecer-se que esse temor se transformou em boa medida numa profecia autorrealizada: o descontentamento dos camponeses com as dificuldades económicas, agravadas para cúmulo pela participação portuguesa na I Guerra Mundial a partir de 1916 (em que a mortalidade de jovens mancebos portugueses foi muito significativa, quer em África quer na Flandres, sendo ainda muitíssimo ampliados e complicados os seus efeitos pelo subsequente deflagrar do surto da chamada 'gripe espanhola'), foi abundantemente utilizado pela retórica antirrepublicana, na qual diversos elementos legitimistas, monárquicos e católicos se misturavam com nascentes traços fascistas, sublinhando também ela a necessidade duma nova 'regeneração' em profundidade, agora referindo-se primordialmente aos aspetos morais, supostamente capazes de fazer Portugal regressar simultaneamente à sua suposta identidade cultural mais 'autêntica' e, é claro, também às glórias do seu passado imperial.

Foi este o ambiente de onde surgiu o célebre culto do 'presidente-rei', frequentemente em estreita ligação a vários mitos relativos ao chamado 'Quinto Império'. A ênfase na importância duma capacidade de decisão firme e rápida, correlativa à veneração dos dirigentes carismáticos, se autoriza por um lado o estabelecimento de paralelismos parciais entre a I República Portuguesa e a 'República de Weimar' na Alemanha, permite entretanto também destacar que a variante portuguesa foi bem mais estritamente parlamentarista do que a sua análoga alemã, o poder soberano estando em Lisboa concentrado no legislativo, o qual era constituído por duas câmaras, Senado e Câmara dos Deputados, o Presidente sendo eleito pelo conjunto de ambas. O poder político fáctico foi entretanto, neste período, exercido principalmente pelos diretórios das três formações partidárias que emergiram como resultantes do Partido Republicano Português: os 'democráticos' de Afonso Costa, que foram durante algum tempo o partido hegemónico, os 'evolucionistas' de António José de Almeida e os 'unionistas' de Brito

Camacho, todos eles com uma definição ideológica muito vaga e evidenciando marcadas características de 'partidos de notáveis'.

O imperativo consensualmente reconhecido de ultrapassar a estreiteza de vistas partidária, acompanhado do intuito claro de reconciliação com a Igreja Católica, juntamente com a inclinação para o culto do carisma e da figura do 'homem forte', misturados ainda com diversas dificuldades financeiras e orçamentais, profundas e sempre presentes: tudo isso, em conjunto, contribuiu de forma decisiva para a destruição da I República, a qual veio realmente a ocorrer através dum golpe de estado militar, em Maio de 1926, produzindo uma ditadura militar adentro da qual o poder ficou crescentemente concentrado no ministro das finanças, António de Oliveira Salazar, rapidamente promovido a primeiro-ministro, seguindo-se a adoção dum novo figurino constitucional que desembocou em 1933 no chamado 'Estado Novo'. Este último caracterizou-se, antes de mais, pela supressão de todos os partidos existentes e pela formação duma novel organização, oficialmente não-partidária, a chamada 'União Nacional', a qual obteve em termos práticos o monopólio da representação eleitoral na câmara baixa, a Assembleia Nacional. O reconhecimento das associações socioprofissionais ou 'corporações', formalmente destinadas a promover a integração social e a evitar as lutas de classe, forneceu a base para a constituição duma câmara alta, ou Câmara Corporativa. Um novo impulso foi paralelamente injetado em vários esforços de pendor colonial-imperial, enquanto se assistia também ao enfático reforço dos poderes presidenciais, com o presidente da república passando a ser, durante algumas décadas, eleito por sufrágio direto. O universo dos eleitores permaneceu limitado aos chefes-de-família, mas foi ainda assim consideravelmente ampliado. Os sucessivos presidentes eleitos, entretanto, nada mais foram do que títeres do perpetuamente empossado e factualmente inamovível António Salazar, que ainda assim permaneceu sempre apenas primeiro-ministro (ou 'presidente do conselho de ministros') e, nesse sentido, oficialmente responsável perante o chefe-de-estado, isto é, o presidente da república.

Uma boa dose de terror reservada aos adversários mais irredutíveis, principalmente anarquistas e comunistas, incluindo a instituição duma polícia secreta e de campos de concentração nas colónias (em ambos os casos, reconhecidamente inspirados pela experiência da Alemanha nazi), proibição de atividades partidárias exceto, é claro, as relativas ao 'não-partido' oficial, censura rigorosa e esforço de propaganda omnipresente contribuem para completar o desenho do quadro geral. Sendo as garantias constitucionais formais sempre facilmente revogadas ou suspensas pela legislação ordinária, estava assim criado o ambiente que permitiria várias décadas de relativa tranquilidade política, Portugal evitando cuidadosamente a II Guerra Mundial, guinando todavia claramente para o lado dos anglo-americanos a partir de 1943 (ano simultaneamente de Estalinegrado e da concessão, pelo governo português, de bases açorianas ao Reino Unido e aos EUA) e alinhando discreta mas estreitamente com eles depois de 1945, a 'guerra fria' tornando obviamente muito mais fácil às diversas partes a acomodação recíproca. As eleições presidenciais de 1958, com um dissidente do regime, o general Humberto Delgado, bandeando-se para a oposição e ousando desafiar frontalmente o candidato apoiado por Salazar (almirante Américo Tomás), produziram o primeiro grande escândalo permitindo evidenciar a natureza mais íntima e mais agressiva do regime, o candidato oficial vencendo as eleições, mas ficando a sobrar, no fim da refrega, a evidência esmagadora da prática, pelos poderes da 'situação', de fraudes eleitorais em larga escala.

O subsequente exílio e o posterior assassínio de Delgado foram complementados por uma revisão constitucional, que colocou prudentemente a presidência, depois de 1958, ao abrigo das vicissitudes inevitavelmente correspondentes a eleições diretas: passou-se para uma modalidade de eleição da presidência através dum colégio, obviamente bastante restrito e ele próprio criteriosamente escolhido. Estes factos teriam provavelmente constituído os principais acontecimentos na vida política portuguesa durante a década seguinte, caso não tivesse entretanto deflagrado a guerra colonial. O regime tinha na verdade evoluído da entusiástica apologia do colonialismo, considerado uma forma de afirmação irrevogável da 'raça portuguesa' à escala mundial, para uma mais prudente negação da própria existência de colónias, os territórios não-europeus sendo renomeados primeiro como 'províncias ultramarinas' e desde os inícios dos anos setenta como 'estados', o 'pacto colonial', revigorado na década de 1930, sofrendo oficialmente uma metamorfose numa pretensa variedade de *Commonwealth português'* e a história colonial portuguesa assumindo oficial e enfaticamente características não-racistas, na senda das sugestões fornecidas pelo antropólogo brasileiro Gilberto Freire e correspondentes ao chamado 'Luso-Tropicalismo'. Todavia, manteve-se o problema da persistência, até já aos anos sessenta, duma condição jurídica oficialmente diferente e negativamente discriminatória para as populações não-europeias, vigorando uma instituição designada como 'estatuto do indígena' (que distinguia genericamente, quanto aos territórios ultramarinos portugueses, entre residentes europeus, nativos 'assimilados' e nativos 'não-assimilados'), a qual permitia um tratamento quase absolutamente discricionário das populações africanas por parte das autoridades coloniais portuguesas, incluindo nisso mesmo algumas formas de trabalhos compulsivos, uma variedade luso-tropical de 'corveias' a que os nativos 'não-assimilados' podiam ser obrigados e que só foram suspensas muito tarde: duraram na verdade até à última revisão do 'estatuto' e à sua supressão definitiva na década de 1960, agora já claramente sob pressão do facto de que o reconhecimento pela ONU do singular caso de 'não-colonialismo' português era cada vez mais difícil de obter; e, acima de tudo, face ao início da guerra colonial, iniciada em 1961 em Angola, 1963 em Moçambique, 1964 na Guiné (cf. Anderson 1966; Rosas 1994; Pélissier 1986, 1994, 2004; Wheeler & Pélissier 2009).

Os equilíbrios sociopolíticos que permitiram a grande resiliência do 'Estado Novo' incluíram atrasos significativos em matéria de urbanização, industrialização e alfabetização, o país permanecendo com perto de 40 por cento de analfabetos até ao começo dos anos sessenta, produzindo um grande fluxo de emigração e ocorrendo uma apenas limitada e parcial convergência económica com a média da OCDE. A crise económica resultante do choque petrolífero de 1973, adicionada duma crescente repugnância popular face às guerras de África, induziu uma revolta militar que culminou com o 25 de Abril de 1974, ou 'revolução dos cravos'. O subsequente período de transição de dois anos, que durou até a promulgação em Abril de 1976 da nova Constituição, assistiu às primeiras eleições democráticas de toda a história portuguesa, a 25 de Abril de 1975, num processo eleitoral com sufrágio universal, igual, direto e secreto, produzindo uma Assembleia Constituinte de composição oficialmente multipartidária, a qual elaborou um documento que define oficialmente Portugal como uma república democrática, baseada na soberania popular; dotada de vida política multipartidária; com um regime 'semipresidencialista' (ou seja, responsabilidade do governo simultaneamente face à Assembleia da República e a um Presidente eleito por sufrágio direto); um sistema eleitoral proporcional no tocante às eleições para o poder legislativo e para os órgãos autárquicos; uma 'constituição económica' básica bastante generosa, garantindo diversas prestações do estado-providência a toda a população, em regime claramente universal, acompanhada ainda do reconhecimento dum importante segmento da vida económica enquanto propriedade pública, esse último facto respeitando a uma parte significativa dos sectores industriais fundamentais, considerados como estratégicos; enfim, com a disposição formal, por escrito, declarando o país como encontrando-se oficialmente 'em transição para o socialismo'.

Esta inclinação socialista da Constituição de 1976 foi, como é óbvio, cuidadosamente corrigida nas revisões posteriores, que também consagraram a privatização (ou pelo menos a possibilidade constitucional disso) do fundamental dos sectores nacionalizados durante o 'biénio vermelho' de 1974-75, mudança que foi acompanhada pela integração na CEE a partir de Janeiro de 1986; e depois disso pela adesão ao Euro desde o início desta moeda, em Janeiro de 2002. Juntamente com a persistência fundamental do sistema partidário produzido pelo período de 1974-76 (com as ressalvas importantes da irrupção fulgurante e subsequente desaparecimento do 'Partido Renovador Democrático', nos anos oitenta, e do surgimento consistente do 'Bloco de Esquerda' na década de noventa, cf. Belchior 2010), o crescimento considerável da abstenção é, sem dúvida, a característica mais importante a ser destacada em assuntos políticos, num contexto geral em que economia e a sociedade portuguesas têm inegavelmente convergido com os padrões da OCDE em praticamente todos os aspetos (quer estritamente económicos, particularmente em PIB per capita, quer nas facetas relativas a 'desenvolvimento humano': literacia, educação em geral, índices relativos a saúde, esperança média de vida à nascença, mortalidade infantil, infraestruturas materiais, etc.), bem entendido, pelo menos até ao início do novo século.

De facto, logo nos primeiros anos do século XXI (praticamente desde a adesão ao Euro) deixou de verificar-se convergência com as médias quer da OCDE, quer da UE originária. Para além disso, e muito mais grave ainda, a ocorrência duma profunda crise económica a partir de 2008, levando à intervenção direta da UE e do FMI através do chamado 'Memorando de Entendimento' de 2011, produziu um significativo agravamento do panorama socioeconómico do país. Desde então, o produto retraiu-se primeiro significativamente e deixou depois consistentemente de registar crescimento, Portugal quase estagnando em níveis de PIB inferiores aos máximos históricos absolutos atingidos em 2008: na verdade, não regressando a estes nem mesmo em 2017, depois da ligeira recuperação do último triénio. Pior do que tudo, entretanto, retomou também a sua condição secular de país exportador de mão-de-obra através da emigração, mas agora, e como novidade particularmente inquietante, correspondendo os fluxos de saída populacional sobretudo aos segmentos mais qualificados da mão-de-obra (cf. Amaral 2013, 2014).

Angola

Previamente à chegada dos navegadores portugueses, o território da atual República de Angola tinha sido o palco do encontro de fluxos migratórios Bantos, provenientes de norte, sobretudo a partir do território daquilo que hoje em dia são os Camarões, com outras correntes originárias do sul, correspondentes a populações bosquímanas, provindas dos territórios que atualmente constituem a Namíbia e o Botsuana. O conjunto resultante do entrechoque e das fusões destes diversos grupos produziu um importante número de entidades políticas, com particular destaque para o chamado 'Reino do Congo'. Os navegantes portugueses chegaram ao rio Zaire em 1484, sob o comando de Diogo Cão, procedendo de seguida a uma ocupação muito lentamente ampliada, a monarquia portuguesa acrescentando pouco a pouco novos territórios ao núcleo da sua inicial zona de controlo. Durante a década de 1570 Paulo Dias de Novais trouxe algumas centenas de famílias de colonos, acompanhadas de soldados, tendo através deste centro populacional instituído a cidade fortificada de São Paulo de Luanda, em território Mbundu, assim se originando o primeiro assentamento permanente português, o qual posteriormente se envolveu de forma sistemática em diversos sistemas de alianças com potentados indígenas, sucessivamente ziguezagueando alinhamentos, com vista ao reforço da sua própria influência.

Estes factos estiveram intimamente associados à exploração dos recursos naturais locais, insistindo os portugueses em desempenhar predominantemente uma posição de intermediários nos fluxos económicos, sobretudo de peixe fresco e de sal, os quais eram habitualmente transferidos pelas comunidades marítimas para outros grupos, localizados no interior. Em paralelo uma ênfase crescente tendeu a deslocar-se também para o comércio de escravos, o qual veio de facto a originar um mercado muitíssimo importante (cf. Turley 2002). De entre as vicissitudes da implantação europeia, merece uma especial menção o importante caso do rei Mbundu Kiluanji e da sua célebre filha Ndzinga, que durante algum tempo, através de um intrincado jogo e com recurso a diversas manobras diplomáticas e militares, conseguiram opor uma resistência de relevo ao lento, mas ainda assim imparável, rolo compressor da conquista portuguesa.

Desde a segunda metade do século de setecentos esta sociedade baseada na escravatura começou a exibir uma tendência crescente para a autossuficiência económica, Luanda sendo assim já uma grande cidade pelos meados do século XIX, dotada dum número considerável de empresas comerciais e procedendo, juntamente com Benguela, a uma exportação considerável de vários produtos, nomeadamente óleos de palma e de amendoim, cera, goma copal, madeira, marfim, algodão, café e cacau. Outros bens, tais como milho, tabaco, carne seca e farinha de mandioca, começaram também a ser produzidos localmente. A emergência duma burguesia angolana era já um facto evidente quando, em 1836, o tráfego de escravos foi abolido pela coroa portuguesa; e mais ainda quando, em 1844, as portas de Angola foram abertas ao comércio internacional. Na verdade, a própria supressão do tráfico de escravos (ocorrida sobretudo na sequência das pressões britânicas) induziu uma deslocação significativa de recursos económicos do comércio de seres humanos para a transação de várias matérias-primas locais: tal como ocorrido com vários outros territórios do continente africano, o colonialismo assentou verdadeiramente arraiais em Angola, pode dizer-se, quando o tráfico de escravos acabou. A conferência de Berlim, em 1884/85, obrigou as autoridades portuguesas a entrar numa corrida acrescida, em competição com outras potências europeias, visando a acelerada ocupação efetiva dos seus territórios coloniais, os quais no caso angolano vieram na verdade a incluir também Cabinda: situada ao norte do rio Zaire, foi esta incorporada em Angola através do Tratado de protetorado de Simulambuko, assinado entre o rei português e os príncipes de Cabinda em 1885.

Após uma implantação lenta e algo atribulada, o final do século de oitocentos testemunhou a instauração duma administração colonial razoavelmente estruturada e diretamente relacionada com os interesses dos seus súbditos. Como é esperável, em termos económicos este colonialismo baseou-se principalmente na agricultura e na exportação de matérias-primas, particularmente os comércios da borracha e do marfim, completados por diversos tributos extraídas das populações, os quais forneciam a Lisboa significativos recursos fiscais. O fim da monarquia em Portugal, em 1910, juntamente com uma conjuntura internacional favorável, induziu novas reformas de relevo em matéria de administração, agricultura e educação, ampliadas ainda pelo início da exploração de diamantes: a DIAMANG, empresa de diamantes de Angola, foi então formalmente fundada em 1921. Entretanto, devemos registar outrossim, o domínio efetivo do território por parte das autoridades coloniais permaneceu durante todos estes séculos, e até já mesmo bem adentro de novecentos, uma realidade bastante precária do ponto de vista factual, as autoridades portuguesas necessitando permanentemente de pactuar com diversos potentados 'indígenas', usando continuadamente uns contra os outros como forma de serem capazes de manter um controle da situação no terreno, o qual ainda assim permaneceu até muito tarde muitíssimo frágil e não raro apenas indireto. Toda a segunda metade do século XIX, e ainda a primeira metade do século XX, testemunharam na verdade um sem número de insurreições 'indígenas', sempre muito precariamente sustidas pelas forças armadas portuguesas, as quais todavia conseguiram impor a ideia (ou o projeto) duma fronteira muito deslocada para leste, bem adentro do continente, cujo controle foi sempre muito frágil e, em muitos casos, exercido apenas através de intermediários (cf. Alexandre 1998; Wheeler & Pélissier 2009).

Depois de ter sido durante vários séculos oficialmente uma colónia portuguesa, Angola foi considerada formalmente, já no século XX, uma das 'províncias ultramarinas' portuguesas; e depois disso foi também nominalmente designada como um 'estado' integrado no território português, que se assumia então ser constituído por parcelas territoriais ditas 'metropolitana', 'insular' e 'ultramarina'. Durante a segunda metade deste século, entretanto, a aparente tranquilidade da situação que então predominava iria ser posta em causa pelo surgimento dos primeiros movimentos independentistas. Na sequência de vários frágeis ensaios ocorridos na viragem de século e durante as primeiras décadas de novecentos, os quais em geral estiveram associados a um cunho étnico determinado, durante a década de 1950 teve início a formação de organizações explicitamente políticas que reclamavam a independência de Angola. Paralelamente, assistiu-se a importantes campanhas diplomáticas, decorrendo em todo o mundo, em apoio à referida causa. Se os vários movimentos anteriores tinham declarado propósitos, por vezes, confinados à defesa dum grupo étnico restrito, noutros casos de pendor 'assimilacionista', tratando-se da parte dos angolanos não-brancos sobretudo de lutar por um reconhecimento social igual aos dos europeus, já a grande novidade apresentada pelos movimentos dos anos cinquenta é o pleno independentismo, acompanhado da assunção em paralelo duma 'angolanidade' comum, independente ou acima de quaisquer pertenças étnicas e/ou 'raciais', isto é, atinentes à cor da epiderme. A recusa por parte do poder colonial em aceitar discutir as propostas apresentadas, inicialmente de forma pacífica, pelas forças independentistas, desencadeou o deflagrar dos conflitos, os quais ocorreram diretamente através de diversas lutas armadas pela independência, que foram promovidos separadamente pelo MPLA (Movimento Popular de Libertação de Angola), fundado em 1956, pela FNLA (Frente Nacional de Libertação de Angola), aparecida em 1961, e pela UNITA (União Nacional para a Independência Total de Angola), criada em 1966 (cf., quanto a este grupo de eventos, Waals 2011).

Após 14 anos de luta armada, e na sequência da rápida negociação da descolonização pelas autoridades portuguesas, no contexto imediatamente subsequente ao 25 de Abril de 1974, o qual veio a produzir os chamados 'Acordos do Alvor', Angola tornou-se formalmente independente a 11 de Novembro de 1975, três proclamações separadas da independência ocorrendo na verdade em três localidades distintas, e sendo promovidas separadamente por cada uma destas organizações. Cada uma delas controlou aliás, durante algum tempo, diferentes porções do território angolano, a guerra civil sendo ampliada e adquirindo uma intensidade significativa, decorrendo em pleno no âmbito da chamada 'Guerra Fria' à escala global: o MPLA sendo apoiado pela URSS; a FNLA pelo Zaire de Mobutu Sese Seko e pelos EUA; a UNITA pela *White South Africa* e também pelos EUA. Em certo momento, Angola foi o cenário de confrontos de grande escala, forças armadas sul-africanas controlando seções importantes no sul do país, ao mesmo tempo que importantes contingentes militares cubanos lutavam em apoio do regime de Luanda. O maior confronto aconteceu na batalha de Cuíto-Cuanavale, que decorreu de Novembro de 1987 a Março de 1988, tendo saído vitoriosas as forças governamentais coadjuvadas pelos contingentes cubanos. A subsequente atenuação da 'guerra fria', juntamente com a mudança de regime e o fim do apartheid na África do Sul, permitiu a diminuição significativa da intensidade do conflito, levando aos acordos de Bicesse, de Maio de 1991, após os quais Angola lentamente evoluiu para a pacificação interna e para as primeiras eleições gerais, que tiveram lugar em Setembro-Outubro de 1992.

Nas eleições legislativas pluripartidárias de 1992, o partido governamental MPLA obteve 54 por cento dos votos e, recolhendo 129 assentos, ficou com maioria absoluta numa Assembleia Nacional de 220 deputados. A UNITA colheu 34 por cento dos votos e 70 assentos parlamentares, enquanto o PRS (Partido de Renovação Social), importante na região diamantífera das Lundas, atingiu 2 por cento vos votos e 6 lugares no parlamento. A FNLA ficou nessa eleições reduzida também a 2 por cento dos votos, obtendo 5 lugares parlamentares. As eleições presidenciais tiveram lugar em simultâneo, o dirigente do MPLA, José Eduardo dos Santos, obtendo de 49 por cento dos votos, contra 41 por cento do presidente da UNITA, Jonas Savimbi, um facto que em princípio impunha uma segunda volta, a qual todavia nunca chegou a ocorrer, dado que a UNITA contestou imediatamente os resultados oficiais e regressou à luta armada, efetivamente prolongando a guerra civil angolana até 2002, ano em que ocorreu a morte de Savimbi em combate.

Por fim, a 4 de Abril de 2002, quase 27 anos após a independência, foram estabelecidos os novos acordos de paz de Luena, Moxico, permitido a 80 mil soldados da UNITA a deposição as armas, com a obtenção em contrapartida da plena integração no âmbito da sociedade civil, nas forças armadas angolanas e na polícia nacional. A UNITA evoluiu assim para a condição dum partido político normal, sendo o seu papel reconhecido na vida democrática do país. A reconciliação nacional e o subsequente processo de 'reconstrução nacional e desenvolvimento' foram proclamados oficialmente os objetivos principais da paz, depois de inúmeras lutas e negociações.

Desta forma, desde 1992 Angola possui um regime de democracia multipartidária, não obstante as complexas e complicadas realidades (económicas, políticas, culturais...) defrontadas. Todavia, só já em 2008, isto é, bem depois dos acordos de paz de 2002, ocorreram de facto novas eleições, o MPLA conquistando nestas últimas uma vitória esmagadora, na qual obteve 82 por cento dos votos e 191 assentos parlamentares num total de 220, a UNITA ficando reduzida a menos de um terço da sua anterior marca, conseguindo agora apenas 10 por cento dos votos e 16 deputados, o PRS ficando com 3 por cento e 8 deputados, e a FNLA obtendo pouco mais de 1 por cento dos votos e 3 deputados, enquanto a coligação ND, ou Nova Democracia, elegeu 2 deputados. Quatro anos volvidos, em 2012, o MPLA veio a averbar 72 por cento dos votos e 175 deputados, enquanto a UNITA recuperou para 19 por centos dos sufrágios e 32 deputados, a então novel formação CASA-CE (Convergência Ampla de Salvação de Angola – Coligação Eleitoral) encaixou 6 por cento dos votos e 8 mandatos, o PRS respetivamente 1.7 por cento e 3 mandatos e a FNLA 1.1 por cento e 2 mandatos. Mais recentemente, em 2017, o MPLA manteve ainda a maioria absoluta, mas voltou a cair, para 61 por cento dos votos e 150 mandatos, a UNITA recolhendo 26.7 dos votos e 51 mandatos, a CASA-CE ficando com 9.5 dos sufrágios e 16 mandatos, o PRS com 1.3 do voto e 3 deputados e a FNLA com 0.9 por cento e 1 deputado eleito.

A posição oficial do MPLA, até hoje uma formação partidária largamente hegemónica na sociedade angolana, comporta um enfático compromisso com a preservação da identidade nacional da Angola e também da língua portuguesa enquanto idioma nacional, sendo outrossim intransigente em questões de integridade territorial: um compromisso que deve ser considerado muitíssimo relevante, tendo em conta as tendências recorrentes, expressas por diversos setores, visando abertamente a secessão da região petrolífera de Cabinda. Os resultados da eleição de 2008 foram também mais do que suficientes para o MPLA alterar a Constituição do país em 2010, o Presidente do país deixando de ser eleito por sufrágio direto. Na verdade, desde 2012 o primeiro candidato do partido mais votado a nível nacional é também, por inerência, o Presidente da República: uma adoção parcial, portanto, daquilo que é por vezes chamado 'regime de Westminster', a qual no caso de Angola terá ocorrido sobretudo por inspiração direta no exemplo mais próximo fornecido pela África do Sul. A posição britânica de 'primeiro-ministro' corresponde assim, nos casos dos países da África austral, à de chefe-de-estado formal ou 'presidente da república'. A Constituição angolana estabelece igualmente um limite de dois mandatos consecutivos de 5 anos para a presidência da república, mas com a ressalva de esta regra ser aplicada apenas a partir de 2012, o que permitiu ainda um último mandado de José Eduardo dos Santos, reeleito neste ano pela derradeira vez.

Desnecessário é dizer, tanto a eleição de 1992 como ainda as de 2008, 2012 e 2017 foram duramente criticadas por vários sectores, quer da opinião pública angolana quer a nível internacional. Todavia, é também um facto que todos aqueles atos eleitorais foram considerados válidos por observadores estrangeiros, que os monitorizaram de perto, tendo sido oficialmente reconhecidos e aceites. Para além disso, a generalidade das forças políticas com representação parlamentar, depois de 2002, proclama abertamente a reconstrução do país como objetivo central comummente compartilhado. Das fileiras do MPLA, partido hegemónico, saíram os três presidentes angolanos até ao momento: Agostinho Neto, o fundador oficial da nação angolana; o segundo presidente, José Eduardo dos Santos, investido oficialmente nessas funções já em 1979 (o que, aliás, fazia dele então o mais jovem presidente da república em África) e permanecendo no cargo durante quase quatro décadas, até 2017; enfim, o terceiro/atual presidente, João Lourenço, eleito em Setembro de 2017.

A situação económica da Angola evoluiu de forma bastante favorável durante o século XXI, a reconstrução material sendo promovida cada vez mais através duma cooperação económica muito estreita com a República Popular da China. Angola continua, no entanto, um país afligido por enormes desigualdades sociais, o que leva a que as suas marcas relativamente ao chamado 'desenvolvimento humano' (saúde, instrução, 'esperança média de vida à nascença', etc.) tenham permanecido consideravelmente abaixo daquilo que já consegue atingir em matéria de PIB por habitante. Para além das desigualdades sociais, também o nepotismo e a corrupção generalizada são factos reconhecidos pela generalidade da opinião pública e pelos meios de comunicação social, quer nacional quer internacionalmente.

Outro facto importante corresponde à desproporcionada concentração das exportações angolanas num único produto, concretamente o petróleo, produzido principalmente na região de Cabinda (e em menor grau também os diamantes, originários sobretudos das Lundas), esse traço levando aliás a economia angolana a sofrer, num elevado grau, dum problema típico da generalidade dos países com economias assentes em 'monoculturas de exportação', aquilo que é por vezes designado como 'doença holandesa': os níveis de preços sendo, por isso, extremamente elevados nos centros urbanos, especialmente em Luanda, mesmo pelos padrões mundiais. Entretanto, mais recentemente a queda dos preços do petróleo (e mais amplamente a descida global dos preços das chamadas *commodities*, ou mercadorias naturais não processadas) levou Angola a diversos apertos em matéria de contas externas e também em matéria orçamental, factos todavia frequentemente considerados como podendo constituir uma oportunidade para 'arrumar a casa' angolana, combatendo severamente desperdícios, corrupção e nepotismo; e também para proceder nalguma medida a uma 'substituição de importações' que induza a produção interna de inúmeros produtos suscetíveis disso, os quais todavia foram até agora sobretudo importados, num contexto de subida generalizada mas desnecessária dos preços, subida com a qual sofrem evidentemente muito os sectores mais desfavorecidos da população, não diretamente ligados aos negócios do petróleo e/ou dos diamantes (cf. Cambanda 2015).

Na cena política internacional, Angola tem entretanto revelado um nível apreciável de protagonismo, sendo sobretudo de registar o seu significativo apoio a iniciativas regionais diversas, visando a promoção da cooperação interna africana e a resolução pacífica de múltiplas querelas que têm afligido o continente, propiciando tanto quanto possível a 'via diplomática' e a mediação intra-africana na prevenção de conflitos, na monitorização e diminuição da intensidade dos já existentes e na promoção dos direitos humanos. Estes aspetos são sem dúvida muito importantes, dada a patente tendência de vários estados africanos, ao longo das últimas décadas (Somália, Líbia, Sudão, Mali...), para um simples colapso enquanto entidades soberanas: ameaçadas simultaneamente 'a jusante' pela queda na pura e simples anarquia e no banditismo enquanto formas 'normais' de existência; 'a montante' por uma não menos patente tendência intervencionista de diversos países do chamado 'primeiro mundo', a qual já sem sequer se preocupa demasiado em disfarçar (seja com verniz de 'proteção dos direitos humanos', de promoção da democracia, de 'manutenção da paz', de 'apoio ao desenvolvimento' ou quaisquer outros) os seus mais do que indesmentíveis, aliás pungentemente óbvios intuitos neocoloniais.

BIBLIOGRAFIA

ADAMS, Richard Newbold (1983), *Energia y Estructura: Una Teoria del Poder Social*, Mexico, Fondo de Cultura Económica.
ALEXANDRE, Valentim (1998), *História da Expansão Colonial* (direção de Francisco Bethencourt e Kirti Chaudhuri), Volume 4, *Do Brasil para África (1808-1930)*, Lisboa, Círculo de Leitores.
ALMEIDA, Pedro Tavares de (1991), *Eleições e Caciquismo no Portugal Oitocentista*, Lisboa, Difel, 1991.
ALMOND, Gabriel A. & James S. COLEMAN (1960), *The Politics of the Developing Areas*, Princeton, New Jersey, Princeton University Press.
ALMOND, Gabriel & G. Bingham POWELL (1966), *Comparative Politics: A Developmental Approach*, Boston, Little Brown and Co.
ALMOND, Gabriel & G. Bingham POWELL (1978), *Comparative Politics: System, Process and Policy*, Boston, Little Brown.
ALMOND, Gabriel A. & Sydney VERBA (1963), *The Civic Culture: Political Attitudes and Democracy in Five Nations*, Princeton, New Jersey, Princeton University Press.
ALMOND, Gabriel A. & Sydney VERBA (1980), *The Civic Culture Revisited*, Boston, Little Brown.
ALTHUSSER, Louis (1976), *Sobre o Contrato social*, Lisboa, Iniciativas Editoriais.
ALTHUSSER, Louis (1977), *Montesquieu: a Política e a História*, Lisboa, Presença.
ALVES, Mário Correia (2000), *O Pensamento Social de Tocqueville*, Celta Editora, Oeiras.

AMARAL, João Ferreira do (2013), *Porque Devemos Sair do Euro. O Divórcio Necessário para Tirar Portugal da Crise*, Lisboa, Lua de Papel.

AMARAL, João Ferreira do (2014), *Em Defesa da Independência Nacional*, Lisboa, Lua de Papel.

ANDERSON, Benedict (1991), *Imagined Communities: Reflections on the Origins and Spread of Nationalism*, London, Verso.

ANDERSON, Perry (1966), *Portugal e o Fim do Ultracolonialismo*, Rio de Janeiro, Editora Civilização Brasileira.

ANDERSON, Perry (1984 [1974]), *Linhagens do Estado Absolutista*, Porto, Afrontamento.

ANDERSON, Perry (1992), "The Ends of History", in *A Zone of Engagement*, London-New York, Verso.

ANDERSON, Perry (2001), "Scurrying towards Bethlehem", *New Left Review*, 10, July-August, pp. 5-30.

ANDERSON, Perry (2002) "Internationalism: A Breviary", *New Left Review*, 14, pp. 5–25.

ANDERSON, Perry (2015), "The House of Zion", *New Left Review*, 96, November-December, pp. 5-37.

APTER, David (1965), *The Politics of Modernization*, Chicago, Chicago University Press.

ARBLASTER, Anthony (1988), *A Democracia*, Lisboa, Editorial Estampa.

ARENDT, Hannah (1958 [1951]), *The Origins of Totalitarianism*, New York, Meridian Books.

ARENDT, Hannah (1971), *Sobre a Revolução*, Lisboa, Moraes Editores.

ARENDT, Hannah (1978a [1946]), "The Moral of History", in Arendt 1978d.

ARENDT, Hannah (1978b [1943]), "We Refugees", in Arendt 1978d.

ARENDT, Hannah (1978c [1945]), "Zionism Reconsidered", in Arendt 1978d.

ARENDT, Hannah (1978d), *The Jew as Pariah: Jewish Identity and Politics in the Modern Age*, New York, Grove Press.

ARON, Raymond (1991 [1966]), *As Etapas do Pensamento Sociológico*, Lisboa, Círculo de Leitores.

ARRIGHI, Giovanni (1994), *The Long Twentieth Century: Money, Power, and the Origins of Our Times*, London, Verso.

ARRIGHI, Giovanni (2009), *Adam Smith in Beijing: Lineages of the Twenty-First Century*, London, Verso.

AXELROD, Robert M. (1984), *The Evolution of Cooperation*, New York, Basic Books.

AXELROD, Robert M. (1997), *The Complexity of Cooperation: Agent-based Models of Competition and Collaboration*, New Jersey, Princeton University Press.
BADIE, Bertrand (1988), *Le Développement Politique*, 4ª ed., Paris, Economica.
BADINTER, Elizabeth & Robert BADINTER (1988), *Condorcet: Un Intellectuel en Politique*, Paris, Fayard.
BAIROCH, Paul (1986), "Desenvolvimento/Subdesenvolvimento", *Enciclopédia Einaudi*, vol. 7, pp. 364-429, Lisboa, Biblioteca Nacional-Casa da Moeda.
BACEVICH, Andrew J. (2005), *The New American Militarism – How Americans Are Seduced by War*, Oxford, Oxford University Press.
BALAKRISHNAN, Gopal (2002), *The Enemy: an Intellectual Portrait of Carl Schmitt*, London, Verso Books.
BALAKRISHNAN, Gopal and Stanley ARONOWITZ (2003), (eds.), *Debating Empire*, New York and London, W. W. Norton & Company Inc.
BARBALET, J. M. (1989), *A Cidadania*, Lisboa, Editorial Estampa.
BAUDRILLARD, Jean (1991), *Simulacros e Simulação*, Lisboa, Relógio D'Água Editores.
BAUDRILLARD, Jean (1995), *Para uma Crítica da Economia Política do Signo*, Lisboa, Colecção Arte & Comunicação, Edições 70.
BAUMAN, Zygmunt (1989), *A Liberdade*, Lisboa, Editorial Estampa.
BEETHAM, David (ed.) (1994), *Defining and Measuring Democracy*, London, Thousand Oaks and New Delhi, Sage Publications.
BELCHIOR, Ana Maria (2010), *Democracia e Representação Partidária – A Elite Parlamentar e os Cidadãos*, Lisboa, Imprensa de Ciências Sociais.
BENDIX, R. (1964), *Nation-Building and Citizenship, Studies of Our Changing Social Order*, New York, John Wiley.
BERGHE, Pierre L. van den (1967), *Race and Racism: A Comparative Perspective*, New York/London/Sydney, Wiley & Sons Inc.
BERLIN, Isaiah (1969), *Four Essays on Liberty*, Oxford, Oxford University Press.
BERLIN, Isaiah (1980), *Against the Current – Essays in the History of Ideas*, London, The Hogarth Press.
BERLIN, Isaiah (1992), *The Hedgehog and the Fox – An Essay on Tolstoy's View of History*, London, Phoenix.
BERLIN, Isaiah (2005), *Rousseau e Outros Cinco Inimigos da Liberdade*, Gradiva, Lisboa.

BESSA, António Marques (1993), *Quem Governa? Uma Análise Histórico--Política do Tema da Elite*, Lisboa, Universidade Técnica de Lisboa – ISCSP.
BIRNBAUM, Pierre (1994), *Les Sommets de l'État*, Paris, Éditions du Seuil.
BLACK, Duncan (1948), "On the Rationale of Group Decision-making", *Journal of Political Economy*, 56, pp. 23–34.
BLACKBURN, Simon (1994), *The Oxford Dictionary of Philosophy*, Oxford//New York, Oxford University Press.
BLAUT, J. M. (1993), *The Colonizer's Model of the World: Geographical Diffusionism and Eurocentric History*, New York/London, The Guilford Press.
BLAUT J. M. (2000), *Eight Eurocentric Historians*, New York, The Guilford Press.
BLUMLER, J. G. and Katz, E. (Eds.) (1974), *The Uses of Mass Communications*, Beverly Hills, California, Sage.
BOBBIO, Norberto (1988), *O Futuro da Democracia*, Lisboa, Publicações D. Quixote.
BOBBIO, Norberto (1994), *Direita e Esquerda*, Lisboa, Presença.
BOBBIT, Philip (2002), *The Shield of Achilles: War, Peace and the Course of History*, New York and Toronto, Alfred A. Knopf.
BOTTOMORE, T. B. (1966), *Elites and Society*, Harmondsworth, UK, Penguin Books.
BOTTOMORE, Tom (1968), *As Classes na Sociedade Moderna*, Rio de Janeiro, Zahar Editores.
BOTTOMORE, Tom & Robert NISBET (Eds.) (1980), *História da Análise Sociológica*, Rio de Janeiro, Zahar Editores.
BOTTOMORE, Tom (2001), *Elites and Society*, New York, Taylor & Francis.
BOUCHER, David & Paul KELLY (Eds.) (1994), *The Social Contract from Hobbes to Rawls*, London, Routledge.
BOUDON, Raymond & François BOURRICAUD (2001), *Dicionário Crítico de Sociologia*, São Paulo, Editora Ática.
BOULDING, Kenneth E. (1990), *Three Faces of Power*, London, Newbury Park and New Delhi, Sage Publications.
BOWEN, Howard R., "The Interpretation of Voting in the Allocation of Economic Resources", *The Quarterly Journal of Economics*, Vol. 58, No. 1. (Nov. 1943), pp. 27-48.

BOWLES, Samuel & Herbert Gintis (1998), "Is Equality Passé?", *Boston Review: A Political and Literary Forum*, vol. 23, http://bostonreview.net/samuel-bowles-herbert-gintis-is-equalitypasse

BOXER, Charles R. (2014 [1969]), *O Império Marítimo Português 1415-1825*, Lisboa, Edições 70.

BRETON, Philippe & Serge PROULX (1997), *A Explosão da Comunicação*, Lisboa, Editorial Bizâncio.

BRIGGS, Asa & Peter BURKE (2002), *A Social History of the Media: From Gutenberg to the Internet*, Malden, Polity Press.

BURKE, Edmund (1993), *Reflections on the Revolution in France*, Oxford, Oxford University Press.

CALHOUN, Craig (1991), "The Problem of Identity in Collective Action", in J. HUBER (ed.), *Macro-Micro Linkages in Sociology*, Beverly Hills, Sage, pp. 51-75.

CALHOUN, Craig (ed.) (1994), *Social Theory and the Politics of Identity*, Oxford, UK and Cambridge, USA, Blackwell.

CAMBANDA, Francisco Domingos (2015), *A Questão Étnica como Fator de Estabilidade do Processo Político e de Desenvolvimento Socioeconómico em Angola*, Dissertação de doutoramento em Sociologia Económica e das Organizações, defendida em Novembro de 2015, Instituto Superior de Economia e Gestão, Universidade de Lisboa.

CANFORA, Luciano (2002), *Critica della Retorica Democratica*, Roma-Bari, Editori Laterza.

CANFORA, Luciano (2007), *A Democracia: História de uma Ideologia*, Coimbra, Almedina.

CANFORA, Luciano (2008), *1956: L'Anno Spartiacque*, Palermo, Sellerio.

CANFORA, Luciano (2009a), *César, le Dictateur Démocratique*, Paris, Flammarion.

CANFORA, Luciano (2009b), *La Natura del Potere*, Roma-Bari, Editori Laterza.

CANFORA, Luciano (2010) *L'Uso Politico dei Paradigmi Storici*, Roma-Bari, Editori Laterza.

CHARLOT, Jean (1974), *Os Partidos Políticos*, Lisboa, Parceria A. M. Pereira.

CHÂTELET, François (Dir.) (1982), *História da Filosofia*, IV volumes, Lisboa, Europa-América.

CHRISTOFFERSON, Michael Scott (2004), *French Intellectuals against the Left: The Antitotalitarian Moment of the 1970s*, New York/Oxford, Bergham Books.

CLEGG, Stewart R. (1989), *Frameworks of Power*, Newbury Park and New Delhi, Sage Publications.
COLLINGWOOD, Robin George (1989), *A Ideia de História*, Lisboa, Presença.
COLLINS, Randall (1994), *Four Sociological Traditions*, New York/Oxford, Oxford University Press.
CORREIA, Fernando (1997), *Os Jornalistas e as Notícias*, Caminho, Lisboa.
CORREIA, Rita Maria Gomes (2008), *Mass Media e Cidadania: Expectativas, Problemas e Paradoxos. Uma perspectiva Sociológica Crítica*, Lisboa, ISCTE, Dissertação de mestrado; disponível em www.http://hdl.handle.net/10071/1365
COSER, Lewis E. (1977), *Masters of Sociological Thought – Ideas in Historical and Social Context*, San Diego/NY/Chicago/Austin/London/Sidney/Toronto, Harcourt Brace Jovanovich Publishers, 2nd Edition.
COTTERET, Jean-Marie & Claude EMERI (s.d.), *Os Sistemas Eleitorais*, Lisboa, Livros do Brasil.
DAHL, Robert A. (1961), *Who Governs?: Democracy and Power in an American City*, New Haven, Yale University Press.
DAHL, Robert A. (1971), *Polyarchy*, New Haven, Yale University Press.
DAHL, Robert A. (1991), *Modern Political Analysis*, 5ª ed., Englewood Cliffs, Prentice-Hall International.
DAHL, Robert A. & C. LINDBLOM (1957), *Politics, Economics and Welfare*, New York, Harper & Row.
DAHRENDORF, Ralf (1993), *Reflexões sobre a Revolução na Europa*, Lisboa, Gradiva.
DAHRENDORF, Ralf (2012), *Homo Sociologicus*, Lisboa, Quetzal Editores.
DAVIS, Mike (2002), *Late Victorian Holocausts: El Niño Famines and the Making of the Third World*, London, Verso.
DASGUPTA, Partha & Eric MASKIN (2003), "Is Majority Rule the Best Voting Method?", working-paper, Cambridge, UK & Princeton, New Jersey, US, disponível em https://www.iseg.ulisboa.pt/aquila/getFile.do?method=getFile&fileId=259867
DAWKINS, Richard (2003), *O Gene Egoísta*, Lisboa, Gradiva.
DEBRAY, Régis (2000), *Introduction à la Médiologie*, Paris, Presses Universitaires de France.
DEUTSCH, Karl (1953), *Nationalism and Social Communication*, New York/London, Chapman and Hall.

DEUTSCH, Karl (1961), "Social Mobilization and Political Development", *American Political Science Review*, 55 (September), pp. 634-47.

DEUTSCH, Karl (1981), "On Nationalism, World Regions and the Nature of the West", in TORSVIK, P. (Ed.), *Mobilization, Center-Periphery Structures and Nation-Building*, Bergen, Universiteit Sporlaget, pp. 51-93.

DIEZ-MEDRANO, Juan (2004), "Questioning Modernity: a Test of Gidden's, Beck's and Inglehart's Theories", Working-paper, disponível em http://www.sscnet.ucla.edu/soc/groups/ccsa/medrano.pdf

DOGAN, Matei et Dominique PELASSY (1982), *Sociologie Politique Comparative: Problèmes et Perspectives*, Paris, Economica.

DOWNS, Anthony (1957), *An Economic Theory of Democracy*, New York, Harper and Row.

DUHAMEL, Olivier (1993), *Les Démocraties: Régimes, Histoire, Exigences*, Paris, Éditions du Seuil.

DURKHEIM, Émile (1977), *A Divisão do Trabalho Social*, Lisboa, Presença, 2 volumes.

DURKHEIM, Émile (1903), *L'Éducation Morale*, Les Classiques des Sciences Sociales, Université du Quebec à Chicoutimi, disponível em http://classiques.uqac.ca/classiques/Durkheim_emile/education_morale/education_morale.html.

DUVERGER, Maurice (1951), *Les Partis Politiques*, 2ème éd. révisée et mise à jour, Paris, Armand Colin.

DUVERGER, Maurice (1972), "Factors in a Two-Party and Multiparty System", in IDEM (Ed.), *Party Politics and Pressure Groups*, New York, Thomas Y. Crowell, pp. 23-32.

DUVERGER, Maurice (1973), *Sociologie de la Politique*, Paris, Presses Universitaires de France.

DUVERGER, Maurice (1978), *Institutions Politiques et Droit Constitutionnel, vol. I: Les Grandes Systèmes Politiques*, 15ª ed., Paris, Presses Universitaires de France.

DUVERGER, Maurice (1984) "Which is the Best Electoral System?", in A. LIJPHART & B. GROFMAN (Eds.), *Choosing an Electoral System: Issues and Alternatives*, New York, Praeger, pp. 31–39.

DUVERGER, Maurice (1986) "Duverger's Law: Forty Years Later", in B. GROFMAN & A. LIJPHART (Eds.), *Electoral Laws and Their Political Consequences*, New York, Agathon Press, pp. 69–84.

ECKSTEIN, Harry & David APTER (eds.) (1963), *Comparative Politics: a Reader*, New York, Free Press.

EISENSTADT, Shmuel Noah (1999), *Fundamentalism and Revolution: The Jacobin Dimensions of Modernity*, Cambridge, Cambridge University Press.

EISENSTADT, Shmuel N. & Stein ROKKAN (1973), *Building States and Nations*, 2 vols., Beverly Hills, California, Sage Publications.

ELIAS, Norbert (1987), *A Sociedade de Corte*, Lisboa, Editorial Estampa.

ELIAS, Norbert (1989 [1939]), *O Processo Civilizacional*, 2 volumes, Lisboa, Dom Quixote.

ELIAS, Nobert & Eric DUNNING (1992), *A Busca da Excitação*, Lisboa, Difel.

EPSTEIN, L. D. (1967), *Political Parties in Western Democracies*, London, Pall Mall.

ESPING-ANDERSEN, G. (1990), *The Three Worlds of Welfare Capitalism*, Princeton, NJ, Princeton University Press.

ESPINOSA, Baruch de (2004), *Tratado Teológico-Político*, Imprensa Nacional – Casa da Moeda.

ESPÍRITO SANTO, Paula do (2006), *Sociologia Política e Eleitoral. Modelos e Explicações de Voto*, Lisboa, Instituto Superior de Ciências Sociais e Políticas.

FARELO LOPES, Fernando & André FREIRE (2002), *Partidos Políticos e Sistemas Eleitorais – Uma Introdução*, Oeiras, Celta.

FREIRE, André (2001), *Modelos do Comportamento Eleitoral*, Oeiras, Celta.

FREIRE, André & Pedro MAGALHÃES (2002), *A Abstenção Eleitoral em Portugal*, Lisboa, Imprensa de Ciências Sociais.

FELICE, Renzo de (1976), *Explicar o Fascismo*, Lisboa, Edições 70.

FERRO, Marc (1994), *Histoire des Colonisations: Des Conquêtes aux Indépendances XIIIe-XXe Siècle*, Paris, Éditions du Seuil.

FINDLAY, Ronald & Kevin H. O'ROURKE (2007), *Power and Plenty: Trade, War, and the World Economy in the Second Millennium (The Princeton Economic History of the Western World)*, Princeton/Oxford, Princeton University Press.

FISCHBACH, Frank (2005), *La Production des Hommes: Marx avec Spinoza*, Paris, Presses Universitaires de France.

FOGEL, Robert William (1989), *Without Consent or Contract: The Rise and Fall of American Slavery*, W. W. Norton & Company, London/New York.

FONTCUBERTA, Mar de (2002 [1993]), *A Notícia*, Coleção Media & Sociedade, Editorial Notícias, Lisboa.

FRASER, Nancy (2003), "Social Justice in the Age of Identity Politics: Redistribution, Recognition and Participation", in FRASER N. & A. HONNETH, *Redistribution or Recognition? A Political-Philosophical Exchange*, Verso, London, pp. 7-108.
FREDRICKSON, George M. (1981), *White Supremacy: A Comparative Study in American & South African History*, Oxford/New York/Toronto/Melbourne, Oxford University Press.
FUKUYAMA, Francis (1992), *O Fim da História e o Último Homem*, Lisboa, Gradiva.
FUKUYAMA, Francis (1996), *Trust: The Social Virtues and The Creation of Prosperity*, New York, Free Press Paperbacks.
FURET, François (1978), *Penser la Révolution Française*, Paris, Éditions Gallimard.
FURET, François (1999 [1965]), *La Révolution Française*, Paris, Hachette Littératures.
GARCIA, Manuel Emídio (1882), "Divisão interna da sociologia", *O Instituto*, vol. XXX, pp. 9 e segs., Coimbra, Faculdade de Direito da Universidade de Coimbra.
GARDINER, Patrick (1984 [1959]), *Teorias da História*, Lisboa, Fundação Calouste Gulbenkian.
GAUTHIER, David (1969), *The Logic of Leviathan*, Oxford, Oxford University Press.
GAUTHIER, Florence & Guy-Robert IKNI (Org.) (1989), *La Guerre du Blé au XVIIIe Siècle*, Montreuil, Les Éditions de la Passion.
GAUTHIER, Florence (1992), *Triomphe et Mort du Droit Naturel en Révolution: 1789-1795-1802*, Paris, Presses Universitaires de France.
GELLNER, Ernest (1991), "Nationalism and Politics in Eastern Europe", *New Left Review*, I, 189, September-October, pp. 127-134
GELLNER, Ernest (1993), *Nações e Nacionalismo*, Lisboa, Gradiva.
GELLNER, Ernest (1997), "Reply to Critics", *New Left Review*, I, 221, January-February, pp. 81-118.
GERSCHENKRON, Alexander (1962), *Economic Backwardness in Historical Perspective: A Book of Essays*, Cambridge, Belknap Press of Harvard University Press.
GIDDENS, Anthony (1976 [1971]), *Capitalismo e Moderna Teoria Social*, Lisboa, Presença.

GIDDENS, Anthony (1994), *Beyond Left and Right: The Future of Radical Politics*, Cambridge, Polity Press.
GIDDENS, Anthony (2000), *The Third Way and its Critics*, Cambridge, Polity Press and Blackwell Publishers Ltd.
GIRARD, René (1982), *Le Bouc Émissaire*, Paris, Grasset.
GODECHOT, Jacques (1965 [1963]), *France and the Atlantic Revolution of the Eighteenth Century, 1770–1799*, New York, Free Press.
GODINHO, Vitorino Magalhães (1971), *Estrutura da Antiga Sociedade Portuguesa*, Lisboa, Arcádia.
GOULD, Stephen Jay (1996), *The Mismeasure of Man*, New York/London, W. W. Norton & Company Inc.; versão portuguesa:
GOULD, Stephen Jay (2004a), *A Falsa Medida do Homem*, Lisboa, Círculo de Leitores.
GOULD, Stephen Jay (2004b), *The Hedgehog, the Fox and the Magister's Pox: Mending and Minding the Misconceived Gap between Science and the Humanities*, London, Vintage.
GOWAN, Peter (2000), *The Global Gamble: America's Faustian Bid for World Domination*, London, Verso.
GOWAN, Peter (2003), "US: UN", *New Left Review*, 24, November-December, pp. 5-28.
GRAÇA, João Carlos (1995), "Werner Sombart e o homem económico moderno", Working-Paper SOCIUS/CSG, ISEG, Universidade de Lisboa, disponível em http://pascal.iseg.utl.pt/~socius/publicacoes/wp/wp395.pdf
GRAÇA, João Carlos (2008), "Recepções de Malthus no Portugal de Oitocentos", *Ler História*, ISCTE, Instituto Universitário de Lisboa, 54, Fevereiro, pp. 163-199, disponível em http://lerhistoria.iscte.pt/numeros/num54.htm
GRAÇA, João Carlos (2012), "Acerca da instabilidade da condição da sociologia económica", *Análise Social*, Instituto de Ciências Sociais, Universidade de Lisboa, Vol. 47 (1º), 202, Março, pp. 4-27, disponível em http://analisesocial.ics.ul.pt/documentos/1332346101B4nRF0fh4Rb24QU2.pdf
GRAÇA, João Carlos & Rita Gomes CORREIA (2015), "War and capitalism: Some important theories and a number of relevant facts", *Russian Sociological Review*, número temático especial, "State of War:

Human Condition and Social Orders", Vol. 14, 4, Dezembro, pp. 92--114, https://sociologica.hse.ru/en/news/170854240.html

GRAÇA, João Carlos, João Carlos LOPES & Rita Gomes CORREIA (2016), "Economics education: Literacy or mind framing? Evidence from a survey on the social building of trust in Portugal", *Análise Social*, ICS, Universidade de Lisboa, Vol. 51 (3.º), 220, Setembro, pp. 516-542, http://analisesocial.ics.ul.pt/documentos/AS_220_art01.pdf

GRAY, John (1987), *O Liberalismo*, Lisboa, Estampa.

GREENFELD, Liah (1992), *Nationalism: Five Roads to Modernity*, Cambridge, Massachusetts and London, Harvard University Press.

GRIMMER-SOLEM, Erik (2003), *The Rise of Historical Economics and Social Reform in Germany, 1864-1894*, Oxford, Clarendon Press.

GRIMMER-SOLEM, Erik & Roberto ROMANI (1998), "The Historical School, 1870-1900: a Cross-National Reassessment", *History of European Ideas*, Vol. 24, Numbers. 4-5, pp. 267-299.

GROSS, Jean-Pierre (2002), *Fair Shares for All – Jacobin Egalitarianism in Practice*, Cambridge, Cambridge University Press.

GUSDORF, Georges (1978), *Les Sciences Humaines et la Pensée Occidentale. Tome VIII: La Conscience Révolutionnaire: Les Idéologues*, Paris, Les Éditions Payot, disponível em http://classiques.uqac.ca/contem porains/gusdorf_georges/sc_hum_pensee_occ_t_VIII/sc_hum_ pensee_occ_t_VIII.html

HARVEY, David et al. (2004), *L'Éspace du Capitalisme : Totalitarisme et Impérialisme*, Paris, Presses Universitaires de France.

HARDT, Michael & Antonio NEGRI (2004), *Império*, Lisboa, Editora Livros do Brasil.

HAZARD, Paul (1948), *Crise de Consciência Europeia*, Lisboa, Cosmos.

HAZARD, Paul (1989), *O Pensamento Europeu no Século XVIII (de Montesquieu a Lessing)*, Lisboa, Editorial Presença.

HERF, Jeffrey (1998 [1984]), *Reactionary Modernism. Technology, Culture, and Politics in Weimar and the Third Reich*, Cambridge, UK, Cambridge University Press.

HEYWOOD, Andrew (1994), *Political Ideas and Concepts*, London, The Macmillan Press.

HERRNSTEIN, Richard J. & Charles MURRAY (1994), *The Bell Curve: Intelligence and Class Structure in American Life*, New York, Free Press Paperbacks.

HESPANHA, António Manuel (Coordenação) (1993) *História de Portugal*, Vol. IV, *O Antigo Regime*, Lisboa, Círculo de Leitores/Estampa.

HIRSCHMAN, Albert Otto (1970), *Exit, Voice, and Loyalty: Responses to Decline in Firms, Organizations, and States*, Cambridge, Massachusetts & London, England, Harvard University Press.

HIRSCHMAN, Albert Otto (1991), *Deux Siècles de Rhétorique Réactionnaire*, Paris, Fayard.

HIRSCHMAN, Albert Otto (1997), *As Paixões e os Interesses – Argumentos Políticos para o Capitalismo antes do seu Triunfo*, Lisboa, Bizâncio.

HOBBES, Thomas (1995), *Leviatã*, Lisboa, Imprensa Nacional – Casa da Moeda.

HOBSBAWM, Eric (1989), *The Age of Empire, 1875-1914*, New York, Vintage Books. HOBSBAWM, E. J. (1990), *Nations and Nationalism since 1780*, Cambridge/New York/Melbourne, Cambridge University Press.

HOBSBAWM, E. J. (1996), *The Age of Extremes: A History of the World, 1914-1991*, New York, Vintage Books.

HOBSBAWM, Eric J. & Terence RANGER (eds.) (1983), *The Invention of Tradition*, Cambridge, Cambridge University Press.

HOBSON, John Atkinson (1902), *Imperialism: a Study*, London, James Nisbet & Co., Limited, disponível em https://ia802707.us.archive.org/7/items/imperialismastu00goog/imperialismastu00goog.pdf

HOFSTADTER, Richard (1982 [1952]), *Great Issues in American History: A Documentary Record*, 2 vols., New York, Vintage Books.

HOROWITZ, Irving Louis (2017 [1972]), *Foundations of Political Sociology*, Abingdon, New York, Routledge.

HUME, David (2002), *Ensaios Morais, Políticos e Literários*, Lisboa, Imprensa Nacional – Casa da Moeda.

HUNTINGTON, Samuel (1968), *Political Order in Changing Societies*, New Haven, NY & London, UK, Yale University Press.

HUNTINGTON, Samuel (1999), *O Choque das Civilizações*, Lisboa, Gradiva.

HUXLEY, Aldous (2013), *Admirável Mundo Novo*, Lisboa, Antígona.

INGLEHART, Ronald (1991), *El Cambio Cultural en las Sociedades Industriales Avanzadas*, Madrid, Centro de Investigaciones Sociologicas & Siglo XXI de España Editores.

INGLIS, Fred (1993 [1990]), *A Teoria dos Media*, Coleção Comunicação & Linguagens, Vega, Lisboa.

ISRAEL, Jonathan I. (2002), *Radical Enlightnment – Philosophy and the Making of Modernity: 1650-1750*, Oxford, Oxford University Press.
JACCARD, Pierre (1960), *Histoire Sociale du Travail de l'Antiquité à nos Jours*, Paris, Payot.
JAMES, C. L. R. (1989 [1963]), *The Black Jacobins – Tousaint L'Ouverture and the San Domingo Revolution*, New York, Vintage Books.
JEANNENEY, Jean-Noël (1996), *Une Histoire des Médias, des Origines à nos Jours*, Paris, Éditions du Seuil.
JOBSON, John A. (1902), *Imperialism: A Study*, London, Cosimo.
JONES, Gareth Stedman (2004), *An End to Poverty: A Historical Debate*, New York, Columbia University Press.
KATZ, Richard S. and Peter MAIR (eds.) (1994), *How Parties Organize*, London, Thousand Oaks & New Delhi, Sage Publications.
KEANE, John (1991), *A Democracia e os Media*, Temas e Debates, Lisboa.
KEY, V. O. (1966), *The Responsible Electorate*, Cambridge, Harvard University Press.
KIMMEL, Michael S. (1990), *Revolution: A Sociological Interpretation*, Cambridge, Polity Press.
KOHN, Hans (1984), *Historia del Nacionalismo*, Mexico/Madrid/Buenos Aires, Fondo de Cultura Económica.
KOVACH, Bill & Tom ROSENSTIEL (2004 (2001]), *Os Elementos do Jornalismo*, Coleção Comunicação, Porto Editora, Porto.
KUKATHAS, Chandran & Philip PETTIT (1997), *Rawls: 'Uma Teoria da Justiça' e os seus Críticos*, Lisboa, Gradiva.
LACROIX-RIZ, Annie (2008), *De Munich à Vichy: l'Assassinat de la Troisième République, 1938–1940*, Paris, Armand Colin.
LACROIX-RIZ, Annie (2010), *Le Choix de la Défaite: Les Élites Françaises dans les Années 1930*, Paris, Armand Colin.
LANE, Jan-Erik & Svante ERSSON (1994), *Comparative Politics: An Introduction and New Approach*, Cambridge, Polity Press.
LA PALOMBARA, Joseph (1974), *Politics within Nations*, Englewood Cliffs, Prentice-Hall.
LAAKSO, Markuu & Rein TAAGEPERA (1979), "Effective Number of Parties: A Measure with Application to West Europe", *Comparative Political Studies*, 12, pp. 3-27.

LARANJO, José Frederico (1889), "Direito Público – As Relações Recíprocas dos Poderes Públicos e a do Rei e dos Ministros no Regímen Constitucional", Coimbra, *O Instituto*, Volume 36, 1889, pp. 328-337.
LARANJO, José Frederico (1907), *Princípios de Direito Político e Direito Constitucional Português*, Coimbra, Imprensa da Universidade.
LAZARE, Daniel (1996), *The Frozen Republic: How the Constitution is Paralyzing Democracy*, New York/San Diego/London, Harcourt Brace & Company.
LAZARE, Daniel (1998), "America the Undemocratic", *New Left Review*, 232, November-December.
LAZARE, Daniel (1999), "The Grand Illusion of Democratic Nationalism: a Reply to Michael Lind", *New Left Review*, 235, May-June 1999.
LENIN, Vladimir I. (1999), *Imperialism: The Highest Stage of Capitalism*, Sydney, Resistance Books.
LENIN, Vladimir I. (2011), *O Estado e a Revolução*, Lisboa, Edições Avante.
LERNER, David (1958), *The Passing of Traditional Society*, Glencoe, Free Press.
LIJPHART, Arend (1989), *As Democracias Contemporâneas*, Lisboa, Gradiva.
LIND, Michael (1999), "Why There Will be no Revolution in the U. S.: a Reply to Daniel Lazare", *New Left Review*, 233, January-February, pp. 97-117.
LINTON, Ralph (1936), *The Study of Man: an Introduction*, New York, Appleton Century.
LINZ, Juan J. (2000), *Totalitarian and Authoritarian Regimes*, Lynne Rienner Publishers, London, UK & Boulder, Colorado, USA.
LIPSET, Seymour Martin (1996), *American Exceptionalism: a Double-Edged Sword*, New York, W. W. Norton & Company Inc.
LIPSET, Seymour Martin & Stein ROKKAN (1967), "Cleavage Structures, Party Systems and Voter Alignments", in LIPSET, S. M. & Stein ROKKAN (Eds.), *Party Systems and Voter Alignments*, New York, Free Press, pp. 1-64.
LIST, Friedrich (2005), *National System of Political Economy*, New York, Cosimo.
LOADER, Collin (2001), "Puritans and Jews: Weber, Sombart and the Transvaluators of Modern Society", *Canadian Journal of Sociology*, Vol. 26, 4, Fall 2001, pp. 635-653.

LOCKE, John (1978), *Two Treatises of Government*, London, Everyman's Library
LOSURDO, Domenico (1993), *Autocensure et Compromis dans la Pensée Politique de Kant*, Lille, Presses Universitaires de Lille.
LOSURDO, Domenico (1998), *Heidegger et l'Idéologie de la Guerre*, Paris, Presses Universitaires de France.
LOSURDO, Domenico (2002), *Nietzsche, Il Ribelle Aristocratico: Biografia Intellettuale e Bilancio Critico*, Turin, Bollati Boringhieri.
LOSURDO, Domenico (2004a), *Hegel and the Freedom of Moderns*, Durham, North Carolina, Duke University Press.
LOSURDO, Domenico (2004b), "Towards a Critique of the Category of Totalitarianism", *Historical Materialism*, volume 12:2, pp. 25–55.
LOSURDO, Domenico (2004c), *Democracia ou Bonapartismo: Triunfo e Decadência do Sufrágio Universal*, Rio de Janeiro, Editora UFRJ, e São Paulo, Fundação Editora da UNESP (FEU).
LOSURDO, Domenico (2005a), *Controstoria del Liberalismo*, Editori Laterza, Roma-Bari.
LOSURDO, Domenico (2005b), *Le Révisionisme en Histoire – Problèmes et Mythes*, Paris, Albin Michel.
LOSURDO, Domenico (2008), *Stalin: Storia e Critica di una Leggenda Nera*, Carocci editore, Roma.
LOSURDO, Domenico (2010), *La Non-Violenza: Una Storia Fuori dal Mito*, Roma-Bari, Editori Laterza, 2010.
LOSURDO, Domenico (2012), *Fuga della Storia? La Revoluzione Russa e la Rivoluzione Cinese Oggi*, Napoli, La Scuola de Pitagora Editrice
LOSURDO, Domenico (2013), *La Lotta di Classe: Una Storia Politica e Filosofica*, Editori Laterza, Roma-Bari.
LOSURDO, Domenico (2014a), *La Sinistra Assente: Crisi, Società dello Spettacolo*, Guerra, Carocci, Roma.
LOSURDO, Domenico (2014b), *A Hipocondria da Antipolítica: História e Atualidade na Análise de Hegel*, Rio de Janeiro, Editora Revan.
LOSURDO, Domenico (2015), *War and Revolution: Rethinking the 20th Century*, London/New York, Verso.
LOSURDO, Domenico (2016), *Un Mondo senza Guerre: L'Idea di Pace dalle Promesse del Passato alle Tragedie del Presente*, Roma, Carocci Editore.
LUKES, Steven (1972), *Émile Durkheim: His Life and Work*, New York, Harper and Row.

LUKES, Steven (1996), *O Curioso Iluminismo do Professor Caritat*, Lisboa, Gradiva.
MACINTYRE, Alasdair (1993), *Quelle Justice? Quelle Rationalité?*, Paris, Leviathan, Presses Universitaires de France.
MACINTYRE, Alasdair & Dorothy EMMET (eds.) (1970), *Sociological Theory and Philosophical Problems*, London and Basingstoke, Macmillan.
MAGALHÃES, Joaquim Romero (1993), *História de Portugal*, Vol. III, *No Alvorecer da Modernidade, 1480-1620*, Lisboa, Círculo de Leitores/Estampa.
MANN, Michael (1986a), *The Sources of Social Power*, Volume 1, *A History of Power from the Beginning to AD 1760*, Cambridge, Cambridge University Press.
MANN, Michael (1986b), *The Sources of Social Power*, Volume 2, *The Rise of Classes and Nation-States, 1760–1914*, Cambridge, Cambridge University Press.
MANN, Michael (2005a), *Incoherent Empire*, London, Verso.
MANN, Michael (2005b), *The Dark Side of Democracy: Explaining Ethnic Cleansing*, Los Angeles, University of California.
MANN, Michael (2012), *The Sources of Social Power*, Volume 3, *Global Empires and Revolution, 1890-1945*, Cambridge, Cambridge University Press.
MANN, Michael (2013), *The Sources of Social Power*, Volume 4, *Globalizations, 1945–2011*, Cambridge, Cambridge University Press.
MARCUSE, Herbert (1983), *Razón y Revolución: Hegel y el Surgimiento de la Teoría Social*, Madrid, Alianza Editorial.
MARQUES, António H. R. de Oliveira (1992), *Nova História de Portugal*, Barcarena, Editorial Presença.
MARSHALL, Thomas Humphrey (1950), *Citizenship and Social Class and Other Essays*, Cambridge, Cambridge University Press.
MARTIN, Terry (2001), *The Affirmative Action Empire: Nations and Nationalism in the Soviet Union, 1912–1939*, Ithaca, Cornell University Press.
MATTOSO, José (1993) (Coordenação Geral), *História de Portugal*, Lisboa, Círculo de Leitores/Estampa.
MATTOSO, José (1993) *História de Portugal*, Vol. II, *A Monarquia Feudal*, Lisboa, Círculo de Leitores/Estampa.
MAYER, Arno J. (1981), *The Persistence of the Old Regime: Europe to the Great War*, New York, Pantheon Books.

McLellan, David (1987), *A Ideologia*, Lisboa, Editorial Estampa.
McQuail, Denis (1983), *Mass Communication Theory*, London, Sage.
McQuail, D. & Windahl, S. (1983), *Communication Models for the Study of Mass Communication*, London, Sage.
Mearsheimer, John J. (2001), *The Tragedy of Great Power Politics*, New York and London, W. W. Norton & Company Inc.
Merkl, P.H. (ed.) (1980), *Western European Party Systems*, New York, Free Press.
Mertes, Tom (2006), "Whitewashing Jackson", *New Left Review*, 42, November December.
Michels, Robert (2001), *Para uma Sociologia dos Partidos Políticos na Democracia Contemporânea*, Lisboa, Antígona.
Milgate, Murray & Shannon C. Stimson (1991), *Ricardian Politics*, Princeton, New Jersey, Princeton University Press.
Mills, C. Wright (1951), *White Collar: The American Middle Classes*, New York, Oxford University Press.
Mills, C. Wright (1956), *The Power Elite*, New York, Oxford University Press.
Milnor, A. (1969), *Elections and Political Stability*, Boston, Little Brown.
Milza, Pierre (1999), *As Relações Internacionais de 1871 a 1914*, Lisboa, Edições 70.
Milza, Pierre (1998), *As Relações Internacionais de 1918 a 1939*, Lisboa, Edições 70.
Montesquieu, Charles Louis de Secondat, Baron de la Brède et de (1995), *De l'Esprit des Lois*, Paris, Éditions Gallimard (2 volumes: vol I: pp. 1 à 604 ; vol. II: pp. 605 à 1628.), Collection folio Essais; disponível em http://classiques.uqac.ca/classiques/montesquieu/de_esprit_des_lois/de_esprit_des_lois_tdm.html#Anchor-DE-23357
Moore, Barrington (1975), *As Origens Sociais da Ditadura e da Democracia: Senhores e Camponeses na Construção do Mundo Moderno*, Lisboa, Edições Cosmos.
Morgenthau, Hans J. (1973), *Politics among Nations: The Struggle for Power and Peace*, New York, Alfred A. Knopf.
Moyser, George & Margaret Wagstaffe (eds.) (1987), *Research Methods for Elite Studies*, London, Allen & Unwin.
Myrdal, Gunnar (1960), *Beyond the Welfare State*, New Haven, Connecticut, Yale University Press.

NEUMANN, John Von & Oskar MORGENSTERN (1955), *Theory of Games and Economic Behavior*, New Jersey, Princeton University Press.
NEVEU, Érik (2004 [2001]), *Sociologia do Jornalismo*, Edições Loyola, S. Paulo.
NISBET, Robert (1987), *O Conservadorismo*, Lisboa, Editorial Estampa.
NISBET, Robert (1984), *La Tradition Sociologique*, Paris, Presses Universitaires de France.
NOZICK, Robert (2009), *Anarquia, Estado e Utopia*, Lisboa, Edições 70.
O'BRIEN, Patrick (1999), "Imperialism and the Rise and Decline of the British Economy, 1688-1989", *New Left Review*, November-December.
O'BRIEN, Patrick (2003), "The Myth of Anglophone Succession: From British Primacy to American Hegemony", *New Left Review*, 24, November-December, pp. 112-135.
OAKESHOTT, Michael (1991), *Rationalism in Politics and Other Essays*, Indianapolis, Liberty Press.
ORGANSKI, A. F. K. (1965), *The Stages of Political Development*, New York, Knopf.
ORWELL, George (2002), *1984*, Porto, Colecção Mil Folhas
OSTROGORSKI, Moisei (1979), *La Démocratie et les Partis Politiques*, Paris, Éditions du Seuil.
PALMER, Robert (1970), *The Age of the Democratic Revolution: A Political History of Europe and America, 1760-1800*, Princeton, New Jersey, Princeton University Press, 2 vols.
PARETO, Vilfredo (1968), *Traité de Sociologie Générale*, Genebra, Droz.
PARIJS, Philippe van (1990), *Le Modèle Économique et ses Rivaux, Introduction à la Pratique de l'Épistémologie des Sciences Sociales*, Genève, Librairie Droz.
PARIJS, Philippe van (1991), *Qu'est-ce qu'une Société Juste?, Introduction à la Pratique de la Philosophie Politique*, Paris, Éditions du Seuil.
PARIJS, Philippe van (2007), "Tackling the Anglophones' free ride: Fair linguistic cooperation with a global lingua franca", *AILA Review*, 20 (2007), 72–86, doi 10.1075/aila.20.07van, disponível em https://cdn.uclouvain.be/public/Exports%20reddot/etes/documents/2007zze.Anglophone.pdf
PARSONS, Talcott (1932), "Economics and Sociology: Marshall in Relation to the Thought of His Time", *The Quarterly Journal of Economics*, 46 (2), pp. 316–47.

PARSONS, Talcott (1934), "Some Reflections on 'The Nature and Significance of Economics'", *The Quarterly Journal of Economics*, 48 (3), pp. 511–45.

PARSONS, Talcott (1937), *The Structure of Social Action: A Study in Social Theory with Special Reference to a Group of Recent European Writers*, New York, Free Press of Glencoe.

PARSONS, Talcott (1951), *The Social System*, New York, Free Press.

PARSONS, Talcott & Neil J. SMELSER (1956), *Economy and Society: A Study in the Integration of Economic and Social Theory*, London, Routledge & Kegan Paul.

PARSONS, Talcott & Alfred KROEBER (1958), "The Profession: Reports and Opinions", *American Sociological Review*, 23 (5), pp. 582–90.

PARSONS, Talcott Edward A. SHILS, K. D. NAEGELE and J. R. PITTS (Eds.) (1961), *Theories of Society: Foundations of Modern Sociological Theory*, New York, The Free Press of Glencoe.

PAUWELS, J. R. (2002), *The Myth of the Good War: America in the Second World War*, Toronto, James Lorimer.

PAUWELS, J. R. (2014), *1914–1918: La Grande Guerre des Classes* (trad. F. Degrez), Bruxelles, Aden/L'Imprévu.

PÉLISSIER, René (1986), *História das Campanhas de Angola: Resistência e Revoltas, 1845-1941*, Editorial Estampa, 2 volumes.

PÉLISSIER, René (1994), *História de Moçambique*, Lisboa, Editorial Estampa, 2 volumes.

PÉLISSIER, René (2004), *Les Campagnes Coloniales du Portugal*, Paris, Flammarion.

PINTO, António Costa & André FREIRE (2003), *Elites, Sociedade e Mudança Política*, Oeiras, Celta.

PLAMENATZ, John (1992), *Man and Society*, London, Longman, 2 volumes.

POCOCK J. G. A. (1975), *The Machiavellian Moment*, Princeton, New Jersey, Princeton University Press.

PRENDERGAST, Christopher (2007), "From Arras to Thermidor", *New Left Review*, 43, January-February.

PREVE, Costanzo (2007), *Storia Critica del Marxismo*, Napoli, La Città del Sole.

PROUDHON, Pierre-Joseph (1996), *Do Princípio Federativo e da Necessidade de Reconstruir o Partido da Revolução*, Edições Colibri, Lisboa.

PUTNAM, Robert D. (1995), "Bowling Alone", *Journal of Democracy*, January, pp. 65-78.

PYE, Lucian (1967), *Aspects of Political Development*, Boston, Little Brown.
PYE, Lucian & Sydney VERBA (eds.) (1975), *Political Culture and Political Development*, Princeton, Princeton University Press.
QUERMONNE, Jean-Louis (1994), *Les Régimes Politiques Occidentaux*, 3ª ed., Paris, Éditions du Seuil.
RAMOS, Rui (1994), *História de Portugal*, Volume VI, *A Segunda Fundação: 1890-1926*, Lisboa, Círculo de Leitores/Estampa.
RAWLS, John (1993), *Uma Teoria da Justiça*, Lisboa, Editorial Presença.
RIEFFEL, Rémy (2003 [2001]), *Sociologia dos Media*, Coleção Comunicação, Porto Editora, Porto.
RITZER, George, *Sociological Theory* (1996), 4th Edition, New York, McGraw-Hill.
RITZER, George (1999), *Classical Sociological Theory*, 3rd Edition, New York, McGraw-Hill.
RITZER, George (2002), *Contemporary Sociological Theory and its Classical Roots: The Basics*, New York, McGraw-Hill, 2002
ROBERTS, Geoffrey (1989), *The Unholy Alliance: Stalin's Pact with Hitler*, Bloomington, Indiana University Press.
ROBERTS, Geoffrey (2005), *The Soviet Union in World Politics: Coexistence, Revolution and Cold War, 1945–1991. The Making of the Contemporary World*, New York, Routledge.
ROBERTS, Geoffrey (2008), *Stalin's Wars: From World War to Cold War, 1939-1953*, New Haven, CT, Yale University Press.
ROKKAN, Stein (1970), *Citizens, Elections, Parties: Approaches to the Comparative Study of the Processes of Development*, New York, McKay & Oslo, Universitets Forlaget.
ROKKAN, Stein (1973), "Cities, States and Nations", in S. N. EISENSTADT & S. ROKKAN, *Building States and Nations*, Beverley Hills, Sage Publications, T. 1, pp. 73-96.
ROKKAN, Stein (1975), "Dimensions of State-Formation and Nation-Building: A Possible Paradigm for Research on Variations within Europe", in Charles TILLY (Ed.), *The Formation of Nation-States in Western Europe*, Princeton, Princeton University Press, pp. 562-600.
ROKKAN, Stein (1976), *Un Modèle Géoéconomique et Géopolitique de Quelques Sources de Variations en Europe de l'Ouest*, Paris, Association Française de Science Politique, Décembre.

Rosas, Fernando (1994), em colaboração com Fernando Martins, Luciano do Amaral, Maria Fernanda Rollo, *História de Portugal*, Volume VII, *O Estado Novo: 1926-1974*, Lisboa, Círculo de Leitores/Estampa.

Rosenberg, Justin (2002), *The Follies of Globalization Theory*, London and New York, Verso.

Rothschild, Emma (2002), *Economic Sentiments: Adam Smith, Condorcet and the Enlightenment*, Harvard, Harvard University Press.

Rousseau, Jean-Jacques (1974), *O Contrato Social*, Lisboa, Publicações Europa-América.

Ryan, Alan (1988), *A Propriedade*, Lisboa, Editorial Estampa.

Sand, Shlomo (2009), *The Invention of the Jewish People*, London, Verso.

Sand, Shlomo (2012), *The Invention of the Land of Israel: From Holy Land to Homeland*, London, Verso.

Sapir, Jacques (2012), *Faut-il Sortir de l'Euro?*, Paris, Éditions du Seuil.

Sartori, Giovanni (1976), *Parties and Party Systems: A Framework for Analysis*, Cambridge, Cambridge University Press.

Saunders, Frances Stonor (2013), *The Cultural Cold War: The CIA and the World of Arts and Letters*, New York/London, The New Press.

Schelling, Thomas C. (1960), *The Strategy of Conflict*, Cambridge, Harvard University Press.

Schmitt, Carl (1996), *The Concept of the Political*, Chicago, Chicago University Press.

Schmitt, Carl (2005 [1922]), *Political Theology: Four Chapters on the Theory of Sovereignty*, Chicago, University of Chicago Press.

Schmitt, Carl (2014 [1921]), *Dictatorship: From the Origin of the Modern Concept of Sovereignty to Proletarian Class Struggle*, Cambridge, Massachusetts, Polity Press.

Schumpeter, Joseph A. (1986 [1954]), *History of Economic Analysis*, Ed. from ms. Elizabeth Boody Schumpeter, London, Allen & Unwin.

Schwartzenberg, Roger-Gérard (1977 [1971]), *Sociologie Politique: Élements de Science Politique*, Paris, Éditions Montchrestien.

Scurr, Ruth (2006), *Fatal Purity: Robespierre and the French Revolution*, London, Chatto & Windus.

Seiler, D. (1979), *Les Partis Politiques en Europe*, Paris, Presses Universitaires de France.

Sen, Amartya (1987), *Commodities and Capabilities*, New Delhi, Oxford University Press.

SEN, Amartya (2001), *Development as Freedom*, Oxford, Oxford University Press.
SHILS, Edward (1960), *Political Development in the New States*, The Hague, Mouton & Co.
SHIPMAN, Pat (1994), *The Evolution of Racism: Human Differences and the Use and Abuse of Science*, New York, Simon & Schuster, Inc.; versão portuguesa:
SHIPMAN, Pat (1996), *A Evolução do Racismo*, Lisboa, Círculo de Leitores.
SIMMEL, Georg (1981), *Sociologie et Epistémologie*, Paris, Presses Universitaires de France.
SIMMEL, Georg (1986), *Sociología*, Madrid, Alianza editorial.
SIMMEL, Georg (1988), *La Tragédie de la Culture et Autres Essais*, Paris, Éditions Rivages.
SIMMEL, Georg (1989), "O Cruzamento de Círculos Sociais" in M. Braga da Cruz (Org.) *Teorias Sociológicas: Os Fundadores e os Clássicos*, Lisboa, Fundação Calouste Gulbenkian, 1º Volume, pp. 573-8.
SIMMEL, Georg (1990), *The Philosophy of Money*, London, Routledge.
SINGARAVÉLOU, Pierre (Ed.) (2013), *Les Empires Coloniaux: XIXe-XXe Siècle*, Paris, Éditions Points.
SKINNER, Quentin (1987), *Liberty before Liberalism*, Cambridge, UK, Cambridge University Press.
SKOCPOL, Theda (1985), *Estados e Revoluções Sociais: Análise Comparativa da França, Rússia e China*, Lisboa, Editorial Presença.
SMITH, Jeremy (1999), The Bolsheviks and the National Question, 1917––1923, Basingstoke, Palgrave MacMillan.
SOMBART, Werner (1943 [1913]), *Guerra y Capitalismo*, Madrid, Editora Galo Sáez.
SOMBART, Werner (1982 [1913]), *El Burgués, Introducción a la Historia Espiritual del Hombre Económico Moderno*, Madrid, Alianza Editorial.
SOMBART, Werner (1992), *Pourquoi le Socialisme N'Existe-t-il pas aux États-Unis?*, Paris, Presses Universitaires de France.
SOREL Georges (1908), *Réflexions sur la Violence*, Paris, Marcel Rivière et Cie, disponível em http://classiques.uqac.ca/classiques/sorel_georges/reflexions_violence/reflexions_violence.html
SOUZA, Nelson Rosário de (2009), *Sociologia Política*, Curitiba, IESDE-Brasil, S.A.

STEENBERGEN, Bart van (ed.) (1994), *The Condition of Citizenship*, London, Thousand Oaks and New Delhi, Sage Publications.
STERNHELL, Zeev (1998), *The Founding Myths of Israel*, Princeton – New Jersey, Princeton University Press.
STERNHELL, Zeev (2000), *Ni Droite ni Gauche: L'Idéologie Fasciste en France*, Bruxelles, Éditions Complexe.
STERNHELL, Zeev (2006), *Les Anti-Lumières: Du XVIIIe Siècle à la Guerre Froide*, Paris, Fayard.
STERNHELL, Zeev, Mario SZNAJDER & Maïa ASHÉRI (1995 [1989]), *Nascimento da Ideologia Fascista*, Lisboa, Bertrand Editora.
STIGLITZ, Joseph E. (2003), *Globalization and its Discontents*, London, Penguin Books.
STIGLITZ, Joseph (2016), *The Euro: How a Common Currency Threatens the Future of Europe*, NY/London, W. W. Norton & Company.
STODDARD, Lothrop (1922), *The Revolt against Civilization: The Menace of the Under Man*, New York, Charles Scribner's Sons.
STONE, Oliver & Peter KUZNICK (2015), *A História não Contada dos Estados Unidos: Ascensão e Queda do Imperialismo Norte-Americano*, Rio Tinto, Vogais.
STRAUSS, Leo (1988 [1952]), *Persecution and the Art of Writing*, Chicago, Chicago University of Chicago Press.
STRAUSS, Leo & Joseph CROPSEY (Eds.) (1963), *History of Political Philosophy*, Chicago, Chicago University of Press.
STREECK, Wolfgang (2014). *Du Temps Acheté: La Crise sans Cesse Ajournée du Capitalisme Démocratique*, Paris, Gallimard.
STREECK, Wolfgang (2016). "Why the Euro divides Europe", em W. STREECK, *How Will Capitalism End: Essays on a Failing System*, Brooklyn, NY, Verso, pp. 165-183.
SUTHERLAND, Donald M. G. (2003), *The French Revolution and Empire: The Quest for a Civic Order*, Malden, MA, USA/Oxford, UK/Carlton, Victoria, Australia, Blackwell Publishing.
SZPORLUK, Roman (1988), *Communism and Nationalism*, NY/Oxford, Oxford University Press.
TALMON, Jacob L. (1960 [1952]), *The Origins of Totalitarian Democracy*, New York, Frederick A. Praeger.
TAYLOR, Charles (1992), *Multiculturalism and the Politics of Recognition*, Princeton, New Jersey, USA, Princeton University Press.

THERBORN, Goran (1976), *Science, Class and Society: On the Formation of Sociology and Historical Materialism*, London, New Left Books.

THOMPSON, Edward Palmer et al. (1988), *La Guerre du Blé au XVIIIème Siècle*, Paris, Les Éditions de la Passion.

THOMPSON, Edward Palmer (1991), *Customs in Common*, London, The Merlin Press.

THOMPSON, Edward Palmer (1989), 'L'Économie Morale de la Foule dans l'Angleterre du XVIIIe Siècle', in GAUTHIER, Florence e IKNI, Guy-Robert (org.), *La Guerre du Blé au XVIIIe Siècle*, Montreuil, Les Éditions de la Passion, pp. 31-92.

THOMPSON, John B. (1995), *The Media and Modernity: A Social Theory of the Media*, Stanford, California, Stanford University Press.

TILLY, Charles (ed.) (1975), *The Formation of National States in Western Europe*, Princeton, New Jersey, USA, Princeton University Press.

TITMUSS, Richard (1958), *Essays on the Welfare State*, London, Allen & Unwin.

TORGAL, Luís Reis e João Lourenço ROQUE (Coordenação), *História de Portugal*, Volume V, *O Liberalismo (1807-1890)*, Lisboa, Círculo de Leitores/Estampa.

TOUCHARD, Jean (ed.) (1970), *História das Ideias Políticas*, VII volumes, Lisboa, Publicações Europa-América.

TOCQUEVILLE, Alexis de (1972 [1835]), *A Democracia na América*, Lisboa, Estúdios Cor.

TOCQUEVILLE, Alexis de (1989), *O Antigo Regime e a Revolução*, Lisboa, Fragmentos.

THOMAS, John Clayton (1975), *The Decline of Ideology in Western Political Parties*, London, Sage.

TURLEY, David (2002), *História da Escravatura*, Lisboa, Teorema.

TURNER, Bryan S. (1988), *Status*, Minnesota, University of Minnesota Press.

TURNER, Bryan S. (ed.) (1993), *Citizenship and Social Theory*, London, Newbury Park and New Delhi, Sage Publications.

VAISSE, Maurice (1997), *As Relações Internacionais desde 1945*, Lisboa, Edições 70.

VEBLEN, Thorstein (1990) *The Place of Science in Modern Civilization*, new introduction by Warren J. Samuels, New Brunswick, NJ, Transaction Publishers.

VEBLEN, Thorstein (1994 [1899]), *The Theory of the Leisure Class*, Mineola, NY, Dover Thrift Editions.
VIDAL-NAQUET, Pierre (1993), *A Democracia Grega – Ensaios de Historiografia Antiga e Moderna*, Lisboa, Publicações Dom Quixote.
VILELA MENDES, Rui (2004), "Network Structure of Strong Reciprocity", *Advances in Complex Systems*, Vol. 7, numbers 3&4, 357–368, disponível em http://label2.ist.utl.pt/vilela/Papers/recipronet.pdf
VOVELLE, Michel (2007), *A Revolução Francesa, 1789-1799*, Lisboa, Edições 70
WAALS, W. S. van der (2011), *Portugal's War in Angola*, Pretoria, Protea Book House.
WALLERSTEIN, Immanuel (1990), *O Sistema Mundial Moderno*, 3 volumes, Porto, Afrontamento.
WEBER, Max (1968 [1922]), *Economia y Sociedad*, Fondo de Cultura Económica, México.
WEBER, Max (1979), *O Político e o Cientista*, Lisboa, Presença.
WEBER, Max (1989), "Partidos", "Status e Classes", "Classe, Status e Partidos" in M. BRAGA DA CRUZ (Org.), *Teorias Sociológicas*, vol. 1, Lisboa, Fundação Calouste Gulbenkian, pp. 725-752.
WEBER, Max (1993), *The Sociology of Religion*, Boston, Beacon Press.
WELLS, Herbert George (1982), *História Universal*, Lisboa, Livros do Brasil, 3 vols.
WHATMORE, Richard (2000), *Republicanism and the French Revolution: An Intellectual History of Jean-Baptiste Say's Political Economy*, Oxford, Oxford University Press.
WHEELER, Douglas & René PÉLISSIER (2009), *História de Angola*, Lisboa, Tinta-da-China.
WHITE, Harrison C. (1992), *Identity and Control: A Structural Theory of Social Action*, Princeton, Princeton University Press.
WIEVIORKA, Michel (1993), *La Démocratie à L'Épreuve: Nationalisme, Populisme, Ethnicité*, Paris, Éditions la Découverte.
WILLIAMS, Eric (1944), *Capitalism & Slavery*, Chapel Hill, University of North Carolina Press.
WILLIAMS, William Appleman (1984 [1959]), *The Tragedy of American Diplomacy*, New York & London, W. W. Norton & Company.
WILLIAMS, William Appleman (1995), *The Tragedy of Empire*, New York, Routledge.

WINCH, Donald (1996), *Riches and Poverty: An Intellectual History of Political Economy in Britain, 1750-1834*, Cambridge, Ideas in Context, Cambridge University Press.

WINCH, Donald & Patrick O'BRIEN (2002), *The Political Economy of British Historical Experience: 1688-1914*, Oxford/New York, Oxford University Press.

WITTFOGEL, Karl A. (1959 [1957]), *Oriental Despotism: A Comparative Study of Total Power*, New Haven, Yale University Press.

WOLFF, Jonathan (1991), *Robert Nozick: Property, Justice and the Minimal State*, Cambridge, Polity Press.

WOLFF, Mauro (2003), *Teorias da Comunicação*, Lisboa, Editorial Presença.

WOLTON, Dominique (1999), *Pensar a Comunicação*, Algés, Difel.

WOLTON, Dominique (2000), *E Depois da Internet?*, Algés, Difel.

WOLTON, Dominique (2015), *La Communication, les Hommes et la Politique*, Paris, CNRS Éditions.

ZOUBOULAKIS, Michel (1993), *La Science Économique à la Recherche de ses Fondements – La Tradition Épistémologique Ricardienne – 1826-1891*, Paris, Presses Universitaires de France.

ÍNDICE DE NOMES

Afonso Henriques, 345
Alexandre, Valentim, 352, 361
Allende, Salvador, 119
Almeida, António José de, 354
Almeida, Pedro Tavares de, 351
Almond, Gabriel, 237, 238, 240
Althusser, Louis, 111, 244
Amaral, João Ferreira do, 165, 359
Américo Tomás, 355
Anderson, Benedict, 33, 162, 249
Anderson, Perry, 106, 162, 180, 188, 241, 348, 356
Arendt, Hannah, 174, 226, 275, 282
Aristóteles, 11
Aron, Raymond, 30, 86, 89, 111
Arrighi, Giovanni, 196
Arrow, Kenneth, 54, 59, 143
Azeglio, Massimo d', 160
Badie, Bertrand, 242
Badinter, Elizabeth, 19
Badinter, Robert, 19
Bairoch, Paul, 170
Baudrillard, Jean, 262
Belchior, Ana Maria, 122, 358

Berghe, Pierre L. van den, 204, 248
Bergson, Henri, 75, 76, 90, 91
Berlin, Isaiah, 20, 29, 30, 31, 32, 221, 252, 253, 257, 260
Bismarck, Otto von, 42, 172, 302
Black, Duncan, 59, 146
Blackburn, Simon, 75, 91
Blaut, James Morris, 170, 211, 213
Blumenbach, Johann Friedrich, 198, 199
Bobbio, Norberto, 22, 23
Bonaparte, Luís Napoleão, 191
Bonaparte, Napoleão, 26, 117, 246, 284, 300, 301
Borda, Jean-Charles, 144
Bottomore, Tom, 43, 92, 93, 122
Boucher, David, 110
Bowen, Howard, 59, 146
Boxer, Charles R., 348
Brentano, Franz, 95
Breton, Philippe, 255, 260
Brezhnev, Leonid, 332
Briggs, Asa, 255, 256
Brito Camacho, Manuel de, 354

Bruto, Marco Júnio, 25
Bukharin, Nikolai, 304
Burke, Edmund, 101, 275, 283, 293
Burke, Peter, 255, 256
Byron, George Gordon, 297
Cambanda, Francisco Domingos, 367
Canfora, Luciano, 25, 28, 49, 114, 153, 217, 250, 252, 286, 307, 316, 331
Carter, Jimmy, 336
Cássio, Caio, 25
Castro, Fidel, 308
Cavour, Camilo Benso, conde de, 42
César, Júlio, 25
Champlain, Samuel de, 168
Chevalier, Michel, 72
Chiang-Kai-shek, 318
Chirac, Jacques, 155
Christofferson, Michael Scott, 275, 339
Churchill, Winston, 324, 325
Clegg, Stewart R., 11
Código Napoleão, 300
Coleman, James, 237, 238
Collingwood, Robin G., 288
Comte, Auguste, 71, 72, 297
Condorcet, Marie-Jean, 54, 143, 144
Constant, Benjamin, 253
Cooley, Charles Horton, 93, 94
Corolário Roosevelt (Theodore Rooseveld), 183
Correia, Rita Gomes, 15, 257, 260, 338
Coser, Lewis E., 24
Costa, Afonso, 354

Couthon, Georges, 284
Croce, Benedetto, 30, 253
Cromwell, Oliver, 20
Dahl, Robert, 34, 242, 245
Dahrendorf, Ralf, 269
Dalai Lama, 312
Darwin, Charles, 68, 69, 200
Dasgupta, Partha, 59, 60, 143, 146
David, Jacques-Louis, 294
Davis, Mike, 217
Debray, Régis, 250
Deutsch, Karl, 34, 248
Dewey, John, 75, 93
Dilthey, Wilhelm, 89
Dimitrov, Georgui, 305
Diogo Cão, 359
Disraeli, Benjamin, 42, 77, 78
Doutrina Monroe (James Monroe), 183
Downs, Anthony, 53, 146
Droysen, Johann Gustav, 251, 252
Du Bois, William Edward Burghardt, 102
Dubcek, Alexander, 332
Dunning, Eric, 37, 127
Durkheim, Émile, 33, 79, 80, 82, 83, 84, 87, 89, 233, 235, 342
Duverger, Maurice, 9, 43, 51, 126, 127, 131, 152
Efeito de Duverger, 51, 52, 108, 149, 154
Ehrenfels, Christian von, 97
Einstein, Albert, 91
Elias, Norbert, 37, 104, 127
Emmet, Dorothy, 13
Engels, Friedrich, 303
Espírito Santo, Paula do, 126

Farelo Lopes, Fernando, 46, 47, 140
Ferro, Marc, 173
Fichte, Johann Gottlieb, 73, 287
Filipe II, 348
Findlay, Ronald, 278
Fogel, Robert William, 197
Fontes Pereira de Melo, 42
Franco, João, 42
Fraser, Nancy, 271, 272
Fredrickson, George M., 180, 198, 203, 247
Freire, André, 46, 47, 140
Freire, Gilberto, 356
Freud, Sigmund, 98
Fukuyama, Francis, 251
Furet, François, 275
Galton, Francis, 180, 198, 203, 247
Gandhi, Mohandas Karamchand, 309, 310, 311, 313
Garcia Pereira, António, 50
Garcia, Manuel Emídio, 10
Gardiner, Patrick, 91, 288
Gauthier, David, 265
Gauthier, Florence, 20, 276, 281, 282, 285
Gellner, Ernest, 33, 162, 249
Gerschenkron, Alexander, 72, 288
Giddens, Anthony, 74, 84, 89
Giolitti, Giovanni, 42
Girard, René, 13
Gladstone, William Ewart, 42
Gobineau, Joseph Arthur de, 77, 78
Godechot, Jacques, 275
Godinho, Vitorino Magalhães, 346, 348
Gomulka, Władysław, 330
Gorbatchev, Mikhail, 337

Gould, Stephen Jay, 71, 198
Gowan, Peter, 196, 318, 324, 338
Graça, João Carlos, 10, 15, 67, 92, 338
Gramsci, Antonio, 119
Grimmer-Solem, Erik, 88
Gross, Jean-Pierre, 20, 276, 282
Guizot, François, 42
Gumplowicz, Ludwig, 77, 78
Gusdorf, Georges, 287
Hamilton, Alexander, 183, 244
Hare, Thomas, 47
Hay, John, 104
Hegel, Georg W. F., 72, 73, 250, 287, 297
Helvétius, Claude Adrien, 256, 257, 258
Herf, Jeffrey, 104, 220
Herrnstein, Richard, 200
Hespanha, António Manuel, 349
Heywood, Andrew, 11
Hintze Ribeiro, Ernesto Rodolfo, 42
Hirschman, Albert O., 17, 28, 29, 54, 55, 56, 57, 60, 253
Ho Chi Minh, 333
Hobbes, Thomas, 265
Hobsbawm, Eric, 80, 162
Hobson, John Atkinson, 104, 106, 180
Hondt, Jacques d', 45
Horowitz, Irving Louis, 9
Hotelling, Harold, 146
Humberto Delgado, 355
Huntington, Samuel, 234, 235
Husserl, Edmund, 95
Huxley, Aldous, 35
Inglehart, Ronald, 251

Inglis, Fred, 255
Israel, Jonathan I., 287
Jackson, Andrew, 26, 247
James, C. L. R., 276, 283
James, William, 74, 75, 93
Jaurès, Jean, 275
Jevons, William Stanley, 77
João VI, 350
Johnson, Lyndon Baines, 113, 333
Jones, Gareth Stedman, 67
Jones, William, 199
Junot, Jean-Andoche, 349
Kant, Immanuel, 78, 254, 257, 287, 315, 320
Karmal, Babrak, 334
Kautsky, Karl, 106
Keane, John, 255
Kelly, Paul, 110
Kelsen, Hans, 124
Kennedy, John Fitzgerald, 332, 333
Khrushchev, Nikita, 226, 330, 331, 332
Kissinger, Henry, 334
Kuznick, Peter, 325
Laakso, Markuu, 52, 133
Lacroix-Riz, Annie, 245
Laranjo, José Frederico, 116
Lazare, Daniel, 41, 114, 244, 245, 283
Le Bon, Gustave, 78
Le Pen, Jean-Marie, 155
Le Pen, Marine, 156
Le Play, Frédéric, 78
Lefebvre, Georges, 275
Leibniz, Gottfried Wilhelm, 315
Lenin, Vladimir Ilich, 104-106, 180, 303, 304, 309, 311, 313, 314, 317
Leopoldo II, 172

Lerner, David, 34, 248
Leroux, Pierre, 72
Lesseps, Ferdinand de, 72
Liebknecht, Karl, 303, 313
Lijphart, Arend, 46, 53, 133, 140
Lincoln, Abraham, 27, 113, 299
Linton, Ralph, 269
Linz, Juan J., 220
Lipset, Seymour, 134, 135, 239, 240, 246
List, Friedrich, 183
Loader, Collin, 92
Locke, John, 110, 111, 115
Lopes, João Carlos, 15
Losurdo, Domenico, 41, 67, 76, 99, 104, 117, 132, 174, 196, 220, 227, 246, 247, 251, 276, 281, 283, 284, 285, 287, 296, 299, 301, 309, 310, 312, 313, 315, 321
Louçã, Francisco, 50
Lourenço, João, 366
Luciano de Castro, José, 42
Luís XV, 256
Lukes, Steven, 84, 287
Luther King, Martin, 312
Luxemburgo, Rosa, 303
MacIntyre, Alasdair, 13
Macron, Emmanuel, 156
Madison, James, 244, 245
Magalhães, Joaquim Romero, 346
Maistre, Joseph de, 101, 275
Malthus, Thomas Robert, 67
Mann, Michael, 11, 247
Maquiavel, Nicolau, 30, 252, 253
Maria II, 351
Mariam, Mengistu Haile, 334
Marshall, Alfred, 77

Marshall, Thomas Humphrey, 271
Martin, Terry, 186
Marx, Karl, 72, 73, 99, 121, 267, 268, 272, 295, 296, 297, 298, 299, 300, 301, 309
Maskin, Eric, 59, 60, 143, 146
Masséna, André, 349
Mathiez, Albert, 275
Mattoso, José, 346
Mayer, Arno J., 217, 316
McGovern, George, 55
Mead, George Herbert, 78, 93, 94
Mehring, Franz, 304
Meinecke, Friedrich, 30, 253
Mélenchon, Jean-Luc, 156
Mertes, Tom, 247
Método de Borda, 58, 59, 144
Método de Condorcet, 58, 59, 143, 144, 145
Método de Hondt, 45, 140, 141
Método de Huntington-Hill, 140
Método de Sainte-Laguë, 46, 140
Método e/ou quota de Hare, 47, 135, 148
Método e/ou quota de Imperiali, 45, 46, 47, 140
Michels, Robert, 43, 44, 123
Mill, John Stuart, 66, 67, 68
Mills, Charles Wright, 34, 245
Milza, Pierre, 173
Mobutu Sese Seko, 363
Montesquieu, Charles Louis de Secondat, Barão de, 110, 111, 112, 212, 243, 257, 279
Moore, Barrington, 240, 241, 276
Morgenthau, Hans J., 164
Mosadegh, Mohammad, 335
Mosca, Gaetano, 122, 123
Murray, Charles, 200
Mussolini, Benito, 75
Nagy, Imre, 330
Najibullah Ahmadzaie, Mohammad, 334
Nash, John – Equilíbrio de, 54
Nasser, Gamal Abdel, 331, 338
Nehru, Jawaharlal, 338
Neto, Agostinho, 366
Nietzsche, Friedrich, 75, 76, 90, 103, 301
Nisbet, Robert, 79, 92, 96
Nixon, Richard, 21, 55, 196, 333
Novais, Paulo Dias de, 359
Nozick, Robert, 13
O'Brien, Patrick, 278
O'Rourke, Kevin H., 278
Obama, Barack, 264
Ortega, Daniel, 335
Orwell, George, 35
Ostrogorsky, Moisei, 122, 123, 133
Palmer, Robert, 275
Pareto, Vilfredo, 84, 85, 86, 99, 122, 123, 301
Parijs, Philippe van, 14, 195
Parsons, Talcott, 10, 134, 237, 238, 239, 242, 269
Pauwels, Jacques R., 182, 316, 338
Pedro I, 350
Pedro II, 350
Pélissier, René, 356, 361
Péreire, Émile e Isaac, 72
Pinochet, Augusto, 119
Plamenatz, John, 19, 37, 43, 110, 280
Plano Marshall, 326, 327
Pocock, J. G. A., 246

Powell, G. Bingham, 238
Prendergast, Christopher, 289
Preve, Costanzo, 325, 327
Problema de Hotelling-Downs, 54, 57, 146
Proudhon, Pierre-Joseph, 72, 73, 257, 258, 259, 297
Proulx, Serge, 255, 260
Putnam, Robert, 251
Quota ou quociente de Droop, 47, 139
Quota ou quociente de Hagenbach--Bischoff, 47, 139
Rainha Ndzinga, 360
Ramos, Rui, 352
Rawls, John, 13, 291
Reagan, Ronald, 336
Rei Mbundu Kiluanji, 359, 360
Rickert, Heinrich, 90
Ritzer, George, 92, 96
Roberts, Geoffrey, 306, 307, 334, 337
Robespierre, Maximilien, 20, 32, 274, 282, 285, 288, 289, 290, 291, 292, 293, 294
Rokkan, Stein, 134, 135, 239, 240
Romani, Roberto, 88
Roosevelt, Franklin Delano, 113, 226, 324
Roque, João Lourenço, 349, 351
Rosas, Fernando, 356
Rosenberg, Justin, 163
Rousseau, Jean-Jacques, 19, 244, 320
Saint-Just, Louis Antoine Léon de, 284, 294
Saint-Pierre, Abade, 315
Saint-Simon, Henri de, 72, 257, 258, 259

Salazar, António de Oliveira, 354, 355
Sand, Shlomo, 180
Santos, José Eduardo dos, 363, 365, 366
Sapir, Jacques, 166
Sartori, Giovanni, 130
Savimbi, Jonas, 363
Saunders, Frances Stonor, 339
Say, Jean-Baptiste, 66
Schmitt, Carl, 12, 23, 30, 118, 123, 210, 211
Schmoller, Gustav von, 77, 87
Schopenhauer, Arthur, 75
Schumpeter, Joseph A., 12, 96
Schwartzenberg, Roger-Gérard, 9, 130
Scurr, Ruth, 289, 290, 291, 292, 293, 294
Sen, Amartya, 31, 232, 253
Shipman, Pat, 71, 201
Sidgwick, Henry, 77
Simmel, Georg, 24, 92
Singaravélou, Pierre, 173
Skinner, Quentin, 246
Skocpol, Theda, 240, 241, 276
Smith, Jeremy, 186
Soboul, Albert, 275
Sombart, Werner, 88, 91
Sorel, Georges, 98, 99, 301
Soult, Nicolas Jean de Dieu, 349
Souza, Nelson Rosário de, 43, 122
Spencer, Herbert, 69, 71, 101
Stalin, José, 190, 193, 264, 266, 282, 287
Sternhell, Zeev, 75, 99, 301
Stiglitz, Joseph, 163, 166

Stoddard, Lothrop, 100, 203
Stone, Oliver, 325
Strauss, Leo, 14, 250
Streeck, Wolfgang, 166
Suharto, Hadji Mohamed, 336
Sukarno, 336, 338
Sumner Maine, Henry, 267
Sutherland, Donald M. G., 276
Szporluk, Roman, 299
Taagepera, Rein, 52, 133
Taine, Hippolyte Adolphe, 275
Talmon, Jacob, 214
Tarde, Gabriel de, 78, 79
Thomas, John Clayton, 53
Thompson, Edward P., 238
Thompson, John B., 255
Tito, Josip Broz, 338
Tocqueville, Alexis de, 214, 246, 257, 258
Togliatti, Palmiro, 305
Tolstoi, Leão, 313
Tönnies, Ferdinand, 79, 82, 100, 103
Torgal, Luís Reis, 349, 351
Trotsky, Leão, 304
Truman, Harry, 325
Trump, Donald, 264, 265

Turley, David, 177, 360
Turner, Bryan S., 271
Vaisse, Maurice, 327
Veblen, Thorstein, 86
Verba, Sidney, 238
Vidal-Naquet, Pierre, 213
Vovelle, Michel, 276
Waals, W. S. van der, 362
Washington, George, 117, 246, 286
Watson, John B., 97
Weber, Max, 23, 30, 32, 42, 88, 89, 90, 91, 103, 104, 118, 120, 121, 122, 266, 267, 268, 270, 302
Wells, Herbert George, 275, 293
Whatmore, Richard, 66
Wheeler, Douglas, 356, 361
Williams, Eric, 170
Williams, William Appleman, 182, 338
Wilson, Thomas Woodrow, 309, 317
Winch, Donald, 67, 278
Windelband, Wilhelm, 90
Wittfogel, Karl A., 227
Wolton, Dominique, 262, 263, 264
Wundt, Wilhelm, 96
Zola, Émile, 297